OLDENBOURG
GRUNDRISS DER
GESCHICHTE

OLDENBOURG
GRUNDRISS DER
GESCHICHTE

HERAUSGEGEBEN
VON
JOCHEN BLEICKEN
LOTHAR GALL
KARL-JOACHIM HÖLKESKAMP
HERMANN JAKOBS

BAND 34

INDISCHE GESCHICHTE BIS 1750

VON

HERMANN KULKE

R. OLDENBOURG VERLAG
MÜNCHEN 2005

Bibliographische Information der Deutschen Bibliothek
Die Deutsche Bibliothek verzeichnet diese Publikation in der Deutschen Nationalbibliographie; detaillierte bibliographische Daten sind im Internet über <http://dnb.ddb.de> abrufbar.

Rosenheimer Straße 145, D-81671 München
Internet: http://www.oldenbourg-verlag.de

Umschlaggestaltung: Dieter Vollendorf
Gedruckt auf säurefreiem, alterungsbeständigem Papier (chlorfrei gebleicht)

Gesamtherstellung: R. Oldenbourg Graphische Betriebe Druckerei GmbH, München

ISBN 3-486-**55741**-6 brosch.
ISBN 3-486-**55751**-3 geb.

VORWORT DER HERAUSGEBER

Die Reihe verfolgt mehrere Ziele, unter ihnen auch solche, die von vergleichbaren Unternehmungen in Deutschland bislang nicht angestrebt wurden. Einmal will sie – und dies teilt sie mit anderen Reihen – eine gut lesbare Darstellung des historischen Geschehens liefern, die, von qualifizierten Fachgelehrten geschrieben, gleichzeitig eine Summe des heutigen Forschungsstandes bietet. Die Reihe umfasst die alte, mittlere und neuere Geschichte und behandelt durchgängig nicht nur die deutsche Geschichte, obwohl sie sinngemäß in manchem Band im Vordergrund steht, schließt vielmehr den europäischen und, in den späteren Bänden, den weltpolitischen Vergleich immer ein. In einer Reihe von Zusatzbänden wird die Geschichte einiger außereuropäischer Länder behandelt. Weitere Zusatzbände erweitern die Geschichte Europas und des Nahen Ostens um Byzanz und die Islamische Welt und die ältere Geschichte, die in der Grundreihe nur die griechisch-römische Zeit umfasst, um den Alten Orient und die Europäische Bronzezeit. Unsere Reihe hebt sich von anderen jedoch vor allem dadurch ab, dass sie in gesonderten Abschnitten, die in der Regel ein Drittel des Gesamtumfangs ausmachen, den Forschungsstand ausführlich bespricht. Die Herausgeber gingen davon aus, dass dem nachbearbeitenden Historiker, insbesondere dem Studenten und Lehrer, ein Hilfsmittel fehlt, das ihn unmittelbar an die Forschungsprobleme heranführt. Diesem Mangel kann in einem zusammenfassenden Werk, das sich an einen breiten Leserkreis wendet, weder durch erläuternde Anmerkungen noch durch eine kommentierende Bibliographie abgeholfen werden, sondern nur durch eine Darstellung und Erörterung der Forschungslage. Es versteht sich, dass dabei – schon um der wünschenswerten Vertiefung willen – jeweils nur die wichtigsten Probleme vorgestellt werden können, weniger bedeutsame Fragen hintangestellt werden müssen. Schließlich erschien es den Herausgebern sinnvoll und erforderlich, dem Leser ein nicht zu knapp bemessenes Literaturverzeichnis an die Hand zu geben, durch das er, von dem Forschungsstand geleitet, tiefer in die Materie eindringen kann.

Mit ihrem Ziel, sowohl Wissen zu vermitteln als auch zu selbständigen Studien und zu eigenen Arbeiten anzuleiten, wendet sich die Reihe in erster Linie an Studenten und Lehrer der Geschichte. Die Autoren der Bände haben sich darüber hinaus bemüht, ihre Darstellung so zu gestalten, dass auch der Nichtfachmann, etwa der Germanist, Jurist oder Wirtschaftswissenschaftler, sie mit Gewinn benutzen kann.

Die Herausgeber beabsichtigen, die Reihe stets auf dem laufenden Forschungsstand zu halten und so die Brauchbarkeit als Arbeitsinstrument über eine längere Zeit zu sichern. Deshalb sollen die einzelnen Bände von ihrem Autor oder einem anderen Fachgelehrten in gewissen Abständen überarbeitet werden. Der Zeitpunkt der Überarbeitung hängt davon ab, in welchem Ausmaß sich die allgemeine Situation der Forschung gewandelt hat.

Jochen Bleicken   Lothar Gall   Karl-Joachim Hölkeskamp   Hermann Jakobs

INHALT

VORWORT

Bis zur Teilung Britisch-Indiens am 15.8.1947 umschließt die Geschichte Indiens den gesamten südasiatischen Subkontinent, also auch die heutigen Staatsgebiete von Bangladesh und Pakistan. Jeder Versuch, die etwa fünftausendjährige Geschichte dieses Großraumes, der heute von über einem Fünftel der Menschheit bewohnt wird, bis in das 18. Jahrhundert in einem Band zu behandeln, muss daher das Wagnis einer selektiven Darstellung eingehen.

Die „Darstellung“ beschränkt sich darauf, einen Gesamtüberblick über die politisch-historische Geschichte der großen Epochen der indischen Geschichte zu geben. Dabei werden jedoch auch Wirkungszusammenhänge mit benachbarten Großregionen wie Zentral- und Südostasien aufgezeigt. Bewusst verzichtet wurde dagegen auf eine eingehendere Behandlung der frühkolonialen europäischen Expansion in Südasien seit der Entdeckung des Seeweges durch Vasco da Gama im Jahr 1498. Diese bleibt dem Band zur neueren Geschichte Indiens vorbehalten.

Im zweiten Teil über „Grundprobleme und Tendenzen der Forschung“ ist erst recht Schwerpunktbildung geboten. Die Geschichte Indiens ist in starkem Maße von kulturellen und sozialen Determinanten bestimmt, und eine Ventilierung der Forschung über die Vielzahl der indischen Religionen, Sprachen und Prozesse sozial-ethnischer Differenzierung wäre daher durchaus sinnvoll. In der gebotenen Kürze wurden stattdessen bewusst sechs große Themen der gegenwärtigen indischen Geschichtswissenschaft ausgewählt: Periodisierung, Geschichtsschreibung, das Indo-Arya-Problem, Theorien der Staatsentwicklung und der Urbanisierung sowie die Indischer-Ozean-Studien. Sie sind für die Grundprobleme und Tendenzen der Forschung beispielhaft, die chronologische Darstellung der sich wandelnden Forschungstendenzen und Theorien in den jeweiligen Abschnitten soll darüber hinaus Einblicke in die Geschichte der kolonialen und postkolonialen Diskurse der indischen Geschichtswissenschaft, insbesondere in die gegenwärtig besonders heftig umkämpften Bereiche der frühen und mittelalterlichen Geschichte, gewähren. Hinter diesem Anliegen mussten weitergehende kultur-, sozial- und wirtschaftshistorische Einführungen im zweiten Teil des Bandes zurückstehen. Entsprechende Literatur wurde jedoch im dritten Teil berücksichtigt. Weiterhin sei auf das von D. Rothermund herausgegebene Indienhandbuch [102], die Einführung in die Indologie von H. Bechert/G. von Simson [99] und den von H. Kulke, H. J. Leue, J. Lütt und D. Rothermund verfassten Literaturbericht der Historischen Zeitschrift über die indische Geschichte [92] verwiesen.

In dem Band wird weitgehend auf das indologische Transliterationssystem und auf diakritische Zeichen zugunsten der international üblichen, anglo-indischen Schreibweise indischer Namen und Termini verzichtet. Auch werden die bekannten Städtenamen Bombay, Calcutta, Madras, Benares mit Verweis auf die neuen Namen Mumbai, Kolkata, Chennai und Varanasi beibehalten.

Der Band hat wie jedes Buch seine eigene Biographie. Sie ist in starkem Maße von den sich im vergangenen Jahrzehnt sprunghaft entwickelnden Thesen und Widersprüchen der indischen Geschichtswissenschaft bestimmt. Wäre der Band, wie ursprünglich geplant, bereits vor zehn Jahren erschienen, so würden einige gegenwärtig zentrale Themenbereiche völlig fehlen, wie z.B. das Indo-Arya-Problem, oder eine nur untergeordnete Rolle spielen, wie die „Indian Ocean Studies" oder neuere wichtige Theorien zur Historiographie. Mein erster Dank gilt daher den Herausgebern des „Grundrisses", insbesondere Herrn Prof. Dr. Hermann Jakobs, denn ihre Geduld hat nicht nur mir geholfen, sondern auch zur inhaltlichen Bereicherung des Bandes beigetragen. Dass Prof. Jakobs darüber hinaus noch als mein „erster Leser" eine frühe Fassung des Manuskriptes einer hilfreich-kritischen Würdigung unterzog, sei dankend nur am Rande erwähnt! Dr. Martin Brandtner verdanke ich zahlreiche wertvolle Hinweise und kritische Kommentare zu meiner Darstellung der frühen Geschichte, Dr. Georg Berkemer zur Historiographie sowie Herrn Dr. Fred Virkus zur Geschichte der Guptas. Es ist mir ein besonderes Anliegen, den indischen Historikern Prof. R. Thapar, Prof. R. S. Sharma und Prof. B. D. Chattopadhyaya zu danken. Den Anregungen, die ich aus ihren Werken und den zahlreichen Gesprächen gewann, die ich über die Jahre hin mit ihnen führen konnte, trugen wesentlich zur Gestaltung des Bandes bei. Dies gilt in gleichem Maße auch für Prof. B. Stein, den 1996 verstorbenen großen Kämpfer für den „segmentären Staat". Dank sei auch zahlreichen Studierenden am Lehrstuhl für Asiatische Geschichte (bis 2003) der Universität Kiel, die mit ihren Fragen und Kommentaren das Werden des Bandes über die Jahre hin förderten. Mein besonderer Dank gilt Herrn Tim Schwabedissen, dem vorerst wohl besten Kenner meiner Arbeit, da er deren Versionen getreulich für eine weitere Leserschaft „aufarbeitete" und auch die schwierige Indexerstellung übernahm. Im Oldenbourg Verlag stand uns Frau Dr. Julia Schreiner mit vielfältigem und überaus kompetentem Rat bei der Drucklegung zur Seite, und Frau Cordula Hubert führte die mühsamen Lektoratkorrekturen durch. Ihnen für ihre Arbeit zu danken, ist mir eine besondere Freude.

Zur Biographie eines Buches zählt auch das familiäre Umfeld, das in mannigfacher Weise dessen Entstehen ermöglicht. Mein herzlicher Dank gilt daher meiner Frau Ursula und unseren Kindern, die aus gutem Grund der Drucklegung des Bandes mit besonderer Freude entgegen sehen.

Kiel, Weihnachten 2003 — Hermann Kulke

I. Darstellung

A. EINFÜHRUNG

1. Südasien: Raum, Menschen und Sprachen

Die Geschichte Indiens umfasst im Berichtszeitraum dieses Bandes den südasiatischen Subkontinent in seiner Gesamtheit, auch wenn seine Randgebiete wie Nepal oder die dem Subkontinent vorgelagerten Inseln wie Sri Lanka allenfalls temporär unter dem politischen Einfluss Indiens standen. In seiner Größe ist der indische Subkontinent mit 4,2 Millionen qkm nahezu identisch mit dem europäischen (Sub)Kontinent ohne Russland. Denkt man jedoch nicht nur an die räumlichen Dimensionen Südasiens, sondern auch an dessen kulturelle und ethnische Vielfalt, so läge ein Vergleich mit einer europäischen Union unter Einschluss Russlands und der Türkei näher.

Landschaftsräume

Die starke landschaftsräumliche Differenzierung Südasiens wird vor allem von drei Faktoren bestimmt. Es sind dies dessen geologische Dreiteilung in das Hochgebirge des Himalaya, das alluviale Tiefland Nordindiens und das Dekkan-Hochland sowie die großen Flüsse und der Monsun. Das Gebirgssystem des Himalaya („Stätte des Schnees") trennt Südasien vom asiatischen Kontinent und nimmt in Ausdehnung und Höhe die doppelten Ausmaße der Alpen ein. Als eines der größten Wasserreservoire der Erde gewährleistet es durch die großen Ströme des Indus-Ganges-Brahmaputra-Tieflandes eine stete Wasserversorgung auch in den regenlosen Monaten und reiche Ernten auf ihrem fruchtbaren alluvialen Schwemmland. Südwestlich der Wasserscheide der Indus-Gangestiefebene schließt sich das semiaride Gebiet Rajasthans und die Wüste Thar an. Der Dekkan („Süden"), die eigentliche südasiatische Halbinsel, ging aus dem Urkontinent Gondwana hervor und besteht überwiegend aus Graniten, Gneissen und kristallinen Schiefern. Mit Ausnahme der nördlichen Narmada entspringen dessen zahlreiche Flüsse in den Ghats („Stufen") der Westküste und durchziehen das in östliche Richtung abfallende Hochland. An der Ostküste bilden sie weite fruchtbare Deltalandschaften, bevor sie in den Golf von Bengalen münden. Die geographische und kulturlandschaftliche Strukturierung des Subkontinents durch die großen Flusslandschaften wird durch den Monsun bzw. durch die teilweise krassen regionalen Unterschiede in dessen Niederschlagshäufigkeit und -menge noch erheblich verstärkt. Durch das Monsunklima und den jahreszeitlichen Wechsel des regenbringenden Südwestmonsuns von Juni bis September/Oktober und des nahezu trockenen Nordostmonsuns in den Monaten Dezember bis März ist Indien mit seiner Agrarkultur wie kaum ein anderes Land von der Regelhaftigkeit der zeitlich und räumlich hoch differenzierten Niederschläge abhängig [H. G. Bohle, Die ökologischen Grundlagen: Naturraum und Klima, in: 102: D. Rothermund, S. 19–37; M. Domrös, Das Klima des vorderindischen Subkontinents, in: 100: J. Blenk/D. Bronger/H. Uhlig, S. 47–55].

Der starken landschaftsräumlichen Differenzierung entspricht eine nicht minder beeindruckende ethnische und sprachliche Vielfalt. Das 1985 von indischen Anthropologen begonnene „People of India"-Projekt erfasst insgesamt 635 registrierte („scheduled") Stämme. Zu ihnen kommen in Südasien noch etwa hundert weitere Stämme hinzu, die sich heute außerhalb des indischen Staatsgebietes befinden. In Indien bilden die Adivasis („Ureinwohner") mit etwa 70 Millionen nur noch 7% der Gesamtbevölkerung. Ihre wichtigsten Siedlungsgebiete liegen in einem mehrere hundert Kilometer breiten „Tribal Belt", der sich von Gujarat bis Westbengalen quer durch Zentralindien zieht, sowie in den nordostindischen Bundesstaaten an den Grenzen zu China und Burma. Frühe literarische Quellen und ethnohistorische Forschungen lassen bis in das Mittelalter eine erheblich weitere Ausdehnung der Stammesgebiete auch in Nord- und Südindien erkennen. Dank seines ethnischen Reichtums galt Indien im späten 19. und frühen 20. Jahrhundert als „Rassenknotenpunkt der Welt", an dem sich die vermeintlich großen europiden, mongoliden und negriden „Rassenkreise" der Menschheit berühren. Heute stehen dagegen ethnolinguistische und sprachwissenschaftliche Fragen im Vordergrund des Forschungsinteresses.

Ethnische Vielfalt

Bereits Anfang des 20. Jahrhunderts ermittelte G. A. Grierson in seinem monumentalen, dreizehnbändigen „Linguistic Survey of India" (Calcutta 1903–1927) 179 Sprachen und 544 Dialekte im südasiatischen Subkontinent. Selbst wenn heute Griersons übertriebene Feindifferenzierung zu Recht als Ausdruck britischer imperialer *divide et impera*-Politik gedeutet wird, so dürfte dennoch der sprachliche Reichtum Südasiens von keiner vergleichbaren Region der Erde überboten werden. Von etwa 30 Sprachen mit mehr als einer Million Sprechern haben 18 Sprachen den Status von „Verfassungssprachen", die meist Landessprachen wie Tamil in Tamil Nadu, Marathi im Maharashtra oder Bengali in Bengalen sind. Die Sprachen Südasiens gehören vier großen Sprachfamilien an: der indoarischen in Nordindien, der drawidischen in Südindien, der sinotibetischen in Nordostindien und der austroasiatischen im östlichen Zentralindien. Der weit überwiegende Teil der Bevölkerung spricht eine der großen indoarischen (66%) und drawidischen (23%) Sprachen. Alle „Verfassungssprachen" gehören einer dieser beiden Sprachfamilien an. Aus ihnen gingen im späten 2. Jahrtausend v. Chr. im altindoarischen vedischen Sanskrit und in den frühen Jahrhunderten n. Chr. in der alttamilischen Sangam-Dichtung die ältesten

Die Sprachen

Literatursprachen Südasiens hervor. Die heutigen neuindoarischen Sprachen hatten eine lange sprachgeschichtliche Entwicklung vom Altindoarischen über mittelindische Prakrit- und Apabramsha-Dialekte hinter sich, bis sie im Mittelalter, im gleichen Zeitraum, in dem auch in Europa die künftigen „Nationalsprachen" entstanden, erste literarische Werke hervorbrachten. Die zahlreichen sinotibetischen Sprachen des Nordostens und die Mundasprachen Zentralindiens, die den austroasiatischen Mon-Khmer-Sprachen Festländisch-Südostasiens nahe stehen, sind nahezu ausschließlich Stammessprachen. Zahlreiche Stammessprachen werden heute nur noch von wenigen tausend Menschen gesprochen und verfügen kaum über eigene Literaturen. Im Zeitalter rapiden sozio-ökonomischen Wandels und hindunationalistischer Homogenisierung sind viele von ihnen vom Aussterben bedroht.

2. Die historischen Prozesse

Größe und Vielfalt des Raumes und seiner Bevölkerung sind grundlegende Determinanten des südasiatischen Subkontinentes und seiner wechselhaften fünftausendjährigen Geschichte. Entscheidend ist dabei bis in die Gegenwart das Übergewicht Nordindiens gegenüber allen anderen Großregionen des Subkontinentes. Bis in die Zeit des Mogulreiches gingen alle Bemühungen, einen gesamtindischen Staat zu errichten, von nordindischen Dynastien aus.

Dominanz Nordindiens

Verstärkt wurde die Dynamik der indischen Geschichte durch wiederholte Einwanderungen und Eroberungen zentralasiatischer Völkerschaften und Heere, die stets über die Bergpässe des Hindukusch, Indiens Tore zum asiatischen Festland, in Nordwestindien einfielen. Von den Indo-Arya im 2. Jahrtausend v. Chr. bis zu den Mogulen im frühen 16. Jahrhundert n. Chr. und den Siegen persischer und afghanischer Heere in der Mitte des 18. Jahrhunderts wurde die Geschichte Nordindiens und damit auch weiter Teile des Subkontinents immer wieder von den Folgen dieser Invasionen bestimmt, die sich wie ein roter Faden durch seine Geschichte ziehen. Indien ist in dieser Hinsicht durchaus mit anderen „Subkontinenten" des asiatischen Großraumes, insbesondere mit China – aber auch mit Europa – und deren wechselseitigen Beziehungen zu Zentralasien und seinen Randgebieten zu vergleichen.

Eroberungen Nordwest-Indiens

Die Beziehungen des Vorderen Orients und Zentralasiens zu Südasien erschöpfen sich jedoch keineswegs in kriegerischen Eroberungen. So wie sich über die Pässe des Hindukusch und des Himalaya indische Religionen, Literatur und Kunst in weite Teile Zentral- und Ostasiens ausbreiteten, so stellte Nordwestindien auch seinerseits seit Anbeginn einen Schmelztiegel indischer, vorderorientalisch-mediterraner und zentralasiatischer Kulturen dar. Die Entstehungsgeschichte der Buddhastatue legt hiervon ebenso Zeugnis ab wie der Sikhismus und die großartige Miniaturmalerei an den Höfen Rajasthans im Zeitalter der Mogulen.

Kultureller Synkretismus

Die Dynamik der von Nordindien ausgehenden historischen Prozesse fand ihren Widerpart in den anderen großen regionalen Schwerpunkten des Subkontinentes. Die Regionalisierung des südasiatischen Raumes geht zwar bis in die Frühzeit zurück, gipfelte jedoch in den großen Regionalreichen und Regionalkulturen des frühen Mittelalters. Die Zeit vom 7. bis ins 13. Jahrhundert, als weder nordindische Herrscher noch andere Großregionen einen überregionalen oder gar gesamtindischen Staat errichten konnten, kann, so paradox dies auch klingen mag, geradezu als ein Höhepunkt gesamtindischer Geschichte betrachtet werden. Denn dies war die einzige Periode vormoderner indischer Geschichte, an der alle Regionen als „gleichberechtigte Partner" teilhatten. Die Regionalisierung gewann noch deutlichere Konturen durch den unterschiedlichen Grad der Islamisierung einzelner Regionen Südasiens unter dem Delhi-Sultanat und im Mogulreich. Die regionalstaatliche und kulturelle Entwicklung des Mittelalters lebt bis heute in den großen Regionalkulturen Südasiens fort. Als „politischer Regionalismus" ist diese Konstante im Zeichen des gegenwärtigen „Ethnonationalismus" jedoch auch eine virulente Gefahr für den Bestand der heutigen Staaten Südasiens. Ein weiterer Faktor, der zwar eher von Ethnologen und Religionswissenschaftlern als von Historikern wahrgenommen wird, sind die bereits genannten tribalen Bevölkerungsgruppen, die am Rande oder außerhalb der agrarischen Kerngebiete in schwer zugänglichen Dschungel- und Berggebieten bis in die Neuzeit ein weitgehend autonomes Stammesleben führten. Ihr ambivalentes Verhältnis zu den „Staaten der Täler", die Geschichte ihrer Stammesfürstentümer und die schrittweise Integration mancher Stämme in die hinduistische Gesellschaft stellen eine weitere Konstante der Geschichte Südasiens dar.

Regionale Schwerpunktbildung

Fortleben der Stammeskulturen

Trotz der langen regionalstaatlichen Perioden, die nur selten von kurzlebigen gesamtindischen Reichsbildungen überhöht wurden, stellt Bharatavarsha, das heutige Südasien, seit dem Altertum nicht nur kulturell eine „Einheit in der Vielfalt" dar. Auch im ideologisch-politischen Bereich bildete es für erfolgreiche und imaginäre Universalherrscher (*chakravartin*) einen einheitlichen Großraum, der sich „grenzenlos" vom Himalaya bis an die drei Meere erstreckte, die Bharatavarsha im Westen, Süden und Osten umgeben. Medium dieser religiös-kulturellen Einheit waren vor allem die Brahmanen und ihre in Sanskrit verfassten heiligen Texte. Die normative Stellung der Brahmanen und ihrer heiligen Schriften geht in Nordindien auf das erste Jahrtausend v. Chr. zurück. Sie bildeten die Grundlage für die kulturelle Hegemonie Nordindiens, als die Herrscher der zentral- und südindischen Königreiche seit dem frühen Mittelalter scharenweise Brahmanen an ihre Höfe riefen, um durch sie ihre regionalstaatliche Herrschaft zu organisieren und im gesamtindischen Kontext zu legitimieren. Die Polarität zwischen regionaler Staatlichkeit und gesamtindischer Kultur trug seit dem späten Altertum wesentlich zur Integration des südasiatischen Subkontinentes bei.

Die Rolle der Brahmanen

3. Indien in Asien

Südasien ist geographisch im Norden durch die hohen Gebirge des Hindukusch, des Himalaya und der Chittagong-Berge von der Landmasse Asiens abgeschnitten und durch die Weite des Arabischen Meeres und des Golfes von Bengalen von seinen maritimen Nachbarregionen im Vorderen Orient und Südostasien getrennt. Trotz dieser naturgegebenen Begrenzungen stand Südasien seit Beginn seiner Geschichte über die Gebirgspässe im Nordwesten und die maritimen Handelswege in engen wechselseitigen Beziehungen zu seinen Nachbarregionen. Hegels Deutung der Stellung Indiens in der Weltgeschichte, die er in seinen „Vorlesungen über die Philosophie der Geschichte" vortrug, ist noch immer lesenswert: „Indien [ist] überhaupt als gesuchtes Land ein wesentliches Moment der ganzen Geschichte. Seit den ältesten Zeiten haben alle Völker ihre Wünsche und Gelüste dahin gerichtet, einen Zugang zu den Schätzen dieses Wunderlandes zu finden, die das Köstlichste sind, was es auf Erden gibt. [...] Der Weg, welchen diese Schätze zu dem Abendlande genommen, ist zu allen Zeiten ein welthistorischer Umstand gewesen, der mit dem Schicksale von Nationen verflochten war." Was Hegel in seinem eurozentrischen Verständnis des 19. Jahrhunderts ausdrückte, entspricht zumindest in einem Punkt dem, wie die Geschichte Indiens im eurasiatischen Kontext heute gesehen wird. Seit Herodot und verstärkt seit dem Indienzug Alexanders des Großen stellt Indien das „gesuchte Wunderland" der mediterranen Welt und des islamischen Orients dar. Die Entdeckung und Kontrolle der Handelswege nach Indien waren in der Tat „mit dem Schicksale von Nationen" verbunden. Doch was Hegel noch nicht bekannt sein konnte, ist die starke indische „Eigenbeteiligung" am Austausch der von ihm genannten köstlichsten Güter der Menschheit. Erst Anfang des 20. Jahrhunderts wurde die Induskultur mit ihren intensiven Handelsbeziehungen zum akkadischen Reich des Zweistromlandes im 3. Jahrtausend v. Chr. entdeckt. Und es mag ein Zufall sein, dass 1837, im selben Jahr, in dem Hegels Vorlesungen zur Philosophie der Geschichte erstmals in Buchform erschienen, die Inschriften des großen indischen Kaisers Ashoka aus dem 3. Jahrhundert v. Chr. entziffert wurden. In ihnen verkündete er, Botschafter an die hellenistischen Könige des Vorderen Orients und der Mittelmeerwelt entsandt zu haben, um die buddhistische Lehre zu vermitteln – drei Jahrhunderte bevor der Heilige Thomas das Christentum, die zweite große asiatische Weltreligion, am Hofe eines indo-parthischen Königs in Nordwestindien verkündete.

Hegels „gesuchtes Wunderland"

Entdeckung der indischen Geschichte

Auf eben jenen Wegen, auf denen bis in die frühe Neuzeit zahllose Eroberer, „von den Schätzen dieses Wunderlandes" angelockt, über die Bergpässe des Hindukusch nach Nordwestindien eindrangen, breitete sich auch die Kultur Indiens in weite Teile Asiens aus. Dies geschah besonders intensiv in jenen Zeiten der indischen Geschichte, in denen „Fremdherrscher" Nordwestindiens weiterhin enge Kontakte mit ihren vorderorientalischen oder zentralasiatischen Herkunftsländern aufrecht erhielten oder sie sogar mit ihren indischen Eroberungen

Seidenstraße

vereinigten. So fand die Ausbreitung des Buddhismus in Zentral- und Ostasien ihren ersten Höhepunkt, als die Dynastie der Kushanas in den ersten Jahrhunderten n. Chr. ihre afghanischen und baktrisch-zentralasiatischen Stammlande mit ihren nordindischen Eroberungen verband. Es war die Zeit muslimischer Vorherrschaft über Nordindien, in der indische Einflüsse im Vorderen Orient – und darüber hinaus auch in Europa – besonders intensiv wirkten, wofür u. a. die sog. „arabischen Ziffern" ein beredtes Zeugnis ablegen: Sie stammen aus Indien und wurden Europa von „den Arabern" vermittelt. Auch die Null, ohne die moderne Naturwissenschaften undenkbar wären, gelangte in dieser Zeit aus Indien über den Vorderen Orient nach Europa.

Doch es waren keineswegs nur die Gebirgspässe des Nordwestens, die Indien zum Vorderen Orient und nach Zentralasien öffneten und an das weit verzweigte Netzwerk der zentralasiatischen „Seidenstraße" anschlossen, die Ostasien mit der Mittelmeerwelt verband. Nicht minder bedeutend für Indiens Stellung in der asiatischen Welt waren die maritimen Handelswege im Indischen Ozean, die heute zu Recht als „Seidenstraße des Meeres" bezeichnet werden. Der indische Subkontinent, der wie ein Keil in den Indischen Ozean hineinragt, trennt zwar dessen beide große „Hälften", das Arabische Meer und den Golf von Bengalen, doch die wechselseitigen Handelsbeziehungen der indischen Häfen an der Südwestküste (der Malabarküste) und der Südostküste (der Choromandel-Küste) verbanden die beiden Hemisphären der maritimen Welt Indiens miteinander. Indiens maritime Beziehungen endeten jedoch nicht an den Küsten des Arabischen Meeres und des Golfs von Bengalen. Im Nordwesten verbinden das Rote Meer und der Persische Golf den Indischen Ozean mit der Mittelmeerwelt und dem Vorderen Orient, und im Osten öffnet die Straße von Malakka den Indischen Ozean nach Südostasien und – über das Südchinesische Meer – nach Ostasien. Die Geschichte des Handels im Indischen Ozean beruhte auf einem System vielschichtiger regionaler Handelsbeziehungen innerhalb dieser Teilmeere und dem direkten, transozeanischen Handel zwischen dem Vorderen Orient und Ostasien. Die kulturellen Kontakte Indiens gestalteten sich besonders intensiv in den „Nachbarmeeren" Indiens. Der Golf von Bengalen stellte weniger eine Barriere als vielmehr eine Brücke dar für die Ausbreitung der indischen Kultur in die Länder Südostasiens, der sogenannten „Indisierung" seit den frühen Jahrhunderten n. Chr. Im frühen 11. Jahrhundert unternahm die südindische Chola-Dynastie sogar den einmaligen Versuch, auch den gewinnbringenden Handel mit Südostasien durch einen Flottenangriff auf das südostasiatische Seereich Shrivijaya unter ihre Kontrolle zu bringen. Der transozeanische Handel lag dagegen seit dem frühen Mittelalter weitgehend in den Händen muslimischer Händler, deren Schiffe seit dem 8. Jahrhundert chinesische Häfen direkt anliefen. Das hoch entwickelte asiatische System integrierter regionaler und transozeanischer Handelsnetzwerke im Indischen Ozean stellte im frühen 16. Jahrhundert eine wesentliche Voraussetzung für das überraschend schnelle und erfolgreiche Vordringen der Portugiesen im Indischen Ozean bis China dar.

Der Indische Ozean

„Indisierung" Südostasiens

B. DAS FRÜHE INDIEN

Der Geschichte der Großreiche des indischen Altertums gingen mehrere Jahrtausende voran, die in der Literatur entweder als *prehistoric*, *protohistoric* oder als *early*, also frühes Indien zusammengefasst werden und die im Fächerkatalog deutscher Universitäten in den Arbeitsbereich der Ur- und Frühgeschichte fallen. Da in dieser weit bis in das erste Jahrtausend v. Chr. (und in Südindien sogar bis in die Zeit des „Romhandels") hinein reichenden Frühgeschichte die Grundlagen der Kultur Indiens gelegt wurden, ist es angebracht, unserer Gesamtdarstellung eine einleitende Zusammenfassung dieser Frühgeschichte voranzustellen. In ihr geht es vor allem um die beiden historisch bedeutsamsten Ereignisse der Frühgeschichte, die Entstehung der Induszivilisation und die Einwanderung und Sesshaftwerdung der Indo-Arya.

1. Die Induskultur

Die Entdeckung der großen Städte der Induskultur, Mohenjo-Daro und Harappa, in den zwanziger Jahren des 20. Jahrhunderts gehört zu den großen archäologischen Sensationen. Zum einen zeigte sich, dass im 3. Jahrtausend v. Chr. neben den großen Hochkulturen am Nil und im Zweistromland eine dritte Hochkultur am Indus existiert hatte, die nach der ersten Grabungsstadt auch Harappa-Kultur genannt wird. Zwar ergaben die Grabungen, dass die Städte am Indus keine den mesopotamischen und ägyptischen Kulturen vergleichbare Monumentalarchitektur kannten, jedoch eine die Kulturen des Vorderen Orients überflügelnde systematische Städteplanung. Dies gilt vor allem für das hoch entwickelte Be- und Entwässerungssystem Mohenjo-Daros sowie die einheitlich hierarchische Staffelung der Wohnbezirke mit entsprechend unterschiedlichen Straßenbreiten. Nicht weniger faszinierend sind die einheitlichen Maß- und Gewichtssysteme der Industädte, denen bereits das Dezimalsystem zugrunde gelegen haben dürfte. Weiterhin wurden etwa 4000 Kurzinschriften auf Stempelsiegeln und Amuletten entdeckt, deren etwa 450 piktographische Zeichen sich bisher jedoch allen Versuchen einer Entzifferung widersetzt haben.

Städteplanung

Die Verbreitung dieser Schrift und weiterer einheitlicher Ordnungssysteme wie Gewichte und Maße (z. B. der Ziegelsteine) über Hunderte von Kilometern führte immer wieder zu der Annahme, dass auch die Induskultur eine der vorderorientalisch-ägyptischen Geschichte vergleichbare großstaatliche Entwicklung durchlaufen habe. Eine neuere Untersuchung betont z. B. die Konzentration vermutlicher Herrschaftssymbole wie etwa das „Große Bad", eine Säulenhalle und Statuen im „Burgbereich" in Mohenjo-Daro, der größten Stadt der Induskultur, die zeitweise eine Vormachtstellung ausgeübt haben dürfte. Wie jedoch die Geschichte Indiens und des frühen Mesopotamiens aufzeigt, setzt die Ein-

Schrift

heitlichkeit kultureller Phänomene keineswegs eine einheitsstaatliche Entwicklung voraus. Ein polyzentrisches System autonomer, Handel treibender städtischer „Ballungsgebiete" kann ebenfalls kulturelle Homogenisierung bewirken. Nicht auszuschließen ist jedoch, dass ein Zentrum wie Mohenjo-Daro vorübergehend eine Hegemonie über benachbarte Regionen zu errichten vermochte.

Die Entdeckung der Induskultur führte zwangsläufig zu der Erkenntnis, dass der seminomadischen und frühagrarischen Kultur der vedischen Indo-Arya des 2. und frühen 1. Jahrtausends v. Chr., die zunächst als die älteste Indiens gegolten hatte, eine urbane Hochkultur vorausgegangen war. Umstritten bleibt jedoch die Frage, wer ihre „Träger" waren: Indo-Arya, wie dies heute eine große Zahl (nord-)indischer Archäologen postuliert, oder Angehörige der (heute nahezu ausschließlich in Südindien lebenden) drawidischen Bevölkerung, wie dies heute von Südindern und der großen internationalen Gemeinschaft der Induskulturforscher weitgehend vermutet wird? Eine endgültige Klärung dürfte erst die Entzifferung der Schrift erbringen (siehe hierzu unten Kap. II.3.4).

Bevölkerung

Die Ausgrabungen in der ersten Hälfte des 20. Jahrhunderts beschränkten sich im Wesentlichen auf die beiden großen Städte, die zunächst als „Ausläufer" der vorderorientalischen Hochkulturen angesehen wurden. Erst die Grabungen der letzten Jahrzehnte führten zu einer systematischen Erforschung der Vorgeschichte und der geographischen Ausdehnung der Induskultur und veränderten unser Wissen über die Frühgeschichte des Subkontinentes noch einmal tiefgreifend. So lassen die Grabungen in den westlichen Randgebieten des Industales, insbesondere in Baluchistan, eine indigene Vorgeschichte der Induskultur bis in das Neolithikum im 7./8. Jahrtausend v. Chr. zurückverfolgen. Die Grabungen französischer Archäologen in Mehrgarh am Fuße des Bolanpasses, jener (neben dem Kyberpass) zweiten bedeutenden Landverbindung Südasiens zu den Ländern West- und Zentralasiens, zeigen geradezu bilderbuchartig eine kontinuierliche Entwicklung der Kultur über fünf Jahrtausende auf: von der Sesshaftwerdung semi-nomadischer Jägergruppen über die Domestikation von Haustieren und Anbau von Getreide zu Siedlungsverdichtung, Metallverarbeitung, überregionalem Handel und früher Urbanisierung bis in die Hochkultur („mature Harappan") von etwa 2500–2100 v. Chr.

Vorgeschichte

Nicht minder erstaunlich ist die geographische Ausdehnung der Induskultur (s. Karte 2). Sie reicht im Westen von einer befestigten Hafenstadt nahe der persisch-pakistanischen Grenze (Sutkagen Dor) über eine bedeutende (Residenz?)-Stadt im südlichen Afghanistan (Mundigak) bis zu einer Handelsstadt für die begehrten Lapislazulisteine im fernen Norden an der afghanisch-tadschikischen Grenze (Shortugai). Im Osten sind Siedlungen der Induskultur bis in das Ganga-Yamuna-Zweistromland bei Delhi und im Süden bis nach Gujarat und Nord-Maharashtra bekannt. Mit etwa 1,3 Millionen qkm übertrifft die räumliche Ausdehnung der Induskultur jene der zeitgenössischen Hochkulturen des Westens beträchtlich, und Mohenjo-Daro gilt heute als die größte städtische Siedlung der damaligen Menschheit. Erstaunlich sind auch die in den vergangenen Jahrzehn-

Ausdehnung der Induskultur

ten immer deutlicher erkennbaren intensiven Handelsbeziehungen zwischen den Indusstädten und Mesopotamien, insbesondere dem Reich von Akkad in den letzten Jahrhunderten des 3. Jahrtausends. Eine beträchtliche Anzahl von Rollsiegeln in den Städten des akkadischen Reiches kündet von Händlern aus „Meluhha", das heute übereinstimmend mit dem Gebiet der Induskultur identifiziert wird. Das sogenannte Persische-Golf-Siegel, das in der westindischen Hafenstadt Lothal entdeckt wurde, legt wiederum Zeugnis für den direkten Handel des Vorderen Orients mit Indien ab, über den auch Inschriften des Reiches von Akkad im späten 3. Jahrtausend zu berichten wissen.

Beziehungen zum akkadischen Reich

In den frühen Jahrhunderten des 2. Jahrtausends v. Chr. traten in den großen Städten des Industales deutliche Symptome urbanen Niederganges auf, die bald auch auf die Randgebiete der Induskultur übergriffen. Einer Periode rapiden Verfalls im 19. und 18. Jahrhundert folgte dann spätestens um 1700 der endgültige Untergang. Über die Ursachen dieses plötzlichen Endes der Indusstädte, das in den anderen frühen Hochkulturen keine Parallele findet, ist viel gerätselt worden. Hatte man zunächst kriegerische Einwirkungen durch erobernde Indo-Arya vermutet, so sieht man heute ein ganzes Bündel möglicher Ursachen, deren Zusammenwirken die ökonomisch und ökologisch ohnehin grundsätzlich prekäre Grundlage der Indusstädte zerstörte. Hierzu zählen Dürrekatastrophen in den besonders anfälligen semiariden Randgebieten des Industales ebenso wie gewaltige tektonische Verwerfungen am Unterlauf des Indus, die zu Flutkatastrophen und Epidemien in den großen Städten des Industales und zur Austrocknung und Veränderung der Flussläufe in den östlichen Nachbarregionen führten. Weiterhin lassen archäologische Befunde einen deutlichen Rückgang des gewinnbringenden Handels mit dem Vorderen Orient erkennen. Ein Zusammenwirken verschiedener Faktoren dürfte die ökologischen Grundlagen der urbanen Induskultur schrittweise untergraben haben, bis die Städte endgültig aufgegeben wurden und die Bevölkerung in die östlichen Randgebiete auswanderte, wo dann aber wichtige „post-urbane" Nachfolgekulturen entstanden (s. Kap. II.3.3). Nichts deutet darauf hin, dass das Ende der Induskultur die Folge größerer kriegerischer Eroberungen war, obschon es in dieser Spätphase auch zu Überfällen und Plünderungen der Städte gekommen sein dürfte, wie Spuren des sog. „last massacre" in der obersten Grabungsschicht Mohenjo-Daros bezeugen.

Untergang der Indusstädte

Der Untergang der Indusstädte bedeutete jedoch keineswegs ein gänzliches Erlöschen von deren Kultur. Siegel und Terrakottaplastiken bezeugen eine Reihe von Göttergestalten und mythisch-rituellen Szenen, die uns später im Hinduismus wieder begegnen werden. Hierzu zählen eine berühmte Siegeldarstellung des sog. „Proto-Shiva", die einen Gott im Yogasitz mit erigiertem Glied, drei Häuptern und von Tieren umgeben zeigt, sowie zahlreiche Kleinplastiken der Muttergöttin und bildliche Hinweise auf Tier- und Baumverehrung. Ferner wird immer wieder die Vermutung geäußert, dass das Kastensystem, das den einwandernden Indo-Arya gänzlich unbekannt war, jedoch die Sozialordnung der späteren indischen Gesellschaft entscheidend prägte, seinen Ursprung in der Indus-

Nachwirken der Induskultur

kultur hatte. Auch andere Ordnungsparameter der Induskultur wie Maße und Gewichte scheinen die Jahrhunderte nach deren Untergang unbeschadet überdauert zu haben. So ergaben Untersuchungen, dass die Gewichte eines großen Hortfundes punzierter Münzen der Mitte des ersten Jahrtausends v. Chr. eine weitgehende Übereinstimmung mit den Gewichten der Indusstädte aufweisen.

2. Die Einwanderung der Indo-Arya und die vedische Periode Nordindiens

2.1 Die Herkunft und Einwanderung der Indo-Arya

Die Einwanderung und Sesshaftwerdung der Indo-Arya im Nordwesten des indischen Subkontinents im 2. Jahrtausend v. Chr. stellen nach der Entstehung und Blüte der Induskultur das zweite bedeutende Ereignis der frühen Geschichte Indiens dar. Ihre heiligen Schriften, die Veden, und Sanskrit, die Sprache der Indo-Arya, gelten bis heute als einigendes Band der indischen Kultur. Die älteste Liedersammlung der Veden, der *Rigveda*, bezeugt eine seminomadische Lebensweise, enthält aber auch Hinweise auf den Beginn der Sesshaftwerdung. Aus philologischen und religionshistorischen Gründen glaubte man lange Zeit, die Entstehungszeit des *Rigveda* – und damit auch die Einwanderung der vedischen Indo-Arya – um 1200 v. Chr. datieren zu können. Das halbe Jahrtausend, das seit dem Untergang der Indusstädte vergangen war, galt als „the dark age", als eine geschichtslose Zeit zwischen diesen beiden historischen Höhepunkten der Frühgeschichte.

Einwanderung der Indo-Arya

Die intensive archäologische Forschung hat dieses Bild in den vergangenen Jahrzehnten jedoch beträchtlich verändert, da sie die Lücke unserer Kenntnisse über das „dunkle Zeitalter" gleichermaßen von ihren beiden „chronologischen Enden" her schloss. Zum einen zeigte sich, dass auch nach dem Untergang der Städte der Induskultur in weiten Teilen Nordwest- und Westindiens und des Gangestales bedeutende post-urbane, chalkolithische Kulturen weiter bestanden, die bis über die Mitte des 2. Jahrtausends hinaus Einzelaspekte der Induskultur (z. B. Keramik) in einer dörflichen Umwelt tradierten. Zu diesen post-urbanen Kulturen zählen u. a. die Jhukar-Kultur im Sindh oder Daimabad in Maharashtra und die Malwa-Kultur in Rajasthan. Manche dieser Kulturen, die man zunächst als „Post-Harappan" bezeichnete, werden heute wegen der, wenn auch sich abschwächenden, harappazeitlichen Einflüsse der „Late-Harappan"-Phase zugeordnet.

„Post-Harappan"-Kultur

Noch nachhaltiger wurde die These von der „geschichtslosen Zeit" durch Forschungen darüber in Frage gestellt, wie die Einwanderungen der Indo-Arya abgelaufen waren (s. u., Kap. II.3.2). Zunächst glaubte man, dass die nach Nordwestindien einwandernden Arya einzig mit jener Population gleichzusetzen seien, aus der etwa um 1200 n. Chr. die Veden hervorgegangen waren. Heute geht man zumeist davon aus, dass die vedischen Arya erst am Ende einer sich über Jahrhunderte, vermutlich sogar über das gesamte zweite Jahrtausend hinziehenden Wanderung von Bevölkerungsgruppen stehen, die der indo-europäischen Sprachgemeinschaft angehörten. Eine nicht unbeträchtliche Zahl von Archäologen und Historikern lehnt jedoch die Vorstellung von einer Einwanderung indoarischer Bevölkerungsgruppen ab und spricht nur noch von einer Ausbreitung ihrer Sprache nach Südasien, während eine Reihe indischer Historiker Indien gar zur „Urheimat" der Indo-Arya erklärt (s.u., Kap. II.3.4). Um die indischen „Aryas" vom deutschsprachigen Mythos der „Arier" des 19. und 20. Jahrhunderts deutlich zu unterscheiden, wird hier bewusst der auch in der englischsprachigen Literatur gängige Sanskrit-Ausdruck Arya verwendet.

Herkunft der Indo-Arya

In Nordwestindien stießen Archäologen in den Grabungshorizonten des beginnenden 2. Jahrtausends und vermehrt in jenen der folgenden Jahrhunderte auf Funde, die weder der Induskultur noch lokalen Kulturen zugerechnet werden können. Hierzu gehören hoch entwickelte Bronzewaffen sowie die beiden wichtigsten Waffen der Nomadenvölker im südlichen Zentralasien, der Streitwagen und das Pferd, die in der Induskultur unbekannt waren. Ferner legten Archäologen „öffentliche" Feuerplätze frei, die als Feueraltäre gedeutet werden, und entdeckten in einem Gräberfeld der späten Harappazeit (*Cemetery H*) Keramik mit einer in der Induskultur unbekannten Malerei, in der Archäologen bereits Anklänge an mythisch-religiöse Glaubenssysteme der späteren Veden, wie etwa die Seelenwanderung, zu erkennen glauben. Diese Funde bezeugen sowohl Übereinstimmungen mit der vedischen Kultur Nordwestindiens als auch deutliche Beziehungen zur zentralasiatisch-iranischen Bronzezeitkultur des späten 3. und frühen 2. Jahrtausends, die ihrerseits mit den dort ansässigen indoiranischen Sprachgruppen in Zusammenhang gebracht wird. Diese hatten sich vermutlich bereits im späten 4. Jahrtausend in Zentralasien von der größeren indoeuropäischen Sprachfamilie getrennt, um sich dann im späten 3. Jahrtausend nochmals in die iranischen und die indoarischen Sprachgruppen aufzuspalten.

Archäologen glauben, in den Funden „fremder Herkunft" („intrusive traits"), die sie in den Grabungshorizonten des frühen 2. Jahrtausends in Nordwestindien entdeckten, erste Spuren von zentralasiatisch-indoarischen Bevölkerungsgruppen in Südasien erkennen zu können. Fraglich bleibt jedoch, ob es sich bei ihnen bereits um direkte Vorfahren der späteren vedischen, Sanskrit sprechenden Indo-Arya gehandelt hat. Wahrscheinlich haben wir es eher mit einer Population wie etwa der dardischen Sprachgruppe zu tun, die einer vorvedischen, nicht Sanskrit sprechenden, indoarischen Sprachgruppe angehört, deren Nachfahren noch heute im oberen Industal leben. Angehörige dieser Populationen, die seit Beginn des 2. Jahrtausends aus Zentralasien nach Nordwestindien einwanderten, dürften noch in direkten Kontakt mit den Städten der späten Induskultur gekommen sein. Sie scheinen jedoch sehr bald eine intensive Akkulturation durchlaufen zu haben, denn bereits in der Mitte des zweiten Jahrtausends

Indoarische Sprachgruppen

verlieren sich ihre (archäologisch erkennbaren) Spuren. Es bestehen aber gute Gründe, anzunehmen, dass ihnen die Übermittlung der o.g. kulturellen Elemente der Induskultur an die vedischen Arya zuzuschreiben ist, die ihnen wenige Jahrhunderte später nach Nordwestindien folgten.

Überraschenderweise sind Angehörige der vedischen Arya literarisch erstmals weder in Zentralasien noch in Indien nachweisbar, sondern im Vorderen Orient. In der Mitte des 14. Jahrhunderts v. Chr. begegnen wir ihnen in Anatolien, wo in einem Friedensvertrag der Mitanni- und Hethiter-Reiche vedische Götter wie Indra und Varuna als Zeugen angerufen wurden. In der Hethiter-Hauptstadt wurden außerdem Tontafeln gefunden, die Teile eines Pferdezucht-Handbuches überliefern, das in reinem Sanskrit verfasst ist. Offenbar waren in der ersten Hälfte des 2. Jahrtausends Gruppen sanskritsprachiger, vedischer Arya aus dem südlichen Zentralasien oder dem iranischen Hochland sowohl in den Vorderen Orient als auch nach Nordwestindien aufgebrochen. Während sie im Vorderen Orient wenige, aber datierbare „Archivalien" hinterließen, schufen sie in Nordwestindien in den Veden nicht nur die älteste indoeuropäische Literaturgattung, sondern für Historiker auch einen Quellenbereich unschätzbaren Wertes über die frühe Kultur der vedischen Gesellschaft in Indien.

Indo-Arya im Vorderen Orient

2.2 Die Kultur der frühvedischen Zeit im Nordwesten

Die Veden umfassen insgesamt vier zeitlich aufeinander folgende Textgruppen, die „Heiligen Worte" (*mantra*), Opfertexte (*brāhmaṇa*), philosophische „Geheimtexte" (*upaniṣad*) und wissenschaftliche Lehrtexte (*sūtra*). Die wichtigsten aus der Frühzeit – und damit auch der Veden im engeren Sinne – sind die Mantras, die in vier Sammlungen (*saṃhitā*) zusammengefasst sind und von denen der *Rigveda* als der älteste Text gilt. Die Entstehung der Veden dürfte sich etwa über ein Jahrtausend von der Mitte des 2. bis in die Mitte des 1. Jahrtausends v. Chr. erstreckt haben. Sie spiegeln die Entwicklung der vedischen Gesellschaft von der (vermuteten) Einwanderung und der Sesshaftwerdung über ihre Migration in das Gangestal und ins westliche Zentralindien hin zu frühstaatlicher Entwicklung wider.

Die Veden

Die Wirtschaftsweise der vedischen Gesellschaft weist anfangs deutliche seminomadische Eigenheiten auf. Rinder und Beutezüge waren die Quellen des Reichtums. Jagen und Fischen spielten eine wichtige Rolle im Wirtschaftsleben, während Ackerbau nur vereinzelt Erwähnung findet. Handwerk existierte in frühvedischer Zeit nur in einigen Bereichen, wie etwa Töpferei und Stellmacherei für die wichtigen Streitwagen. Eine deutlich erkennbare Weiterentwicklung des Handwerks trat erst mit der Sesshaftwerdung und der damit verbundenen schrittweisen Integration indigener Bevölkerungsgruppen ein, deren handwerkliche Fähigkeiten jenen der frühvedischen Arya offenbar weit überlegen waren. Dies trifft in besonderem Maße auf das Metall verarbeitende Handwerk zu. Die seit dem späten 11. Jahrhundert v. Chr. nachweisbare Nutzung von Eisenerz be-

Die vedische Gesellschaft

schränkte sich zunächst noch weitgehend auf die Erstellung von Waffen, insbesondere von Pfeilspitzen.

Soziale Stratifizierung

In der Wanderungszeit war die vedische Gesellschaft in eine große Zahl höchst mobiler Stämme (*jana*) aufgeteilt, die anfangs nur eine geringfügige soziale Stratifizierung aufwiesen. Selbst die Macht ihrer Häuptlinge (*rājā*) war durch die Versammlung der Freien stark beschränkt. Erst mit der Sesshaftwerdung lassen die vedischen Texte das Bestreben der Priester (Brahmanen) und der Krieger (Kshatriyas) erkennen, ihre Stellung gegenüber den Gemeinfreien (Vaishyas) und der einheimischen Bevölkerung (Shudras) zu stärken. Eine Folge war die Entstehung des Kastenwesens, das uns Ende des 2. Jahrtausends v. Chr. erstmals in einer späten Hymne des Rigveda entgegentritt. Sie berichtet von der Erschaffung der vier genannten Kasten, die aus dem Mund, den Armen, Schenkeln und Füßen des geopferten göttlichen Urwesens Purusha hervorgingen. Es ist bezeichnend, dass diese wohl eher als „Stände" zu verstehenden Kasten die Bezeichnung *varṇa* trugen, was soviel wie „Farbe" bedeutet. Mit dieser auf rituelle und soziale Ausgrenzung der dunkelhäutigen Ureinwohner abzielenden „Ständeordnung" war die Grundlage für die künftige Entstehung Tausender endogamer, auf Geburtszugehörigkeit (*jāti*) beruhender, berufsspezifischer Kasten geschaffen, eine Entwicklung, die bis in die Gegenwart anhält.

Aus der vedischen Frühzeit fehlen jegliche Hinweise auf frühstaatliche Entwicklungen, auch wenn die Texte bisweilen von Stammesföderationen berichten, die gemeinsame Kriegs- und Beutezüge unternahmen. Auch erfahren wir aus den frühvedischen Quellen nichts über größere Siedlungen oder gar Städte. Der Rigveda ist jedoch reich an Berichten über den Kampf der Arya gegen palisadengeschützte Burgen (*pur*) der dunkelhäutigen Dasa oder Dasyu. Vereinzelt wird auch von Ruinen berichtet, die möglicherweise aufgelassene Siedlungen der Induskultur darstellten.

2.3 Die spätvedische Zeit: Die Expansion der vedischen Kultur in die Gangesebene

Gegen Ende des zweiten und verstärkt zu Beginn des ersten Jahrtausends wurde die vedische Gesellschaft des Nordwestens von einer tief greifenden Unruhe erfasst: Die Texte berichten u. a. von Kämpfen um Weideplätze und von der bitteren Not der Sänger. Als Ursachen werden Übervölkerung, Klimaveränderung und, damit zusammenhängend, die Austrocknung des Saraswati-Flusses im Kerngebiet des frühvedischen Siedlungsgebietes vermutet. In dieser Zeit setzte eine erneute Migration von Teilen der vedischen Bevölkerung ein, die zu einer Ausdehnung ihrer Kultur über das Ganges-Yamuna-Zweistromland hinaus bis in die östliche Gangesebene und im Westen über Rajasthan in den Süden bis nach Gujarat führte.

Ausbreitung der vedischen Gesellschaft

Diese Expansion der vedischen Kultur, die sich seit Beginn des 1. Jahrtausends v. Chr. abspielte, lässt sich nicht nur aus den *Brāhmaṇa*-Ritualtexten rekonstruieren, sondern erstmals auch archäologisch nachweisen. Auch wenn die historische Abfolge bisher nur in Umrissen bekannt ist, so bestehen doch an den weit reichenden historischen Folgen der spätvedischen Entwicklung kaum Zweifel. Am Abschluss dieser Periode (etwa um 600 v. Chr.) zeichnen sich deutlich jene Konturen ab, die in den folgenden Jahrhunderten dem tief greifenden, sozio-ökonomischen und politischen Wandel unterliegen, der die „Gangesstädte" und die ersten historischen Staaten Indiens schuf. Die spätvedische Zeit gilt daher zu Recht als die formative Phase in der frühindischen Geschichte.

Die Expansion der vedischen Gesellschaft in der ersten Hälfte des 1. Jahrtausends v. Chr. lässt sich anhand der topographischen Angaben in den vedischen Texten nachzeichnen. Überliefern die frühen Texte, insbesondere der Rigveda, fast noch ausschließlich Namen der heiligen Flüsse des Panjabs im Nordwesten, so nennen die spätvedischen *Brāhmaṇa*-Texte vermehrt und die *Upaniṣaden* nahezu ausschließlich Toponyme im indischen Zweistromland und der mittleren Gangesebene. Es ist dieses „Mittelland" (*madhyadeśa*), in dem sich in jener Zeit auch die Kämpfe verfeindeter Clane und Familien bei der Gründung erster Fürstentümer abgespielt haben dürften, die Jahrhunderte später in den großen indischen Epen, dem *Mahābhārata* und *Rāmāyaṇa*, als älteste mythisch-legendäre Königreiche der indischen Geschichte ihren Niederschlag fanden.

Sesshaftwerdung

Von entscheidender Bedeutung für diese Periode war es, dass der erneuten Migration sehr bald die Sesshaftwerdung der vedischen Gesellschaft folgte. Sie lässt sich anschaulich am Bedeutungswandel des Sanskrit-Ausdruckes *grāma* aufzeigen. Bezog er sich in den frühvedischen Texten stets auf „Kriegerschar" oder wandernden „Treck", der im Winter seine beiden Enden zur Wagenburg zusammenzog, so bezeichnet *grāma* seit spätvedischer Zeit bis in die Gegenwart ein Dorf. Die Sesshaftwerdung ging einher mit der mühsamen Urbarmachung der fruchtbaren Alluvialböden der Gangesebene. Mit dem Anbau von Nassreis wurde der schrittweise Übergang von der seminomadischen Wirtschaftsweise zur agrarischen Produktionsweise möglich. Diese Entwicklung wurde durch vermehrte Nutzung von Eisen für die Herstellung von Äxten und Pflugscharen beschleunigt.

Aufstieg der Kshatriyas

Die Sesshaftwerdung und beginnende Agrarwirtschaft verursachten einen tief greifenden sozialen Wandel. Während in frühvedischer Zeit die Treckführer (*grāmaṇī*) meist aus dem Kreise der Vaishyas hervorgegangen waren, ist die spätvedische Zeit vom Aufstieg der Kshatriyas zu „Dorfbesitzern" (*grāmin*) gekennzeichnet. Die Unterwerfung der Dorfbevölkerung führte zu starken sozialen Spannungen und anfangs auch vereinzelt zur Vertreibung des neuen „Adels". In spätvedischer Zeit hatte sich dann aber eine klare Stratifizierung der Gesellschaft in die zwei Klassen durchgesetzt: Brahmanen und Kshatriyas, den „Essern", standen als „Speise" die Vaishyas und Shudras gegenüber. Letztere hatten nun erstmals regelmäßige Abgaben, die „Speise" der „Esser", zu entrichten.

Der Aufstieg der Kshatriyas zu Dorfbesitzern löste eine folgenreiche soziale Dynamik aus: Der Unterwerfung des eigenen Dorfes folgten Machtkämpfe zwischen verfeindeten Kshatriya-Clanen um die Vorherrschaft über mehrere Dörfer. Eine fortschreitende Differenzierung setzte auch innerhalb der Kshatriya-Gruppen ein, von denen bald nur noch Angehörige der Familienverbände (oder *senior lineages*) bestimmter Clane zur Königswahl befähigt waren. Diese streben nun die Herrschaft über den Stamm (*janarājya*) oder gar Oberherrschaft über mehrere Stämme (*sāmrājya*) an, ein Ausdruck, der bisher ausschließlich der Machtfülle bestimmter Götter vorbehalten war. In diesen Zeiten zeichneten sich auch Ansätze einer organisierten Verwaltung des erweiterten patriarchalischen Hausbetriebes ab, aus der dann in der Folgezeit die typischen patrimonialen Kronämter hervorgingen. Mit dieser Entwicklung ging eine Territorialisierung der Herrschaft einher, galt es doch, die Herrschaft nicht nur innerhalb des Stammes (*jana*) zu sichern, sondern auch das Gebiet, das von den „Fußstapfen" (*pada*) des Stammes gekennzeichnet war, gegen konkurrierende Ansprüche benachbarter Stämme zu verteidigen. So entstand das Konzept des Janapada – ein Begriff, der sowohl das „Stammesland" als auch dessen Bewohner bezeichnet.

Frühstaatliche Entwicklung

Janapada

Einen wesentlichen Anteil an dieser Entwicklung zur spätvedischen Gesellschaft hatten die Brahmanen. Ihr Aufstieg zur religiös dominierenden Kaste war symbiotisch mit dem politischen Machtanspruch der Kshatriyas verbunden. Ihre machtvollen Rituale, die uns in den zeitgenössischen *Brāhmaṇa*-Texten überliefert sind, trugen wesentlich zur Legitimation des gesellschaftlichen Wandels und der frühstaatlichen Entwicklung bei. Im großen Pferdeopfer (*aśvamedha*) und im Rajasuya, dem aufwändigen, sich über Monate hinziehenden Krönungsritual, finden wir paradigmatisch religiös-fruchtbarkeitsmagische, gesellschaftlich-normative und politisch-legitimatorische Funktionen verbunden.

Gegen Ende der spätvedischen Zeit begann mit den „Geheimlehren" der *Upaniṣad*-Texte (ca. 7.–5. Jahrhundert) eine neuartige rationale Lebensgestaltung und Philosophie. Nach den ins Grenzenlose ausufernden opfermagischen Spekulationen der *Brāhmaṇa*-Ritualtexte folgten in den Upanishaden erstmals philosophische Lehrgespräche, die zu den späteren Lehren über Leben, Geburtenkreislauf und Erlösung führten. Sie künden den religiösen und intellektuellen Aufbruch an, der im 5. Jahrhundert in der Lehre des Buddha seinen ersten Höhepunkt fand.

Beginn der indischen Philosophie

Die spätvedischen gesellschaftlichen und kulturellen Entwicklungen werden durch neuere archäologische Befunde bestätigt. Vom 9.–6. Jahrhundert ist im Ganga-Yamuna-Zweistromland und in der mittleren Gangesebene eine Siedlungsverdichtung und die schrittweise Herausbildung einer Siedlungshierarchie erkennbar, die auf die Entstehung zentraler Orte mit steigender politischer Macht schließen lässt. Einige dieser Orte, die damals kaum die Größe von 10 ha überschritten und noch keine Anzeichen systematischer Siedlungsplanung erkennen ließen, dürften Sitze der früheren „Stammesfürsten" gewesen sein. In der Tat sind nahezu alle Hauptstädte der späteren „Großfürstentümer" (*mahājanapada*) seit spätvedischer Zeit auch archäologisch als bedeutende Siedlungen bekannt. Hierzu zählen u. a. Hastinapura und Indraprastha (im heutigen Delhi), die „Hauptstädte" der verfeindeten Kauravas und Pandavas des Mahabharata-

Frühe Stammesfürstentümer

Epos, sowie Saravasti, Kausambi, Rajghat/Benares und Rajgir, die späteren Hauptstädte der mächtigen Mahajanapadas von Koshala, Vatsa, Kashi und Magadha, denen wir im Folgenden noch begegnen werden (s. Karte 3).

Die spätvedischen Grabungshorizonte all dieser Siedlungen des indischen Zweistromlandes und mittleren Gangestales bis etwa Benares weisen eine spezifische grau bemalte Keramik auf (*Painted Grey Ware* = PGW), deren Anfänge bis in das 10. Jahrhundert zurückgehen dürften. Da sie bis in das 6. Jahrhundert das „Leitfossil" der spätvedischen Siedlungen bildet, sprechen Archäologen heute von einer *Painted Grey Ware*-Kultur. Die hohe Qualität dieser Keramik ist ebenso auffallend wie ihre etwa ein halbes Jahrtausend anhaltende, flächendeckende Verbreitung im Kerngebiet der spätvedischen Kultur. Dies spricht ebenso wie die umfangreichen Texte der Brahmana-Zeit, die ebenfalls weitgehend in dieser Region entstanden, für das kulturelle Zusammenwachsen dieses „Mittellandes" (*madhyadeśa*), das bis in die Gegenwart hinein, also nahezu drei Jahrtausende das Zentrum des orthodoxen Hinduismus bleiben sollte.

Archäologischer Befund

Hatte man bis vor kurzem angenommen, dass diese tief greifende Entwicklung einzig das Werk der vedischen Arya gewesen sei, die in die Gangesebene einwanderten, so wissen wir heute, dass im Zweistromland und der mittleren Gangesebene sowie in Teilen Zentralindiens eine hoch entwickelte, chalkolithische Kultur bestanden hatte, die bereits vor der Ausdehnung der vedischen Kultur bedeutende Siedlungen hervorgebracht hatte (z.B. Atranjikhera und Chirand). Archäologisch wird sie heute meist mit der ockerfarbigen Keramik (*Ochre Coloured Ware* = OCW) und den berühmten Kupferhortfunden identifiziert, die jedoch häufig auch mit vorvedischen Aryas in Verbindung gebracht werden. Auch in weiten Teilen Nordwest- und Zentralindiens legten Archäologen in den vergangenen Jahrzehnten bedeutende chalkolithische Siedlungen frei, wie Ahar bei Udaipur oder Daimabad in Maharashtra, die ebenfalls bereits in eine hoch entwickelte Siedlungshierarchie eingebettet waren. Die rapide wirtschaftliche und soziale Entwicklung im frühen ersten Jahrtausend v. Chr. dürfte nicht unwesentlich von dieser vorvedischen, chalkolithischen Kultur beeinflusst worden sein. Es liegt sogar nahe, die tief greifende Wandlung, die die spätvedische Gesellschaft in relativ kurzer Zeit durchlief, im Wesentlichen als einen Akkulturationsprozess darzustellen, in dem die spätvedische Gesellschaft die materielle Kultur der vorvedischen chalkolithischen Kultur übernahm. Bezeichnend für den weiteren Verlauf der Geschichte Indiens ist es, dass die frühe Staatenbildung und Urbanisierung in der zweiten Hälfte des ersten Jahrtausends v. Chr. dort ihren Ausgang nahm, wo diese spätvedische Akkulturation am intensivsten war: in der Gangesebene und in Teilen des westlichen Dekkans.

Autochthone Kulturen Ost- und Zentralindiens

C. DAS ALTERTUM

1. Urbanisierung und frühstaatliche Entwicklung in Nordindien

Die wichtigsten Themen des indischen Altertums von ca. 500 v. Chr. bis 500 n. Chr sind die ersten Großreichsbildungen der indischen Geschichte, die (nach dem Niedergang der frühen Induststädte) Erneuerung städtischer Kultur („second urbanization") und die intensiven Kontakte Indiens mit allen Großregionen Asiens. Auch kulturell erreicht das Altertum einen Höhepunkt der indischen Geschichte, an dessen Beginn das Leben und die Lehre des Buddha und am Ende die Kanonisierung weiter Bereiche der hinduistischen Kultur stehen. Im Gegensatz zum „frühen Mittelalter" war das Altertum wesentlich von der politischen und kulturellen Dynamik Nordindiens geprägt, die von der mittleren Gangesebene ausging.

Phasen staatlicher und urbaner Entwicklung

Die Staatenbildung vollzog sich in Nordindien von den frühen Fürstentümern bis zur ersten Großreichsbildung in fünf Phasen: (1) Im 9. bis 7. Jahrhundert begann die bereits dargestellte Entwicklung der zahlreichen kleinen Janapada-Fürstentümer. (2) Aus ihnen gingen im 6. und frühen 5. Jahrhundert sechzehn „Groß(stammes)fürstentümer" (*mahājanapada)* hervor, ein Prozess, der mit dem Beginn der „zweiten Urbanisierung" zusammenfällt. (3) Im Laufe des 5. Jahrhunderts brach unter ihnen ein Kampf um Vorherrschaft aus, den Magadha etwa um 400 v. Chr. siegreich beendete, eine Zeit, in der auch die großen Befestigungen der Gangesstädte entstanden. (4) Die im frühen fünften Jahrhundert begründete Nanda-Dynastie weitete innerhalb weniger Jahrzehnte die Vorherrschaft Magadhas zur Herrschaft über Nordindien aus und begründete damit das erste nordindische Großreich. (5) Die letzte, „imperiale" Phase dieser schrittweisen staatlichen Expansion vollzog sich unter der Maurya-Dynastie Magadhas, die etwa seit 320 v. Chr. das erste gesamtindische Großreich begründete. Damit kam eine Entwicklung zum Abschluss, die in der indischen Staatslehre treffend als „Gesetz der Fische" (*mātsyā-nyāya*) begriffen wird, demzufolge der große Fisch den kleinen frisst.

Mahajanapadas

Die Geschichte des indischen Altertums begann mit der Entstehung der 16 Mahajanapadas, die uns als erste Staaten Indiens aus literarischen und archäologischen Quellen bekannt sind. Auch wenn Einzelheiten in der Herausbildung dieser Königreiche aus der Vielzahl der kleinen spätvedischen Fürstentümer noch weitgehend im Dunkeln liegen, so lassen archäologische Befunde doch erkennen, dass sie mit einer fast sprunghaften wirtschaftlichen Entwicklung und einer deutlichen Siedlungsverdichtung einherging. Besonders aufschlussreich ist die drei-, bisweilen sogar vierstufige Siedlungshierarchie im Umfeld der Hauptstädte der Mahajanapadas, die auf wirtschaftliche und politische Integration der Dörfer und Zentralorte in die Machtsphäre dieser Kleinkönigreiche schließen lässt. Gegen Ende des 5. Jahrhunderts begannen sich einzelne Städte erstaunlich zu vergrößern, und ihre ersten Befestigungsanlagen lassen auf zunehmende Zentralisierung der politischen Macht und beginnende Kämpfe zwischen einzelnen Mahajanapadas schließen.

Wichtigste Indikatoren für die neue wirtschaftliche Macht der Städte in der Gangesebene sind die hochwertige „nördliche, schwarzpolierte Keramik" (*Northern Black Polished Ware* = NBPW) sowie die „punzierten Münzen" (*punch marked coins*). Die NBPW breitete sich seit ca. 500 von den Städten der zentralen Gangesebene in nahezu alle Mahajanapadas Nordindiens und damit in einem deutlich weiteren Gebiet als die vorangegangene PGW aus (s. Karte 3). Seit etwa 400 folgte den punzierten Münzen und ihrer Verbreitung über ganz Nordindien ein gewaltiger Aufschwung des Fernhandels. Die frühen buddhistischen Texte berichten ausführlich über das florierende Wirtschaftsleben der Gangesstädte, ihre großen Handwerker- und Händlerfamilien, ihre vornehmen Gildeherren und die von ihnen ausgerüsteten Händlerkarawanen.

Wirtschaftliche Entwicklung

Der Kampf konkurrierender Kleinstaaten ist am treffendsten im *Arthaśāstra*, dem bekannten indischen Staatslehrbuch, wiedergegeben. Sein Verfasser, Kautilya, soll Minister Chandraguptas, des Begründers der Maurya-Dynastie im späten 4. Jahrhundert, gewesen sein, doch gingen in sein Werk zweifelsohne auch ältere und weit jüngere Theorien und Textpassagen ein. Kautilya entwirft das Bild konzentrischer Staatenkreise (*maṇḍala*), in deren jeweiligem Mittelpunkt ein „siegerheischender" König (*vijigīṣu*) steht. Die benachbarten Könige, die ihn kreisförmig umgeben, stellen seine natürlichen Feinde dar, deren Nachbarn (als Feinde des Feindes) wiederum seine natürlichen Freunde sind. Dieses System konzentrischer Freund-Feind-Konstellationen setzt sich bis an die Peripherie des jeweiligen Mandalas fort. Es wird von neutralen „mittleren" Königen durchsetzt und ist von unbeteiligten Außenstehenden umgeben, die ihrerseits über ein eigenes „konzentrisches Staatensystem" (*rājamaṇḍala*) verfügen. Alles Streben des Vijigishu hat darauf gerichtet zu sein, zunächst die Feinde mit Hilfe von deren Feinden – den eigenen Verbündeten des zweiten Kreises – zu besiegen, um dann im weiteren Verlaufe seines Siegeszuges die Neutralen und als Endziel die großen Außenstehenden zu überwältigen. Der Erfolg dieser schrittweisen Expansion hängt entscheidend ab von der Stärkung der sieben eigenen Machtfaktoren (König, Minister, Provinz, Stadt, Schatz, Heer und Verbündete) und der Schwächung jener des Gegners bereits vor Beginn des Kampfes. Das *Arthaśāstra* enthält detaillierte Angaben, wie die eigene Position u.a. durch die Anlage von Festungen, Bewässerungsanlagen und Ödlandsiedlungen sowie der Förderung des Handels zu stärken und jene des Gegners durch Spione und Geheimagenten zu schwächen sei. Dieses Szenario um Hegemonie streitender Kleinstaaten findet in keiner Periode des indischen Altertums eine klarere reale Entsprechung als in der Zeit Mahajanapadas und dem beginnenden Aufstieg Magadhas im 5. Jahrhundert v. Chr.

Arthashastra

Die geographische Verbreitung der Mahajanapadas des 5. Jahrhunderts determinierte die Topographie der künftigen staatlichen Entwicklung Indiens. Von den 16 Mahajanapadas lagen lediglich jeweils zwei im fernen Nordwesten am Fuße und in den Bergtälern des Hindukusch (Gandhara, Kamboja) bzw. im nördlichen Zentralindien (Avanti und Chedi) sowie einer im Süden (Asmaka). Die restlichen elf waren gleichmäßig über das Zweistromland und die Gangesebene von Delhi bis vor die Tore Bengalens verteilt. Zu ihnen zählten die mächtigen Mahajanapadas von Koshala, Vatsa und Magadha. Bedenkt man, dass auch Avanti und Chedi letztlich als Ausläufer dieser frühen Gangesstaaten zu betrachten sind, so lässt sich unschwer die bereits erwähnte geographische Übereinstimmung dieser frühstaatlichen Entwicklung mit jenen Gebieten erkennen, in denen die Akkulturation der spätvedischen an die chalkolithische Gesellschaft am weitesten vorangeschritten war.

Achämeniden in Indien

Buchstäblich am Rande dieser frühstaatlichen Entwicklung und beginnenden Urbanisierung im Gangestal spielte sich ein welthistorisches Ereignis ab: die Eroberung des westlichen Industales durch das Perserreich der Achämeniden, welche Indien erstmals seit der Zeit der Induskultur wieder in direkten Kontakt mit einem Großreich des Vorderen Orients brachte. Bereits in den frühen Jahren seiner Herrschaft hatte Dareios I. (521–485) die Gebiete westlich des Indus (Sind und Gandhara) erobert und als Satrapien seinem Reich eingegliedert. Die Frage, ob das Vordringen des persischen Großreiches bis in das Industal die staatliche und städtische Entwicklung auch im Gangestal beeinflusste, ist immer noch eine der ungeklärten Fragen des indischen Altertums. Trotz der Berichte Herodots über das hohe Steueraufkommen der indischen Satrapien und neuere Grabungen in Taxila (Bhir Mound), der vermutlichen Hauptstadt der Gandhara-Satrapie, sind uns keine Zeugnisse bekannt, die klare Aussagen über die persische Herrschaft in Nordwestindien zuließen. Auch wenn ein Einfluss des für Indien sicherlich neuen persischen Verwaltungssystems der Satrapie auf die zeitgenössische Entwicklung der Mahajanapadas in der Gangesebene nicht ausgeschlossen werden kann, so widerlegen neuere archäologische Forschungen über die frühstaatliche Entwicklung im Gangestal den britischen Ausgräber von Taxila, Mortimer Wheeler, der im persischen Einfluss die eigentliche Ursache für den Aufbruch der Gangeskultur sehen wollte.

Der Buddha

Die frühen kanonischen Schriften des Buddhismus und insbesondere die *Jātaka*, die volkstümlichen Geschichten über die früheren Leben des Buddha, stellen die wichtigsten literarischen Quellen für diese frühe Phase der Urbanisierung und frühstaatlichen Entwicklung Nordindiens dar. Da diese Schriften den Buddha als Zeitgenossen des Aufstiegs Magadhas schildern, hatte man diesen entsprechend den traditionell überlieferten Lebensdaten (563–483) in das 6. Jahrhundert datiert. Neueste Forschungen machen es jedoch wahrscheinlich, dass der Buddha erst ein knappes Jahrhundert später, etwa um 400, gelebt und gelehrt hat. Diese Spätdatierung wird in der Tat auch von archäologischen Befunden gestützt. Denn die zahlreichen Schilderungen vom blühenden städtischen Leben und florierenden Fernhandel in den frühen buddhistischen Texten finden in den Grabungshorizonten der Gangesstädte um 400 v. Chr. und danach eine weit deutlichere Entsprechung als in jenen um 500, die bestenfalls eine beginnende Urbanisierung aufweisen.

Die buddhistischen und späteren puranischen Chroniken (s. Kap. II.2.1) geben ein recht klares Bild von den dramatischen Ereignissen, die mit dem Aufstieg Magadhas verbunden waren. Nahezu gleichzeitig entbrannte zwischen den Königreichen von Magadha, Koshala und Avanti ein Kampf um regionale Vorherrschaft durch Unterwerfung ihrer jeweiligen benachbarten Mahajanapadas. So besiegte das in der nördlichen Gangesebene gelegene Koshala das Reich von Kashi (Benares) und den Shakya-Stamm, dem auch der Buddha entstammte, und dehnte damit seine Herrschaft von den Vorbergen des Himalaya bis an den Ganges aus. Avanti stieß vom Westen ebenfalls bis an den Ganges vor und unterwarf zeitweise Vatsa und dessen mächtige Hauptstadt Kausambi. Magadha hatte unter der Herrschaft der Könige Bimbisara und Ajatashatru, die beide Zeitgenossen des Buddha gewesen sein sollen, drei bedeutende Eroberungen zu verzeichnen: im Osten das Königreich Anga mit seiner Hauptstadt Champa, sowie nördlich des Ganges die Stammeskonföderation der Vrijis mit Vaishali, der Hauptstadt des Licchavi-Clans, und im Westen Vatsa mit seiner Hauptstadt Kaushambi, die zuvor von Avanti erobert worden war. Wenige Jahrzehnte später stieß Magadha dann sogar weit in den Westen vor und besiegte Avanti.

Der Aufstieg Magadhas

Magadha hatte damit nicht nur den größten Machtzuwachs unter den konkurrierenden Mahajanapadas erfochten, sondern auch strategisch wichtige Positionen besetzt. Mit der Eroberung des östlichen Anga erhielt Magadha direkten Zugang zu den wichtigen Erzvorkommen in Chotanagpur (im heutigen Südbihar) und zum ostindischen Handel Champas, der am Ganges gelegenen Hauptstadt Angas. Nach den Siegen über Kaushambi und Avanti kontrollierte Magadha auch die wichtigen westlichen Handelsstraßen an der Yamuna und bis nach Westindien. Magadha war damit innerhalb weniger Generationen zur Vormacht Nordindiens aufgestiegen, deren Herrschaftsgebiet sich von den Grenzen Bengalens bis nach Ujjain, der damals wichtigsten Stadt des westlichen Zentralindien, erstreckte.

Das erste nordindische Großreich

Die nächste Stufe staatlicher Expansion begann im frühen 4. Jahrhundert, als die Nanda-Dynastie Magadhas die Mahajanapadas der nördlichen Gangesebene und sogar das ferne Kalinga am Golf von Bengalen unterwarf und damit das erste nordindische Großreich errichtete. Über Herrschaft und Regierungssystem der Nandas ist wenig bekannt. Es ist jedoch sehr wahrscheinlich, dass Mahapadma, der Begründer der Dynastie, erstmals versuchte, einen territorialen Einheitsstaat zu errichten. Spätere Quellen preisen ihn als den ersten „Alleinherrscher" (*ekarāt*) der indischen Geschichte, klagen ihn aber auch als den „Vernichter aller Kshatriyas" an. Offenbar hatte er mit einigem Erfolg damit begonnen, die Kshatriya-Herrscher der vielen Fürstentümer nicht nur zu besiegen, sondern auch ihre Gebiete seiner direkten Herrschaft zu unterstellen. Da sein Reichtum und die Stärke seines Heeres sprichwörtlich waren, wird man auf eine effiziente Verwaltung und Steuererhebung schließen können. Auch archäologisch sprechen alle Anzeichen für eine florierende wirtschaftliche Entwicklung. Neben der Urbanisierung und der Monetarisierung des Fernhandels lässt sich eine systematische Rodung der Wälder im Hinterland der großen Städte auch archäologisch nachweisen.

Der Gründung des Maurya-Reiches als ersten gesamtindischen Staats ging ein Ereignis voran, das Generationen europäischer Historiker weit mehr interessierte als alle anderen Ereignisse der frühen indischen Geschichte: der Indienzug Alexanders des Großen. Im Frühjahr 327 überschritt Alexander den Hindukusch, um auch die östlichsten Satrapien des persischen Reiches zu unterwerfen. Ein ganzes Jahr führte er verlustreiche Kämpfe gegen die Bergstämme und ihre Festungen im Nordwesten des heutigen Pakistan, bevor er im Frühjahr 326 Taxila kampflos einnahm. Dessen König unterstützte Alexander gegen seinen verfeindeten Nachbarn Poros, den dieser nach einer überraschenden Überquerung des Hydaspes-Flusses in einer großen Schlacht besiegte, um ihn dann in allen Ehren wieder als Verbündeten in sein Königreich einzusetzen. Als Alexander dann noch weiter in die Gangesebene vorstoßen wollte, verweigerten ihm seine Krieger am Hyphasis-Fluss (Beas) die Gefolgschaft und zwangen ihn zur Umkehr, die er mit einer großen Flottille stromabwärts auf dem Indus antrat. Nach einem wagemutigen und verlustreichen Marsch durch die gedrosische Wüste Baluchistans erreichte er 324 Susa.

Alexanders Indienzug

Alexanders früher Tod in Babylon im Jahre 323 machte die Pläne, Teile Indiens seinem hellenistisch-persischen Weltreich einzuverleiben, zunichte, denn schon wenige Jahre später mussten auch die letzten Vorposten im Lande aufgegeben werden. Für Indien blieb der Zug Alexanders ein peripheres Ereignis, von dem dort keine Überlieferungen erhalten blieben. Die Alexander-Legende kehrte erst über ein Jahrtausend später mit den muslimischen Eroberern nach Indien zurück. Umso höher sind dagegen die indirekten kulturellen Folgen des Alexanderzuges in Südasien einzuschätzen. Die hellenistisch-provinzialrömischen Einflüsse späterer Jahrhunderte auf die indische Kunst sind ebenso zu nennen wie das europäische Indienbild, das bis in das Mittelalter von den Berichten des Indienzuges Alexanders geprägt wurde. Sollte Chandragupta, der Begründer der Maurya-Dynastie, seine politisch-militärische Karriere tatsächlich mit einem Sieg über griechische Garnisonen im Industal begonnen haben, so hätte Alexanders Indienzug sogar einen sehr direkten Einfluss auf den weiteren Verlauf der indischen Geschichte genommen.

2. Das Grossreich der Mauryas

Mögen auch Herkunft und nähere Umstände der Machtübernahme der Mauryas über das Reich der Nandas und ihrer Expansion bis in das ferne Südindien weitgehend im Dunkeln liegen, so verfügen wir nun über Quellen, die uns erstmals gesicherte historische Aussagen erlauben: den Bericht des griechischen Botschaf-

Quellen zur Maurya-Geschichte

ters Megasthenes am Hofe Chandraguptas, die zahlreichen Inschriften von dessen Enkel Ashoka sowie erstmals datierbare architektonische und kunsthistorische Überreste. Hinzu kommen neben verstreuten literarischen Hinweisen die buddhistischen Chroniken Sri Lankas, die zwar erst Jahrhunderte später niedergeschrieben wurden, aber auf älteren Quellen beruhen, sowie das bereits genannte *Arthaśāstra*, alles in allem eine im indischen Altertum einmalig günstige Quellenlage.

Das erste wichtige Ereignis der etwa um 320 v. Chr. beginnenden Herrschaft Chandraguptas ist die erfolgreiche Verteidigung des Reiches gegen Seleukos Nikator. Dieser hatte sich bei den Diadochenkämpfen erfolgreich als Herrscher über die asiatischen Teile des Reiches Alexanders durchgesetzt und überschritt im Jahre 305 den Hindukusch, um auch in Indien dessen Erbe anzutreten. In einem Friedensvertrag musste Seleukos jedoch nicht nur diese Pläne endgültig aufgeben, sondern für die Gegengabe von 500 indischen Kriegselefanten auch Arachosien, das südöstliche Afghanistan, an Chandragupta abtreten. Für das junge Maurya-Reich brachte dies einen erheblichen Gebietsgewinn gegenüber dem Nanda-Reich, dessen Machtbereich im Nordwesten kaum über das heutige Delhi hinausgereicht hatte. Im Jahre 302 entsandte Seleukos dann Megasthenes als Botschafter an den Hof Chandraguptas. In seinem nur in Bruchstücken von späteren griechischen und römischen Autoren (wie z. B. Arrian) überlieferten Bericht stoßen vor allem seine Beschreibungen der sieben indischen Berufsgruppen und der Hauptstadt Pataliputra auf das Interesse der Historiker (s. Kap. II.4.5). Über die weitere Expansion des Maurya-Reiches, insbesondere unter Chandraguptas Sohn Bindusara (ca. 293–268), nach Zentral- und Südindien liegen keine verlässlichen Nachrichten vor. Da jedoch die Inschriften Ashokas, der seinerseits nur Kalinga an der Ostküste eroberte, bis in den fernen Süden verteilt sind, kann kein Zweifel bestehen, dass diese zentral- und südindischen Gebiete bereits von Chandragupta und Bindusara dem Reich eingegliedert wurden.

Megasthenes

2.1 Ashoka

Die Regierungszeit Kaiser Ashokas (ca. 268–233) verkörpert einen Höhepunkt in der Geschichte Indiens. Die Eroberung Kalingas im Jahr 261 schloss eine kontinuierliche, nahezu zweihundertjährige Expansion ab, durch die im Maurya-Reich erstmals – und auch letztmals bis zum Delhi-Sultanat im frühen 14. Jahrhundert n. Chr. – ein gesamtindischer Staat geschaffen wurde (s. Karte 4). Der überaus blutige Kalinga-Krieg – Ashoka spricht in seinen Inschriften von nahezu 200 000 Toten und 150 000 Verschleppten – hatte eine weitere unerwartete Folge, durch die die Herrschaft Ashokas eine ethische Dimension erhielt und die ihn zu einem der Großen der Weltgeschichte aufsteigen ließ. Ashoka wurde Laienanhänger des Buddhismus und schwor den Maximen der militärischen Gewalt nach der „Lehre der Fische“ ab, um künftig nur noch „Siege der Lehre“ (*dham-*

Das erste gesamtindische Reich

ma-vijaya) anzustreben. In der Tat sind aus seiner langen Regierungszeit keine weiteren kriegerischen Eroberungen bekannt, stattdessen verkündete er seine buddhistische Ethik in zahllosen Inschriften. In einzigartiger Weise überzog er weite Teile seines Reiches mit großen und kleinen Felsen- und Säuleninschriften und wies die lokalen Beamten an, sie in regelmäßigen Zeitabständen öffentlich zu verlesen. Weiterhin entsandte er Botschafter seiner Lehre nach Burma, Sri Lanka und in die westlichen Länder bis zum Mittelmeer. Zeugnisse dieses in seiner Zeit wohl einmaligen kaiserlichen Bemühens sind ebenso seine griechische Inschrift in Taxila in Nordwestindien und die griechisch-aramäische Bilingue in Kandahar in Südafghanistan wie die wahrlich ungewöhnliche Nennung von fünf griechisch-hellenistischen Herrschern, an die er seine Botschaft übermittelte. Es waren dies: Antiyoka (Antiochos II. Theos von Syrien), „der König der Griechen", Tulumay (Ptolemaios II. Philadelphos), Antekina (Antigonos Gonatas von Makedonien), Maka (Magas von Kyrene) und Alikasudala (vermutlich Alexander von Epirus). Durch seine kaiserliche Förderung und Missionstätigkeit hob Ashoka den Buddhismus aus dem Kreis der vielen indischen Religionsgemeinschaften heraus und trug damit wesentlich zu seinem Aufstieg zur Weltreligion bei. Das Löwenkapitell seiner Säuleninschriften bildet seit der Unabhängigkeit das Staatswappen der Indischen Union.

Ashokas Botschaften an hellenistische Herrscher

Die Bedeutung der Inschriften Ashokas beschränkt sich keineswegs auf die Religionsgeschichte. Sie enthalten zahlreiche Verwaltungsinstruktionen, die eine hohe administrative Zentralisierung des Reiches erkennen lassen. Dessen Zentrum bildeten Magadha und das alte Kerngebiet des Nanda-Reiches, das der direkten Kontrolle des Hofes in der Hauptstadt Pataliputra unterstand. Das Reich außerhalb dieser Kernregion war in vier Großprovinzen aufgeteilt, in deren Hauptstädten Taxila im Nordwesten, Ujjain im Westen, Toshali in Kalinga im Osten und Suvarnagiri im fernen Süden königliche Prinzen herrschten. Innerhalb der Provinzen existierten vermutlich zwei weitere Verwaltungsebenen. Aufgaben der zentralen Verwaltung nahmen vor allem die Mahamatas wahr, Verwaltungsspezialisten, die direkt dem Hof in Pataliputra und den königlichen Provinzgouverneuren unterstanden. Weiterhin existierte unter Ashoka ein effizientes Melde- und Spitzelwesen, von dem bereits Megasthenes in der Zeit Chandraguptas berichtet hatte. Die namentliche Nennung der zeitgenössischen hellenistischen Herrscher der Mittelmeerwelt zeigt, dass das Informationssystem der Mauryas Tausende von Kilometern über die Reichsgrenzen hinausreichte. Das *Arthaśāstra* enthält neben den bereits erwähnten Passagen, die frühere Formen staatlicher Entwicklung reflektieren, auch zahlreiche Angaben, die ein hohes Maß staatlicher Kontrolle und zentraler Verwaltung erkennen lassen und damit in der Tat am ehesten auf das Maurya-Reich zutreffen dürften. Hierzu zählen insbesondere die nach strengen hierarchischen Prinzipien gegliederte Verwaltung, deren Amtsinhaber klar umrissene Funktionen ausübten. Das *Arthaśāstra* überliefert auch die entsprechend stark gestaffelte Lohnskala, die von 48 000 Panas für den königlichen Opferpriester bis zum kleinen Aufseher

Struktur des Maurya-Reiches

mit ganzen 60 Panas reicht. Auch Megasthenes erwähnte, dass bestimmte Berufsgruppen direkt aus der königlichen Kasse entlohnt wurden.

Ashoka schuf sich ein weiteres, ihm direkt unterstehendes Herrschaftsinstrument in den „Großinspektoren der Lehre" (*dhamma-mahāmāta*). Ihre eigentliche Aufgabe war es, die Einhaltung der ethischen Dharma-Gebote Ashokas zu kontrollieren. Doch das 5. Edikt seiner großen Felsinschriften berichtet über ein weiteres Betätigungsfeld der Großinspektoren: „Sie sind überall, hier [in Pataliputra] und in den auswärtigen Städten, mit sämtlichen Privatgemächern meiner Brüder und Schwestern sowie all meiner sonstigen Verwandtschaft befasst" (Edition in: 14: SCHNEIDER, S. 109). Ashoka scheint sich den Zwängen des Regierens nie gänzlich entzogen zu haben. Er sorgte für einen humaneren Strafvollzug, ohne jedoch die Todesstrafe abzuschaffen. In seinen Edikten in Kalinga verkündete er zwar, alle Menschen als seine Kinder zu betrachten, ohne jedoch je in Erwägung gezogen zu haben, den Verschleppten Kalingas wieder ihre Freiheit zu gewähren. Trotz allen missionarischen Eifers scheint Ashoka von den Lehren des Kautilya nicht gänzlich unbeeinflusst gewesen zu sein, der oft als der Machiavelli Indiens bezeichnet wird und in seinem Lehrbuch ausdrücklich rät, religiöse Glaubensvorstellungen des Volkes zur Sicherung der eigenen Herrschaft zu nutzen.

2.2 *Untergang und Nachfolger der Mauryas*

Über die weitere Geschichte des Maurya-Reiches nach dem Tode Ashokas liegen uns kaum verlässliche Nachrichten vor, einzig einer seiner Söhne ist durch zwei unbedeutende Stiftungsinschriften bekannt. Manche Anzeichen sprechen dafür, dass wie im Falle des Delhi-Sultanats in der Mitte des 14. Jahrhunderts und des Mogulreiches im frühen 18. Jahrhundert auch im Maurya-Reich unmittelbar nach einem Höhepunkt gesamtindischer Staatsbildung der Zerfall einsetzte.

Shunga-Dynastie

Der letzte Angehörige der Maurya-Dynastie, Brihadratha, wurde etwa 185 v. Chr. während einer Truppenparade von Pushyamitra Shunga ermordet, der die nach ihm benannte Shunga-Dynastie begründete. Während ihrer über hundertjährigen Herrschaft, über die uns außer den Namen einiger Herrscher und der Dauer ihrer Regierungszeit nur wenige Einzelheiten bekannt sind, schrumpfte das Reich auf den inneren Kern des Nanda-Reiches in der Gangesebene zurück. Den Shungas wird häufig eine brahmanische Reaktion gegen den „Staatsbuddhismus" der Mauryas nachgesagt. Pushyamitra ließ immerhin das große Pferdeopfer durchführen, eine deutliche Abkehr von Ashokas Verbot derartiger Riten. Der These einer „brahmanischen Restauration" stehen aber die zahlreichen Stiftungen und großartigen Erweiterungen bzw. Neugründungen buddhistischer Tempelanlagen und Klöster im Wege, wie z. B. in Sanchi und Bharhut. Nach den starken persischen Einflüssen in der Kunst Ashokas ist jedoch die bewusste Förderung eines indischen Kunststiles unverkennbar, der im Gewande des Buddhismus u. a. Motive des Muttergöttinnenkultes aufnahm.

Der letzte Angehörige der Shunga-Dynastie wurde im Jahre 73 v. Chr. auf Veranlassung seines brahmanischen Ministers ermordet, der die kurzlebige Kanva-Dynastie begründete. Unter ihr fiel das Reich wieder auf Magadha, den Ausgangspunkt der ersten großstaatlichen Entwicklung Indiens, zurück.

Kanva-Dynastie

In der Zwischenzeit hatte sich die historische Lage Indiens grundlegend geändert. Der Nordwesten war unter die Herrschaft zentralasiatischer und vorderorientalischer Völkerschaften geraten, und in Ost- und Zentralindien waren erstmals bedeutende Regionalreiche entstanden. Eine neue regionale Schwerpunktbildung, die im frühen Mittelalter ihre charakteristische Ausbildung finden würde, begann sich damit erstmals auch außerhalb Nordindiens abzuzeichnen.

3. Invasionen und Staatenbildungen im Nordwesten

Seit der Mitte des 2. Jahrhunderts v. Chr. wurden die Weiten der zentralasiatischen Steppen und semiariden Gebiete zwischen dem Kaspischen Meer und den Westgrenzen Chinas von einer Unruhe ergriffen, die stoßartig Wanderungsbewegungen großer nomadischer Völkerschaften auslöste. Die von diesen Kämpfen und Migrationen der Steppenvölker ausgelöste Dynamik sollte die Geschichte des eurasiatischen Kontinents und seiner Randzonen wie Südasien und Europa bis in das Mittelalter beeinflussen. Als Ursachen dieser „Turbulenzen", die in der europäischen Geschichte vor allem mit Hunnen und Mongolen verbunden werden, stehen klimatische Veränderungen in Zentralasien obenan, die den (Überlebens-)Kampf der Nomaden um Weideplätze verschärften. Verstärkend dürfte auch die Schließung der Grenzen Chinas, des „Gelobten Landes" der Nomaden im östlichen Zentralasien, durch die Errichtung der Großen Mauer gewirkt haben. Seit der Reichseinigung Chinas und dem systematischen Ausbau der Großen Mauer durch den Qin-Kaiser Shihuangdi (221–207, der durch seine unlängst ausgegrabene Kaisergruft mit 7300 lebensgroßen Terrakottakriegern Weltberühmtheit erlangte), und seit der Ausdehnung des chinesischen Reiches nach Sinkiang in Zentralasien unter der mächtigen frühen Han-Dynastie (206 v. Chr. – 8 n. Chr.), verlor China seine Funktion als „Überlaufbecken" für zentralasiatische Nomadenvölkerschaften. Diese drängten nun in den Westen.

Steppennomaden Zentralasiens

Die Eroberung des Industales durch die Achämeniden und Alexanders Indienzug waren also nur Vorboten weiterer Invasionen, die nach dem Untergang des Maurya-Reiches (185 v. Chr.) Nordwestindien erreichten. In schneller Abfolge lösten sich Gräko-Baktrier, Parther und die zentralasiatischen Shakas und Kushanas ab. Über vier Jahrhunderte herrschten sie vom späten 2. Jahrhundert v. Chr. bis ins 3. Jahrhundert n. Chr. über weite Teile Nordwest- und zeitweise auch Nordindiens.

3.1 Die Indo-Griechen

Den Anfang machten die Griechen, die Alexander in Baktrien, dem heutigen Nordafghanistan, sowie im Süden Turkmenistans und Usbekistans angesiedelt hatte. Das Vordringen des Hellenismus nach Südasien, das mit Alexanders Indienzug begonnen hatte, war zunächst durch das Großreich der Mauryas aufgehalten worden, wurde jedoch unmittelbar nach dessen Untergang von den Gräko-Baktriern unter dem Druck nachdrängender Nomadenvölkerschaften wieder aufgenommen. Die baktrischen Griechen hatten sich bereits um 250 v. Chr. von den Seleukiden losgesagt und für etwa ein Jahrhundert ein eigenes Reich als östlichen Außenposten des Hellenismus begründet. Vor etwa zwei Jahrzehnten wurde am Oxus die von Alexander oder Seleukos gegründete Stadt Ai Khanum ausgegraben, in der sogar Papyri-Überreste einer Abhandlung aus der aristotelischen Schule entdeckt wurden. Die Gräko-Baktrier gerieten zunehmend unter den Druck zentralasiatischer Nomadenstämme, wie der Shakas und Kushanas, bis sie in den Jahren 145–130 v. Chr. endgültig aus Baktrien in den Süden abgedrängt wurden.

Gräko-Baktrier

Bereits seit Beginn des 2. Jahrhunderts v. Chr. hatten die Gräko-Baktrier ihre Herrschaft bis nach Südafghanistan (Arachosien) ausgedehnt, um dann unter Demetrios in den Jahren des Unterganges des Maurya-Reiches über den Hindukusch bis nach Gandhara in Nordwestindien vorzustoßen. Unter Eukratides, dem letzten großen griechischen Herrscher Baktriens, erstreckte sich das Reich der Gräko-Baktrier bereits bis in den Panjab. Damit begann die Geschichte der „Indo-Griechen", die in Nordwestindien nochmals für etwa ein Jahrhundert einen fernen Außenposten des Hellenismus errichteten. Den Höhepunkt des indo-griechischen Reiches bildete die Herrschaft Menanders (ca. 155–130 v. Chr.), der als indischer Statthalter des Eukratides den Zusammenbruch der griechischen Herrschaft in Baktrien überlebte und nun Herrscher eines indo-griechischen Reiches wurde, das sich – nach anfänglichen Feldzügen bis ins mittlere Gangestal – von Südostafghanistan über den Hindukusch bis in den Panjab erstreckte. Wichtigste Städte waren Charsada (Pushkalavati, das heutige Peshawar) und Taxila, die bedeutendste Stadt des indischen Altertums im Nordwesten. Menander ist der einzige indo-griechische Herrscher, der in die indische Literatur Eingang fand. Im *Milindapañho* („die Fragen des Milinda" = Menander) wird Menander von dem buddhistischen Mönch Nagasena in die buddhistische Lehre eingeführt. Wie auch andere indo-griechische Herrscher stand Menander dem Buddhismus nahe. Eine seiner Münzen weist sogar das Chakra-Rad, das Symbol der buddhistischen Lehre, auf.

Indo-Griechen

Nach Menander zerfiel das indo-griechische Reich sehr schnell in eine Vielzahl kleiner Fürstentümer, deren Herrscher – insgesamt etwa vierzig – uns meist nur aus ihren Münzen bekannt sind. Das nahezu völlige Fehlen inschriftlicher Zeugnisse der indo-griechischen Herrscher zeigt, dass zu einer hoch entwickelten Schriftkultur keineswegs auch Inschriften zählen müssen. Die einzige nen-

nenswerte Ausnahme bildet eine Säuleninschrift aus dem späten 2. Jahrhundert v. Chr. in Besnagar im fernen Zentralindien, in der sich ein Heliodorus, Botschafter des indo-griechischen Herrschers Antialkidas, als Verehrer des hinduistischen Gottes Krishna-Vasudeva zu erkennen gibt. Umso bedeutender ist die großartige numismatische Hinterlassenschaft der Gräko-Baktrier und Indo-Griechen für die Münzprägung späterer indischer Dynastien bis in die Guptazeit. Von besonderem Interesse sind die zweisprachigen, in Griechisch und mittelindischem Prakrit geprägten Münzen und die, wenn auch seltenen, Abbildungen indischer Gottheiten und religiöser Symbole.

3.2 Shakas und Indo-Parther

Die mit den Skythen der Antike verwandten Shakas waren die erste größere nomadische Völkerschaft, die in diesen Jahrhunderten über Baktrien nach Südasien vordrang. Sie hatten ihre zentralasiatischen Weideplätze an die Yuezhi (Yue-chi) verloren. Die Yuezhi waren ihrerseits um 170 v. Chr. von dem mächtigen Stamm der Xiongnu (Hsiung-nu) aus ihren Weideplätzen im östlichen Zentralasien verdrängt worden und schoben bei ihrer Westwanderung die von ihnen entwurzelten Skakas buchstäblich vor sich her. Auf ihrer Suche nach neuen Weideplätzen eroberten die Shakas in den letzten Jahren der Herrschaft des großen Eukratides Transoxianien und trugen damit wesentlich zum Untergang des gräko-baktrischen Reiches bei. Sehr bald nahmen sie den Kampf gegen die Parther auf, dem zwei parthische Könige zum Opfer fielen. Als die Shakas in Baktrien wiederum unter Druck der nachrückenden Yuezhi gerieten, gelang es dem Parther-König Mithridates II. (123–88), einen Teil der Shakas in das parthische Reich zu integrieren und in Südafghanistan anzusiedeln, das seither den Namen Shakastan/Seistan trägt. Andere Teile der Shakas wichen dagegen über Ostafghanistan nach Nordindien aus. Dort errichteten sie in den Jahrzehnten um Christi Geburt ein kurzlebiges Reich, das sich unter dem König Maues von Gandhara am Hindukusch bis Mathura südlich von Delhi erstreckte und damit vorübergehend zur Vormacht Nordindiens aufstieg. Trotz ihrer Gegnerschaft zu den Gräko-Baktriern und Indo-Griechen, die sie nun auch in Indien nahezu verdrängten, übernahmen sie von ihnen Herrschersymbole und die Königstitulatur und prägten ihre Münzen streng nach baktrischem Vorbild. Ihr Nachruhm ist bis heute in Indien – irrtümlich – mit der Shaka-Ära verbunden, die im Jahre 78 n. Chr. begann und möglicherweise auf die Thronbesteigung des großen Kushana-Königs Kanishka zurückgeht (s. II.1).

Shakas

Bereits unter Maues' Nachfolger Azes tauchten die Indo-Parther als neue Macht in Nordwestindien auf. Sie sind in der indischen Literatur als Pahlava (= Parthava) bekannt und hatten im östlichen Iran und westlichen Afghanistan unter den Parthern eine weitgehende Unabhängigkeit erlangt und ihr Herrschaftsgebiet nach Ostafghanistan ausgebreitet. Im Kabultal besiegten sie den letzten indo-griechischen König Hermaios, der sich zeitweise noch mit Unter-

Indo-Parther

stützung der inzwischen in Baktrien eingetroffenen Kushanas zu halten vermocht hatte. Unter König Gondophares (ca. 20–46), der die wichtige Stadt Taxila eroberte, lösten die Indo-Parther auch die Shakas als Vormacht im Panjab ab. Über die apokryphen Akten des Apostels Thomas aus dem dritten Jahrhundert ging König Gondophares in die christliche Kirchengeschichte ein, da Thomas als Apostel des Ostens an seinem Hofe missioniert haben soll. Dem christlichen Abendland ist Gondophares bis heute als Kaspar der Heiligen Drei Könige bekannt.

3.3 Die Kushanas

In dieser Situation, in der Indo-Griechen, Shakas und Indo-Parther in Nordwestindien um Überleben und Vormacht kämpften, stieß das Nomadenvolk der Yuezhi unter der Führung des Kushana-Stammes über den Kyberpass nach Indien vor. Innerhalb weniger Jahrzehnte begründeten sie ein Großreich, das sich von Transoxianien bis an die Indusmündung und in das mittlere Gangestal erstreckte und dessen Einfluss bis an das Kaspische Meer und die Gangesmündung reichte.

Yuezhi

Nach einer erneuten Niederlage gegen die Xiongnu hatten auch die Yuezhi ihre Zelte im östlichen Zentralasien endgültig abgebrochen und waren westwärts nach Transoxianien aufgebrochen, wo sie nur wenige Jahrzehnte nach den Shakas eintrafen. Sie verdrängten diese schrittweise aus Baktrien, um dort ihrerseits im 1. Jahrhundert v. Chr. – wie zuvor schon die Shakas – unter starken Einfluss der hellenistischen Kultur zu geraten. Kurz nach der Zeitwende unterwarf Kujala Kadphises, Herrscher des Kushana-Stammes, die übrigen vier Stämme der Yuezhi und vereinigte sie unter der Führung der Kushanas, die ihre Macht über den Kyberpass hinaus bis in den westlichen Panjab und nach Kaschmir ausdehnten. Auf Kadhphises I folgten Vima Taktu und Vima Kadphises II, die die Herrschaft der Kushanas bis in das östliche Gangestal erweiterten und damit das indische Reich der Kushanas begründeten (s. Karte 5).

Kushanas

Kanishka

Das Kushana-Reich erreichte seinen Höhepunkt unter Kanishka. Er begann seinen Aufstieg im Osten des Reiches und setzte sich innerhalb eines Jahrzehntes nach Ausschaltung der zahlreichen, weitgehend unabhängig agierenden Fürsten als Alleinherrscher des Reiches durch, das er in den folgenden knapp zwanzig Jahren beträchtlich erweiterte. Doch es ist nicht alleine die Größe seines asiatischen Reiches, die Kanishka zu einer der großen Herrschergestalten des indischen Altertums werden ließ. Nach einer über zweihundertjährigen Phase nahezu ununterbrochener Kämpfe in Nordindien kehrte unter ihm und seinen Nachfolgern für etwa hundert Jahre wieder Frieden ein, der zu einem großartigen Aufschwung des Handels und der Kultur führte. Durch seine Herrschaft über Baktrien und Transoxianien nahm das Reich eine buchstäblich zentrale Position im größten Handelsweg der Antike ein, der Seidenstraße, die seit dem 2. Jahrhundert v. Chr. China über Baktrien mit dem Vorderen Orient und dem

Mittelmeer verband. Darüber hinaus hatte das Kushana-Reich über die Westhäfen Indiens einen direkten Zugang zum florierenden Handel Roms im Indischen Ozean (s. Kap. II.6.1).

Buddhismus

Die Kushana-Herrscher taten sich als große Förderer indischer Religionen und Künste hervor. Hauptnutznießer war unter Kanishka der Buddhismus, für den er das dritte große Konzil der buddhistischen Kirchengeschichte ausrichtete und im Nordwesten bei Peshawar ein über 500 Fuß hohes Stupaheiligtum errichten ließ, von dem spätere Generationen chinesischer Indienpilger überschwänglich berichteten. Die monumentalen Herrscherskulpturen, die von Kanishka und seinen Nachfolgern in Mathura, der indischen Hauptstadt des Reiches, geschaffen wurden, trugen wesentlich zur Herausbildung der klassischen Buddhastatue bei. Dank der engen Beziehung Nordindiens zu Zentralasien trat der Buddhismus in der Kushana-Zeit seinen Siegeszug über die Seidenstraße nach Zentralasien und bis nach China an.

Titulatur

Besonders interessant ist die kaiserliche Titulatur der Kushana-Herrscher. Sie lässt ebenso ihre Herrscherideologie wie die Stellung des Kushana-Reiches im Verbund der großen Reiche des eurasiatischen Altertums erkennen. So trug Kanishka neben dem indischen Königstitel *Mahārāja* („Großkönig") den Titel *Rājātirāja* („Erster König der Könige"), der eine genaue Entsprechung des iranischen Titels *Shāhanu-Shāhu* darstellte, und den Titel *Devaputra* („Sohn Gottes"), welcher dem Himmelsmandat des chinesischen Kaisertums nachempfunden war. Wenige Jahre nachdem der römische Kaiser Trajan im Partherkrieg (114 bis 117) bis an den persischen Golf vorgestoßen war und damit in direkte „Seeweite" zu den westindischen Häfen der Kushanas gelangt war, fügte Kanishka II. dieser „asiatischen" Herrschertitulatur auch noch den Titel *„Kaisara"* hinzu, um damit die vier großen Reiche der antiken eurasiatischen Ökumene in seiner Titulatur zu vereinen!

Shaka-Ära

Die wichtigste und für Historiker gleichzeitig problematischste Hinterlassenschaft Kanishkas stellt bis in die Gegenwart die mit seiner Krönung begonnene Zeitrechnung der Kushana-Herrscher dar. Insbesondere indische Historiker identifizieren sie mit der Shaka-Ära, die im Jahre 78 n. Chr. begann und bis heute die offizielle Zeitrechnung der Indischen Union darstellt. In jüngster Zeit treten jedoch Historiker außerhalb Indiens vermehrt dafür ein, ihren Beginn in das frühe 2. Jahrhundert n. Chr. zu legen (s. Kap. II.1).

Nachfolger Kanishkas

Auf Kanishka, der bis in das Jahr 28 seiner Ära regierte, folgten weitere Herrscher, deren Inschriften bis in das Jahr 98 datiert sind. Aus ihnen ragen vor allem Huvishka und Vasudeva heraus, die in den Jahren 28–60 und 67–98 regierten. In Huvishkas langer Regierungszeit scheint der Bestand des Großreiches erhalten geblieben zu sein. In der Regierungszeit Vasudevas, der als erster Kushana einen rein indischen Namen trug, verloren die Kushanas die Kontrolle über die wichtigen Häfen der Westküste an die „westlichen Shakas" im Gebiet des heutigen Gujarat. Dort verkündete ein König Rudradaman im Jahre 72 (also wohl 150 n. Chr.) in einer – erstmals in klassischem Sanskrit verfassten – Inschrift die Erneuerung eines Stauwerkes, das Chandragupta, der Begründer des Maurya-Reiches, errichtet hatte und das in der Regierungszeit Ashokas durch einen Yavana-Fürsten Tushaspha, vermutlich ein Provinzgouverneur persischer Herkunft, erweitert worden war – eine, für das indische Altertum keineswegs erstaunliche, fast fünfhundertjährige „Erinnerungskultur".

Keiner der Nachfolger Kanishkas hinterließ nach dem Jahr 98 seiner Ära Inschriften. Unsere Kenntnisse über die weitere Geschichte der Kushanas, deren Herrschernamen uns nur aus wenigen Münzen bekannt sind, stützten sich daher auf kurze Angaben chinesischer, persischer und römischer Berichte und Inschriften. Sie zeigen, dass der unter Vasudeva einsetzende Erosionsprozess zunächst in den Außenprovinzen begann, dann aber auch auf die Zentren des Reiches übergriff. Der gefährlichste Einbruch erfolgte in ihrem nördlichen Stammland, als die neue Sassaniden-Dynastie (ab ca. 226 n. Chr.) unter ihrem Begründer Ardarshir und dessen Nachfolger Shapur Baktrien und Transoxianien eroberte. In Indien verloren die Kushanas das eigentliche Kerngebiet ihres Reiches um Mathura an eine lokale Dynastie, so dass sich ihre Herrschaft zunehmend auf Gandhara beschränkte, jenem alten Mahajanapada, der sich beiderseits des Hindukusch erstreckte. Einen Nachklang an ihre einstige „imperiale" Größe stellt in der Mitte des 4. Jahrhunderts ihre Erwähnung als *Daivaputra Śāhi Śāhanuśāhi* in einer Inschrift Samudraguptas dar, des Begründers des Großreiches der Guptas. Es kann als eine kulturgeschichtliche Paradoxie gelten, dass erst in diesen Jahrhunderten, als die indo-griechischen Kleinstaaten längst untergegangen waren und nur noch unbedeutende lokale Nachkommen der großen Kushanas am Fuße des Hindukusch und im wichtigen Durchgangstal des Kabulflusses herrschten, das hellenistisch-provinzialrömische Erbe in der buddhistischen Gandhara-Kunst zu einer großartigen Blüte gelangte, die die Kunst Nordindiens und Zentralasiens tief beeinflusste.

Niedergang des Reiches

3.4 Die Stammesfürstentümer Nordindiens

Der Untergang des Maurya-Reiches und dessen schrittweise Reduzierung unter den Nachfolgedynastien der Shungas und Kanvas auf das Kerngebiet im mittleren Gangestal führte in Nordindien zu einem Wiedererstarken lokaler Fürstentümer – eine Entwicklung, die in einigen Fällen auch örtlich direkt an die früheren Mahajanapadas anschloss. Unter Kanishka und seinen Nachfolgern im 2. Jahrhundert n. Chr. waren sie vorübergehend in das Kushana-Reich integriert worden, um nach dem Untergang des Reiches ihre Unabhängigkeit zurückzuerlangen. In der Gangesebene und ihren Randgebieten entstanden damit eine Reihe bedeutender Fürstentümer, die uns vor allem aus ihren Münzen und wenigen Inschriften bekannt sind. In der indischen Literatur werden sie meist als „Tribal States" bezeichnet. Zu ihnen gehören im östlichen Rajasthan und dem Zweistromland u. a. die Yaudheyas, Arjunayanas, Malavas und Nagas. Vielen von ihnen werden wir im 4. Jahrhundert erneut in der Inschrift von Samundragupta begegnen, der sich rühmt, sie besiegt und erneut in sein nordindisches Großreich integriert zu haben.

4. Frühe staatliche Entwicklung und maritimer Handel Zentral- und Südindiens

Der größte Teil Zentralindiens und der gesamte „ferne Süden“ lagen zunächst außerhalb der frühstaatlichen und frühurbanen Entwicklung in den nordindischen Mahajanapadas. Archäologische Forschungen legen jedoch Zeugnis ab von einer hoch entwickelten chalkolithischen Kultur in Teilen Zentralindiens und insbesondere über megalithische, eisenzeitliche Siedlungen in Südindien. Die späten Grabungshorizonte dieser Kultur mit deutlichen Anzeichen von Siedlungsverdichtung und weit entwickelter agrarischer Wirtschaftsweise und überregionalem Handel reichen bis in die frühhistorische Zeit um Christi Geburt. Vorgeschichte

In spätvedischen Texten wie dem *Aitareya-Brāhmaṇa* werden gegen Ende der ersten Hälfte des 1. Jahrtausends v. Chr. erstmals auch zentralindische Stämme wie etwa die Pulindas und Andhras genannt. Erste historische Nachrichten stammen aus der Zeit des Maurya-Reiches, als unter den beiden ersten Herrschern Chandragupta und Bindusara weite Teile Zentralindiens bis in den südindischen Bundesstaat Karnataka unterworfen wurden. Aus dem Bericht des Megasthenes und insbesondere aus den Inschriften Ashokas erfahren wir weitere Namen großer Stämme Zentralindiens und auch Einzelheiten über die südindischen Stammesföderationen der Cholas und Pandyas, die außerhalb des Maurya-Reiches an der Choromandel(= *cōḷa-maṇḍala*)-Küste Tamilnadus lagen, sowie über die Keralaputras an der Südwestküste im heutigen Kerala (s. Karte 4). Über die gesellschaftlichen und politischen Verhältnisse berichten uns die Werke der tamilischen Shangam-Literatur in den ersten Jahrhunderten n. Chr., als sich bereits erste nordindische Einflüsse bemerkbar machten. Frühe Geschichte

Anders als in Nordindien, wo das Großreich der Mauryas den Höhepunkt einer etwa dreihundertjährigen, indigenen gesellschaftlichen und politischen Entwicklung darstellte, brachte die kurze Herrschaft der Mauryas Zentral- und Südindien zunächst nur eine erste Begegnung mit einer fremden, ihren eigenen Stammesorganisationen überlegenen staatlichen Verwaltung. Die weitere staatliche Entwicklung Südindiens blieb davon zunächst noch weitgehend unberührt. Jene Gebiete im nördlichen Zentralindien, die auch nach dem Untergang des Maurya-Reiches politisch-kriegerisch sowie durch Handel und weitere Ausbreitung des Buddhismus und Jainismus sowie deren hochentwickeltem Mönchswesen mit Nordindien in Kontakt blieben, fanden jedoch bald Anschluss an die staatliche Entwicklung Nordindiens. So sind um Christi Geburt in Kalinga an der nördlichen Ostküste des Golfes von Bengalen und in den Flusslandschaften der Godavari- und Krishna-Flüsse in Zentralindien erstmals wichtige Staatengründungen zu vermelden.

4.1 Das ostindische Kalinga-Reich

Kalinga, die Küstenregion der heutigen Bundesstaaten Orissa und des nördlichen Andhra Pradesh, war 261 v. Chr. von Ashoka in einem blutigen Krieg unterworfen und der direkten Verwaltung seines Hofes unterstellt worden. Nach dem Zusammenbruch der Maurya-Herrschaft in Kalinga bestand Toshali, die von den Mauryas erweiterte Provinzhauptstadt in der Nähe der heutigen Landeshauptstadt Bhubaneswar, weiterhin fort. Unter dem neuen Namen Kalinganagari wurde Toshali die Hauptstadt der Chedi-Dynastie, die Ende des 1. Jahrhunderts v. Chr. unter König Kharavela das älteste regionale Reich Ostindiens begründete.

Kalinga-Reich

In einer der bedeutendsten Inschriften des indischen Altertums schildert Kharavela seinen Aufstieg zum „Oberherrn Kalingas" (*Kaliṅga-adhipati*) und die großen Taten seiner Herrschaft. So rühmt er sich, einen griechischen Yavana-König in Nordindien in die Flucht geschlagen zu haben, in das zentralindische Andhra-Reich der Satavahanas eingedrungen zu sein und in Südindien eine Allianz drawidischer Fürsten zerschlagen zu haben. Weiterhin habe er ein Aquädukt in der Hauptstadt Kalinganagari repariert, das drei Jahrhunderte zuvor ein Nanda-König errichtet hatte, und allen Städtern und der Landbevölkerung Steuern erlassen. Auf Kharavelas Regierungszeit gehen ferner großartige, aus dem Fels gehauene, jainistische Mönchsklausuren von Udayagiri in der Nähe von Bhubaneswar zurück, deren Reliefschmuck zu den großen Kunstwerken des indischen Altertums zählt.

4.2 Das Reich der Satavahanas in Zentralindien

Etwa gleichzeitig mit den Chedis an der Ostküste stiegen im Hinterland der Westküste Zentralindiens die Satavahanas auf. Ihr Stammland lag bei Paithan am Dakshinapatha, dem „Südweg", jener wichtigen Handelsstraße, die seit der Frühgeschichte Nord- und Südindien und in der Mauryazeit vor allem die Provinzhauptstädte Ujjain und Suvarnagiri verband. Der erste bedeutende König dieser Dynastie, Satakarni I., dehnte in erfolgreichen Kämpfen gegen Shakas und Indo-Parther seine Herrschaft nordwärts bis ins südliche Rajasthan und nach Osten im Godavari-Tal flussabwärts bis an den Golf von Bengalen aus . Nicht zu Unrecht nannten sich die Satavahanas daher „Herren des Südlandes". In der Mitte des 1. Jahrhunderts n. Chr. berichtete Plinius von 30 befestigten Städten und einer starken Streitmacht der Satavahanas, die er als „Andarae" bezeichnete, da sie zeitweise von den Shakas nach Andhra, dem heutigen Andhra Pradesh, abgedrängt worden waren. In der Mitte des 2. Jahrhunderts eroberten sie ihr Stammland im Westen zurück und erreichten unter Gautamiputra und seinem Sohn Vasishthiputra den Höhepunkt ihrer Macht, als sie die wichtigen Häfen der West- und Ostküsten Indiens für mehrere Jahrzehnte unter ihre Kontrolle brachten, wie der römische Geograph Ptolemaeus (um 140 n. Chr.) berichtete.

Den Satavahanas kommt in der Geschichte des indischen Altertums in mehrfacher Hinsicht eine besondere Bedeutung zu. Ihre Verwaltung wies zwar eine gewisse Kontinuität zu den Mauryas auf, doch wichtiger waren neue Herrschaftsstrukturen, die unter den Guptas und im frühen Mittelalter zur vollen Blüte gelangten. So waren die Satavahanas bestrebt, religiöse Institutionen politisch und wirtschaftlich in das Reich zu integrieren. Dies geschah durch eine systematische Förderung des Buddhismus. Doch anders als in der Zeit des moralisch-patriarchalischen Zentralismus Ashokas gründeten die Satavahanas planmäßig neue buddhistische Klöster im Hinterland der wichtigen Hafenstädte beider Küsten und an den großen Handelsstraßen, die diese Küsten sowie Nord- und Südindien miteinander verbanden. Sie wurden durch großzügige Stiftungen der Könige und Mitglieder des Hofes sowie einer Vielzahl von Händler- und Handwerkergilden unterstützt. Zu den Stiftern zählen auch mehrere inschriftlich genannte Yavanas (= Griechen, Ausländer) aus Hafenstädten der Westküste. Die Satavahanas waren weiterhin die erste Dynastie, die Land auch an Brahmanen stifteten und dieses systematisch mit Immunitäten ausstatteten. Mit diesen Landstiftungen und Klostergründungen, die das ganze Land überzogen, schufen die Satavahanas ein neues Herrschaftsinstrument, das in gleicher Weise zur Legitimität und Stabilisierung ihrer Herrschaft wie zur wirtschaftlichen Erschließung des Landes beitrug. Im frühen Mittelalter sollten die Landstiftungen an Brahmanen größte Bedeutung erlangen – und stehen im Mittelpunkt der heutigen Diskussionen über den indischen Feudalismus (s. Kap. II.4.6).

Buddhismus

Die kulturelle Höhe der Satavahanas ruhte auf großartigen Schöpfungen der Kunst im 1. und 2. Jahrhundert n. Chr. In ihrem Stammland an der Westküste wurden nahe der großen Handelsstraßen wahre Felsdome und Mönchsbehausungen aus dem gewachsenen Fels der Westghats herausgeschlagen (z. B. Karle bei Pune). Die großartigsten Schöpfungen der Satavahana-Kunst befinden sich an den buddhistischen Stupa-Heiligtümern in Sanchi an der Nordgrenze des Reiches im heutigen Madhya Pradesh und in Amaravati an der Ostküste im heutigen Andhra Pradesh. Die berühmten Tore des großen Stupa von Sanchi und ihr reicher Reliefschmuck wurden unlängst als „the greatest sculptural monument" und die Reliefs von Amaravati als „the jewel in the crown of early Indian art" bezeichnet (217: Harle, S. 32ff.). Die buddhistische Felsarchitektur der Satavahanas lebte in den großen hinduistischen Tempelanlagen wie Ellora bis ins 10. Jahrhundert weiter, während die buddhistischen Skulpturen von Amaravati einen starken Einfluss auf die Kunst der frühen „indisierten" Staaten Südostasiens ausübten.

Kunst der Satavahanas

4.3 Südindien und der „Romhandel"

Die frühe Geschichte des „fernen Südens" wurde von drei Faktoren bestimmt. Es waren dies die indigen-drawidische gesellschaftlich-frühstaatliche Entwicklung, der politisch-kulturelle Einfluss Nordindiens und der Seehandel im Indi-

Frühe Geschichte Südindiens

Einflüsse Nordindiens

Shangam-Zeit

schen Ozean. Die beiden ersten Faktoren konvergierten erstmals in der Zeit der Mauryas, als Teile des nördlichen Südindiens etwa hundert Jahre unter nordindische Vorherrschaft gerieten. Langfristig folgenreicher als diese vorübergehende politische Hegemonie Nordindiens war die Öffnung Südindiens für kulturelle Einflüsse Nord- und Zentralindiens. Deren Übermittler waren zunächst die Mönchsorden des Buddhismus und des Jainismus, die durch ihre effiziente Organisation und ihrer gesamtindischen – im Falle des Buddhismus zunehmend auch internationalen – Beziehungen Südindien auch nach dem Ende der nordindischen Maurya-Vorherrschaft in die kulturelle und wirtschaftliche Entwicklung Südasiens einbezogen. Von dieser Rolle der Mönchsorden zeugen die ältesten Tamilinschriften des 3. und 2. Jahrhunderts v. Chr., in denen Mönche Stiftungen an ihre Klöster verkündeten. Diese im nordindischen Brahmi-Alphabet verfassten Inschriften sind auch sprachgeschichtlich von großer Bedeutung, da sie die ältesten Zeugnisse einer drawidischen Sprache darstellen. In den folgenden Jahrhunderten um die Zeitenwende trat der Hinduismus stärker in den Vordergrund, der dann seit der Mitte des 1. Jahrtausends n. Chr. den Buddhismus zurückzudrängen begann. Träger dieses tief greifenden kulturellen Wandels, der in südindischer Literatur bisweilen irreführend auch als „Aryanization" Südindiens bezeichnet wird, waren Brahmanen, die als Hofpriester, Gelehrte und politische Berater an die Höfe aufstrebender Stammesfürsten gerufen wurden. Sie führten in ihrem Reisegepäck die wichtigen *Śāstra*-Lehrbücher mit, wie etwa das *Arthaśāstra*-Staatslehrbuch des Kautilya und das Gesetzeswerk (*dharma śāstra*) des Manu, die in den frühen Jahrhunderten n. Chr. ihre endgültige Ausformung gefunden hatten.

Höhepunkt der frühhistorischen Entwicklung Südindiens ist die Shangam-Zeit. Sie ist in gleicher Weise von der indigenen Kultur der frühen tamilischen Fürstentümer der Cholas und Pandyas wie von dem beginnenden nordindischen Einfluss geprägt. Sie trägt ihren Namen nach der Shangam-Literatur, die in „Akademien" (*Śaṅgam*) im Umkreis von Madurai, der Hauptstadt der Pandyas, entstand. Nahm man früher noch eine sehr lange Entstehungszeit dieser Literatur von ca. 500 v. Chr. bis 500 n. Chr. an, so datiert man sie heute in das 1.–5. Jahrhundert n. Chr., wobei ihre Blüte im 2. und 3. Jahrhundert gelegen haben dürfte. Diese frühesten Werke der Tamil-Literatur lassen bereits deutliche Einflüsse nordindischer Kultur auf das höfische Leben erkennen. Doch überwiegen in ihnen Szenen eines unbeschwerten dörflichen und frühurbanen Alltagslebens, das noch weitgehend frei von den sozialen und rituellen Zwängen brahmanischer Normen war, die in späteren Jahrhunderten gerade die südindische Gesellschaft kennzeichnen sollten. Seit der Zeit der antibrahmanischen Reformbewegungen in Südindien im späten 19. und frühen 20. Jahrhundert gilt die Shangam-Zeit daher als das „Goldene Zeitalter" Südindiens.

Der dritte Faktor, der die frühkulturelle Entwicklung im heutigen Tamilnadu entscheidend prägte, ist der maritime Handel seiner Küstenstädte. Die Geschichte des südindischen Seehandels geht weit in die frühgeschichtliche Zeit zu-

Der frühe Seehandel Südindiens

rück. Schiffe der Induskultur waren an der Westküste bereits weit nach Süden vorgestoßen, und selbst die „Meeresschiffe“ König Salomons, die „in drei Jahren einmal Gold, Silber, Elfenbein, Affen und Pfauen“ nach Israel brachten, sollen die Südwestküste Indiens angelaufen haben. Die ältesten sicheren Nachrichten über südindische Stammesfürstentümer verdanken wir Megasthenes, dem griechischen Botschafter am Hofe Chandragupta Mauryas, und den Inschriften von Kaiser Ashoka. Auch Ägypten trägt zu unserer Kenntnis über das frühe Südindien bei. Ptolemaios II. Philadelphos, dem wir in der Mitte des 3. Jahrhunderts v. Chr. bereits als einem der Empfänger der Botschaften Ashokas begegneten, baute mehrere Häfen am Roten Meer aus, von denen die Handelswaren des Indischen Ozeans auf Kamelen an den Nil gebracht wurden. Ende des 2. Jahrhunderts v. Chr. begleitete dann ein Eudoxus – als erster namentlich bekannter Europäer – einen an der Küste des Roten Meeres gestrandeten Inder mit einem ägyptischen Schiff nach Indien und kehrte mit reichen Handelswaren nach Ägypten zurück.

Einen ungeahnten Aufschwung nahm der Handel im Indischen Ozean, als Kaiser Augustus im Jahre 30 v. Chr. Ägypten eroberte und Rom damit über die Häfen am Roten Meer einen direkten Zugang zum Indischen Ozean und den „Schätzen des Orients“ erlangte (s. Kap. II.6.1). Bereits wenige Jahre nach der Eroberung Ägyptens verließen, wie Strabo von seinem Besuch in Oberägypten (ca. 27–25 v. Chr.) zu berichten wusste, jährlich etwa 120 Schiffe den Hafen Myos Hormos im Roten Meer nach Indien. Zu einer weiteren Steigerung des direkten Seehandels mit Indien trugen die Erkenntnisse des Seefahrers Hippalus über die Regelmäßigkeit der sommerlichen Südwest- und der winterlichen Nordostmonsunwinde bei, die es nun auch Händlern der Mittelmeerwelt erlaubten, von den Häfen Südarabiens in 40 Tagen die Malabarküste im Südwesten Indiens direkt anzulaufen und mit den Winden des Wintermonsuns wieder zurückzukehren.

Seehandel mit Rom

Über Ausmaß, Handelsgüter und Seewege des römischen Indienhandels besitzen wir im „Periplus des Erythräischen Meeres“ eine Quelle unschätzbaren Wertes, die in der Mitte des 1. Jahrhunderts n. Chr. von einem anonymen griechischen Seefahrer verfasst wurde. Er war mit dem Seehandel im Arabischen Meer und mit den Häfen Indiens aus eigener Erfahrung vertraut, und als entsprechend verlässlich gelten seine detaillierten Angaben. Rom war demnach insbesondere an Gewürzen, vor allem Pfeffer von der Malabarküste, Edelsteinen, Perlen, Elfenbein und verschiedenen Sorten von Körperölen sowie an Seide interessiert, die aus China kommend in südindischen Häfen umgeschlagen wurde. Rom exportierte seinerseits u. a. Glas, verschiedene Metalle wie Kupfer, Zinn und Blei, ferner Wein und vor allem Münzen, wobei sich in Indien insbesondere die kaiserlichen Goldmünzen größter Beliebtheit erfreuten. Archäologen entdeckten in Südindien nicht nur große Hortfunde römischer Gold- und Silbermünzen – überwiegend aus der Zeit von Augustus bis Tiberius –, sondern auch zahlreiche Tonabdrücke (*bullae*) römischer Goldmünzen, die als Halsschmuck getragen wurden. Bald nachdem der Autor des Periplus sein Handbuch über den

„Periplus des Erythräischen Meeres“

Handel mit Indien niedergeschrieben hatte, klagte Plinius, dass kein Jahr vergehe, in dem Rom weniger als 550 Millionen Sesterzen für die Luxuswaren Indiens verliere. Der sog. römische Indienhandel war letztlich ein Aufkauf indischer Gewürze und chinesischer Seide „gegen Barzahlung", und so heißt es daher auch in einem zeitgenössischen tamilischen Text der Shangam-Literatur: „Den weißen Gischt durchpflügend kamen die schön gebauten Schiffe der Yavanas mit Gold und kehrten zurück mit Pfeffer, und Muziris [die wichtigste Hafenstadt der Malabarküste] hallte wider von Lärm".

Die Ausweitung des römischen Handels in Indien lässt sich an den geographischen Kenntnissen klassischer Autoren ermessen. Berichtete Strabo Anfang des 1. Jahrhunderts n. Chr. im Wesentlichen noch von den Häfen Nordwestindiens, so lässt der Periplus bereits eine deutliche Schwerpunktverlagerung des römischen Handels an die „pfefferreiche" Malabarküste und eine deutliche Zunahme der Kenntnisse über die Häfen der Ostküste erkennen. Der große Geograph Ptolemäus nennt in der Mitte des 2. Jahrhunderts n. Chr. zahlreiche weitere Städte an der Ostküste und in Sri Lanka und erstmals auch Seerouten und Häfen in Südostasien (s. Karte 5).

Neben den ausführlichen Angaben in den Werken europäisch-klassischer Autoren und den reichen römischen Münzhortfunden liefern Grabungen das wichtigste Zeugnis über die „Yavanas" in Südindien. In Arikamedu in unmittelbarer Nähe von Pondicherry wurde 1945 das im Periplus Poduke genannte Emporium („Neustadt", tam. *puducceri*) entdeckt. Neben Ziegelfundamenten von Terrassen, Lagerhallen und Brunnen kamen dort große Mengen von Scherben importierter römischer Glaswaren, Weinamphoren und arretinischer Keramik ans Tageslicht. Arikamedu Im selben Jahr, in dem in Arikamedu der bisher wichtigste römische Handelsplatz in Indien ausgegraben wurde, entdeckten Archäologen im westindischen Kolhapur, das möglicherweise mit dem von Ptolemäus erwähnten Hippokoura identisch ist, eine große Zahl von Bronzegegenständen. Unter den zehn römischen Importstücken befindet sich eine herrliche Statuette Poseidons, die auf das große Vorbild des Lysippos im 4. Jahrhundert v. Chr. zurückgeht.

Der Handel Roms mit Indien und insbesondere mit den Häfen des Südens war jedoch keineswegs ein einseitiges Exportunternehmen. Klassische Autoren berichten nicht nur von zahlreichen indischen Gesandtschaften am kaiserlichen Hof in Rom, sondern auch von Indern in Alexandrien, der großen Handelsmetropole des östlichen Mittelmeeres. In der Hafenstadt Leukos Limen an der Nordwestküste des Roten Meeres wurden Tonscherben mit Graffiti in der Tamil-Brahmi-Schrift des 1. oder 2. Jahrhunderts n. Chr. entdeckt. Besonders begehrt waren die Produkte indischen Handwerks, wie die berühmte Elfenbeinstatuette einer indischen Yakshi-Göttin aus Pompeji beweist. Nicht minder aufschlussreich sind die Zeugnisse in Indien. Der südasiatische Subkontinent war bereits im 2. und 1. Jahrhundert v. Chr. von einer Vielzahl regionaler maritimer Handelsnetzwerke umgeben, deren wirtschaftliche Effizienz die wichtigste Voraussetzung für den sprunghaften Anstieg des maritimen Indienhandels Roms

Handel im Indischen Ozean

seit Beginn des augusteischen Zeitalters darstellte. Einen nicht unbeträchtlichen Teil des „römischen" Handelsvolumens in Südasien stellten indische Imitationen und Nachahmungen römischer Produkte. So entdeckten die Ausgräber Arikamedus nicht nur Scherben römischer Glaswaren, sondern auch Rohglas und Reste einer offenbar florierenden Glaserei. Weiterhin werden verschiedene indische Keramiken, wie etwa die *„Rouletted Ware"* oder die *„Red Polished Ware"*, die man früher als römische Importware bzw. als Imitationen hellenistisch-römischer Keramik ansah, inzwischen als indische Nachahmungen bzw. reine indische Keramik gedeutet.

Prosperierendes Handwerk und die Vernetzung regionalen Küstenhandels mit dem florierenden „internationalen" Handel im Indischen Ozean trugen wesentlich zu der Entstehung der vielen Fürstentümer und zur Konsolidierung einzelner Königreiche in den frühen Jahrhunderten n. Chr. bei. Zwar steckt in Südindien – im Gegensatz zu Nordindien – die frühhistorische Archäologie noch in ihren Anfängen, doch stimmen deren bisherige Erkenntnisse recht genau mit den zeitgenössischen Beschreibungen frühurbanen Lebens in Südindien in der Shangam-Literatur und mit den Hinweisen klassischer Autoren auf die Fürstentümer und Königreiche Südindiens überein. Aus der Tatsache, dass im Periplus und von Ptolemäus nicht nur die Hafenstädte, sondern auch die im Inland gelegenen Hauptstädte genannt werden, lässt sich schließen, dass die Fürsten Südindiens bereits in dieser frühen Zeit enge Beziehungen zu ihren Hafenstädten unterhielten und ihr Reichtum und damit auch ihre Macht nicht unwesentlich von ihrer Teilhabe am Handel im Indischen Ozean abhing. So heißt es im Periplus z. B. ausdrücklich, dass die einträgliche Perlenfischerei an der südöstlichen Choromandelküste von Strafgefangenen des Pandya-Königreiches betrieben wurde.

5. Das klassische Zeitalter der Guptas

5.1 Entstehung und Blütezeit des Gupta-Reiches

Nach einem halben Jahrtausend (ca. 180 v. Chr. – 320 n. Chr.) politischer Fragmentierung Nordindiens und einer starken Anbindung des Nordwestens an die politischen Entwicklungen in Zentralasien erlebten Nordindien und Teile Zentralindiens im 4. und 5. Jahrhundert im Reich der Guptas eine Epoche politischer Einheit und kultureller Blüte, die oft als das klassische oder gar „Goldene Zeitalter" des indischen Altertums bezeichnet wird (s. Kap. II.1). Bedeutung und Einfluss der Guptas reichten weit über die territorialen und zeitlichen Grenzen ihrer Herrschaft hinaus. Der starke Einfluss der nordindischen Kultur des Guptareiches und die Ideologie seines hinduistischen Königtums waren jenseits der Reichsgrenzen bis in den fernen Süden und in weiten Teilen Südostasiens auch noch lange nach dem Untergang des Reiches zu spüren. Wenn Indien damals auch zu keinem Gesamtstaat von der Größe des Maurya-Reiches zurückfand, so

Das „Klassische Zeitalter"

lässt sich dennoch mit Fug und Recht von einem gesamtindischen Zeitalter der Guptas sprechen.

Aufstieg der Guptas

Der Aufstieg der Guptas innerhalb weniger Jahrzehnte von einem unbedeutenden Fürstentum am mittleren Ganges zu „Oberkönigen der Großkönige" (*mahārāja-adhirāja*) eines nordindischen Großreiches begann mit Chandraguptas I. Heirat mit einer Prinzessin des mächtigen Licchavi-Geschlechtes und seiner Königsweihe im Jahre 320 n. Chr. Er scheint von Anbeginn große Pläne verfolgt zu haben, denn er begründete im selben Jahr eine neue Ära, die Gupta-Ära, nahm den gerade genannten kaiserlichen Titel an und begann Eroberungen im Gangestal, über deren Verlauf allerdings keine Einzelheiten bekannt sind. Umso genauer sind wir über die Siegeszüge seines Sohnes Samudragupta unterrichtet, der als der eigentliche Begründer des Großreiches gilt. Seine berühmte Allahabad-Inschrift, die auf einer Säuleninschrift Ashokas angebracht wurde, berichtet über seine Eroberungen und lässt in idealtypischer Weise die konzentrische Struktur des Gupta-Reiches erkennen. Da diese in mancher Hinsicht paradigmatisch für den klassischen, vormodernen indischen Staat ist, sei etwas näher auf sie eingegangen (s. Karte 6).

Samudragupta

Zunächst „entwurzelte" (*unmūlya*) Samudragupta die zahllosen Fürstentümer und Kleinkönigtümer des zentralen Ganges- und Zweistromlandes und annektierte ihre Gebiete. Hierbei dürfte es sich insbesondere um jene Kleinstaaten gehandelt haben, denen wir bereits als Nachfolgern der frühen Mahajanapadas begegnet waren. Dann brach er zu seinem berühmten Südlandfeldzug auf, der ihn bis in die Nähe der südindischen Stadt Kanchipuram führte. Im Verlaufe dieses Feldzuges besiegte er insgesamt zwölf namentlich genannte Fürsten. Doch aus der Bemerkung in der Inschrift, er habe „alle Rajas der Südregion ergriffen, freigelassen und aus Gnade (wieder eingesetzt)", kann man schließen, dass er mit diesem Feldzug keine dauerhafte Annektion des Südens verfolgte, sondern sich eher dem Ideal eines Chakravartin-Weltherrschers verpflichtet fühlte, dem die symbolische „Eroberung der (vier) Weltengegenden" (*digvijaya*) oblag. Die Allahabad-Inschrift nennt des weiteren vierzehn „Grenzlandkönige", die außerhalb des eigentlichen Herrschaftsgebietes der Guptas lagen. Zu ihnen zählen Samatata in Ostbengalen, Kamarupa im heutigen Assam sowie Stammesstaaten in Rajasthan und Madhya Pradesh. Die Herrscher all dieser Grenzlandkönigreiche, so heißt es in der Inschrift, befolgten die Befehle Samudraguptas und waren zum persönlichen Erscheinen am Hofe verpflichtet. Zwischen dem Kerngebiet des Reiches und den Grenzlandkönigen lagen ferner Gebiete einzelner „Waldkönige", die Samudragupta alle zu seinen „Dienern" gemacht habe. Jenseits der Grenzlandkönige schlossen sich die großen Königreiche der Kushanas, Shakas und Murundas, sowie Simhala (Sri Lanka) und „die Bewohner aller Inseln" an. Die Herrscher dieser Königreiche entsandten Botschaften und „Mädchen als Gaben" für den königlichen Harem und erbaten eine „königliche Charta, versehen mit dem Garuda-Siegel (der Gupta-Könige), um den Besitz des eigenen Landes (bestätigt zu erhalten)".

Struktur des Gupta-Reiches

Die Struktur des Gupta-Reiches erinnert deutlich an das konzentrische Mandala-Staatensystem des Arthashastra. Im Zentrum des Reiches lag das Kerngebiet, das der direkten Herrschaft der Dynastie unterstand, nachdem dessen kleine Landesfürsten „entwurzelt" worden waren. Einzig in diesem Gebiet bestand eine „Steuerhoheit" der Dynastie, deren Ausübung jedoch an eine Hierarchie lokaler und regionaler Institutionen delegiert war, deren Autonomie sich proportional mit der Entfernung vom Königssitz vergrößerte. An den Grenzen dieses dynastischen Kerngebietes, oft aber auch in schwer zugänglichen Berg- und Waldgebieten innerhalb dieses Kernlandes, lagen die Siedlungsgebiete meist gänzlich „freier" Stämme. Samudraguptas Anspruch, sie zu „Dienern" gemacht zu haben, dürfte sich daher allenfalls auf eine ritualisierte Integration bei bestimmten Festen bezogen haben. Dieses von einzelnen Stammesgebieten durchsetzte und eingegrenzte Kerngebiet des Reiches war von zwei weiteren Staatengruppen umgeben, die in deutlich unterschiedlichen Beziehungen zum Gupta-Reich standen. Die innere Gruppe, die „Grenzlandkönige", hatten Tribut zu entrichten und persönlich am Hofe zu erscheinen, bezeichnenderweise aber keine Heeresfolge zu leisten. Sie waren damit die Vorgänger der Samanta-Tributärfürsten, die ein wesentliches Merkmal der frühmittelalterlichen Staaten darstellten. Die äußere Gruppe bestand aus unabhängigen Königreichen, die Botschafter an den Hof der Guptas entsandten und in Einzelfällen auch Heiratsbeziehungen mit ihnen aufgenommen haben dürften. Das in der Inschrift erkennbare Bestreben, Botschaften unabhängiger Nachbarreiche als Anerkennung der eigenen Vorherrschaft zu deuten, entspricht den Gepflogenheiten der „Großmächte" in vormoderner Zeit und findet eine direkte Parallele im Verhältnis Chinas zu seinen unabhängigen Nachbarn in Süd- und Südostasien.

Unter Chandragupta II. (ca. 375–413/15) erreichte die Expansion des Gupta-Reiches ihren Abschluss. Nach langen Kämpfen gelang es ihm, das westindische Shaka-Reich zu unterwerfen und dem Gupta-Reich damit den Zugang zu den wichtigen Häfen des Arabischen Meeres zu eröffnen. Weiterhin verheiratete er seine Tochter mit dem Kronprinzen des Königreiches der östlichen Vakatakas, das seit dem späten 3. Jahrhundert n. Chr. zu einem zentralindischen Nachfolgestaat der Satavahanas aufgestiegen war. Da der junge Vakataka-König bereits nach wenigen Jahren verstarb und die Gupta-Prinzessin für nahezu zwanzig Jahre die Regentschaft für ihren unmündigen Sohn übernahm, ging das Vakataka-Reich vorübergehend in den Reichsverband des Gupta-Reiches ein. Auch nach der Krönung des Vakataka-Prinzen hielt der kulturelle Einfluss des Gupta-Reiches in Zentralindien unvermindert an.

Der Höhepunkt

Die langen Regierungszeiten Chandraguptas II. und seines Sohnes Kumaragupta (ca. 415–455) verkörpern den Höhepunkt der klassischen Kultur des indischen Altertums und werden daher von indischen Historikern bisweilen als „Goldenes Zeitalter" bezeichnet. Chandraguptas Ruhm beruht in der indischen Tradition vor allem auf der Überlieferung, dass an seinem Hof die „Neun Juwelen", die berühmtesten Dichter seiner Zeit, gewirkt haben sollen, zu denen auch

Gupta-Einfluss in Asien

Sanskrit-Dichtung

Urbanität der Gupta-Kultur

Kunst und Architektur

Kalidasa, der größte Sanskrit-Dichter Indiens, zählte. Nicht minder bedeutend sind die zeitgenössischen Werke der Kunst und Architektur. Erstmals seit der Blüte der frühen buddhistischen Kunst unter den Kushanas und Satavahanas setzte im späten 4. und verstärkt seit der ersten Hälfte des 5. Jahrhunderts wieder eine Phase großartiger Schöpfungen der indischen Kunst ein. Es war besonders die Zeit Kumaraguptas, in der die Statuen des stehenden und des sitzend-meditierenden Buddha zunächst in Sanchi und Mathura und dann in Sarnath, jenem Ort bei Benares, in dem der Buddha einst nach seiner Erleuchtung seine erste Predigt gehalten hatte, ihre klassischen Stilformen annahmen. Doch auch in der Ikonographie hinduistischer Götter begann in dieser Zeit eine Kanonisierung, die die Grundlage für den überreichen Skulpturenschmuck der frühmittelalterlichen Tempel Indiens schuf. Die Anfänge hinduistischer Tempelarchitektur gehen ebenfalls auf die Guptazeit zurück, als Einflüsse der frühen Felsarchitektur und Elemente provinzialrömischer Architektur aufeinander stießen. Das wohl großartigste künstlerische Erbe der Guptazeit sind die buddhistischen Freskenmalereien in den aus Fels gehauenen Klosteranlagen des westlichen Vakataka-Reichs (wie z. B. Ajanta), deren Einfluss sich in den kommenden Jahrhunderten bis nach Zentralasien erstreckte und die heute zu dem großen Erbe der frühen Kulturen der Menschheit zählen. Die buddhistische Freskenmalerei und die Werke der Sanskrit-Literatur geben Zeugnis von einer hohen Urbanität der wohlhabenden Händlerkasten und Gilden sowie der fürstlichen Höfe. So enthält das *Kāmasūtra*, das berühmte, in der frühen Guptazeit entstandene indische Lehrbuch der Liebe, genaue Angaben über die hohen materiellen und kulturellen Anforderung an die Kurtisanen und ihre städtischen Liebhaber.

Brahmanische Restauration

Das Bild einer hoch entwickelten städtischen Kultur der Guptazeit wird von neueren archäologischen Forschungen jedoch zunehmend in Frage gestellt, da die guptazeitlichen Grabungshorizonte der nordindischen Städte einen deutlichen Rückgang der Siedlungsgröße und Städteplanung erkennen lassen (s. Kap. II.5.3). Der in Indien in dieser Zeit zu beobachtende Rückgang des überregionalen Handels und die brahmanisch-hinduistische Restauration der Guptazeit führten offenbar zu einer schrittweisen Verlagerung wirtschaftlicher und kultureller Aktivitäten auf das Land, das auch in den vergangenen Jahrhunderten „buddhistischer Fremdherrschaft" weiterhin unter dem Einfluss der Brahmanen gestanden hatte. Ein wesentliches Merkmal der hinduistischen Restauration der Guptazeit war die Festigung des Kastensystems. Die Pflichten (*dharma*) der vier Kasten (*varṇa*) bzw. der vielen berufsständischen „Unterkasten" (*jāti*) waren in den vergangenen Jahrhunderten in den großen *Dharmaśāstra*-Gesetzeswerken kodifiziert worden, von denen dem Gesetzbuch des Manu (ca. 2./3. Jahrhundert n. Chr.) die größte normative Geltung zukam. Der Bericht des chinesischen buddhistischen Mönches Faxian (Fa-hsien), der in der Zeit Chandraguptas II. die heiligen Stätten des Buddhismus in Indien und Sri Lanka aufsuchte, lässt erkennen, in welchem Maße die sozial-rituellen Restriktionen für die niedersten Kasten bereits in der Guptazeit durchgesetzt worden waren. So heißt es, dass die

Chandalas, eine Fischer- und Jägerkaste, beim Betreten von Städten und Märkten durch Aufschlagen eines Holzes auf den Boden auf ihr Kommen aufmerksam zu machen hatten, damit Angehörige höherer Kasten ihre rituell verunreinigende Nähe meiden konnten.

Mit dem Ende der Herrschaft Kumaraguptas ging auch der innere und äußere Friede zu Ende. In seinen letzten Jahren ereignete sich ein Aufstand der Pushyamitra, vermutlich einer jener Atavika-Waldstämme, die Samudragupta glaubte zu seinen Dienern gemacht zu haben. Der Aufstand konnte nur unter Aufbietung aller Kräfte des Reiches von Skandagupta niedergeschlagen werden. Als Skandagupta als Sohn einer Nebenfrau Kumaraguptas nach dessen Tod den Thron bestieg, kam es zu schweren Thronfolgekämpfen, die Skandagupta zwar zu seinen Gunsten entscheiden konnte, die aber die Dynastie schwer erschütterten.

Thronfolgekämpfe

5.2 Die Hunnen und der Niedergang des Gupta-Reiches

Die größte Gefahr drohte dem Reich aus dem unruhigen Nordwesten durch einen erneuten Einbruch zentralasiatischer Nomadenstämme, die auch in der Geschichte Europas tiefe Spuren hinterließen. Nur wenige Jahre nachdem die Hunnen unter Attila Europa in Schrecken versetzt hatten, drangen sie auch über den Hindukusch nach Nordwestindien vor. Die Hunnen, vermutlich entfernt verwandte Stämme der Xiong-nu, denen wir bereits im 2. Jahrhundert v. Chr. im Osten Zentralasiens als Gegner der Kushanas begegneten, waren in der Mitte des 4. Jahrhunderts n. Chr. in Baktrien eingedrungen. Ein großer Teil zog wenige Jahrzehnte später weiter westwärts und löste durch seine Siege über Alanen und Goten die europäische Völkerwanderung aus. Andere Stämme blieben in Baktrien zurück, wurden aber Anfang des 5. Jahrhunderts – wie zuvor die Gräko-Baktrier und Shakas – von nachrückenden Nomadenstämmen, den Hephthaliten-Hunnen, aus Baktrien in den Süden abgedrängt, um dann kurz nach der Mitte des 5. Jahrhunderts in Nordwestindien einzufallen. Etwa im Jahr 458 wurden sie jedoch von Skandagupta geschlagen, der sich in Inschriften ausdrücklich seiner Siege über die *Hūṇa* rühmt. Durch diesen Sieg war Indien unter Skandaguptas Nachfolgern nochmals ein knappes halbes Jahrhundert Frieden vergönnt. Nach Skandaguptas Tod wiesen erneut ausbrechende dynastische Kämpfe und die Autonomiebestrebungen lokaler Fürsten aber bereits deutliche Anzeichen des Niederganges auf.

Hunnen in Indien

Als zu Beginn des 6. Jahrhunderts erneut Hunnen unter der Führung des fähigen Fürsten Toramana in den Panjab vorstießen, war die Abwehrkraft des Gupta-Reiches bereits derart geschwächt, dass die Hunnen ihre Herrschaft innerhalb weniger Jahre über den Panjab hinaus nach Kaschmir, Rajasthan und in das westliche Uttar Pradesh ausdehnen konnten. Unter Toramanas Sohn Mihirakula erfuhr die Macht der Hunnen seit etwa 515 eine weitere Stärkung. Doch die in späterer indischer Literatur sprichwörtlich gewordene Grausamkeit seiner

Herrschaft führte unter der Führung Yashodharmans zu einer Allianz indischer Fürsten, der Mihirakula etwa um 528 unterlag. Die Hunnen hielten sich noch wenige Jahre in Kaschmir, bis sie in der Mitte des 6. Jahrhundert in Zentralasien der Übermacht der Türken erlagen.

Die Herrschaft der Hunnen über Nordwestindien war zwar ähnlich kurz wie jene der Indo-Parther, hatte jedoch ungleich stärkere Folgen für die weitere Geschichte Indiens. Auch wenn sich ihre Macht nicht bis in das östliche Kerngebiet des Gupta-Reiches in der mittleren Gangesebene erstreckt hatte, so stellte ihre Herrschaft über Nordwestindien, die Drehscheibe aller wichtigen Handelsrouten nach Zentralasien und in den Vorderen Orient, doch eine der direkten Ursachen für den Niedergang des Reiches dar. Noch folgenschwerer war es, dass der Kampf gegen die Hunnen die zentrifugalen Kräfte innerhalb des Reiches in einem Maße stärkte, das fast zwangsläufig dessen Ende heraufbeschwor. Unklar bleibt allerdings trotz intensiver Forschungen, in welchem Ausmaß die Herrschaft der Hunnen für den Niedergang der Städte und der „klassischen" städtischen Kultur Nordwestindiens verantwortlich war. Für den Buddhismus und seine städtischen oder doch auf städtische Unterstützung angewiesenen Klöster bedeutete die kurze Zeit der Hunnenherrschaft jedoch ohne Zweifel deren Niedergang im Nordwesten, einem der seit Ashoka traditionell großen Schwerpunkte des Buddhismus.

Folgen der Hunnenherrschaft

D. DAS FRÜHE MITTELALTER

Das frühe Mittelalter Indiens („*early medieval India*") umfasst die Zeit vom Untergang des Gupta-Reiches im 6. Jahrhundert bis zur Begründung des Delhi-Sultanates im Jahre 1206. Eine Reihe von Merkmalen unterscheidet es deutlich von der Epoche des Altertums und deren klassischer Spätphase im Zeitalter der Guptas und dem Spätmittelalter in der Zeit der muslimischen Hegemonie des Delhi-Sultanates. Das historisch-politisch hervorstechende Merkmal des frühmittelalterlichen Indiens sind die großen Regionalreiche. Während im Altertum und erneut seit dem Delhi-Sultanat bis in die Gegenwart die Dynamik der Staatenbildung von Nordindien ausging, war das frühe Mittelalter von einem Gleichgewicht regionaler Schwerpunkte gekennzeichnet, die für nahezu sieben Jahrhunderte gleichmäßig über die historische Landkarte Indiens verteilt waren. Historiker der indischen Feudalismus-Schule sehen im Niedergang des städtischen Lebens und des überregionalen Handels sowie in der Entstehung einer feudalen Agrar- und Gesellschaftsordnung im frühen Mittelalter das wichtigste Kriterium für die Periodisierung der vormodernen indischen Geschichte (s. Kap. II.1).

Merkmale des „frühen Mittelalters"

Eng mit den großen Regionalreichen sind die frühmittelalterlichen Regionalkulturen mit ihren eigenen Sprachen, Literaturen und Kunststilen verbunden, die bis heute die einzigartige kulturelle Vielfalt Südasiens bestimmen. Im religiösen Bereich sind nach Jahrhunderten buddhistischer Philosophie, brahmanischer Gelehrsamkeit und ritualisierten Opferwesens das Aufkommen eines volkstümlichen Hinduismus und der theistischen Bhakti-Mystik die wichtigsten neuen Faktoren. Daneben aber geriet der Nordwesten Südasiens seit dem frühen 8. Jahrhundert erneut in den Einflussbereich des Vorderen Orients, als arabische Truppen weite Gebiete des heutigen Pakistans eroberten und auch die Weltreligion des Islams in Südasien Eingang fand. Dadurch wurden die Voraussetzungen für die weitere Expansion muslimischer Staatenbildung in Südasien im Spätmittelalter und letztlich auch der staatlichen Aufteilung des Subkontinentes im 20. Jahrhundert geschaffen.

Regionalkulturen

1. Harsha von Kanauj und der Beginn des frühen Mittelalters

An der Schwelle des frühen Mittelalters stand Harsha von Kanauj (606–647). Als eine der großen Herrscherpersönlichkeiten der indischen Geschichte wäre er noch ganz der Spätphase der klassischen Gupta-Kultur zuzurechnen, stünden nicht die politische Wirklichkeit seiner Herrschaft und auch die Struktur seines Reiches geradezu paradigmatisch für den Übergang zum frühen Mittelalter. Es gelang ihm, Nordindien erneut vom Panjab bis Orissa und von den Vorbergen des Himalaya bis an den Narmada-Fluss, der Grenze zwischen Nord- und Zentralindien, zu vereinen und damit nochmals für eine Generation einen Nachfol-

„Spät-Klassik"

gestaat des Guptareiches zu errichten (s. Karte 8). Und wie dieses war auch die Zeit Harshas durch eine großartige religiöse Toleranz und kulturelle Vielfalt gekennzeichnet. Nach Ashoka und Kanishka war er der dritte große Herrscher Indiens, der dem Buddhismus ein Höchstmaß an königlicher Förderung zuteil werden ließ. Das buddhistische Kloster Nalanda in der Nähe Bodh Gayas, eine Gründung der späten Guptazeit, wuchs in seiner Regierungszeit zu einer der bedeutendsten Lehrstätten der damaligen Welt heran. Für den Unterhalt der zahllosen buddhistischen Mönche und Gelehrten, die Nalanda aus Indien und weiten Teilen Asiens aufsuchten, stiftete Harsha über hundert Dörfer, deren Erträge täglich von 200 Dörflern in das Kloster gebracht wurden. Der große chinesische Pilger Xuan Zang (Hsiuen-tsang), der über acht Jahre im Reiche Harshas weilte, hinterließ eine ausführliche Beschreibung dieser buddhistischen „Universität", ihrer großen Zahl ausländischer Studenten und ihrer Wohnheime, deren Ruinen noch heute tief beeindruckend sind. Auch die Sanskrit-Literatur florierte an Harshas Hof. Der Dichter Bana, dessen Werk von vielen Indologen sogar höher als jenes Kalidasas eingeschätzt wird, hinterließ im *Harṣacaritam* („Die Taten Harshas") die erste indische Herrscherbiographie.

Kulturelle Blüte

Zwei Merkmale seiner Herrschaft verweisen Harsha jedoch bereits deutlich in das frühe Mittelalter. Es waren dies der Aufstieg der Samanta-Fürsten innerhalb des Reichsverbandes und die Entstehung neuer großer regionaler Schwerpunkte außerhalb seines nordindischen Großreiches. Der Ausdruck Samanta bezeichnete seit Ashoka die unabhängigen Nachbarstaaten (*sāmanta* = Nachbar), die den eigenen Staat kreisförmig umgaben und damit den „natürlichen Feinden" im konzentrischen Mandala-Staatensystem des *Arthashastra*-Lehrbuches entsprachen. Da sie die ersten Opfer eines expandierenden Königreiches waren, nahmen sie als besiegte Tributärfürsten im Reichsverband zunächst nur eine niedere Stellung ein. In der Inschrift Samudraguptas waren sie uns unter dem Namen „Grenzlandkönige" begegnet, deren wichtigste Aufgabe es war, zumindest einmal im Jahr am Hofe des Großkönigs zu erscheinen und damit seine Vorherrschaft anzuerkennen. Die Inschriften aus der Zeit Harshas zeigen, dass sich nach dem Untergang des Gupta-Reiches der Status unterworfener Tributärfürsten bereits deutlich verändert hatte. Sie hatten an den Höfen ihrer jeweiligen Großkönige (*mahārāja*) eine geachtete Stellung inne, und die mächtigsten von ihnen stiegen zu „Großfürsten" (*mahāsāmanta*) auf und nahmen im Reichsverbund wichtige Funktionen wahr. So wird z. B. in einer hierarchisch gegliederten Zeugenliste einer Stiftungsinschrift Harshas ein „fürstlicher Großnachbar" vor den Inhabern der patrimonialen Kronämter sowie den königlichen Provinzgouverneuren und Distriktvorstehern genannt. Mit diesem Aufstieg der Samantas war der Beginn zur „Samantaisierung" des Reichsverbandes frühmittelalterlicher Staaten Indiens vollzogen, in der bisweilen eine indische Variante des Feudalismus gesehen wird.

Samanta-Fürsten – eine indische Variante des Feudalismus?

Nicht minder folgenschwer für die weitere indische Geschichte war die Entstehung der großen regionalen Schwerpunkte Indiens, eine Entwicklung, die sich ebenfalls erstmals in der Zeit Harshas deutlich abzuzeichnen begann. Anders als im 5. Jahrhundert, als das Gupta-Reich auf dem Höhepunkt seiner Macht keine ernsthaften Rivalen kannte, sah sich das Großreich Harshas von mächtigen Gegnern umgeben. Im Osten widersetzte sich ihm Shashanka, der erste bedeutende König Bengalens, erfolgreich bis zu seinem Tod (ca. 621). Etwa im Jahr 630 kam es zu einem wichtigen Wendepunkt in der Geschichte Indiens. Bei dem Versuch, dem Vorbild Samudraguptas nachzueifern und sein Reich nach Zentralindien auszudehnen, bereitete der Chalukya-König des westlichen Zentralindiens, Pulakeshin II., Harsha eine schwere Niederlage. Xuan-Zang berichtet beschönigend über die Niederlage seines königlichen Patrons, Harsha habe die Chalukyas „bisher nicht besiegen können", während Pulakeshin, auf Harshas Namen anspielend, sich in einer Inschrift rühmte, Harsha die Freude *(harṣa)* genommen zu haben, da er dessen Kriegselefantentruppe erschlagen habe. Sein Sieg über den „Herren des gesamten Nordlandes", den Pulakeshin in einer Inschrift stolz verkündete, beendete bis in das frühe 14. Jahrhundert, als Sultane Delhis erneut nach Zentral- und Südindien vorstießen, alle weiteren Versuche nordindischer Herrscher, ihre Macht über das Vindhya-Gebirge und den Narmada-Fluss hinaus in den Süden auszudehnen. Nordindien hatte seine Hegemonialmacht über Südasien verloren (s. Karte 8).

Ende nordindischer Dominanz

Doch auch Pulakeshin und seine zentralindische Chalukya-Dynastie waren keineswegs alleinige „Herren des gesamten Südlandes". Wie noch näher erläutert wird (s. Kap. D.2.5), waren die Chalukyas mit der Pallava-Dynastie von Kanchipuram im heutigen Tamilnadu in heftige Kämpfe verwickelt, denen Pulakeshin 642 bei der Verteidigung seiner Hauptstadt Badami zum Opfer fiel. Mit diesen Kämpfen zwischen Harsha in Nordindien, Shashanka von Ostindien, Pulakeshin im westlichen Zentralindien und den Pallavas im Südosten zeichneten sich im frühen 7. Jahrhundert erstmals die vier regionalen Schwerpunkte ab, die den Verlauf der Geschichte Indiens seit dem frühen Mittelalter prägten. Zentral-, Ost- und Südindien traten damit als „gleichberechtigte Partner" in die Geschichte Indiens ein. Die Vormacht des Nordens war einem Gleichgewicht unter Regionalreichen gewichen.

Aufstieg Südindiens

2. Die Regionalreiche des frühen Mittelalters

Die Geschichte des frühen indischen Mittelalters ist die seiner großen Regionalreiche (s. Karte 7). Das scheinbar verwirrende Bild mit seinem steten Aufstieg und Niedergang und endlosen Kämpfen großer Königreiche und einer Vielzahl kleiner Fürstentümer gewinnt Konturen, wenn man sich den Paradigmenwechsel des frühen Mittelalters vor Augen hält. Der historische Prozess ist für sieben Jahrhunderte nicht mehr von gesamtstaatlicher Entwicklung oder nordindischem Hegemonialstreben, sondern von regionalen autonomen historischen Prozessen mit erstaunlicher Kontinuität bestimmt. Das frühe Mittelalter ist weniger von

Entstehung der Regionalreiche

Fragmentierung gekennzeichnet, wie dies oft in Geschichtswerken konstatiert wird, sondern von einer Intensivierung eines polygenen gesamtindischen Prozesses, dem die Regionen auch weiterhin durch eine Vielzahl religiöser, kultureller, gesellschaftlicher und – in geringerem Maße – politischer Beziehungen verbunden blieben. Neben der Kontinuität innerhalb der regionalen Schwerpunkte ist ihr politisches Gleichgewicht im gesamtindischen Kontext ein weiteres wichtiges Strukturmerkmal der frühmittelalterlichen Geschichte Indiens. Es beruhte gleichermaßen auf der Stärke aller Regionalreiche, sich einer dauerhaften Unterwerfung durch benachbarte Großreiche zu widersetzen, wie auf ihrer Schwäche, den eigenen kurzzeitigen militärischen Erfolgen eine systematische Annektion – oft viele hundert Kilometer entfernter Gebiete – folgen zu lassen. Der „alltägliche" Kampf der Regionalreiche beschränkte sich daher weitgehend auf Sicherung und Ausweitung ihres Vorfeldes in den Zwischenregionen, die sie umgaben.

2.1 Die historische Geographie des frühen Mittelalters

Regionale Schwerpunkte außerhalb der Kernlande der nordindischen Großreiche hatten sich nach deren Zusammenbruch auch bereits im Altertum gebildet, wie die Beispiele Kharavelas an der Ostküste und der Satavahanas in Zentralindien zeigten. Eine Entstehung neuer Regionalmächte auch in jenen Gebieten des Subkontinentes, die bisher außerhalb der von Nordindien bestimmten staatlichen Entwicklung lagen, trat als gesamtindisches Phänomen jedoch erst im Zeitalter Harshas in der ersten Hälfte des 7. Jahrhundert auf. Solche Großregionen waren das nordindische Zweistromland (das heutige Uttar Pradesh), die ostindische Gangestiefebene (das heutige Ostbihar und Bengalen), die westliche Hochebene Zentralindiens (das heutige Maharashtra und Nord-Karnataka) und die Südostküste (das heutige Tamil Nadu). Bezeichnenderweise stehen auch die Hauptstädte der drei britischen Presidencies Calcutta, Bombay und Madras sowie Delhi als Hauptstadt der nordindischen Großregion seit Begründung des Delhi-Sultanats in dieser Tradition. Innerhalb dieser Großregionen lösten sich bedeutende Dynastien ab und erhoben dabei nicht selten die Hauptstädte ihrer jeweiligen Stammlande zur neuen Hauptstadt der Großregion. In den meisten Fällen bewirkte die dynastische und geographische Fluktuation innerhalb der Großregionen aber nicht Schwächung, sondern Intensivierung der regionalen Prozesse, da sie letztlich die interne Umverteilung der wirtschaftlichen und kulturellen Ressourcen innerhalb der jeweiligen Großregion förderte.

Die vier Großregionen

Die Großregionen waren von Randgebieten umgeben und durch weite Zwischenregionen sowie häufig schwer zugängliche Dschungel- und Berggebiete voneinander getrennt. Diese waren u. a. von jenen Stämmen bewohnt, die Samudragupta zu seinen Dienern gemacht zu haben vorgab, die aber bis in die Gegenwart kaum an der Entwicklung der agrarischen und politischen Kerngebiete teilhatten. Zu diesen Stammesgebieten („*tribal areas*") zählen neben den Bergregionen am Fuße des Himalaya und in den Westghats Zentral- und Südindiens vor

Stammesgebiete

allem jene weiten Landstriche, die sich durch den gesamten Subkontinent in einer Breite von bisweilen mehreren hundert Kilometern in Westostrichtung von Rajasthan bis an die fruchtbaren Küstengebiete von Orissa und Andhra Pradesh erstrecken.

Eine typische Zwischenregion ist z.B. das langgestreckte Küstengebiet von Orissa und Andhra Pradesh zwischen Bengalen und Tamil Nadu mit seiner vielgestaltigen Topographie. An manchen Stellen treten die Berge der Ostghats so nahe an den Golf von Bengalen heran, dass das Küstengebiet auf wenige Kilometer reduziert wird, während es sich andernorts in die fruchtbaren Deltalandschaften der großen, in den Westghats entspringenden Flüsse öffnet. Großreiche hatten hier buchstäblich natürliche Grenzen, auch wenn sich das mittelalterliche Reich von Orissa über Jahrhunderte vom heutigen Südbengalen an der Küste bis weit in das nordöstliche Andhra Pradesh erstreckte. Noch mehr gilt dies für die gesamte Westküste, die zwar seit dem Altertum wegen ihrer natürlichen Häfen von größter Bedeutung für den Seehandel war, in der politischen Entwicklung aber allenfalls ein Randgebiet blieb.

Zwischen den nördlichen und zentralindischen Großregionen erstreckt sich als weitere wichtige Zwischenregion das Grenzgebiet der heutigen Bundesstaaten Rajasthan („Land der Könige") und Madhya Pradesh („Mittelland") von Agra/Jaipur bis in das nördliche Maharashtra. Hier lagen in der Frühzeit Ujjain, eine Provinzhauptstadt des Maurya-Reiches, das Kerngebiet der Satavahanas und im frühen Mittelalter die Königreiche der Paramaras sowie der Yadavas von Devagiri und im späten Mittelalter das Rajputenkönigreich von Mewar. Wie auch andere Zwischenregionen des Subkontinentes entwickelte dieses Gebiet eine hohe städtische Kultur unter beachtlicher Abfolge prosperierender Königreiche. Die Zerklüftetheit dieser Mittelgebirgsregion und stete Expansionskämpfe der benachbarten Großregionen Nord- und Zentralindiens verhinderten jedoch eine regionale Großreichsbildung in dieser kulturell ertragreichen Region.

Zwischenregionen

2.2 *Die Regionalreiche Nordindiens*

Ein wichtiger Einschnitt in der frühmittelalterlichen Geschichte Nordindiens war der Niedergang Magadhas, des einstigen Kerngebiets der Großreichsbildungen im Altertum. Ein Auseinanderdriften der staatlichen Entwicklung in die früheren Randgebiete Magadhas war die Folge. Stromaufwärts arrondierte sich das westliche Ganga-Yamuna-Zweistromland als Zentrum Nordindiens und stromabwärts das bengalische Tiefland der Gangesebene als Kerngebiet der Ostregion. Der Schwerpunkt der nordindischen Geschichte kehrte damit wieder in das Gebiet zurück, in dem einst die „epische Geschichte" Indiens im *Mahābhārata*-Kampf begonnen hatte. Das neue Kerngebiet lag im frühen Mittelalter bei Kanauj, der Hauptstadt Harshas, in dessen Nachbarschaft heute auch Lakhnau, die Hauptstadt des bevölkerungsreichsten indischen Bundesstaates Uttar Pradesh („Nordland") liegt.

Den Höhepunkt seiner frühmittelalterlichen Geschichte erlebte Kanauj unter der Gurjara-Pratihara-Dynastie, die um 783 von Vatsaraja begründet wurde und bis in die Mitte des 10. Jahrhunderts die führende Macht Nordindiens darstellte. Mit ihr begann der Aufstieg der Rajputen („Königssöhne"), deren Clane sich vom Nordwesten über weite Teile Nordindiens ausbreiteten und bis in die frühe Neuzeit zahlreiche Fürstentümer und vereinzelt auch Königreiche begründeten. Ihre martialische Lebensweise und rigide Beachtung der rituellen hinduistischen Reinheitsvorschriften ließ sie zum Inbegriff nordindischen Königtums und einer großartigen Fürstenpracht werden, von der im Bundesstaat Rajasthan auch heute noch ihre Nachfahren zehren. Die Stärke des Gurjara-Pratihara-Reiches beruhte auf der Fähigkeit der Gurjaras, die vielen Rajputen-Clane in den Reichsverband zu integrieren. Die schweren Kämpfe gegen die benachbarten Großregionen von Bengalen und Zentralindien seit dem 9. Jahrhundert führten seit Beginn des 10. Jahrhunderts zu einer schrittweisen Desintegration des Reiches zugunsten unabhängig agierender Rajputen-Fürstentümer. Den Todesstoß versetzte dem geschwächten Gurjara-Pratihara-Reich im Jahre 1018 Mahmud von Ghazni mit der Zerstörung der Hauptstadt Kanauj (s. Kap. D.3.2).

Aufstieg der Rajputen

Gurjara-Pratihara-Reich

Die folgenden knapp zwei Jahrhunderte bis zur Eroberung Nordindiens durch die afghanischen Ghuriden und der Begründung des Delhi-Sultanats im Jahre 1206 standen im Zeichen der Rajputen-Königreiche, die auf dem Boden des untergegangenen Gurjara-Pratihara-Reiches entstanden. Zu ihnen zählen die Chahamanas (Chauhans) von Ajmer/Delhi, die Chandellas von Khajuraho und die Paramaras. In diesen Rajputen-Reichen erlangte die frühmittelalterliche Kunst und Architektur Nordindiens ihren Höhepunkt. Weltbekannt sind die hinduistischen Tempel und erotischen Skulpturen von Khajuraho, der Hauptstadt der Chandellas, und die jainistischen Tempel von Mount Abu. Keines dieser Reiche hatte jedoch die Abwehrstärke des frühen Gurjara-Pratihara-Reiches zurückgewonnen, als Ende des 12. Jahrhunderts überraschend Afghanen unter der Führung der Ghuriden in Nordindien einbrachen und das Sultanat von Delhi begründeten. Mit dem Ausbau Delhis, der Hauptstadt der besiegten Chahamana-Rajputen, zur Hauptstadt des Sultanats verschob sich das Kerngebiet der nordindischen Großregion abermals nach Westen und schloss nun auch den fruchtbaren Panjab mit ein, wo Lahore zeitweilig neben Agra und Delhi zur Mogulresidenz aufstieg.

Tempelarchitektur

2.3 Die Regionalreiche Ostindiens

Vanga (= Bengalen) lag außerhalb der großen Mahajanapadas der Frühzeit. Seit dem Maurya-Reich und besonders im Gupta-Reich gewann es jedoch durch verstärkte Urbarmachung der fruchtbaren Gebiete am Unterlauf der Ganges- und Brahmaputra-Ströme und durch seine Hafenstädte – insbesondere Tamralipti – zunehmend an Bedeutung. Das erste Königreich Bengalens begründete Ende des 6. Jahrhunderts n. Chr. Shashanka, der große östliche Gegenspieler Harshas.

Nach Shashankas Tod um 621 wurde Bengalen für wenige Jahrzehnte dem nordindischen Reich Harshas eingegliedert, um dann für über hundert Jahre dem sprichwörtlichen „Gesetz der Fische" anheimzufallen.

In der zweiten Hälfte des 8. Jahrhunderts wurde Gopala zum König gewählt, um – wie es in einer Inschrift seines Sohnes Dharmapala heißt – „den Zustand der Fische zu beenden und die Hand des Glücks zu ergreifen". Der eigentliche Begründer des Pala-Reiches war Dharmapala (ca. 790–821), unter dem nun erstmals auch in Ostindien ein regionales Großreich entstand, das neben Bengalen auch Bihar und Teile Orissas umfasste. In der Zeit Dharmapalas brachen die heftigen, sich über Generationen hinziehenden Dreieckskämpfe zwischen den drei großen Regionalreichen der Palas, der Gurjara-Pratiharas Nordindiens und der Rashtrakutas Zentralindiens aus. Diese Kämpfe wurden um die Herrschaft über die „Kaiserstadt" Kanauj geführt, die im 9. Jahrhundert mehrfach ihren Besitzer wechselte. Doch keiner der ost- und zentralindischen Dynastien gelang es, Nordindien dauerhaft zu unterwerfen.

Pala-Dynastie

Unter Dharmapalas Sohn Devapala (ca. 821–860) stand das Pala-Reich auf dem Höhepunkt seiner Macht. Es waren keineswegs nur die militärischen Erfolge der Palas, die die Größe dieses bengalischen Reiches ausmachten. Der Ruhm Bengalens in Indien und der asiatischen Welt beruht ganz wesentlich auf der königlichen Förderung des Buddhismus; die Palas waren die letzte bedeutende indische Dynastie, die diese große Religion Indiens derart förderten. Dharmapala stiftete in Vikramashila eine neue buddhistische „Universität", die in edlen Wettstreit mit Nalanda trat und besonders in Zentralasien hohes Ansehen genoss. Der Ruhm der Palas als Beschützer (*pāla*) der heiligen Stätten des Buddhismus erreichte auch Südostasien. Ein König der Shailendra-Dynastie von Sumatra, die zuvor den Borobudur auf Java, das großartigste Monument buddhistischer Architektur, erbaut hatte, ließ in Nalanda ein Kloster für Mönche seines Reiches errichten. Für den Unterhalt dieses Klosters stiftete König Devapala fünf Dörfer. Die großartigste Hinterlassenschaft des Pala-Reiches ist dementsprechend seine buddhistische Kunst. Sie setzte zunächst das Erbe der späten Gupta-Kunst fort, entwickelte im 8. Jahrhundert jedoch eine eigenwillige, ikonenhafte Plastik, die sich sehr schnell nach Südostasien ausbreitete, wo sie den Künstlern des Borobudurs als Vorbild diente. Nicht minder prägend war der Einfluss der buddhistischen Malerei des Pala-Reiches auf die Kunst Burmas und Tibets, dessen Thangka-Gebetstücher den ikonenartigen Stil der Pala-Kunst bis heute bewahrt haben.

Förderung des Buddhismus

Das Pala-Reich bestand bis ins späte 12. Jahrhundert. Doch bereits Ende des 9. Jahrhunderts verlor es seine frühere expansive Dynamik und geriet im 10. Jahrhundert zunehmend unter den militärischen Druck seiner Nachbarn. Im Jahre 1023 stieß sogar der große Chola-Herrscher Rajendra aus dem fernen Süden siegreich bis an den Ganges vor, und wenig später erfolgten Angriffe der Kalachuris aus dem östlichen Madhya Pradesh. Gefährlicher als diese Angriffe äußerer Feinde waren aber die zentrifugalen Kräfte der um Autonomie und

Unabhängigkeit kämpfenden Fürsten des Reiches, die sich in diesem von zahllosen Flussläufen durchzogenen Tiefland einer direkten Kontrolle leicht entziehen konnten. Ende des 11. Jahrhunderts ereignete sich in Nordbengalen sogar ein Aufstand der Kaivarta-Fischerkaste, die sich unter ihren Führern über drei Generationen hin gegen die Palas behauptete, bis König Ramapala sie erneut unterwarf. Ramapala gelang dieser Sieg jedoch nur mit Unterstützung seiner Samanta-Fürsten, die er zuvor einzeln an ihren Höfen aufgesucht und mit reichen Geschenken bedacht hatte.

Das Ende der Pala-Dynastie vollzog sich in einer für die frühmittelalterlichen Reiche Indiens charakteristischen Weise. Ein lokaler Fürst, Vijayasena, der in den Abwehrkämpfen des geschwächten Reiches gegen äußere und innere Feinde zu Ansehen und militärischer Macht gelangt war, stürzte den letzten schwachen Pala-König und begründete eine neue Dynastie. Die Sena-Dynastie errichtete unter Vijayasenas Nachfolgern Vallalasena und insbesondere Lakshmanasena für wenige Jahrzehnte ein mächtiges ostindisches Reich, das sich zeitweise nach Bihar und Nordorissa und sogar bis nach Assam ausdehnte. Nach Jahrhunderten königlicher Förderung des Buddhismus durch die Palas setzte unter den Senas eine starke Hinwendung zum Hinduismus ein. Nutznießer dieser „Hindu-Renaissance", die andere Gebiete Indiens bereits zu Beginn des frühen Mittelalters ergriffen hatte, waren nun auch in Bengalen Brahmanen, die von den Sena-Königen mit reichen Landstiftungen und Privilegien versehen wurden. Der Sena-Dynastie, die alle Voraussetzungen für eine erfolgreiche längere Herrschaft erfüllte, waren aber nur wenige Jahrzehnte vergönnt. Noch vor der eigentlichen Gründung des Delhi-Sultanats, als die Truppen der afghanischen Ghuriden in schwere Kämpfe in Rajasthan verwickelt waren, stieß einer ihrer Truppenführer, Muhammad Bakhtyar Khalji, etwa im Jahr 1202 bis nach Bengalen vor, eroberte die Hauptstadt Nadiya und vertrieb Lakshmanasena. Von Ostbengalen aus versuchten er und seine Nachfolger vergebens, die Errichtung einer muslimischen Herrschaft in Bengalen zu verhindern. Mit der Ausdehnung des Delhi-Sultanats bis nach Bengalen geriet Ostindien zwar erneut unter nordindische Vorherrschaft. Doch auch unter muslimischer Herrschaft, die bis 1757 fortbestand, als die britische East India Company in der Schlacht von Plassey Bengalen eroberte, bewahrte Ostindien seine Eigenständigkeit als einer der großen regionalen Schwerpunkte Indiens. Wann immer die neuen Herrscher Delhis Anzeichen einer Schwäche zeigten, waren die muslimischen Fürsten Bengalens stets unter den Ersten, die von Delhi unabhängige Sultanate ausriefen. Die Gründung Calcuttas und seine Erhebung zum Sitz des britischen Generalgouverneurs und Vizekönigs bis 1911, als die Hauptstadt Britisch-Indiens nach Delhi verlegt wurde, ließ Bengalen und Ostindien zeitweilig sogar zur wichtigsten Großregion Indiens aufsteigen.

Sena-Dynastie

2.4 Die Regionalreiche Zentralindiens

Die Geschichte der zentralindischen Großregion mit ihrem Kerngebiet in der westlichen Hochebene des Dekkans begann um die Zeitwende mit dem Reich der Satavahanas. Das Kerngebiet ihres Reiches lag bei Paithan, dem großen Handelsplatz der Frühzeit. Der Durchbruch zur regionalen Großmacht erfolgte im frühen 7. Jahrhundert unter der Chalukya-Dynastie von Badami (Vatapi), die im 6. Jahrhundert aus einem lokalen Fürstentum im heutigen Bundesstaat Karnataka hervorgegangen war. Pulakeshin II. (609–642) breitete die Macht der Chalukyas, dem Vorbild der Satavahanas folgend, vom westlichen Hochland bis in das Krishna-Godavari-Deltagebiet an der Ostküste von Andhra Pradesh aus, besiegte die südindische Pallava-Dynastie und schlug den Angriff Harshas, „den Herren des ganzen Nordlandes", zurück (s. Karte 8). Nach über hundertjähriger Vormacht wurden die Chalukyas in der Mitte des 8. Jahrhunderts von den Rashtrakutas besiegt, die im Norden des Chalukya-Reiches als loyale Tributärfürsten zu Macht und Ansehen gelangt waren. Unter den Rashtrakutas fand die Entwicklung, die mit dem Sieg des Chalukya-Königs Pulakeshin über Harsha im frühen 7. Jahrhundert begonnen hatte, ihren vorläufigen Abschluss: Zentralindien stieg zur stärksten Regionalmacht des Subkontinentes auf (s. Karte 7). Ende des 8. Jahrhunderts und im frühen 9. Jahrhundert griffen die Rashtrakutas in die heftigen Kämpfe zwischen den ostindischen Palas und nordindischen Gurjara-Pratiharas um die „Kaiserstadt" Kanauj ein und schlugen mehrfach die Heere beider Reiche. Den Höhepunkt seiner Macht erlangte das Reich in der Mitte des 10. Jahrhunderts unter Krishna III. (939–967). Seine Heere stießen im Osten bis in das Vorland der Gangesebene vor, eroberten im Nordwesten die alte Haupt- und Handelsstadt Ujjain und schlugen im fernen Süden die Cholas. Dann errichteten sie eine Siegessäule am „Südmeer" in Rameswaram, von wo aus in mythischer Vorzeit der göttliche König Rama die Eroberung Sri Lankas begonnen haben soll. Dennoch vermochten es auch die Rashtrakutas nicht, ihre militärischen Siege in eine dauerhafte Hegemonie über die eroberten Gebiete umzuwandeln. Wie so oft in der Geschichte Indiens folgte dem Höhepunkt ihrer Machtentfaltung der Untergang der Dynastie. Die anhaltenden Kriege hatten das Reich derart erschöpft, dass es einem Nachfahren der Chalukyas gelang, den Nachfolger Krishnas zu stürzen und die Dynastie der Chalukyas von Kalyani zu begründen. Sie trägt ihren Namen nach ihrer Hauptstadt, die ebenfalls im alten Kerngebiet des Reiches in unmittelbarer Nähe von Badami lag. Sie beendeten die aggressive Politik ihrer Vorgänger im Norden, hielten aber im Süden an der Erbfeindschaft gegen die Cholas fest. Als diese im 11. Jahrhundert zur Vormacht Südindiens aufstiegen, fiel das Reich der Chalukyas in verlustreichen Kriegen auf das alte Kerngebiet im Hochland des westlichen Dekkans zurück.

Chalukyas von Badami

Rashtrakutas

Wie in den anderen großen historischen Regionen Indiens war auch in Zentralindien die Entstehung bedeutender regionaler Kunstschulen ein besonderes Charakteristikum. Den Künstlern des frühen Chalukya-Reiches gebührt besondere Beachtung. Ihnen kommt das Verdienst zu, die klassische Kunst der späten Guptazeit des 5. und 6. Jahrhunderts nach Zentralindien und damit indirekt auch nach Südindien übermittelt zu haben. Doch kopierten sie keineswegs sklavisch die nordindischen Vorbilder, sondern verbanden sie mit dem großen Erbe der frühen buddhistischen Reliefkunst und Felsenarchitektur der Satavahana-Zeit. Die Künstler der Chalukyas gehören zu den bedeutendsten Schöpfern frühmittelalterlich-hinduistischer Kunst, da sie die literarische Beschreibung mancher hinduistischer Götter und mythischer Wesen erstmals plastisch in Bildwerke umsetzten oder deren bereits existierende Ikonographie weiterentwickelten und durch ihre Meisterwerke kanonisierten. Die Felstempel oberhalb der Hauptstadt Badami stellen ein wahres Pantheon der frühmittelalterlichen Götterwelt des Hinduismus dar. Einflüsse der Chalukya-Kunst sind sowohl in der zeitgenössischen Kunst der südindischen Pallavas wie im fernen Zentraljava nachzuweisen. Die Kunst ihrer Nachfolger, der Rashtrakutas, folgte zunächst ihren Vorbildern, ging dann aber sehr bald eigene Wege und entwickelte eine monumentale Architektur und Skulpturenkunst, die den Geist des neuen „imperialen Königtums“ der regionalen Großreiche widerspiegelt. Ihren Höhepunkt erreicht diese „politische Kunst“ Zentralindiens im Kailasa-Tempel von Ellora, dem größten freistehenden Tempel, der jemals aus gewachsenem Fels herausgehauen wurde.

Kunst Zentralindiens

Die zentralindische Großregion hatte in einer für das frühe indische Mittelalter charakteristischen Weise eine Abfolge dreier großer Dynastien durchlaufen, die durch eine erstaunliche regionalgeschichtliche und kulturelle Kontinuität gekennzeichnet war. Dem Untergang der Chalukyas von Kalyani im späten 12. Jahrhundert folgte dann aber nicht wie bisher der Aufstieg einer neuen regionalen Großmacht, sondern die Gründung mehrerer Königreiche innerhalb dieser Großregion. Unter den mächtigsten dieser Nachfolgereiche, im Norden unter den Yadavas von Devagiri (dem „Götterberg“, einer der beeindruckendsten Festungen Indiens) und im Süden unter den Hoyshalas, erlebte Zentralindien nochmals eine erstaunliche kulturelle und politische Blütezeit. Anfang des 14. Jahrhunderts wurden sie Opfer der vorübergehenden Expansion des Delhi-Sultanats nach Zentral- und Südindien. Der Untergang dieser hinduistischen Reiche führte jedoch keineswegs zu einer Schwächung der zentralindischen Großregion im Kontext der gesamtindischen Geschichte. Wenige Jahre nach der Eroberung Zentral- und Südindiens durch Truppen des Delhi-Sultanats wurde Devagiri – nun unter dem Namen Daulatabad – für kurze Zeit sogar die neue Hauptstadt des Sultanates. Nach dessen Rückzug in sein nordindisches Stammland in der Mitte des 14. Jahrhundert trat das in Daulatabad ausgerufene Bahmaniden-Sultanat die Nachfolge der hinduistischen regionalen Großreiche des frühen Mittelalters und damit die Vorherrschaft über Zentralindien an. Im späten 17. Jahrhundert wurde unter den Marathen das Hochland des westlichen Dekkans erneut Kerngebiet eines regionalen Großreiches, das in der Mitte des 18. Jahrhunderts sogar für kurze Zeit zur Vormacht Indiens aufstieg. In drei Krie-

Die Nachfolgestaaten der Rashtrakutas

gen (bis 1818) verloren zwar die Marathen diese Stellung an die britische East India Company, doch die Gründung Bombays und die Entstehung der Bombay-Presidency führten zu einer weiteren Stärkung des westlich-zentralindischen Schwerpunktes. Diese Entwicklung hält bis in die Gegenwart ungebrochen an.

2.5 *Die Regionalreiche Südindiens*

Die frühmittelalterliche Geschichte Südindiens vom 7. bis in das 13. Jahrhundert verkörpert in besonders anschaulicher Weise die Abfolge regionaler Staatenbildungen. In den fruchtbaren Flusslandschaften an der südöstlichen Choromandel-Küste Tamil Nadus liegen jeweils etwa hundert Kilometer voneinander entfernt die Stammlande dreier Königreiche. Es sind dies im Norden die Pallavas am Palar-Fluss mit der Hauptstadt Kanchipuram (im Hinterland des heutigen Madras/Chennai), im Zentrum am Kaveri-Fluss die Cholas mit der Hauptstadt Tanjore (Thanjavur) und im Süden die Pandyas am Vaigai-Fluss mit der Hauptstadt Madurai. Jeweils eines dieser Königreiche unterwarf die gesamte Region und übte zeitweise über weitere Teile Südindiens und auch Zentralindiens eine hegemoniale Vormacht aus. Die dynastische Abfolge ist in Südindien deshalb besonders einprägsam, weil sie der geographischen Lage folgte. Den Anfang bildeten vom frühen 7. Jahrhundert bis ins späte 9. Jahrhundert die nördlichen Pallavas, es folgten die zentralen Cholas, die dann in der Mitte des 13. Jahrhunderts für wenige Generationen von den südlichen Pandyas abgelöst wurden, bevor auch Südindien Anfang des 14. Jahrhunderts vorübergehend vom Delhi-Sultanat erobert wurde.

Geographische Grundlagen der Entwicklung

Die Herkunft der Pallavas liegt im Dunkeln. Ihr Aufstieg begann unter den Königen Mahendravarman (ca. 600–630) und Narasimhavarman I. (ca. 630–668). Narasimhavarman gründete die wichtige Hafenstadt Mahabalipuram südlich von Chennai und eroberte Badami, die Hauptstadt der Chalukyas, bei deren Verteidigung ihr großer König Pulakeshin den Tod fand. Narasimhavarman ist auch der erste Pallava-Herrscher, der in seinen Inschriften für seine Siege über seine südlichen Nachbarn, die Cholas und Pandyas, gepriesen wurde. Während die Cholas bis an das Ende des Pallava-Reiches nur noch als deren loyale Tributärfürsten genannt werden, vermochten die Pandyas im fernen Süden die Vorherrschaft der Pallavas immer wieder vorübergehend abzuschütteln. Da in diese Kämpfe die Chalukyas von Badami mehrfach eingriffen, bezeichnen südindische Historiker das 7. und 8. Jahrhundert als Zeitalter des „Konfliktes der drei Reiche". Das Pallava-Reich widerstand dem Druck dieser Allianz letztlich nur mit Unterstützung seiner Samanta-Tributärfürsten und durch eine geschickte Bündnispolitik mit anderen Königreichen, die sich ebenfalls von den mächtigen Chalukyas Zentralindiens bedroht fühlten.

Der Aufstieg Südindiens

Die Prosperität des Pallava-Reiches ist wesentlich auf eine Intensivierung der Landwirtschaft („*agrarian extension*") durch dörfliche Bewässerungsanlagen und den Ausbau der Reisanbauflächen zurückzuführen. Von großer Bedeutung war auch die Teilhabe am florierenden Seehandel im Golf von Bengalen, der seit der Mitte des 1. Jahrtausends n. Chr. die Küste Ostindiens verstärkt auch mit den „indisierten“ Staaten Südostasiens verband. In der Pallava-Zeit traten die beiden großen südindischen Händlergilden der Ayyavole und Manigraman in Erscheinung. Aus der Regierungszeit des Königs Nandivarman III. (ca. 844–866) berichtet z. B. eine Inschrift in Takuapa am Isthmus von Siam von einer befestigten Niederlassung südindischer Händler. Für die starke Präsenz südindischer Händler und Brahmanen in Südostasien spricht auch die Tatsache, dass die ältesten Inschriften in Indonesien und auf der malayischen Halbinsel in der Pallava-Grantha-Schrift verfasst sind.

Einfluss in Südostasien

Für die kulturelle Entwicklung Südindiens spielte das Pallava-Reich eine ähnlich fruchtbare Rolle wie die zeitgenössischen Chalukyas für Zentralindien. Durch systematische Ansiedlung von Brahmanen im Zentrum des Pallava-Reiches und Stiftung steuerfreier Brahmanen-Dörfer im Neusiedlungsland wurden der brahmanische Hinduismus und sein rituell-religiöses und soziales Ordnungssystem gestärkt bzw. in weiten Teilen Südindiens erstmals mit königlicher Unterstützung propagiert. Inschriften wurden in Sanskrit verfasst, und am Hofe der Pallavas schufen Brahmanen die ersten großen Werke südindischer Sanskritdichtung. Nach Jahrhunderten buddhistischer Fels- und Stupa-Architektur entstanden die ersten hinduistischen Tempel. Die Hafenstadt Mahaballipuram stellt noch heute ein wahres Freilichtmuseum der frühen Entwicklungsstufen der Pallava-Architektur und Kunst dar, die bereits alle ikonographischen Eigenarten des frühmittelalterlichen Regionalstiles Südindiens aufweisen. Der um 700 n. Chr. entstandene Küstentempel in Mahabalipuram und der Kailasanath-Tempel in Kanchipuram gehören mit ihren pyramidenförmigen Tempeltürmen zu den Meisterwerken früher indischer Tempelarchitektur, die die frühe Architektur Südostasiens, insbesondere in Java, direkt beeinflussten.

Kulturelle Entwicklung

Ihren Höhepunkt erreichte die frühmittelalterliche Geschichte Südindiens im Chola-Reich, das seit seiner ersten Nennung als Stammesfürstentum durch Megasthenes um 300 v. Chr. bereits auf eine über tausendjährige Geschichte zurückblicken konnte. Das frühmittelalterliche Reich wurde von Aditya begründet, der 897 den letzten Pallava-König besiegte. Die Vorherrschaft der Cholas über die Choromandel-Küste erlitt in der Mitte des 10. Jahrhunderts einen schweren Rückschlag, als die Rashtrakutas Zentralindiens das Chola-Heer vernichtend schlugen und vorübergehend weite Teile des Reiches annektierten.

Die Cholas

Der Aufstieg der „imperialen Cholas“ begann mit Rajaraja, dem Großen (985–1014), der die Herrschaft über die Choromandel-Küste erneuerte, die Königreiche der Pandyas und Pallavas annektierte und innerhalb weniger Jahre die Hegemonie der Cholas über den gesamten Süden des Subkontinentes bis an den Tungabhadra-Fluss in Zentralindien ausdehnte. Kurz vor dem Jahr 1000 eroberte er das nördliche Sri Lanka, ließ dessen Hauptstadt Anuradhapura mit ihren großartigen buddhistischen Monumenten plündern und unternahm kurz vor seinem Tode eine Flottenexpedition gegen die Inseln der Malediven.

Expansionspolitik der „imperialen Cholas“

Sein Sohn Rajendra (1014–1047) setzte die aggressive Expansionspolitik des Vaters unvermindert fort. Er entsandte zunächst nochmals Flotten nach Sri Lanka und auf die Malediven, um letzte Widerstände zu brechen, und führte dann in der südindischen Geschichte einmalige Kriegszüge. In den Jahren 1022/23 drangen Truppen an der Ostküste bis an den Ganges vor, besiegten die Herrscher Andhras und Orissas sowie die Palas in Bengalen und kehrten mit heiligem Gangeswasser zurück, mit dem Rajendra seine neue Hauptstadt Gangaikondacholapuram, „die Stadt des Cholas, der den Ganges besiegte", weihte. Wenige Jahre später (1025) entsandte Rajendra gegen das mächtige südostasiatische „Seereich" von Shrivijaya eine Flottenexpedition, in deren Verlauf über ein Dutzend Hafenstädte auf Sumatra, der malayischen Halbinsel und auf den Andamanen gebrandschatzt wurde.

Über die Hintergründe dieser Flottenexpedition ist viel gerätselt worden, zumal sich Shrivijaya in den Jahren zuvor um gute Beziehungen zu der neuen südindischen Großmacht bemüht hatte. Wie schon im 9. Jahrhundert ein König Shrivijayas in der „Universität" Nalanda im Pala-Reich ein Kloster hatte errichten lassen, so stiftete der König Shrivijayas im Jahr 1005 ein buddhistisches Kloster in Nagapattinam, der Hafenstadt der Cholas, dem Rajaraja die Einkünfte eines nahe gelegenen Dorfes übertrug. Rajendra bestätigte unmittelbar nach seiner Krönung im Jahr 1014 diese Stiftung, woraufhin Shrivijaya 1015 und 1019 erneut wertvolle Gaben an den Chola-Hof sandte. Vieles deutet jedoch darauf hin, dass in diesen Jahren ein heftiger werdender „Kampf um Marktanteile" am florierenden Seehandel im Indischen Ozean zwischen der südostasiatischen Seemacht Shrivijaya, die die Straße von Malakka kontrollierte, und der neu aufstrebenden Macht Südindiens entbrannte. Shrivijaya entwickelte damals eine geradezu hektische diplomatische Aktivität. In den Jahren 1003 bis 1018 schickte es einerseits mehrfach Gesandte und wertvolle Geschenke an die Cholas, andererseits aber auch sechs Botschaften an den chinesischen Kaiserhof. Auch die Cholas blieben nicht untätig und entsandten 1014/15 erstmals eine Handelsmission nach China, das daraufhin das Chola-Reich als einen „Großen Tributärstaat" anerkannte, nach dem Protokoll des chinesischen Kaiserhofes die höchste Auszeichnung für einen nichtchinesischen Staat. Die systematische Eroberungspolitik der Cholas, nicht nur das gesamte südindische Festland, sondern auch die für den Seehandel wichtigen benachbarten Inseln zu erobern und alle potenziellen Konkurrenten an der Ostküste Indiens auszuschalten, lässt vermuten, dass sie bemüht waren, den Handel im Indischen Ozean stärker unter ihre eigene Kontrolle zu bringen. 1068/69 griffen sie erneut mit einer Flotte in Thronstreitigkeiten in Shrivijaya ein, entsandten weiterhin Botschaften nach China, im Jahre 1077 sogar mit 72 Gesandten, und elf Jahre später berichtete eine Tamil-Inschrift auf Sumatra von der Anwesenheit einer südindischen Händlergilde. Zahlreiche in Alt-Kairo aufgefundene Geniza-Dokumente bezeugen ferner im 11. und 12. Jahrhundert einen blühenden Handel jüdischer Händler mit ihren Glaubensbrüdern in den Hafenstädten der Malabarküste

Gesandschaften nach China

Kampf um Vormacht im Golf von Bengalen

Südwestindiens, die in dieser Zeit ebenfalls unter der Herrschaft der Cholas standen.

Monumentale Tempelarchitektur

Nicht minder beeindruckend als die territoriale Expansion der „imperialen Cholas" war ihre monumentale Tempelarchitektur und die damit verbundene Ritualpolitik. Im Jahre 1010 wurde in Tanjore der Rajarajeshvara-Tempel vollendet, dessen Tempelturm mit einer Höhe von 61 Metern doppelt so hoch war wie alle früheren Tempel Indiens. Wenige Jahrzehnte später weihte auch Rajendra in seiner neuen Hauptstadt Gangaikondacholapuram einen zwar wenige Meter niedrigeren, aber in seinen Proportionen ausgewogeneren Tempel. Ihre Nachfolger errichteten im 11. Jahrhundert im Kerngebiet ihres Reiches weitere Großtempel. Sie alle wurden mit reichem Landbesitz ausgestattet, der über das erweiterte Kerngebiet des Reiches verteilt war. Geldstiftungen der Großen des Reiches an die Tempel wurden als festverzinste Darlehen in Bewässerungsprojekte benachbarter Dörfer investiert, deren Erträge und Steuerabgaben sich entsprechend erhöhten. Damit wurde das fruchtbare Kerngebiet am Unterlauf des Kaveri-Flusses innerhalb weniger Jahrzehnte von einem zusätzlichen Netzwerk rituell-ökonomischer Abschöpfung überzogen. Es war direkt auf den Reichstempel und die Chola-Herrscher ausgerichtet, deren Namen häufig mit dem Namen des im Tempel verehrten Gottes verbunden wurden (z. B. *Rājarājeśvara*) und der in den großen Skulpturen der Tempelaußenwände in göttlich-königlichen Gestalten allgegenwärtig war. Rajaraja hat daher nicht nur als eigentlicher Begründer des Großreiches der Cholas zu gelten, sondern auch als Schöpfer einer bis dahin in Indien unbekannten politischen Monumentalarchitektur. Ihr Einfluss breitete sich innerhalb weniger Jahrzehnte über weite Teile Indiens aus, als in den Hauptstädten mehrerer regionaler Königreiche ebenfalls monumentale Tempelanlagen entstanden. Besonders beeindruckend ist die Reihe der Großtempel in Orissa mit dem Lingaraja-Tempel in Bhubaneswar um 1060, dem Jagannatha-Tempel in Puri seit 1135 und dem Tempel des Sonnengottes Surya in Konarak um 1250, dem größten Tempel Indiens.

Im Chola-Reich hat jedoch nicht nur der dynastische Reichstempel seinen Ursprung. Seit dem Ende des 11. Jahrhunderts und verstärkt im 12. und 13. Jahrhundert wurden heilige Stätten systematisch ausgebaut. Stets handelte es sich hierbei um Wallfahrtsorte, die von den shivaitischen und vishnuitischen Heiligen der Bhakti-Volksreligion bereits seit dem 7. Jahrhundert als heilige Stätten göttlicher Manifestation besungen worden waren.

Tempelstädte

Durch den schrittweisen Ausbau dieser Wallfahrtsorte mit neuen Tempeln, Tempelseen, hohen Umfassungsmauern und den axial in die vier Himmelsrichtungen ausgerichteten großen Tortürmen entstanden im Chola-Reich die ersten großen hinduistischen Tempelstädte, die bis heute die religiöse Topographie Südindiens prägen.

Im Jahre 1070 usurpierte Kulottunga I., ein mit den Cholas eng verwandter Angehöriger der östlichen Chalukyas, den Chola-Thron und brachte sein eigenes Stammland an der Ostküste in den Reichsverband ein. Damit vereinigte das Chola-Reich die drei dynastischen Stammlande im heutigen Tamil Nadu mit der fruchtbaren Deltalandschaft der nordöstlichen Küste von Andhra Pradesh. Die weitere Geschichte des Chola-Reiches im 12. Jahrhundert war von der drückenden Last gekennzeichnet, das imperiale Erbe gegen innere und äußere Feinde verteidigen zu müssen. Die Kämpfe gegen die zentralindischen Chalukyas von Kalyani waren zeitweise verlustreich, stellten aber keine ernsthafte Bedrohung dar. Als langfristig gefährlicher erwies sich seit der Mitte des 12. Jahrhunderts die Erosion der Macht durch das Wiedererstarken traditionsreicher, einst mächtiger Dynastien des Südens und kleiner Fürstentümer, die im 11. Jahrhundert nur vorübergehend durch zentrale Verwaltungsinstitutionen der „imperialen Cholas" entmachtet worden waren.

Niedergang des Chola-Reiches

Die Chola-Dynastie bestand zwar noch bis in die zweite Hälfte des 13. Jahrhunderts fort, doch hatte sich das Reich längst zu einer Arena sich heftig bekämpfender Nachfolgestaaten verwandelt. Es waren dies vor allem die Pandyas, die große alte Dynastie des Südens, sowie die Hoyshalas im westlichen Hochland und die Kakatiyas in der nördlichen Grenzregion des Reiches, zwei Dynastien, die im 12. Jahrhundert aus lokalen „Grenzlandfürstentümern" hervorgegangen waren. Die Pandyas und Kakatiyas kämpften meist getrennt, bisweilen aber auch gemeinsam gegen die Cholas, die dann ihre getreuen Verbündeten im Westen, die Hoyshalas, um Hilfe riefen. Im Jahre 1230 geriet der Chola-König sogar in Gefangenschaft eines lokalen Heerführers, aus der ihn zwar die Hoyshalas befreiten, doch musste er sich bald darauf den Frieden durch Tributzahlungen an die Pandyas erkaufen. In diesem Kampf sanken die Cholas zu einer Schattendynastie herab, während die drei genannten „kämpfenden Dynastien" machtvolle Königreiche in ihren Stammlanden errichteten und nun ihrerseits begannen, mit wechselndem Erfolg um die Vorherrschaft über die südindische Großregion zu ringen. Die Jahre 1220–1245 sahen ein deutliches Übergewicht der Hoyshalas, während in den folgenden Jahrzehnten die Pandyas von Madurai die Nachfolgeschaft der Pallavas und Cholas antraten und für wenige Jahrzehnte zur Hegemonialmacht des Südens aufstiegen. Unter Jatavarman Sundara Pandya (1251–1268) und seinen Nachfolgern erfuhr der drawidische Süden Indiens nochmals eine kurze Blüte, bevor Anfang des 14. Jahrhunderts auch in Südindien die hinduistischen Königreiche dem Ansturm des Delhi-Sultanats unterlagen. Marco Polo, der 1293 auf seiner Rückreise von China mehrere Monate in Südindien verweilte, pries das Pandya-Reich als das großartigste Indiens und hinterließ eine genaue Beschreibung des Handels der Küstenstädte, in denen ihn die hohe Zahl der aus Arabien importierten Pferde, die Diamanten und der Perlenhandel der Choromandel-Küste beeindruckten.

Nachfolgestaaten

Hoyshalas

Marco Polo in Südindien

3. Die frühe Ausbreitung des Islams im Nordwesten

3.1 Arabische Eroberungen im 8. Jahrhundert

Islam als neue Weltmacht

Bereits zu Beginn der regionalstaatlichen Entwicklung im südasiatischen Raum geriet der Nordwesten in den Einflussbereich des Islams, der machtvollsten religiös-politischen Kraft der damaligen eurasiatischen Welt. Damit war der Anfang zu einer Ausbreitung des Islams in Südasien getan, die die Geschichte des Subkontinentes bis in die Gegenwart entscheidend prägte.

Eroberung des Industales

Die Ausbreitung des Islams nach Südasien ist Teil der großen arabischen Expansion. Bereits wenige Jahrzehnte nach Muhammeds Tod (632) waren arabische Truppen unter Othman, einem der vier Gerechten Kalifen, bis in den Hindukusch und nach Baluchistan vorgedrungen. Anfang 712, nur wenige Monate nachdem über 7000 km weiter im Westen der arabische Feldherr Tarik bei dem (nach ihm benannten) Gibraltar nach Spanien übergesetzt war, eroberten die Omaijaden von Damaskus auch das südliche Industal im heutigen Pakistan. Es sah ganz so aus, als ob auch Nordindien, wie zuvor die südliche Mittelmeerwelt und der gesamte Vordere Orient, der Übermacht muslimischer Eroberer erliegen würde. Doch abermals nahezu gleichzeitig, als der Vormarsch der Araber in Westeuropa im Jahre 732 bei Tours und Poitiers zum Erliegen kam, scheiterte der arabische Angriff in Indien am Widerstand des frühen Gurjara-Pratihara-Königs Nagabhata und eines Chalukya-Fürsten, der hierfür den Titel „Besieger der Unbesiegbaren" erhielt. Die beiden mächtigsten zeitgenössischen Herrscher Nordindiens, Yashovarman von Kanauj (ca. 700–740) und Lalitaditya von Kaschmir (ca. 724–760), hatten sogar Botschaften an den chinesischen Hof gesandt, um Hilfe im Kampf gegen die arabischen Angriffe zu erbitten. Doch derer bedurfte es nicht mehr, denn in Folge der schweren Erschütterungen in der arabischen Welt durch die sog. „Abbasiden-Revolution" und der Verlegung des Kalifats von Damaskus nach Bagdad im Jahr 750 brach die arabisch-islamische Herrschaft in Indien außerhalb des Industales wieder gänzlich zusammen. Der nahezu gleichzeitige Aufstieg der Gurjara-Pratiharas in Nordindien und der Rashtrakutas im westlichen Zentralindien beendete alle weiteren Versuche, die arabisch-islamische Macht in Südasien auszudehnen. Nach Aussage des arabischen Historikers und Geographen Mas'udi, der Indien im Jahr 915 besuchte, sollen die Pratiharas stets ein Heer von 800000 Mann zur Abwehr der Angriffe aus dem Westen unter Waffen gehalten haben. Und der zeitgenössische arabische Historiker Sulayman bezeichnete gar die Rashtrakutas zusammen mit den Kalifen, den Kaisern von Byzanz („Rum") und China als die vier mächtigsten Herrscher der damaligen Welt.

Der zeitweilige Stillstand der islamischen Expansion in Südasien war jedoch auch eine Folge des Zerfalles des Abbasiden-Kalifats in unabhängige Teilstaaten, die die Kalifen nur noch als geistige Oberhäupter der islamischen Welt anerkannten. Diese Entwicklung des 9. Jahrhunderts begünstigte insbesondere Nordwestpersien (Khorasan) und die angrenzenden Gebiete des heutigen Turkmenistans und Usbekistans. Dort entstand unter der persischen Samaniden-Dynastie eine großartige Synthese persisch-islamischer Kultur. Die Hauptstadt Buchara galt als das geistige Zentrum der damaligen islamischen Welt. Zu den Größen der Samaniden-Kultur zählten der Arzt und Philosoph Ibn Sina, der dem christlichen Abendland als Avicenna bekannt war, und der Mathematiker al-Chwarismi, der die sogenannten „arabischen Ziffern" ebenso aus Indien übernahm wie die Null – Indiens bedeutendste Beiträge zur mathematisch-technischen Revolution der modernen Welt.

Zentralasien

Seit dem 10. Jahrhundert begann, zunächst noch jenseits der Grenzen der damaligen islamisierten Welt in den Weiten der zentralasiatischen Steppen, der Aufstieg der Turkvölker zur dominierenden Macht der zentralasiatisch-vorderorientalischen islamischen Welt. Diese politisch-ethnische Neugruppierung beeinflusste in den folgenden zwei Jahrhunderten das Geschick Indiens tiefgreifender als die vorangegangene arabische Expansion im Gebiet des heutigen Pakistans.

Aufstieg der Turkvölker

3.2 Die türkisch-afghanische Invasion im frühen 11. Jahrhundert

Die frühe Geschichte der Turkvölker, ihr Eindringen in die vorderorientalisch-islamische Welt, ihr Wandel von Nomaden zu Siedlern und Söldnern und der Aufstieg der Fähigsten unter ihnen zu Heeresführern und Provinzgouverneuren in den islamischen Staaten weist gewisse Übereinstimmungen mit dem Eindringen der Germanen in das römische Reich auf. Der Nordwesten Indiens geriet in den Einflussbereich dieser neuen Mächtegruppierung, als der frühere türkische Sklave und Heeresführer Sebüktigin Provinzgouverneur der Samaniden in Ghazni in Ostafghanistan wurde. Im Jahr 998 folgte ihm sein überaus fähiger Sohn Mahmud auf den Thron. In seiner langen Regierungszeit bis 1030 errichtete Mahmud als erster türkischer Herrscher, wenn auch zunächst noch unter nomineller Oberherrschaft der Samaniden, ein mächtiges Reich, dessen Heere jeden Widerstand zwischen den mesopotamischen und indischen Zweistromländern und von den Ufern des Kaspischen Meeres bis an den Indischen Ozean brachen.

Afghanistan

Nordindien hatte wie kein anderes Gebiet dieser Region unter Mahmuds aggressiver Politik kontinuierlicher Kriegsführung zu leiden. Siebzehn Mal fiel er während der winterlichen Trockenmonate der Jahre 1000 bis 1027 in Nordwest- und Nordindien ein, um vor Beginn des nächsten Monsunes mit reicher Beute wieder nach Ghazni zurückzukehren. Wichtigstes Opfer war zunächst die Dynastie der Hindushahi, die ihm in den Hindukusch-Vorbergen erbitterten Widerstand leisteten. Es folgte die reiche Handelsstadt Multan, deren Herrscher und Bewohner zum Ismailitentum übergetreten waren. Nach siebentägiger Belagerung im Jahre 1005 konnten sie sich durch zwanzig Millionen Silberdirhams, einen jährlichen Tribut von etwa 60kg Gold und das Gelöbnis, wieder zum rech-

Mahmud von Ghazni

ten Glauben zurückzukehren, freikaufen. Weil das Gelöbnis nicht eingehalten wurde, überfiel Mahmud im Jahr 1010 die Stadt erneut, richtete unter ihrer Bevölkerung ein Blutbad an und nahm ihren Herrscher Daud gefangen. In den folgenden Jahren unternahm Mahmud tiefere Vorstöße nach Nordindien, in Richtung der reichen heiligen Städte der Hindus. Unter anderem fielen seiner Zerstörungswut in den Jahren 1011 Thaneswar bei Delhi und 1018 Mathura, die heilige Stadt Krishnas, sowie die traditionsreiche Stadt Kanauj mit all ihren zahllosen Tempeln, Heiligtümern und unermesslichen Schätzen zum Opfer. 1020 und 1021 führten ihn zwei Feldzüge noch weiter in den Osten gegen die Chandella-Dynastie und ihre schwer befestigte Hauptstadt Kalanjara. Ihre Abwehr übertraf allen militärischen Widerstand, dem Mahmud bisher in Indien begegnet war, so dass er sich mit einer nominellen Unterwerfung der Chandellas begnügen musste. Der härteste Schlag folgte 1025 mit der Eroberung und Zerstörung des Somnath-Tempels auf der Halbinsel Kathiawar, des bedeutendsten hinduistischen Heiligtums Nordwestindiens. Der Tod, den mehrere tausend Brahmanen bei der Verteidigung und Zerstörung des Tempels fanden, die eigenhändige Zertrümmerung des phallischen Lingam-Symbols des Gottes Shiva durch Mahmud, der Raub der bedeutenden Tempelschätze und der für große Teile seines Heeres tödlich endende, wagemutige Rückzug durch die Wüste Thar – all dies erhöhte Mahmuds Ruhm in der islamischen Welt ins schier Unermessliche. So sandte ihm der Kalif ein Glückwunschschreiben, mit dem er ihm und seinen Söhnen hohe Titel verlieh.

Plünderung Nordwestindiens

In Indien gilt Mahmud bis heute insbesondere wegen der Zerstörung der heiligen Stadt Mathura und des Somnath-Tempels als Inbegriff eines Ikonoklasten und blindwütigen Zerstörers. Seine Feldzüge nach Indien sind in der Tat besonders deshalb schwer zu verstehen, weil sie jenseits der Indusebene keine weitergehenden Eroberungs- oder gar Annexionspläne zur Erweiterung seines Reiches in Südasien erkennen lassen, was in Anbetracht der relativen Nähe zu seiner ostafghanischen Hauptstadt Ghazni verwunderlich ist. Nicht einmal der „Heilige Krieg“ gegen die „Ungläubigen“ scheint bei seinen Feldzügen immer vorrangiges Ziel gewesen zu sein. Eher schon dürfte es ihm um die Erbeutung der Reichtümer Nordindiens gegangen sein, mit denen er seine Hauptstadt Ghazni zu einem der prachtvollsten Zentren der damaligen islamischen Welt ausbaute. In der Tat konnte es Ghazni mit Buchara, Bagdad oder Kairo an Reichtum und städtischer Kultur aufnehmen. An Mahmuds Hof lebten so berühmte persische Gelehrte wie Firdausi, der Verfasser der großen islamischen Weltgeschichte *Shāhnāma,* und Alberuni, einer der größten Gelehrten seiner Zeit. Nach mehrjährigem Aufenthalt in Indien und einem eingehenden Studium indischer Naturwissenschaften, Philosophie und sogar der Sanskritsprache verfasste Alberuni mit seiner Schrift *Kitab al Hind* das umfangreichste und wissenschaftlich zweifelsohne beste Werk der vormodernen Zeit über Indien. Sein Buch lässt eine große Hochachtung vor der indischen Kultur erkennen, enthält in seiner Einleitung aber interessante Beobachtungen über die Engstirnigkeit seiner indischen

Mahmud im Zwielicht der Historie

Alberuni

Gesprächspartner, sicherlich auch eine Folge der Bedrohung ihrer Identität durch das Werk der Zerstörung. „Wenn sie gereist wären und sich mit anderen Völkern vermischt hätten, würden sie bald ihre geistige Haltung ändern, denn ihre Vorfahren waren nicht so engstirnig wie die gegenwärtige Generation" (44: S. 23).

Mahmuds siebzehn Kriegszüge gegen Indien führten zunächst zwar zu keiner wesentlichen Erweiterung islamischer Herrschaft in Südasien, doch die Folgen für den Subkontinent waren umso schwerwiegender. Die endgültige Zerschlagung des seit Jahrzehnten geschwächten „imperialen" Königreiches der Gurjara-Pratihara von Kanauj ließ in den folgenden Jahrzehnten zahlreiche lokale Fürstentümer und Königreiche entstehen. Sie waren nahezu ununterbrochen in ritterliche Kämpfe verwickelt, hatten aber keine hinreichende Abwehrkraft gegen künftige Angriffe der mobilen Reiterheere aus dem afghanisch-zentralasiatischen Raum aufzubieten. Mahmuds Angriffe hatten damit erneut die Tore Zentralasiens zu den fruchtbaren Weiten Nordindiens geöffnet. Seinen Kriegszügen folgten Ende des 12. Jahrhunderts die Angriffe der türkischen Ghuriden-Dynastie aus Westafghanistan, die 1206 das Delhi-Sultanat gründete, das sich nun seinerseits während des gesamten 13. Jahrhunderts gegen Angriffe der Mongolen Tschingis Khans und seiner Nachfolger zur Wehr setzen musste. Diese Abwehrkämpfe blieben im 13. Jahrhundert erfolgreich, doch im Jahre 1398 endete die überraschende Eroberung und Plünderung Delhis durch Timur, dem Herrscher Samarkands, in einer Katastrophe für das Sultanat. Sein Wiederaufstieg zur gesamtindischen Vormacht sollte erst unter den Nachfahren Timurs, Babur und den Mogulen, nach ihrer Eroberung Nordindiens seit 1526 gelingen.

Mahmud und die indische Geschichte

E. DAS SPÄTE MITTELALTER: INDIEN IM ZEITALTER DES DELHI-SULTANATS

Stellung des Delhi-Sultanats in der indischen Geschichte

Im 13. Jahrhundert wurden die Weichen der Geschichte Südasiens gestellt, die ihre Richtung bis in die Gegenwart vorgaben. Von größter Bedeutung war die weitere Ausbreitung des Islams. Nachdem er in Südasien fast fünf Jahrhunderte lang nahezu ausschließlich auf weite Teile des heutigen Pakistans beschränkt geblieben war, breiteten sich nach der Errichtung des Delhi-Sultanats im Jahr 1206 islamische Staatlichkeit und Religion – wenn auch mit regional sehr unterschiedlichen Schwerpunkten – nahezu über den gesamten Subkontinent aus. Diese Expansion stellte jedoch nie hinduistische Kultur und staatliche Entwicklung in Südasien grundsätzlich in Frage. Seit dem Delhi-Sultanat entstanden in Südasien stattdessen zwei konkurrierende politische und kulturelle Systeme, zwischen denen es immer wieder zu schweren Kämpfen, aber auch zu politischer Kooperation und kultureller Konvergenz kam. Mit der Errichtung des Delhi-Sultanats nach Jahrhunderten wechselvoller Regionalgeschichte wurde der Schwerpunkt der indischen Geschichte erneut und endgültig wieder nach Nordindien verlagert und erneut eine gesamtstaatliche Entwicklung Indiens eingeleitet. Mit dem nordindischen Großreich des Delhi-Sultanats schloss die staatlich-territoriale Entwicklung scheinbar nahtlos an die Endphase nordindischer Hegemonie unter den Guptas an. Doch mit der zeitweiligen Expansion des Sultanats im frühen 14. Jahrhundert bis nach Südindien zeichnete sich nach dem Untergang des Maurya-Reiches im 2. Jahrhundert v. Chr. erstmals seit anderthalb Jahrtausenden wieder eine gesamtindische Staatlichkeit ab. Für die zentralasiatischen Eroberer und die Herrscher des Delhi-Sultanats stellte *al Hind* oder Hindustan den gesamten südasiatischen Subkontinent dar, den es, wenn möglich, in seiner Gesamtheit zu beherrschen galt. Die gesamtindischen Großreichsbildungen der Delhi-Sultane im frühen 14. Jahrhundert und der Mogulen im späten 17. Jahrhundert überlebten zwar jeweils kaum mehr als eine Generation, doch schufen sie das ideologische Konzept für die Errichtung des *British Raj* über Gesamtindien und damit auch für die Indische Union als erstem territorialen Gesamtstaat der indischen Geschichte.

Festzuhalten ist aber auch, dass der Neubeginn gesamtstaatlicher Entwicklung Indiens seit dem Spätmittelalter keineswegs den regionalstaatlichen und kulturellen Entwicklungen ein Ende setzte. Sie erfuhren vielmehr durch die höchst unterschiedlichen Grade islamischer Durchdringung des Subkontinentes noch eine weitere Verstärkung und kulturelle Bereicherung. Dieses regional- und gesamtindische Wechselspiel in den kulturellen und politischen Entwicklungen stellt sicherlich das wichtigste, aber – wie die Teilung Britisch-Indiens im Jahr 1947 und die jüngsten Entwicklungen in Indien zeigen – auch ein höchst problematisches Erbe des Mittelalters dar.

1. Das Delhi-Sultanat

Der welthistorische Kontext

Das Delhi-Sultanat wurde 1206 in einer welthistorisch bedeutsamen Zeit errichtet. In eben diesem Jahr war Tschingis Khan aus jahrelangen Kämpfen um die Vorherrschaft über die Mongolenstämme siegreich hervorgegangen, um in den folgenden Jahren das größte Reich der vormodernen Weltgeschichte zu errichten, das von Osteuropa bis an den Pazifik und von der sibirischen Tundra bis an den Indus reichte. Langfristig nicht minder folgenreich war für Südasien ebenso wie für den Vorderen Orient und die Mittelmeerwelt der Aufstieg der Turkvölker. Bereits wenige Jahre nach dem Tode Mahmuds hatten die Ghaznaviden 1040 eine schwere Niederlage durch die türkischen Seldschuken erlitten, die seit Ende des 10. Jahrhunderts in Transoxianien eine machtvolle Stammesföderation errichtet hatten. Deren Stoßrichtung zielte zunächst in den Vorderen Orient, wo sie innerhalb weniger Jahrzehnte zur neuen Vormacht der islamischen Welt aufstiegen. Im Jahre 1071 fügten sie in Ostanatolien Byzanz eine vernichtende Niederlage zu und eroberten Jerusalem, ein Ereignis, das 25 Jahre später den ersten Kreuzzug des christlichen Abendlandes auslösen sollte.

Ghuriden

Für Indien zeichnete sich die neue Gefahr erst ab, als im Niedergang der Seldschuken-Herrschaft in der Mitte des 12. Jahrhunderts in Ghur in Westafghanistan innerhalb weniger Jahre eine neue Dynastie die Vormacht über das westliche Zentralasien errang und Südasien zu erobern begann. Doch die Ghuriden wurden bereits 1205 in Zentralasien vom Chwarezm Shah besiegt, der damit kurzfristig der mächtigste Herrscher der islamischen Welt wurde. Er konnte diese Stellung nur wenige Jahre halten, denn schon im Jahr 1221 fiel er der neuen zentralasiatischen Weltmacht der Mongolen unter Tschingis Khan zum Opfer. Diese scheinbar verwirrende Geschichte kurzlebiger Großreiche in Zentralasien und ihrer Einfälle nach Nordwestindien ähnelt dem, was wir bereits in den Jahrhunderten um Christi Geburt beobachtet haben, und nimmt in mancher Hinsicht das Schicksal Nordwestindiens in den kommenden fünf Jahrhunderten vorweg.

Während der kurzen Zeit ihrer Herrschaft über Afghanistan und Teile Zentralasiens nahmen die Ghuriden unter der Führung von Muhammad von Ghur die Angriffe auf Nordindien wieder auf, nachdem sie zuvor die letzten Bastionen der Ghaznaviden im Panjab zerstört hatten. Doch im Gegensatz zu Mahmud von Ghazni ging es Muhammad weniger um Plünderung und Beute als um eine planmäßige Eroberung Nordindiens. Nach wechselvollen Kämpfen erlitt er 1191 bei Tarain nordwestlich Delhis gegen die Truppen einer Konföderation hinduistischer Fürsten unter der Führung des Chahamana-Königs Prithiviraj zunächst eine schwere Niederlage. Doch bereits im nächsten Jahr kehrte er mit einer überlegenen Truppe von 10000 berittenen Bogenschützen zurück und schlug die Hindufürsten in der zweiten Schlacht von Tarain vernichtend. Nach diesem Sieg setzte er die Eroberung Nordindiens schrittweise fort, besiegte die Gahadavalas von Kanauj, die Chaulukyas von Gujarat (s. Karte 7) und eroberte mächtige Rajputenfestungen wie Gwalior. Einer seiner Truppenführer, Bakhtyar Khalji, stieß siegreich über Bihar bis nach Bengalen vor, wo er den Sena-König aus seiner Hauptstadt Nadiya vertrieb. Die Eroberungen Rajasthans und Gujarats im Westen waren vor allem ein Werk des fähigen Qutb-ud-din Aibak, den Muhammad als seinen Statthalter in Indien einsetzte, als er in Zentralasien das Reich gegen die Truppen des Chwarezm Shah zu verteidigen hatte.

Sieg über Rajputen-Allianz

Als 1205 die Nachricht von einer schweren Niederlage Muhammads in Zentralasien nach Indien drang, brachen dort wie Buschfeuer Aufstände aus, an denen sich auch türkische Heeresführer beteiligten. Muhammad kehrte in Eilmärschen über den Hindukusch zurück, wurde aber 1206 in Lahore ermordet. In dieser kritischen Situation erklärte Aibak für die eroberten Gebiete in Indien die Unabhängigkeit von den Ghuriden und begründete damit im Jahr 1206 das Delhi-Sultanat, ohne sich allerdings förmlich zum Sultan ausrufen zu lassen. Die verbleibenden Jahre bis zu seinem Tode im Jahr 1210 waren mit der Niederschlagung der Aufstände und dem Aufbau einer rudimentären Verwaltung in der neuen Hauptstadt Delhi ausgefüllt.

Aibak

Nach Aibaks Tod setzte sein Schwiegersohn Iltutmish (1210–1236) die Konsolidierung und Arrondierung des Reiches mit großem Erfolg fort. Ihm ist die Abwehr der größten Gefahr zu danken, die in diesen Jahren auch Indien drohte. Im Jahr 1221 war Tschingis Khan bei der Verfolgung des Sohnes des von ihm vernichtend geschlagenen Chwarezm Shahs bis an den Indus vorgedrungen. Vermutlich ist es vor allem dem diplomatischen Geschick Iltutmishs zuzuschreiben, dass Tschingis Khan den Indus nicht überquerte. Iltutmish dürfte damit Nordindien das Schicksal erspart haben, das in den Jahren zuvor den blühenden Stadtlandschaften von Nordchina bis Zentralasien widerfahren war. Dennoch blieben die mongolischen Truppen, die seit Tschingis Khan am Indus stationiert waren, nahezu ein Jahrhundert eine konstante Bedrohung des Delhi-Sultanats. Iltutmish stand auf dem Gipfel seiner Macht, als ihm 1229 in einer großartigen Staatsfeier in Delhi ein Sendbote des Kalifen von Bagdad die Anerkennung als Sultan von Indien übermittelte.

Mongolen am Indus

Aibak und Iltutmish gelten zu Recht gemeinsam als Begründer des Delhi-Sultanats, das nun erstmals seit Harsha im 7. Jahrhundert Nordindien von Bengalen bis nach Gujarat wieder in einem Großreich vereinigte (s. Karte 11). Beiden gebührt außerdem gemeinsam das Verdienst, Delhi erstmals zur nordindischen Hauptstadt und zu einer der neuen großen Städte im Osten der islamischen Welt ausgebaut zu haben, nachdem die blühenden islamischen Städte Zentralasiens von den Mongolen dem Erdboden gleichgemacht worden waren – ein Schicksal, das wenige Jahrzehnte später auch Bagdad ereilen sollte.

Gründung Delhis

Die weitere Geschichte des Delhi-Sultanats im 13. Jahrhundert ist von drei Faktoren bestimmt: Von immer wieder aufflackernden Aufständen und vereinzelten Angriffen hinduistischer Herrscher, von der Mongolengefahr und von den blutigen Machtkämpfen der türkischen Elite am Hofe in Delhi. Die Aufstände der Rajputenfürsten und die Angriffe der Ganga-Dynastie von Orissa auf

Bengalen sowie die Verteidigung der Nordwestgrenzen gegen die Mongolen stellten zu keiner Zeit eine ernsthafte Bedrohung des Reiches dar, banden aber in starkem Maße seine militärischen und wirtschaftlichen Kräfte. Hinderlicher für die staatliche Festigung des Sultanats waren dagegen die blutigen Kämpfe am Hofe in Delhi, an denen vor allem „die Vierzig" beteiligt waren. Es waren dies alte Kampfgefährten Aibaks und mächtige Truppenführer der frühen Eroberungszeit, die sich nach der Schaffung einer Sultansdynastie durch den Aibak-Clan um Teilhabe an Macht und Beute betrogen fühlten. Ihren Revolten fielen nacheinander Tochter, Sohn und Enkel von Iltutmish zum Opfer, die jeweils für wenige Jahre den Sultansthron innehatten. Als alle männlichen Nachkommen Iltutmishs ausgeschaltet waren, ging 1266 Balban aus den Kämpfen als Sieger hervor. Er ließ alle noch lebenden Angehörigen der Vierzig aufspüren und ermorden, um dann bis 1287 in absoluter Autokratie und mit größter Härte Aufstände im Reich zu unterdrücken und die zerrüttete Verwaltung des Sultanats sowie die Steuererhebung zumindest im weiteren Umkreis Delhis wieder zu festigen.

Revolte der „Vierzig"

Balban

Die Nachfolgekämpfe nach dem Tode Balbans brachten 1290 einen Angehörigen des türkischen Khalji-Stammes auf den Thron, unter dessen Sohn Ala-ud-din Khalji (1296–1316) das Delhi-Sultanat zu einem gesamtindischen Reich emporstieg. In den ersten zwölf Jahren seiner Herrschaft unterwarf Ala-ud-din zunächst alle großen Dynastien Zentralindiens, die der geballten Macht seiner Kavallerie nicht gewachsen waren (Gujarat 1297, Chittorgarh 1302, Yadavas von Devagiri 1307, Kakatiyas von Warangal 1308). Das Ende der Königreiche im fernen Süden kam nach einem nur elfmonatigen Feldzug Malik Kafurs, eines konvertierten hinduistischen Sklaven. Von Devagiri in Zentralindien aus stürmte er mit Unterstützung des Yadava-Königs in Eilmärschen gegen dessen südindischen Feind, den Hoyshala-König Ballala III., und überrannte dessen Hauptstadt Dvarasamudra (s. Karte 7). Dann stieß er in das heutige Tamil Nadu vor, wo er das von Thronstreitigkeiten geschwächte Pandya-Reich und dessen blühende Hauptstadt Madurai verwüstete, um dann mit den reichen Schätzen geplünderter Tempel und einer Unzahl erbeuteter Kriegselefanten nach Delhi zurückzukehren. Die schiere Wucht und Geschwindigkeit, mit der diese Eroberungen über Zentral- und Südindien hereinbrachen, lähmten zunächst jeden weiteren Widerstand der besiegten Fürsten. Die Herrschaft des Sultanats im Süden konnte sich daher zunächst auf eine eher nominelle Verwaltung der Provinzen und kleine, aber höchst mobile Truppenkontingente beschränken.

Ala-ud-din Khalji

Der Zusammenbruch der hinduistischen Königreiche Zentral- und besonders Südindiens vollzog sich Anfang des 14. Jahrhunderts in ähnlich atemberaubender Geschwindigkeit wie hundert Jahre zuvor die Eroberung Nord- und Ostindiens und stellt eines der großen Rätsel der indischen Geschichte dar. Sicherlich gab es erbitterten Widerstand, und in einigen Fällen konnten mächtige Forts wie Gwalior oder Warangal zum Teil erst nach mehrfacher und monatelanger Belagerung endgültig erobert werden. Doch dieser Widerstand existierte nur punk-

Zusammenbruch der hinduistischen Reiche

tuell und war über das weite Land verstreut. Anders als die mächtigen frühmittelalterlichen Regionalreiche der Gurjara-Pratiharas und Rashtrakutas im 8.–10. Jahrhundert waren ihre zahlreichen, kleineren Nachfolgestaaten im 12.–14. Jahrhundert den muslimischen Heeren in offener Feldschlacht hoffnungslos unterlegen. Dazu trugen auf muslimischer Seite geschickte Kriegsführung, insbesondere die hohe Mobilität ihrer berittenen Bogenschützen, ebenso bei wie auf hinduistischer Seite soziale Barrieren, militärische Immobilität und politische Aufsplitterung der Abwehrkräfte. Und wie schon einst Alexander vom König Taxilas gegen seinen feindlichen Nachbarn, den König Poros, unterstützt worden war, so wussten auch die muslimischen Heerführer geschickt Zwistigkeiten und Feindschaften hinduistischer Könige auszunutzen. So kam Malik Kafur auf seinem Siegeszug in den Süden die Feindschaft der zentralindischen Yadava-Dynastie gegen die Hoyshalas und der Hoyshalas gegen die Pandyas im fernen Süden sehr zu statten.

Angriffe der Mongolen

Die militärische Stärke des Delhi-Sultanats unter Ala-ud-din Khalji lässt sich jedoch keineswegs nur an der Eroberung Zentral- und Südindiens ermessen. Seinen Ruhm als größter Kriegsherr der indischen Geschichte verdankt er der gleichzeitigen Abwehr der Mongolengefahr, die in seiner Regierungszeit bedrohliche Ausmaße annahm. 1299 fiel ein Nachfahre Tschingis Khans an der Spitze eines 200 000 Mann starken Heeres in Nordindien mit der klaren Absicht ein, das Delhi-Sultanat zu erobern. Doch scheiterte dieser Angriff ebenso wie ein überraschender Überfall einer etwa 30 000 Mann zählenden Kavallerie auf Delhi im Jahr 1302/3. Er konnte abgewehrt werden, obschon die Truppen des Sultans zu dieser Zeit gerade erneut die Rajputenfestung Chittor zurückeroberten und im Osten Warangel belagerten. 1305 und 1306 konnten weitere Angriffe der Mongolen zurückgeschlagen werden. Sie fanden in den Sultanaten Delhis ebenbürtige Gegner.

Verwaltungsreformen Ala-ud-dins

Um die militärische Abwehrkraft des Sultanats zu erhöhen, veranlasste Ala-ud-din einschneidende administrative und wirtschaftliche Maßnahmen. Sie zielten darauf ab, das nordindische Kerngebiet des Sultanats erstmals einer direkten zentralen Verwaltung durch den Hof in Delhi zu unterstellen. So sollten die wirtschaftlichen Ressourcen des fruchtbaren Zweistromlandes uneingeschränkt für die Versorgung der Hauptstadt und der Truppen eingesetzt werden können. Dies erreichte er, indem er alle steuererhebenden Mittelsmänner durch Einziehung ihrer Lehen und Pfründen ausschaltete. Die Marktsteuern wurden von Beamten des Hofes erhoben, und die Hälfte aller Ernteerträge wurden durch ein hierfür entwickeltes Transportsystem direkt nach Delhi gebracht. Aus diesen Erträgen wurden das Heer und alle Amtsträger direkt durch den Hof entlohnt. Um die Durchführung dieser rigorosen Maßnahmen, wie z.B. die Einhaltung der niedrigen Festpreise für Lebensmittel auf den Märkten Delhis, zu überwachen, ließ Ala-ud-din ein lückenloses Spionage- und Spitzelwesen aufbauen, dessen Berichte er täglich anforderte. Da er in den Zechereien der für ihre Intrigen notorischen Höflinge Delhis ein Haupthindernis für die Durchsetzung seiner

Verwaltungsreformen sah, ließ er kurzerhand ihre großen Feste und den Genuss von Alkohol verbieten. Zwar wissen wir aus zeitgenössischen Berichten, dass sich Höflinge, Händler und Bauern durch Schwarzbrennerei, falsche Gewichte und vorzeitiges Einbringen der Ernte diesem Zugriff des Staates zu entziehen suchten. Dennoch kann seit der Herrschaft der Mauryas und den Anweisungen des *Arthashastra* in Ala-ud-dins rigiden Zwangsmaßnahmen der am weitesten gehende Versuch im vormodernen Indien gesehen werden, eine effiziente zentrale Verwaltung durchzusetzen.

Tughluq-Dynastie

Nach dem Tode Ala-ud-dins (1316) folgten ihm drei unbedeutende Sultane, die alle Palastintrigen zum Opfer fielen. 1320 bestieg Ghiyas-ud-din Tughluq, dessen Vater ein türkischer Sklave am Hofe Balbans war, den Thron und begründete die bedeutende Tughluq-Dynastie (1320–1388), bekannt durch ihre mächtige Festung Tughluqabad im Süden Delhis. Ghiyas-ud-din führte erneut zwei Feldzüge gegen die immer noch Widerstand leistenden Kakatiyas von Warangal im östlichen Zentralindien und wehrte einen abermaligen Angriff der Mongolen ab, erlag aber bereits 1325 während eines großen Staatsbanketts einem Anschlag seines Sohnes Muhammad bin Tughluq.

Höhepunkt und Niedergang

Muhammads lange Herrschaft bis 1351 verkörpert gleichermaßen Zenit und beginnenden Niedergang des Delhi Sultanats. Es war sein anspruchsvoller Plan, die zentrale Verwaltung, die sein großer Vorgänger Ala-ud-din nur gegen heftige Widerstände in Teilen Nordindiens durchzusetzen vermocht hatte, auf den gesamten Subkontinent auszudehnen. Um dieses Ziel zu erreichen, traf Muhammad zwei Maßnahmen, die zwar theoretisch sinnvoll waren, politisch aber katastrophale Folgen hatten. Um die Integration und Kontrolle der zentral- und südindischen Gebiete in stärkerem Maße zu gewährleisten, als dies vom fernen Delhi aus möglich war, verlegte er zum einen 1327 die Hauptstadt nach Devagiri/Daulatabad, der im westlichen Zentralindien gelegenen Hauptstadt der besiegten Yadava-Dynastie. Zum anderen ließ er zur Finanzierung seiner ehrgeizigen Pläne Kupfermünzen im Werte von Silbermünzen prägen. Die Einführung dieser neuen Währung führte dazu, dass, wie ein zeitgenössischer Bericht zu vermelden weiß, „sich jedes Haus in eine Münzstätte verwandelte" und dadurch der Wirtschaft des Reiches großer Schaden zugefügt wurde. Doch auch die Verlegung der Hauptstadt und die mit großen Opfern verbundene Zwangsumsiedlung großer Teile ihrer Bevölkerung sollte sich als ein Fehlschlag erweisen. Die in den vergangenen Jahrzehnten durch zahlreiche Kriege verwüstete Gegend um Daulatabad bot keine ausreichende wirtschaftliche Grundlage für den Unterhalt des großen Hofstaates, und der Norden, der bisher fast ausschließlich diese Aufgabe wahrgenommen hatte, begann sich der Kontrolle des nun fernen Sultans zu entziehen.

Daulatabad

Als Muhammad daraufhin nach wenigen Jahren Hof und Reichsverwaltung schrittweise nach Delhi zurückverlegte, wurde darin ein Zeichen der Schwäche gesehen. In den Außenprovinzen des Reiches, besonders im Süden und Bengalen, brachen Aufstände hinduistischer Fürsten und offene Rebellionen muslimi-

Abfall der Provinzen

scher Offiziere aus. 1334 erklärte der Provinzgouverneur der südlichsten Provinz Ma'bar im heutigen Tamil Nadu seine Unabhängigkeit als Sultan, und 1338 erfolgte die Ausrufung eines selbstständigen Sultanats von Bengalen. Wenige Jahre darauf wurden das hinduistische Reich von Vijayanagara in Südindien (1336/46) und das zentralindische Sultanat der Bahmaniden (1347) gegründet. Beide Reiche bestimmten in den nächsten Jahrhunderten die Geschicke Zentral- und Südindiens. Damit brach die kaum 30 Jahre währende Herrschaft des Delhi-Sultanats über Zentral- und Südindien innerhalb eines Jahrzehnts zusammen. Die Ursache für die kurze Dauer dieses gesamtindischen Staates lag vor allem in der Diskrepanz zwischen seiner Interventions- und seiner Herrschaftsreichweite. Die erfolgreichen Feldzüge Ala-ud-dins und Malik Kafurs bewiesen zwar eindeutig, dass die militärische Interventionsreichweite des Sultanats auch den fernen Süden einschloss. Als Muhammad bin Tughluq jedoch die direkte Herrschaft des Sultanats bis nach Südindien auszudehnen suchte, überspannte er trotz der – letztlich folgerichtigen – Verlegung der Hauptstadt nach Zentralindien die Herrschaftsreichweite des Staates, da dessen schwacher Verwaltungsapparat einer dauerhaften Kontrolle des Großreiches nicht gewachsen war. Einer nahezu identischen Situation waren wir bereits im späten 3. Jahrhundert v. Chr. nach dem Tode des großen Maurya-Herrschers Ashoka begegnet, und gegen Ende der Herrschaft Aurangzebs, des letzten „Großmogulen", werden wir im späten 17. Jahrhundert erneut auf sie stoßen.

Erneute Konsolidierung

Firoz Shah, der 1351 auf den Thron folgte, zog aus dem Chaos, das Muhammads Herrschaft hinterlassen hatte, die einzig sinnvolle Konsequenz. Abgesehen von zwei vergeblichen Versuchen, Bengalen wieder dem Sultanat von Delhi einzugliedern, beschränkte er seine Regierung auf die Konsolidierung des Sultanats in Nordindien. So ließ er im Umfeld der Hauptstadt neue Kanäle und eine Reihe beachtlicher Bauten sowie in Delhi eine neue Residenz (Firozabad) am Ufer der Yamuna anlegen, deren Ruinen noch heute zwischen Alt- und Neu-Delhi zu sehen sind. Auf einer mehrstöckigen Zitadelle stellte er eine Säule Ashokas auf, deren Inschriften jedoch auch gelehrte Brahmanen nicht mehr zu entziffern wussten.

Zerstörung Delhis durch Timur

Nach seinem Tode im Jahr 1388 folgten mehrere unbedeutende Sultane, unter denen die Macht des Delhi-Sultanats auch in Nordindien rapide verfiel. Drei Jahre lang kämpften zwei Sultane in zwei Bastionen Delhis um die Macht. Den Todesstoß erhielt das Sultanat im Jahr 1398 durch Timur. Nachdem er ein mächtiges Reich auf den Ruinen der Mongolen-Khanate Zentralasiens errichtet hatte, eroberte Timur Persien (1387), machte das prachtvolle Bagdad erneut dem Erdboden gleich (1393), um dann wenige Jahre später in Indien einzufallen. Anders als in den Zeiten der mächtigen Sultane des 13. und frühen 14. Jahrhunderts konnte das geschwächte Delhi den zentralasiatischen Reitertruppen unter der Führung eines der größten Eroberer und Staatengründer der asiatischen Geschichte keinen ernst zu nehmenden Widerstand entgegenstellen. Es wurde in einer dreitägigen Orgie geplündert, die hinduistische Bevölkerung niedergemacht oder versklavt und die Muslime all ihrer Habe beraubt. Zurück blieb eine über Jahre hin nahezu unbewohnbare Hauptstadt. Von 1414 bis 1451 fristeten vier unbedeutende Sultane, die unter dem Namen Sayyiden bekannt sind, in Delhi ein Schattendasein früherer Größe. Ihre Macht erstreckte sich allenfalls vom Panjab bis in das mittlere Zweistromland. Jenseits dieses innersten Kerngebietes des alten Delhi-Sultanats hatten alle Regionen Indiens ihre Unabhängigkeit zurückerlangt.

Diese Situation begann sich erst seit 1451 zu ändern, als Buhlul, ein Angehöriger des afghanischen Lodi-Clans, zum Sultan ausgerufen wurde und die Lodi-Dynastie begründete. Unter ihm und insbesondere seinem fähigen Sohn Sikandar Shah (1489–1517) stieg das Sultanat von Delhi wieder zur Vormacht in Nordindien auf, ohne jedoch auch nur annähernd die Größe des Sultanats vor seiner Expansion um 1300 erreichen zu können. Das mächtige Rajputen-Königreich der Sisodiyas von Chitor im südlichen Rajasthan blieb ebenso außerhalb seiner Machtsphäre wie Bengalen und Gujarat – und damit auch die wichtigen Zugänge zu den Hafenstädten des Indischen Ozeans. Das Lodi-Sultanat war letztlich eine Konföderation verschiedener afghanischer Clane unter der Führung des Lodi-Clanes. Dieses Herrschaftssystem war offen für weitere lokale muslimische oder hinduistische Machtgruppierungen, ohne dass diese jedoch administrativ in einen zentralisierten Reichsverband integriert wurden. Ein bleibender Beitrag der Lodis zur Geschichte und Kultur muslimischer Herrschaft in Indien ist die Verlegung der Hauptstadt von Delhi nach Agra, wo unter den Mogulen einige der großartigsten architektonischen Meisterwerke Indiens entstanden. Im Kontext gesamtindischer Geschichte lag die Bedeutung des späten Delhi-Sultanats nach dem verheerenden Einfall Timurs letztlich nur noch in einer Art Statthalterschaft bis zur Ankunft der Mogulen, unter deren Herrschaft das Delhi-Sultanat – nun als Mogulreich bekannt – Weltruhm erlangen sollte.

Lodi-Dynastie

Gründung Agras

2. Sultane und Maharajas ausserhalb des Delhi-Sultanats

Mit dem Niedergang des Delhi-Sultanats entstanden seit der Mitte des 14. Jahrhunderts in weiten Teilen Südasiens erneut mächtige Regionalreiche. In der überwiegenden Zahl waren dies von Delhi unabhängige Sultanate, wie etwa in Bengalen, Kashmir oder Gujarat, das mächtige Bahmaniden-Sultanat in Zentralindien sowie das kurzlebige, südlichste Sultanat von Ma'bar in Madurai. Doch auch hinduistische Reiche, wie etwa das Vijayanagara-Reich im Süden und das Rajputen-Reich von Mewar, stiegen zu bedeutenden Machtfaktoren auf. Im Osten überlebte das Orissa-Reich unter der Ganga-Dynastie (ca. 1112–1434) und den mächtigen Gajapatis („Herren der Elefanten", 1434–1565) sogar bis in die Zeit der Mogulen alle Anstürme (s. Karte 11). Im Folgenden sei die Geschichte des Bahmaniden-Sultanates und des Vijayanagara-Reiches, den mächtigsten Staaten Zentral- und Südindiens im Zeitalter des späten Delhi-Sultanats,

Wiederaufstieg der Regionalreiche

aufgezeigt. Beide Staaten entstanden nahezu gleichzeitig nur wenige Jahre nach dem Rückzug Muhammad bin Tughluqs aus seiner zeitweiligen zentralindischen Hauptstadt Daulatabad. Sie verkörpern damit gleichermaßen den Zusammenbruch des nur wenige Jahrzehnte bestehenden gesamtindischen Staates wie die erneute Rückkehr Indiens zur Regionalgeschichte.

2.1 Das Bahmaniden-Sultanat Zentralindiens

Nach dem Rückzug des Delhi-Sultanats in seine nordindischen Stammlande durchlief Zentralindien erneut eine bedeutende regionalgeschichtliche Entwicklung. Sie begann im Jahr 1347 mit der Ausrufung eines unabhängigen Sultanats durch Hasan Gangu in Daulatabad. Hasan, auch als Zafar Khan bekannt, nahm den Titel Sultan Ala-ud-din Bahman Shah an und verlegte noch im selben Jahr seine Hauptstadt weiter in den Süden nach Gulbarga, etwa 200 km westlich des heutigen Hyderabad. Damit lag das Zentrum seines Reiches außerhalb der militärischen Reichweite des geschwächten Delhi-Sultanats und dem Süden näher, wo sich in denselben Jahren das Reich von Vijayanagara als gefährlicher Gegner seines zentralindischen Sultanats zu behaupten begann. Bahman Shah hatte all seine Kraft auf die Unterdrückung loyaler, rebellierender Truppen des Delhi-Sultanats und einer Vielzahl aufständischer hinduistischer Fürsten zu konzentrieren. Sein Nachfolger Muhammad Shah (1358–1373) nahm dann im Süden die verlustreichen Kämpfe gegen Vijayanagara auf, die zeitweise derartige Ausmaße annahmen, dass in einem Waffenstillstand ausdrücklich die Schonung der Zivilbevölkerung in den umkämpften Gebieten vereinbart wurde. Unter Muhammad setzte sich das Sultanat zwar als Vormacht in Zentralindien durch, blieb aber noch von den Küsten abgeschnitten (s. Karte 11).

Bahmaniden

Kämpfe gegen Vijayanagara

Anfang des 15. Jahrhunderts wurde die Hauptstadt in das etwa 100 km entfernte Bidar verlegt, das mit seinen prächtigen Bauten Gulbarga bald überrundete. Die überragende Persönlichkeit der „Bidar-Periode" des Sultanats war Mahmud Gawan, ein persischer Einwanderer. Als Ministerpräsident mehrerer schwacher Sultane stieg er in der Zeit von 1460–1481 zum eigentlichen Herrscher des Reiches auf. Er führte weitreichende Maßnahmen zur Verbesserung der Steuererhebung und der Stärkung der zentralen Verwaltung in den Provinzen durch. Seine Amtszeit war jedoch durch schwere ethnische Konflikte zwischen den einheimischen Muslimen, den Dakhinis („Dekkan-Bewohner") und den aus Zentralasien und dem Vorderen Orient eingewanderten Afaqis belastet. Bereits in der Mitte des 15. Jahrhunderts war es in Bidar zu regelrechten Pogromen zwischen diesen Gruppen gekommen, da sich am Hofe die meist sunnitischen Dakhinis von den häufig hoch gebildeten persischen Schiiten – wie auch Gawan – um Amt und Würde betrogen fühlten. Gawan suchte diese Spannungen durch die Aufnahme von Hindus in hohe Ämter zu entschärfen. Dieser Maßnahme war zunächst Erfolg beschieden, doch zog sich Gawan die tödliche Feindschaft beider muslimischer Gruppen zu, der er 1481 durch eine Intrige zum Opfer fiel.

Reformen und ethnische Konflikte

Nach Gawans Hinrichtung brachen sich die zentrifugalen Kräfte, die durch seine rigorose Straffung der Provinzverwaltung zeitweise in Schach gehalten worden waren, umso heftiger Bahn, und bereits wenige Jahre später begann der Zerfall des Sultanats. Als der neue Ministerpräsident Qasim Barid 1487 die Macht im Sultanat an sich riss, erklärten 1490 die Provinzgouverneure von Ahmadnagar, Berar und Bijapur ihre Unabhängigkeit, und ein Jahr später folgte auch Golkonda, dessen Herrscher sich allerdings erst 1512 zum Sultan ausrufen ließ. Die weitere Geschichte dieser zentralindischen Nachfolgesultane ist von endlosen Kriegen mit wechselnden Allianzen bestimmt, in die Vijayanagara bis zu seinem Untergang im Jahr 1565 immer wieder eingriff. Golkonda gelang es, sein Territorium an der Ostküste auf Kosten des Orissa-Reiches beträchtlich auszuweiten, Ahmadnagar annektierte 1574 Berar, und 1619 widerfuhr Bidar das gleiche Schicksal durch Bijapur. Als das Mogulreich im späten 16. Jahrhundert begann, nach Zentral- und Südindien vorzustoßen, existierten somit drei mächtige Sultanate in Zentralindien. Bereits 1596 verlor Ahmadnagar seine Provinz Berar an Akbar, um 1637 dann von Shahjahan gänzlich annektiert zu werden. Als Bijapur und Golkonda 1686 und 1687 nach jahrelangen erbitterten Kämpfen vor den Truppen des letzten großen Mogulkaisers Aurangzeb kapitulieren mussten, stand das Mogulreich auf dem Höhepunkt seiner – erneut nur kurzen – gesamtindischen Macht.

Zerfall des Bahmaniden-Sultanats

Eroberung durch das Mogulreich

Die Bedeutung der etwa dreihundertfünfzigjährigen Geschichte der zentralindischen Sultanate im Kontext der gesamtindischen ist eigenartig widersprüchlich. Zum einen beendete die Rebellion zentralindischer Truppenführer und die Gründung des Bahmaniden-Sultanats die kurze Vormacht des Delhi-Sultanats über Gesamtindien und ermöglichte damit in gewisser Weise auch die Entstehung eines mächtigen hinduistischen Reiches im fernen Süden. Denn es ist fraglich, ob das etwa gleichzeitig im Süden sich herausbildende Reich von Vijayanagara den Kampf gegen das Delhi-Sultanat hätte alleine bestehen können. Zum anderen aber hatte die Begründung des Bahmaniden-Sultanats und seiner Nachfolge-Sultanate mit ihren machtvollen Hauptstädten und deren muslimisch geprägten Umfeldern eine wesentlich intensivere Ausbreitung des Islams in Zentralindien zur Folge, als dies vermutlich unter der Herrschaft eines fernen Delhi-Sultanats der Fall gewesen wäre. In den Sultanaten Zentralindiens erfuhr der Islam unter dem Einfluß des Sufismus und schiitischer Einwanderer aus Persien eine starke regionale Ausprägung und trug damit auch im Kontext des südasiatischen Islams zu einer weiteren Regionalisierung der kulturellen Entwicklung Indiens bei.

2.2 *Vijayanagara – das Reich der „Stadt des Sieges“*

1346, ein Jahr bevor in Zentralindien das Bahmaniden-Sultanat ausgerufen wurde, fand im fernen Süden in dem berühmten Kloster Shringeri, das im frühen 9. Jahrhundert von dem großen Philosophen Shankara gegründet worden sein soll, ein großes Siegesfest statt. Bei diesem Fest wurde in Anwesenheit hoher hinduistischer Würdenträger der kampferprobte Truppenführer Harihara als Nachfolger des letzten Herrschers der Hoyshala-Dynastie anerkannt, die seit dem Vorstoß Malik Kafurs nach Südindien nur noch ein Schatten ihrer früheren Größe gewesen war. Harihara war etwa zwei Jahrzehnte zuvor von den Hoyshalas zur Verteidigung der nördlichen Reichsgrenze als „Markgraf" in Hosapattana eingesetzt worden. In der Zeit des Chaos, die dem Rückzug des Sultanats aus Zentralindien folgte, war es Harihara und seinem Bruder Bukka gelungen, mit Unterstützung aufständischer Hindu-Fürsten, Angehöriger des Hoyshala-Hofes und einflussreicher hinduistischer Würdenträger ihre Herrschaft von Hosapattana aus weit in den Süden des Dekkan-Hochlandes auszudehnen, um dann nach dem Tode des letzten Angehörigen der Hoyshala-Dynastie deren Nachfolge anzutreten. Nach der Siegesfeier im Jahr 1346 wurde Hosapattana als Hauptstadt des neuen Reiches in „Stadt des Sieges" (*vijaya-nagara*) umbenannt. In den folgenden Jahrzehnten unterwarfen Harihara und Bukka den gesamten Süden und begründeten damit das Vijayanagara-Reich, das in den kommenden zwei Jahrhunderten als machtvollstes hinduistisches Reich der südindischen Geschichte eine weitere Ausbreitung der zentralindischen Sultanate und damit auch des Islams nach Südindien verhinderte. Die schweren kriegerischen Auseinandersetzungen mit dem zentralindischen Bahmaniden-Sultanat und, seit etwa 1500, mit dessen fünf Nachfolge-Sultanaten ziehen sich wie ein blutroter Faden durch die Geschichte Vijayanagaras, bis es im Jahr 1565 den vereinigten Sultanaten Zentralindiens zum Opfer fiel.

Aufstieg Vijayanagaras

Nachdem die traditionelle Ordnung jahrzehntelang gefährdet gewesen war, standen die Reichsgründung und die frühe Geschichte Vijayanagaras ganz im Zeichen einer planmäßigen orthodox-hinduistischen Restauration. Die geistigen Häupter dieser Bewegung waren ein weiteres Bruderpaar, Shayana und Madhava, die zu den bedeutendsten hinduistischen Gelehrten des Mittelalters zählten. Shayana verfasste u.a. einen umfangreichen Kommentar zum *Rigveda*, der bis heute kanonische Bedeutung besitzt, während Madhava vor allem die Lehre des großen Philosophen Shankara propagierte. Als Samnyasin-Asket und späterer Abt des Klosters Shringeri nahm er den Namen Vidyaranya („Hain des Wissens") an und trug durch sein Wirken wesentlich zur Legitimierung der Herrschaft der „Aufsteiger" Harihara und Bukka bei.

Hinduistische Restauration

Im Jahr 1357 folgte Bukka seinem älteren Bruder Harihara I. auf den Thron. In seine Regierungszeit fielen erneute schwere Kämpfe gegen das Bahmani-Sultanat, in deren Verlauf Vijayanagara seine Herrschaft über das Raichur-Zweistromland, das für die Hauptstadt lebenswichtige „Vorfeld" zwischen den Tungabhadra- und Krishna-Flüssen, behaupten konnte (s. Karte 11). Mit dem Sieg über das Ma'bar-Sultanat schloss Bukka 1370 die Eroberung des Südens ab. Anfang des 15. Jahrhunderts begann zwischen Vijayanagara und dem Reich von Orissa ein erbitterter Kampf um die Herrschaft über die Ostküste und ihre wichtigen Hafenstädte am Golf von Bengalen. Die wechselvollen Kämpfe zogen sich

Konsolidierung des Reiches

fast anderthalb Jahrhunderte bis in die Zeit des Unterganges beider Königreiche hin. Unter dem großen Gajapati-König Kapilendra (1434–1467) besetzten die Truppen Orissas für wenige Jahre nahezu die gesamte Ostküste Indiens bis in das Kaveri-Delta weit im Süden von Chennai/Madras. Obgleich Orissa seine Truppen bald zurückzog und zeitweise sogar das Krishna-Godavari-Delta an Vijayanagara verlor, führten die anhaltenden Kämpfe mit Orissa und dem zentralindischen Sultanat zu einer Schwächung des südindischen Reiches und der – nach dem Vater Hariharas und Bukkas benannten – Sangama-Dynastie. Als Ende des 15. Jahrhunderts erbitterte Nachfolgekämpfe zwischen den Großen des Reiches einsetzten, hätte das Reich leicht ein Opfer seiner einst mächtigen Nachbarn werden können, wären diese nicht ihrerseits in schwere Krisen geraten: Thronkämpfe schwächten das Orissa-Reich, und das Bahmani-Sultanat zerfiel in fünf Nachfolgestaaten.

Nach kurzer Herrschaft der schwachen Saluva-Dynastie (1485–1505) und der Ermordung zweier Saluva-Prinzen usurpierte Narasimha den Thron und begründete damit die dritte, nach seinem Vater Tuluva Narasa benannte Tuluva-Dynastie. Unter seinem Sohn, dem großen König Krishnadeva Raya (1509–1529), erlebte das Reich den Höhepunkt seiner Machtentfaltung und kulturellen Blüte. Nach mehreren Siegen über den Gajapati-König Orissas stellte er die Herrschaft Vijayanagaras über die Ostküste bis weit über das Krishna-Godavari-Delta hinaus wieder her. In Zentralindien griff er mehrfach in die Kämpfe zwischen den Nachfolge-Sultanaten ein. Um die Zwistigkeiten zwischen ihnen aufrecht zu erhalten, setzte er den von ihnen besiegten letzten Bahmani-Sultan wieder ein und nahm den für einen Hindu-König wahrlich ungewöhnlichen Titel „Meister der Gründung des Yavana-Reiches (Sultanats)“ an. Krishnadeva gilt als großer Bauherr und Förderer der Dichtkunst. In den Wallfahrts- und Tempelstädten Südindiens stiftete er zahllose Tempelbauten, vor allem die großen Tempeltortürme (*gopuram*), die noch heute das Bild vieler südindischer Städte prägen. Die politische Bedeutung dieser Tempelstiftungen lässt sich aus einer Inschrift Krishnadevas ermessen, in der er kurz nach seiner Krönung seine eigenen und die Stiftungen seines Vaters aufzählt. Ein Blick auf die Landkarte Südindiens zeigt, dass nahezu alle Stiftungen jenen Tempeln zugute kamen, die in strategisch wichtigen Orten an der gefährdeten Nordgrenze des Reiches und im Kerngebiet Tamilnadus lagen, das kurz zuvor vorübergehend von Orissa erobert worden war und das Krishnadeva in den kommenden Jahren gegen den Widerstand mächtiger lokaler Fürsten wieder fest in den Reichsverband einbezog (s. Karte 10).

Höhepunkt unter Krishnadeva Raya

Tempelstiftungen

Krishnadeva folgten mit Achyutadeva und Sadashiva zwei schwache Könige auf den Thron. Die eigentliche Macht lag in den noch verbliebenen knapp dreißig Jahren des Reiches in den Händen Rama Rayas, des Schwiegersohnes Krishnadevas, der wechselnde Allianzen mit den Großen des Reiches und seine Fähigkeit als Kriegsführer geschickt auszunutzen wusste. Zur Sicherung Vijayanagaras setzte er die Politik seines Schwiegervaters fort, spielte die Sultane Zentralindiens systematisch gegeneinander aus und stellte in großer Zahl muslimische Söldner und Offiziere in das Heer Vijayanagaras und seine eigene Palastwache ein. Diese Maßnahme verminderte zwar kurzfristig die Gefahr muslimischer Siege durch Erhöhung der Schlagkraft des eigenen Heeres, barg langfristig aber große Gefahren in sich und sollte eine der Ursachen für Rama Rayas tödliche Niederlage im Jahre 1565 sein. In diese Zeit fallen auch die ersten kriegerischen Auseinandersetzungen mit den Portugiesen, die 1510 Goa erobert und zur Hauptstadt ihres maritimen Reiches im Indischen Ozean erhoben hatten. In einem Friedensvertrag sicherte sich Vijayanagara jedoch das Abnahmemonopol der von den Portugiesen eingeführten Pferde, die es dringend für seine Kriege gegen die Sultanate benötigte.

Portugiesen in Goa

Berichte portugiesischer Reisender

Durch die ausführlichen Berichte von Domingo Paes und Fernão Nuniz, zweier portugiesischer Reisender am Hofe in Vijayanagara, sind wir über das Reich und die Hauptstadt besser unterrichtet als über andere hinduistische Staaten des Mittelalters. Auf großes Interesse stößt vor allem der Bericht, den Paes kurz vor 1522, also in der Zeit des großen Krishnadevas, über die militärische Organisation und Steuererhebung im Reich verfasste. Dort heißt es u. a.:

„Der König hält stets eine Million Soldaten unter Waffen, in denen 35 000 bewaffnete Kavalleristen einbegriffen sind. All diese Soldaten stehen in seinem Sold, und er hält die Truppen stets versammelt und bereit, sie jederzeit in jede Richtung einzusetzen, falls dies notwendig sein sollte. Als ich in der Stadt Bisnaga [Vijayanagara] weilte, sah ich, wie der König ein Heer gegen eine Stadt an der Küste entsandte. Er schickte fünfzig Militärführer mit 150 000 Soldaten, unter ihnen viele Kavalleristen. Er besitzt zahlreiche Kriegselefanten und wenn der König den drei benachbarten Königen [Sultanen] die Stärke seiner Macht gegen einen seiner Feinde beweisen will, wirft er, so heißt es, sogar zwei Millionen Soldaten ins Feld. […] Die Militärführer, die er über seine Truppen einsetzt, stellen den Adel des Königreiches dar. Sie sind Fürsten und halten diese Hauptstadt, die Städte und Dörfer des Reiches. […] Da jeder von ihnen eigene Steuern erhebt, bestimmt der König die Zahl der Soldaten, die sie zu Fuß, zu Pferde und mit Elefanten unterhalten müssen. Diese Truppen stehen allzeit zum Einsatz bereit, wann und wohin sie auch immer gerufen werden mögen. In dieser Weise hat er stets eine Million Krieger einsatzbereit. Neben der Stellung dieser Truppen hat jeder Militärführer seine jährlichen Zahlungen an den König zu entrichten.“ [zitiert in: 497: SEWELL, S. 268f]

Nicht minder interessant sind die detaillierten Beschreibungen der Stadt Vijayanagara, ihrer königlichen Residenz, Wohnbezirke und florierenden Märkte und des großen alljährlichen Festes zu Ehren der Göttin Durga, die die Stadt für neun Tage in eine Bühne göttlich-königlicher Rituale verwandelte, an die sich am zehnten Tag eine große Heerschau des Reiches anschloss.

Der Untergang des Reiches nur wenige Jahrzehnte nach diesen portugiesischen Berichten über die Machtfülle und Pracht Vijayanagaras hatte andere Ursachen als der plötzliche Zusammenbruch der zahllosen frühmittelalterlichen Königreiche unter dem Ansturm der mobilen Heere des Delhi-Sultanats. Militärisch war Vijayanagara den zentralindischen Sultanaten durchaus ebenbürtig, denn es investierte ebenso wie diese große Teile seines Steueraufkommens in den Erwerb teurer vorderorientalischer Kriegspferde und, seit dem frühen 16. Jahrhundert, europäischer Kanonen und Kanoniere. Als gefährlich erwiesen sich jedoch Ram Rayas ständige Interventionen in die Kämpfe der untereinander verfeindeten zentralindischen Sultanate und die Anwerbung muslimischer Söldner. Es konnte nur eine Frage der Zeit sein, bis die Gegner Vijayanagaras erkannten, in welchem Maße ihre Streitigkeiten und Kämpfe eine Folge der Intrigen Ram Rayas waren und sich daher gegen ihn verbündeten. Dies geschah 1564. Als ihre vereinigten Truppen im Januar 1565 etwa 150 km nördlich der Hauptstadt bei Talikota auf das Heer Vijayanagaras stießen, liefen auf dem Höhepunkt der Schlacht zwei muslimische Truppenführer mit etwa hunderttausend Mann zu den Heeren der Sultanate über. In dem daraufhin ausbrechenden Chaos wurde Ram Raya gefangen genommen und sofort enthauptet. Sein Bruder Tirumula floh mit seinen Truppen und dem Staatsschatz in den Süden. Vijayanagara, die „Stadt des Sieges", wurde von den Truppen der Sultane gebrandschatzt und geplündert. Nur Ruinen verblieben bis heute als Zeugnis ihrer einstigen Größe. Als drei Jahre später auch im Osten die Hauptstadt des Orissa-Reiches und die berühmte Tempelstadt Puri von afghanischen Truppen des Sultanats von Bengalen erobert wurden, war das Ende der großen spätmittelalterlichen hinduistischen Reiche besiegelt. Inzwischen hatte der Aufstieg einer neuen Macht, der Mogulen, begonnen, unter denen die muslimische Herrschaft über Südasien ihren Höhepunkt erreichte.

Untergang Vijayanagaras

F. DIE FRÜHE NEUZEIT: INDIEN IM ZEITALTER DER MOGULHERRSCHAFT

Muslimische Großreiche

Die frühe Neuzeit begann Anfang des 16. Jahrhunderts für Indien und den Vorderen Orient mit dem Aufstieg dreier großer Landmächte: erstens dem Osmanischen Großreich, als dessen Begründer Selim, der Eroberer Ägyptens (1517), und Suleiman „der Prächtige" (1520–1566) gelten, zweitens dem von Shah Ismail (1502–1524) begründeten Safawiden-Reich in Persien. Mit ihm war Babur bestens vertraut, als er 1526 mit seinem Sieg über das Delhi-Sultanat den Grundstein für das Mogulreich in Indien als dritte „Großmacht" legte. In der Zeit ihrer höchsten Machtentfaltung im 16. und frühen 17. Jahrhundert wiesen diese drei Staaten deutliche Anzeichen einer Zentralisierung der Verwaltung und einer Stärkung der Staatsgewalt gegenüber den seit Jahrhunderten gewachsenen örtlichen und regionalen Mächtegruppierungen auf. Auch wenn diese Anzeichen einer frühneuzeitlich-staatlichen Entwicklung in den großen Landmächten des „Vorderen Asiens" bereits nach wenigen Generationen fähiger Herrscher wieder zum Erliegen kamen, so lassen sich doch gewisse strukturelle Übereinstimmungen mit der zeitgleichen Entstehung der frühmodernen Staaten in Europa aufzeigen.

Europas „Entdeckung der Welt"

Indien war darüber hinaus durch ein weiteres epochales Ereignis, das gemeinhin mit dem Beginn der Neuzeit gleichgesetzt wird, mit Europa verbunden. Es war dies die Entdeckung Amerikas durch Spanien im Jahr 1492, die doch eigentlich eine „Entdeckung Indiens" hätte werden sollen. Sie wurde schon sechs Jahre später mit der Umschiffung Afrikas durch Portugal nachgeholt, das in den Jahrzehnten nach der Eroberung Goas (1510) sein maritimes Großreich „Estado da India" im Indischen Ozean errichtete. Durch die enge Verknüpfung der Entdeckung der Neuen Welt mit jener eines neuen Seeweges nach Indien durch die iberischen Mittelmeermächte wurde Indien schneller und direkter als die beiden Großreiche des Vorderen Orients in das sich im 16. Jahrhundert entwickelnde „moderne Weltsystem" (I. WALLERSTEIN) einbezogen. Das „spanische Silber" der Neuen Welt, das durch den portugiesischen Handel über Europa auch nach Indien gelangte, stellte im späten 16. und frühen 17. Jahrhundert eine der wesentlichen Grundlagen für die Monetarisierung der Steuererhebung im Mogulreich dar. Diese wiederum bildete eine der Voraussetzungen für eine bis dahin in Indien unbekannte Zentralisierung der Reichsverwaltung und damit auch seiner Größe, eine Entwicklung, die ebenfalls auffällige Parallelen zum frühmodernen Europa aufweist. Die Konvergenztendenzen, die sich seit der frühen indischen Geschichte bisweilen in den Entwicklungen in Südasien und der Mittelmeerwelt abzeichneten, traten damit zu Beginn der Frühen Neuzeit erneut auf. Sie endeten jedoch keineswegs in Südasien, sondern schlossen auch China mit ein. An der Schwelle des Zeitalters der europäischen Entdeckung der Welt hatte China Anfang des 15. Jahrhunderts damit bereits begonnen. Von 1405–1433 entsandte es sieben große Flottenexpeditionen – deren erste mit 60 großen, nahezu 150 Meter

Europa und Asien und das „moderne Weltsystem"

Chinas Vorstoß in den Indischen Ozean

langen, und 225 kleineren Schiffen mit insgesamt 27000 Mann ausgerüstet war – über Südost- und Südasien bis in den Persischen Golf und das Rote Meer und an die ostafrikanische Küste (s. Kap. II.6.4). Im 17. und 18. Jahrhundert priesen dann europäische Reisende das chinesische Reich als Inbegriff des „aufgeklärten Absolutismus".

1. Das Mogulreich

1.1 Babur und Humayun

Der Eroberung Nordindiens durch die Mogulen ging ein uns inzwischen hinlänglich vertrautes Szenario in Zentralasien voraus. Babur, der mütterlicherseits seine Herkunft auf Timur und väterlicherseits auf Tschingis Khan zurückführte, wurde aus Samarkand, dem letzten Refugium der späten Timuriden, von einer neuen zentralasiatischen Macht, den Usbeken, vertrieben. Er suchte in Afghanistan Zuflucht, wo er 1504 Kabul und 1507 Kandahar eroberte. Nachdem zwei Versuche, mit Hilfe Shah Ismails von Persien Samarkand zurückzuerobern, gescheitert waren, wählte er für seine weiteren Expansionspläne das Ziel, das vor ihm schon manch andere zentralasiatischen Flüchtlinge wählten, nachdem sie in Afghanistan einen „Zwischenaufenthalt" eingelegt hatten. Er fiel in Nordwestindien ein und forderte von Sultan Ibrahim Lodi die Herausgabe des Panjabs, den er als Nachkomme Timurs als sein rechtmäßiges Erbe ansah. Als dieser es ihm verweigerte, kam es im April 1526 bei Panipat im Norden Delhis zur Schlacht, die Babur trotz zehnfacher Stärke des Sultans durch seine überlegene Kriegstechnik und einen in Indien erstmaligen Einsatz beweglicher Feldartillerie gewann.

Zentral-asiatische Wurzeln der Mogulen

Nach der Einnahme Agras und Delhis stand Babur mit den Rajputen unter der Führung des mächtigen Herrschers von Mewar, Rana Singh, eine weit gefahrvollere Konfrontation bevor als zuvor gegen das Heer der Lodis. Baburs Sieg im März 1527 bei Kanua westlich von Agra beruhte ebenso auf seiner Fähigkeit, seine zögernden Truppen in die Schlacht zu führen, wie abermals auf seiner überlegenen militärischen Strategie. Mit der Niederlage Rana Singhs und dem Tod zahlloser Rajputen-Fürsten auf dem Schlachtfeld war deren Macht gebrochen. Auch wenn Baburs Enkel Akbar fünfzig Jahre später erneut schwere Kämpfe gegen einzelne Rajputen-Fürstentümer zu bestehen hatte, so stellten sie doch keine ernsthafte Gefahr mehr für das expandierende Mogulreich dar.

Baburs Siege

Baburs weitere Kämpfe waren vor allem gegen entmachtete und versprengte afghanische Clan- und Militärführer des Delhi-Sultanats gerichtet, die sich mit dem Verlust ihrer Macht an die neuen Herren aus Zentralasien nicht abfinden mochten. Während eines Feldzuges in die östliche Gangesebene soll auf Baburs Befehl 1528 in Ayodhya die Babri(Babur)-Moschee angeblich auf den Trümmern eines Rama-Tempels errichtet worden sein, deren Zerstörung durch Hindu-nationalisten im Dezember 1992 zu schweren Unruhen führte (s. Kap. II.5.7). Baburs ältester Sohn, Humayun, versuchte in diesen Jahren vergebens, die väterliche Heimat Samarkand von den Usbeken zurückzuerobern, kehrte aber rechtzeitig zurück, bevor Babur 1530 verstarb.

Als Humayun vier Tage nach dem Tode Baburs den Thron bestieg, wurde er als erster Mogulherrscher mit dem gravierenden Problem der Thronfolge konfrontiert, denn nach den timuridischen Erbfolgegesetzen Zentralasiens waren alle Söhne eines Herrschers gleichermaßen erbfolgeberechtigt. Dem ältesten Sohn gebührte allenfalls die Stellung des *primus inter pares*, allerdings nur unter der Voraussetzung, dass er in der Lage war, seine Ansprüche auch unter Einsatz äußerster Gewalt durchzusetzen. Thronfolgekämpfe, die häufig schon zu Lebzeiten des alternden Vaters ausbrachen, stellten ein Charakteristikum der Moguldynastie dar. Diese Kämpfe führten zwar stets zur vorübergehenden Schwächung der Mogulherrschaft – im Falle der Thronbesteigung Aurangzebs sogar zu einem zweijährigen „Bruderkrieg“ –, brachten nach dem darwinschen Ausleseprinzip aber letztlich stets den fähigsten Nachfolger auf den Thron. Im Falle Humayuns, den Babur noch vor seinem Tode zu seinem Nachfolger ernannt hatte, trifft diese Regel allerdings nur bedingt zu, da er vor letzter Gewaltanwendung gegen seine Brüder zurückschreckte. Er versuchte, sich stattdessen die Anerkennung seiner drei jüngeren Brüder und weiterer potenzieller timuridischer Thronanwärter, die Babur aus Zentralasien und Afghanistan nachgefolgt waren, zunächst durch Vergabe großer Jagir-Lehen zu erkaufen, ohne sie dadurch allerdings langfristig von Aufruhr und Allianzen mit seinen Gegnern abhalten zu können. Der einzige Bruder, der in der Zeit des Exils Humayuns auf seiner Seite kämpfte, fiel in Afghanistan im Kampf gegen einen anderen Bruder, den Humayun erst nach langem Zögern blenden ließ, während der dritte nach vergeblichen Kämpfen als Pilger nach Mekka entfloh, wo er verstarb.

Thronfolgekämpfe

1.2 *Die Sur-Dynastie*

Humayun war von Anbeginn seiner Herrschaft mit zwei weiteren gefährlichen Gegnern konfrontiert, vor denen er nach zehn Jahren kapitulieren musste: Bahadur Shah, dem mächtigen Herrscher Gujarats, und dem Afghanen Sher Khan Sur. Bahadur machte trotz zeitweiliger Erfolge Humayuns alle Versuche, die wichtige Küstenprovinz Gujarat dem Mogulreich einzuverleiben, zunichte und vertrieb ihn dann auch noch aus der wichtigen Zwischenregion Malwa in Südrajasthan. Als noch gefährlicher erwies sich Sher Khan, der seine Karriere als „Lehnsmann“ Baburs in Bihar im Osten begonnen hatte, dann aber zum Führer der auf Rückkehr an die Macht hoffenden indischen Afghanen-Clane aufstieg. Nach mehreren Konfrontationen und zeitweiligen Allianzen mit Humayun griff er den vor einer Entscheidungsschlacht zurückschreckenden Humayun überraschend bei Kanauj an und schlug sein Heer vernichtend. In den kommenden fünfzehn Jahren begründete Sher Khan Sur die Sur-Dynastie und erneuerte das afghanische Delhi-Sultanat damit nochmals. Humayun verbrachte diese Zeit mit seiner Familie zunächst auf der Flucht durch Rajasthan und den Sind, wo 1542 sein Sohn Akbar geboren wurde, um dann ins Exil nach Persien zu gehen. 1545 eroberte er mit Unterstützung des persischen Shahs Kandahar und Kabul von seinen aufständischen Brüdern zurück. Doch erst zehn Jahre später sollte es ihm gelingen, von dort aus den Thron in Delhi zurückzugewinnen.

Humayuns Exil in Persien

Während seiner kurzen Regierungszeit bis 1545 konsolidierte Sher Khan erneut die Macht des Sultanats und integrierte erstmals auch wieder Bengalen in den Reichsverband. Sein Sohn Islam Khan nahm sich besonders der Stärkung des Sultanats im Nordwesten an. Ihm folgten nach seinem Tod 1552 drei unbedeutende Herrscher, unter denen das Sultanat wieder in einen Zustand chronischer Kämpfe der afghanischen Clane zurückfiel. Die kurze Rückkehr der Afghanen an die Macht unter der Sur-Dynastie wäre ein unbedeutendes Zwischenspiel geblieben, hätte nicht Sher Khan, der als Sultan den Titel Sher Shah annahm, während seiner kurzen Regierungszeit wichtige Verwaltungsreformen durchgeführt. Zu ihnen zählen insbesondere eine Vereinheitlichung der Steuerveranlagung und des Münzsystems. Weiterhin baute er das Straßensystem im Gangestal systematisch aus und ließ in regelmäßigen Abständen Karawansereien anlegen. Die Grand Trunk Road, die Calcutta mit Delhi verbindet, trägt heute seinen Namen. Über die Vorbilder Sher Shahs weitsichtiger Reformen ist viel gerätselt worden. Vermutlich dürften sie auf Einflüsse des neuen persischen Reiches der Safawiden zurückgehen. Kein Zweifel besteht dagegen, dass sie Vorbild für Akbars noch weiter gehende Reformen des Reiches waren.

Verwaltungsreformen unter Sher Khan

1.3 Akbar

Als Humayun nach einem Sieg über die Truppen des von inneren Kämpfen geschwächten Sultanats 1555 wieder nach Delhi zurückkehrte, verblieben ihm nur noch fünf Monate. Als Schöngeist auf dem Mogulthron, der sich als Liebhaber der Astronomie und Malerei und als Dichter persischer Lyrik einen Namen machte, stürzte er nach der Beobachtung des Venus-Aufgangs auf den Treppen seiner Bibliothek in Delhi zu Tode. Wenige Wochen später wurde im Februar 1556 der 13-jährige Akbar gekrönt.

Rückkehr und Tod Humayuns

Akbars nahezu 50-jährige Herrschaft bis 1605 stellt einen der Höhepunkte der indischen Geschichte dar. Unter ihm vereinigte das Mogulreich als Nachfolgestaat des Delhi-Sultanats erstmals wieder den gesamten Norden Indiens von Bengalen bis Südafghanistan und Teile Zentralindiens (s. Karte 12). Zwei Faktoren heben das Werk Akbars jedoch weit über das Reich der früheren Sultane von Delhi hinaus. Es waren dies zum einen seine tief greifenden und erfolgreichen Verwaltungsreformen, die in weiten Teilen Nordindiens erstmals seit Jahrhunderten wieder zu Frieden, wirtschaftlichem Wohlstand und einem Aufschwung der Städte führten. Nicht minder wichtig für die Konsolidierung und den Bestand des Reiches war zum anderen seine Toleranz gegenüber den Hindus und

Die Herrschaft Akbars

ihren religiösen und sozialen Institutionen, die sich grundlegend von der Haltung seiner Vorgänger auf dem Sultansthron Delhis unterschied. Sie fand ihren Ausdruck in seiner Religionspolitik und einer systematischen Integration hinduistischer Fürsten – insbesondere der Rajputen – und fähiger Truppenführer in den „Reichsadel" der Mansabdare und gipfelte in der Synthese persisch-islamischer und hinduistischer Kultur an den Höfen der Mogulen und Rajputen. Im Gegensatz zum Delhi-Sultanat, das trotz seiner gut dreihundertjährigen Geschichte und mancher Ansätze einer „Indisierung" nie ganz den Status einer Fremdherrschaft abgelegt hatte, wandelte sich das Mogulreich unter Akbar zu einem indischen Reich.

Frühe Regierungsjahre

Zur Zeit der Krönung des jugendlichen Akbars befanden sich die Mogulen jedoch noch in einer derart prekären Lage, dass Kreise des Hofes zum Rückzug nach Kabul rieten. Agra war von nordindischen Afghanen erobert worden. Delhi fiel in die Hände Himus, des mächtigen hinduistischen Ministerpräsidenten (*wazir*) des letzten Sur-Sultans, und im Süden und Westen Agras hatten alle Rajputenfürsten ihre Unabhängigkeit zurückerlangt. In dieser kritischen Situation war es einzig dem entschlossenen Handeln und den überlegenen militärischen Fähigkeiten Bayram Khans, des Regenten und Ministerpräsidenten Akbars, zuzuschreiben, dass den Mogulen eine erneute Vertreibung aus Indien erspart blieb. Als Akbar 1560 im Alter von 18 Jahren Bayram Khan unter dem Vorwand, ihn auf eine Pilgerreise nach Mekka zu schicken, entmachtetete und die Alleinherrschaft übernahm, waren das alte Kerngebiet des Delhi-Sultanats vom Panjab bis in das Ganges-Yamuna-Zweistromland und die mächtige Rajputenfestung Gwalior bereits wieder unter fester Kontrolle der Mogulen. Im Jahr 1562 trug sich ein Ereignis zu, das von wahrhaft zukunftsweisender Bedeutung für den jungen Herrscher und das Reich war. Der mächtige Rajputenfürst von Amber/Jaipur unterwarf sich Akbar und gab ihm seine älteste Tochter zur Frau. Damit war der Grundstein für die künftige Allianz der Mogulen mit den Rajputen gelegt. Sie begann zwar keineswegs immer in einer derartig friedfertigen Weise, endete nach den Siegen Akbars über weitere Rajputenfürsten aber nahezu ausnahmslos mit deren Wiedereinsetzung und ihrer Aufnahme in den „Reichsadel" der Mansabdare. Einzig Maharana Pratap von Mewar widersetzte sich erfolgreich von 1576 bis zu seinem Tode 1597 allen militärischen und diplomatischen Bemühungen Akbars, ihn zur Anerkennung seiner Herrschaft zu zwingen.

Allianz mit den Rajputen

Eine direkte Folge dieser durch seine Ehe besiegelten Allianz mit den Rajputen war die Aufhebung der Pilgersteuer in hinduistischen Wallfahrtsorten (1563) und der berüchtigten *jizya*-Kopfsteuer für die hinduistische Bevölkerung des Reiches (1564). Diese Maßnahmen erregten das Misstrauen orthodoxer Ulama-Kreise, zumal sich Akbar in diesen Jahren zunehmend von den mystischen Lehren des Sufismus und hinduistischer Yogis angezogen fühlte. Nach einem ekstatischen Erweckungserlebnis im Jahr 1577 begann er in seiner neuen Hauptstadt Fatehpur Sikri bei Agra seine berühmten Religionsgespräche, zu denen er neben sunnitischen Gelehrten des Hofes auch Schiiten, Hindus, Jainas, Zaroastrier und sogar dreimal jesuitische Mönche aus Goa einlud. Als aus diesen Gesprächen eine auf mystischer Einheit aller Religionen beruhende „Göttliche Lehre" (*Dīn Ilāhī*) hervorging, zu deren Haupt sich Akbar berufen sah, kam es zum Bruch mit der Ulama-Orthodoxie.

Religionssynkretismus

In den Jahren 1580–1582 stifteten Ulamas die stets zum Widerstand bereiten Afghanen-Führer im Osten des Reiches zu einem Aufstand an. Akbars Halbbruder Mirza Hakim, der Gouverneur von Kabul, wurde zum neuen Herrscher des Reiches ausgerufen. Der Aufstand, der sich schnell von Bengalen über Bihar bis in das östliche Zweistromland ausbreitete, stellte eine schwere Herausforderung Akbars dar. Sein Sieg, der ebenso auf seiner militärischen und diplomatischen Überlegenheit gegenüber den Afghanen und Hakim wie auf grausamer Härte gegen die aufständischen Ulamas beruhte, stellte den endgültigen Durchbruch zur absoluten Alleinherrschaft des nun vierzigjährigen Mogulkaisers dar.

Sieg über die Orthodoxie

Ab 1585 wurde Lahore für dreizehn Jahre die eigentliche Hauptstadt des Reiches, denn Akbar hielt sich in diesen Jahren nahezu ununterbrochen im Nordwesten auf, um gegen die Gefahr eines Angriffes der Usbeken eine durchgehende Verteidigungsfront von Baluchistan über Kandahar und Kabul bis Kaschmir aufzubauen. Dieses mächtigste Bollwerk, das Indien je im Nordwesten besaß, bewahrte es bis ins frühe 18. Jahrhundert vor weiteren Angriffen aus Zentralasien. In diesen Jahren, als Akbar im Nordwesten gebunden war, kam es zu erneuten Aufständen der unruhigen Afghanen-Clane in Ostindien. 1590–1592 brach Mansingh, der berühmte Rajputen-General aus dem Fürstenhaus Amber, endgültig die Macht der Afghanen in Bihar, Bengalen und Orissa, um dann selbst als Gouverneur dieser Großprovinz eingesetzt zu werden. Ab 1595 begann der Kampf gegen Ahmadabad, das nördlichste Sultanat Zentralindiens, in den Akbar 1599 persönlich eingriff. Der Krieg endete mit der Annektion der Provinz Berar. Akbar hatte damit innerhalb von vier Jahrzehnten ein Großreich begründet, das sich von Orissa und Bengalen bis Afghanistan und Baluchistan sowie in das westliche Zentralindien mit der wichtigen Hafenstadt Surat erstreckte.

Expansion und Sicherung des Reiches

Die historische Größe des Reiches Akbars beruht jedoch keineswegs nur auf seiner territorialen Ausdehnung, obschon diese im Nordwesten die erfolgreiche Expansion der frühen Delhi-Sultane Aibak und Iltutmish deutlich übertraf. Einzigartig steht das Mogulreich im Prozess vormoderner staatlicher Entwicklung in Indien mit seiner Reichsreform da, durchgesetzt von einer Gruppe fähiger Beamter am Hofe Akbars. Sie ruhte im Wesentlichen auf drei Säulen: einer systematischen Steuerveranlagung, einem hierarchisch straff gegliederten *Mansabdār*-„Reichsadel" und der zentralen Ministerialverwaltung, an deren Spitze Akbar stand.

Akbars Reichsreform

Steuerveranlagung

Die umfassende Steuerveranlagung im gesamten Reich, von der kürzlich eroberte Gebiete wie Bengalen zunächst ausgenommen blieben, war das Werk

Todar Mals, eines der großen Hindus am Hofe Akbars. Als Steuerminister hatte er seit den frühen 60er Jahren zunächst das Steuerveranlagungs- und Steuererhebungssystem Sher Shahs übernommen. Es basierte auf einer katasterartigen Landvermessung und einer jährlichen Steuerveranlagung auf der Grundlage der zu erwartenden Ernteerträge und der augenblicklichen Marktpreise. Weiterhin wurden Maße und Gewichte im Reich vereinheitlicht. Als es bei der reichsweiten Durchsetzung dieses zentralen Erhebungssystems, das in der kurzen Regierungszeit Sher Shahs selbst im Kerngebiet im westlichen Zweistromland noch kaum verwirklicht worden war, zu Protesten der traditionellen Steuererheber in den Dörfern und Provinzen kam, griffen Akbar und Todar Mal zu rigorosen Mitteln. 1580 wurden in Nordindien alle Jagir-Lehen und Steuerpfründen eingezogen, das Land den Steuerbehörden des Hofes unterstellt und alle Amtsinhaber direkt aus den Steuererträgen des Hofes entlohnt. In den folgenden fünf Jahren ließ Todar Mal in neu geschaffenen Steuerbezirken bis auf die Dorfebene hinab eine genaue Landvermessung und Erfassung der laufenden landwirtschaftlichen Erträge und jener der vorausgegangenen fünf Jahre durchführen. Auf der Grundlage dieser überaus detaillierten Erhebungen, die in Indien ihresgleichen erst wieder Ende des 19. Jahrhundert in den Settlement Reports der britischen Regierung fanden, wurde eine Steuerveranlagung nach Zehnjahresdurchschnittswerten festgelegt. Als fünf Jahre später die eingezogenen Ländereien wieder vergeben wurden, bildeten Todar Mals genaue Erhebung und Festlegung der lokalen Steuereinkommen die Grundlage für das effiziente Mansabdar-System.

Mansabdar-System

Das Mansabdar-System mit seinem unmittelbar auf die Person Akbars ausgerichteten Reichsadelsstand bildet das Kernstück der Reichsreform. Im Gegensatz zum Delhi-Sultanat, dessen „Lehensträger" (*jagirdār*) nur auf höchster Ebene direkt vom Sultan ernannt wurden und sich auch hier häufig seiner direkten Kontrolle wieder entzogen, schuf sich Akbar auf allen Ebenen ein dauerhaftes und direkt kontrolliertes Herrschaftsinstrument, das strikt hierarchisch gegliedert war, indem es den Rang (*mansab*) der zivilen und militärischen Amtsinhaber der Steuererhebung direkt mit der Höhe der gewährten Steuerpfründen und der zu stellenden Kavalleristen verband. Akbar schuf insgesamt 33 Ränge von 10 bis 7000, wobei die über 5000 hinausgehenden Mansab-Ränge unter Akbar den Prinzen des Mogulhofes vorbehalten blieben.

Die Effizienz und Kontrolle des Systems beruhten im Wesentlichen auf vier Faktoren: 1. Ernennungen und Beförderungen wurden auf allen Ebenen von Akbar persönlich vorgenommen; 2. die „Gehaltspfründen" wurden stets nach drei bis fünf Jahren eingezogen und durch Einweisung in neue ersetzt; 3. größere Pfründen hoher Amtsträger waren stets auf mehrere Steuerbezirke verteilt; 4. die Steuererhebung in den zugewiesenen Pfründen unterlag auch weiterhin der Kontrolle der zentralen Steuerbehörde. Die persönliche Ernennung und Beförderung sowie die Neuzuweisung der Mansab-Ränge und Pfründen aller Mansabdare gab Akbar die Möglichkeit, sich der persönlichen Loyalität seiner Mansabdare stets neu zu vergewissern. Das Rotationsprinzip und die Verteilung großer Jagir-Pfründen auf mehrere Steuerbezirke verhinderte eines der Grundübel des Jagirdar-Systems des Delhi-Sultanats: die schleichende Umwandlung der Jagir-Pfründen in vererbbare „Lehen" und damit die Entstehung neuer konkurrierender „Landeshoheiten" der großen Mansabdare des Reiches.

Im Jahr 1595 baute Akbar das Mansabdar-System durch eine Trennung der *Sawār*-Ränge (die Höhe der Steuerpfründen) und der *Zat*-Ränge (Höhe der zu stellenden Kavalleristen) weiter zu einem persönlichen Herrschaftsinstrument aus. Die Heraufsetzung der Zat-Verpflichtungen bei gleichbleibenden Sawar-Pfründen bzw. die Senkung des Zat-Ranges bei Belassung oder gar Erhöhung des Sawar-Ranges erhöhte die Effizienz des Systems und Akbars Möglichkeit, auf Anzeichen der Insubordination bzw. besonderer Loyalität sehr differenziert reagieren zu können.

1595 bestand der Mansabdar-Reichsadel aus 1827 Amtsträgern, die insgesamt mindestens 141 053 Pferde und bewaffnete Kavalleristen zu stellen hatten und auf deren Pfründen gegen Ende der Regierung Akbars 82% der gesamten Steuereinnahmen des Reiches entfielen. Den höchsten Anteil nahmen dabei die Großen unter den Mansabdaren ein. So entfielen z.B. im Jahr 1647 etwa 60% der Steueraufkommen des Reiches auf 445 Mansabdare, deren Mansab-Ränge bei 500 und höher lagen und die den Titel Amir trugen. In diesen Zahlen spiegelt sich die hohe Konzentration der Ressourcen und der Macht im Mogulreich in den Händen weniger Granden und Familien wider, die in einem unmittelbar persönlichen Abhängigkeits- und Loyalitätsverhältnis zum Mogulherrscher standen. Da dessen Patrimonialherrschaft mit einer effizienten und rationalen Zentralverwaltung verbunden war, wird das Mogulreich bisweilen als patrimonial-bürokratischer Staat bezeichnet.

Das Mogulreich, ein patrimonial-bürokratischer Staat?

Unsere detaillierten Kenntnisse über das Mogulreich und die Strukturen seiner Verwaltung basieren auf einer Vielzahl zeitgenössischer, nahezu ausschließlich in persischer Sprache verfasster Chroniken und Herrscherbiographien sowie auf kompendienartigen Darstellungen einzelner Verwaltungsbereiche. Aus diesem ungewöhnlichen Quellenreichtum ragen vor allem die Werke des Hofbiographen und Gelehrten Abu'l Fazl heraus, dem auch ein wesentlicher Anteil an der Ausformung und Propagierung der Din Ilahi-Lehre Akbars nachgesagt wird. Neben seiner *Akbarnāma*-Chronik, der umfangreichsten indischen Herrscherbiographie, kommt für unsere Kenntnisse über den Mogulstaat besonders seiner *Ā'īn-i-Akbarī* größte Bedeutung zu. Als „Statuten Akbars" enthält sie eine detaillierte Darstellung des kaiserlichen Haushaltes und seiner zentralen Verwaltungsinstitutionen, des Heeres und seiner Mansabdare sowie der einzelnen Provinzen und ihrer Verwaltung. Da auch im 17. Jahrhundert ähnliche Kompendien am Mogulhof verfasst wurden, lassen sich erstmals in der indischen Geschichte verlässliche statistische Untersuchungen über Einzelaspekte der Reichsverwaltung, wie etwa das Steueraufkommen oder die Entwicklung des Mansabdar-Systems, durchführen.

Abu'l Fazl

1.4 Jahangir und Shahjahan

Prinz Salim, Akbars Sohn aus dessen Ehe mit der Rajputenprinzessin aus dem Hause Amber/Jaipur, bestieg 1605 nach dem Tode seines Vaters den Mogulthron. Doch anders als sein Titel Jahangir („Eroberer der Welt") vermuten ließe, den er als Mogulherrscher annahm, stellt seine Regierungszeit (1605–1627) eine Phase des Friedens und der Konsolidierung des Reiches dar, in der keine weiteren bedeutenden Eroberungen zu vermelden sind. Nachdem er in den letzten Regierungsjahren Akbars selber gegen seinen Vater rebelliert hatte, sah er sich zu Beginn seiner Herrschaft mit dem Aufstand seines ältesten Sohnes Khusrau konfrontiert. Khusrau, der aus Jahangirs Ehe mit der Schwester Mansinghs, des großen Rajputengenerals in Akbars Diensten, hervorging, wurde nach der Niederschlagung seines Aufstandes geblendet, da er Jahangir wegen seiner Beliebtheit bei der Hindubevölkerung zu gefährlich zu werden drohte. Langfristig schwerwiegendere Folgen hatte die Hinrichtung des fünften Oberhauptes der Sikhgemeinschaft, des großen Guru Arjun, der Khusrau unterstützt hatte. Mit dieser Hinrichtung des Führers der von Guru Nanak (1469–1539) begründeten Religionsgemeinschaft begann die Militanz der Sikhs und deren Entfremdung von den Mogulen, die unter Shahjahan und Aurangzeb zu schweren Kämpfen führte. Auch wenn Jahangir weiterhin bemüht war, an der Gleichbehandlung der vielen Religionen des Reiches festzuhalten, so bedeuteten die Maßnahmen zu Beginn seiner Herrschaft doch eine erste Zäsur in der von Akbar so verheißungsvoll begründeten religiösen Toleranz. In den folgenden Jahren kam es in den Provinzen, wie etwa Orissa, auch wieder zu Störungen hinduistischer Kulte.

Konflikte und Konsolidierung

Ungeahnte Folgen hatte Jahangirs Heirat mit Mihru'n-Nisa im Jahre 1611, der wohl bedeutendsten Frau eines Mogulherrschers. Ihrem diplomatischen Geschick und ihrer ungewöhnlichen Schönheit verfiel Jahangir, der ihr den Titel *Nūr Jahān* („Licht der Welt") verlieh und ihr bald auch alle Rechte einer Mitregentin einräumte. Münzen und kaiserliche Erlasse trugen neben Jahangirs Namen auch Nur Jahans Titel. Da auch ihr Vater Itimad-ud-Daula, ein überaus fähiger Administrator persischer Herkunft, sowie ihr Bruder Asaf Khan zum Ministerpräsidenten (*wazir*) bzw. zum Leiter des kaiserlichen Hofes und seiner vielen zivilen Behörden ernannt wurden und gemeinsam mit Nur Jahan eine nahezu uneingeschränkte Macht am Hofe ausübten, könnte man mit Fug und Recht von einem persischen Intermezzo in der Mogulherrschaft sprechen. Shah Abbas der Große von Persien (1588–1629) ließ sich jedoch trotz freundschaftlicher diplomatischer Beziehungen zu Jahangir nicht davon abhalten, sich zu Gunsten der mit den Mogulen verfeindeten schiitischen Sultane Zentralindiens zu verwenden und 1622 nach Ausbruch einer schweren Krankheit Jahangirs Kandahar dem Mogulreich zu entreißen.

Persischer Einfluss

In die Regierungszeit Jahangirs fielen die ersten Kontakte mit der 1600 bzw. 1602 gegründeten englischen „East India Company" und der niederländischen „Vereenigde Oostindische Compagnie". 1615–1619 war Sir Thomas Roe als erster englischer Botschafter am Hofe Jahangir akkreditiert. Sein Kaplan Edward Terry und er hinterließen wertvolle Berichte über ihre Jahre am Mogulhof. Ihnen folgten in der Mitte des Jahrhunderts die bedeutendsten europäischen Berichte über das Mogulreich von Jean-Baptiste Tavernier und François Bernier, die wichtige Anstöße für die Gründung der französischen „Compagnie des Indes Orientales" im Jahr 1664 gaben. Den beiden nordeuropäischen Ostindienkompanien gelang es bis in die Mitte des 17. Jahrhunderts, die Monopolstellung der Portugiesen im europäischen Handel mit Indien zu brechen und günstige Handelsprivilegien von den Mogulen und Fürsten Zentral- und Südindiens zu erlangen. Obwohl sie des öfteren in kriegerische Scharmützel mit Mogulen und lokalen Herrschern verwickelt waren, wird die Zeit vor der britischen Expansion in der Mitte des 18. Jahrhunderts als „Age of Partnership" bezeichnet.

In seinen letzten Jahren widerfuhr Jahangir dasselbe Schicksal, das er einst seinem Vater Akbar bereitet hatte. Sein Sohn Khurram, der künftige Shahjahan, erhob sich gegen ihn, da er sich gegenüber einem jüngeren Bruder benachteiligt fühlte, der mit der Tochter Nur Jahans verheiratet war. Khurram, seinerseits mit der Tochter Asaf Khans verheiratet, stürzte das Reich in einen dreijährigen Stellvertreterkrieg, den die Großen des Reiches für Jahangir, der sich hilflos in den Händen der Nur Jahan befand, oder für Khurram, den künftigen Shahjahan, und seinen Schwiegervater Asaf Khan, führten. Nach dem Tod seines Vaters erkämpfte sich Khurram durch kaltblütige Ausschaltung seines Bruders und weiterer gefährlicher Familienangehöriger den Weg auf den Thron.

Nachfolgekämpfe

Nach zwei Jahrzehnten der Konsolidierung und beginnender Stagnation der politischen Entwicklung des Reiches kehrte in der Regierungszeit Shahjahans (1628–1657/9) wieder jene Dynamik zurück, die Baburs und Akbars Herrschaft gekennzeichnet hatte. Seine größten Erfolge waren Shahjahan auf dem Dekkan im Kampf gegen die zentralindischen Sultanate beschieden. Das erste Opfer wurde das Nizam Shahi Sultanat von Ahmadnagar, das bereits durch die Kämpfe gegen Akbar geschwächt worden war und 1632/33 nach der Eroberung der mächtigen Festung Daulatabad gänzlich annektiert wurde. 1636 forderte Shahjahan die weiter im Süden gelegenen Sultanate von Bijapur und Golkonda auf, seine Oberherrschaft durch Tributleistungen sowie durch das Verlesen der Freitagsgebete und die Prägung der Münzen in seinem kaiserlichen Namen anzuerkennen. Der Qutb Shah von Golkonda unterwarf sich diesen Bedingungen sofort, während der Adil Shah von Bijapur erst durch einen verheerenden Kriegszug dazu gezwungen werden musste.

Expansion in Zentralindien

Das weitere Geschehen auf dem Dekkan wurde in starkem Maße von dem Machtstreben Aurangzebs, Shahjahans drittem Sohn (und Nachfolger) bestimmt, der 1636 als Achtzehnjähriger für acht Jahre zum Vizekönig der vier Dekkan-Provinzen ernannt wurde. Seine zweite Amtszeit von 1652 bis 1657 nutzte er zur systematischen Stärkung seiner eigenen Position gegen seinen ältesten Bruder Dara Shukoh, der in der Gunst des Hofes und Shahjahans stand. Zur Erhöhung seiner Einkünfte und Truppenstärke setzte sein fähiger Finanz-

Aurangzebs frühe Jahre

minister Murshid Quli Khan in den Dekkan-Provinzen dieselbe Steuerveranlagung durch, die Todar Mal unter Akbar bereits in den Nordprovinzen des Reiches erlassen hatte. Aurangzebs vorrangiges Ziel, die Eroberung und endgültige Annexion der beiden noch verbliebenen Sultanate des Dekkans, Bijapur und Golkonda, wusste sein Bruder Dara 1656 durch Intrigen am Hofe in Delhi kurz vor dem entscheidenden Sieg zu verhindern. Dennoch waren damit die Weichen zur Unterwerfung des Dekkans gestellt, die Aurangzeb dreißig Jahre später vollenden sollte.

Im Nordwesten und Zentralasien waren den Mogulen dagegen keine dauerhaften Erfolge beschieden. Zwar gelang es Shahjahan, 1638 Kandahar zurückzuerobern, doch nur, um es 1649 wieder an Persien zu verlieren. Zwei weitere Versuche der Rückeroberung, mit denen Shahjahan 1652 und 1653 nacheinander seine rivalisierenden Söhne Aurangzeb und Dara Shukoh beauftragte, scheiterten erneut vor den Mauern Kandahars. Ein gleiches Missgeschick widerfuhr Shahjahans ehrgeizigen Plänen, Samarkand und Transoxianien, das Land seiner Vorfahren, den Usbeken zu entreißen. Murad, Shahjahans jüngster Sohn, hatte zwar 1646 mit einem Heer von 50000 Mann Balkh im heutigen Nordafghanistan erobert. Doch Aurangzeb, der ihn bald darauf ablöste, wurde in dem zerklüfteten Gebirgsland in anhaltende Abwehrkämpfe verwickelt, denen das Mogulheer, das nur die offene Feldschlacht gewohnt war, nicht gewachsen war. Es waren Tausende von Opfern zu beklagen. Nachschub- und Versorgungsprobleme sowie der einbrechende Winter zwangen Aurangzeb nach Abschluss eines wertlosen Vertrages mit den Usbeken zum Rückzug über die verschneiten Pässe nach Kabul. Ein ähnliches Schicksal war 1636–38 den Versuchen beschieden, im Nordosten Assam mit einer Flussflottille zu erobern. Einzig den Kriegen in Baltistan oder „Klein-Tibet“ im oberen Industal und gegen kleinere Rajputenfürstentümer in den Himalayavorbergen war Erfolg beschieden.

Kämpfe in Afghanistan

Der Nachruhm Shahjahans beruht vor allem auf seiner Tätigkeit als einem der großen Bauherren der indischen Geschichte. Das Taj Mahal, das er für seine Lieblingsfrau Mumtaz Mahal, die 1631 im Kindbett bei der Geburt ihres 14. Kindes verstarb, als Grabmal errichten ließ, gilt als eines der großartigsten Bauwerke der Welt. Wie schon das Grabmal des Itimad-ud-daula, das Nur Jahan nur wenige Jahre zuvor für ihren Vater ebenfalls in Agra errichten ließ, ist auch das Taj Mahal aus weißem Marmor erbaut und mit prachtvollen, aus Halbedelsteinen gefertigten *pietra-dura*-Ornamenten geschmückt. Wahrhaft imperiale Ausmaße nahm die indo-persische Mogularchitektur in Shajahanabad an, der neuen Hauptstadt des Reiches, die Shahjahan ab 1639 innerhalb von neun Jahren in Delhi errichten ließ. Die Jama Masjid, Indiens größte Moschee, und das an der Yamuna gelegene Rote Fort mit seiner etwa 30 m hohen und fast 3 km langen Mauer aus rotem Sandstein dominieren noch heute das Stadtbild Alt-Delhis. Am Eingang des Palastbezirkes lag die große, dreischiffige öffentliche Audienzhalle, in der während der großen Durbar-Hofhaltungen des Reiches der berühmte Pfauenthron aufgestellt wurde, den Shahjahan nach seiner Krönung von den

Taj Mahal

fähigsten Kunsthandwerkern Indiens in siebenjähriger Arbeit aus einer schier unfassbar großen Zahl von Edelsteinen hatte herstellen lassen.

Shahjahans Herrschaft gilt allgemein als Höhepunkt des Mogulreiches. Auch wenn Teile Zentralindiens und Südindien noch außerhalb des engeren Reichsverbundes standen, so gab es doch keine Macht, die die Hegemonie der Mogulen über den gesamten südasiatischen Raum ernsthaft gefährden konnte, und die Prachtentfaltung der Herrschaft Shahjahans dürfte kaum jener seines jüngeren Zeitgenossen Ludwigs XIV. in Versailles nachgestanden haben. Dennoch zeichneten sich in der Zeit seiner Regierung bereits deutlich die Gefahren ab, die während der langen Herrschaft Aurangzebs die Krise des Reiches heraufbeschwören sollten: Die Aufblähung und damit Schwächung des Mansabdar-Systems und die schrittweise Rückkehr zu einer orthodoxen islamischen Reichspolitik.

1.5 Aurangzeb

Als Shahjahan 1657 von einer schweren Krankheit befallen wurde, brach ein zweijähriger blutiger Krieg zwischen seinen vier Söhnen aus, dessen Härte alle bisherigen Thronfolgekämpfe des Delhi-Sultanats und der Mogulen überbot. Aus den Kämpfen, die mit der Hinrichtung zweier Brüder und Flucht sowie Tod des dritten endeten, ging Aurangzeb 1659 siegreich hervor. Sein Vater Shahjahan blieb bis zu seinem Tode 1666 Gefangener im Fort von Agra. Die Einzelheiten dieses Bruderkampfes, der sogar die Gemüter im zeitgenössischen Europa bewegte, sind weniger bedeutsam als dessen Folgen. Er erschütterte nachhaltig das Loyalitätsgefüge der Großen des Reiches, da viele von ihnen Allianzen mit den verfeindeten Brüdern Aurangzebs eingegangen waren. Auf die persönliche Loyalität der Mansabdare, eine der wichtigsten Stützen der Mogulherrschaft seit Akbar, konnte Aurangzeb daher nur noch sehr bedingt bauen. Nicht minder schwerwiegend war es, dass Aurangzeb diesen Machtkampf durch eine Ideologisierung des orthodoxen Islams verschärfte und seine Brüder Dara Shukoh und Murad ihrer Hindufreundlichkeit wegen als Häretiker hinrichten ließ. Damit untergrub Aurangzeb bereits zu Beginn seiner Herrschaft eine weitere Stütze der Mogulherrschaft, die Loyalität der hinduistischen Mehrheit des Reiches.

Thronfolgekämpfe

Die ersten zwei Jahrzehnte der Herrschaft Aurangzebs (1658–1707) zeichneten sich durch eine erfolgreiche Konsolidierung der Staatsmacht in Nordindien aus. Dies geschah durch die Unterdrückung lokaler Bauernaufstände und religiöser Bewegungen im Umfeld von Agra, wie etwa der Kaste der mächtigen Jat-Bauern (1670) und der bäuerlich-hinduistischen Satnami-Sekte. Im Nordwesten schlug er erneute Aufstände afghanischer und pashtunischer Stämme nieder, besiegte die Sikhs und ließ deren Oberhaupt, den neunten Guru Tegh Bahadur, hinrichten. Im Osten eroberte er erstmals weite Teile des Gondwana-Stammesgebietes im heutigen Südbihar und östlichen Madhya Pradesh, integrierte sie in das Reichsgebiet und besiegte portugiesische und arakanesische Piraten, die seit Jahrzehnten die Küsten des heutigen Bangladesh heimgesucht hatten.

Bauernaufstände

In den Jahren 1678/1680 trugen sich jedoch mehrere Ereignisse zu, deren Folgen auf die künftige Krise des Reiches hinwiesen. Nach dem Tod Jaswant Singhs von Marwar, eines der mächtigsten Rajputen-Fürsten im Gefolge der Mogulen, erkannte Aurangzeb dessen posthum geborenen Sohn Ajit Singh nicht an, sondern erklärte Marwar zum „Kronland". Bei der folgenden Besetzung von dessen Hauptstadt Jodhpur kam es zur Zerstörung mehrerer hinduistischer Tempel. Dem nun folgenden Aufstand der Rajputen von Marwar schloss sich das mächtige Rajputengeschlecht des benachbarten Mewars an, dessen Hauptstadt Udaipur jedoch bald das gleiche Schicksal wie Jodhpur widerfuhr.

Rajputenaufstand

Aurangzebs Kampf gegen die autonome Herrschaft zweier bisher loyaler Rajputen-Fürstentümer wäre vermutlich als ein erfolgreicher Schritt zur Stärkung der Zentralgewalt in die Geschichte eingegangen, wäre er nicht Anfang eines tiefen Zerwürfnisses zwischen Aurangzeb sowie orthodoxen Kreisen seines Hofes auf der einen und der hinduistischen Bevölkerung auf der anderen Seite gewesen. Bereits 1669 hatte er zwei große Tempel in Benares und Mathura zerstören und auf ihren Ruinen Moscheen errichten lassen. Hinzu kamen zahlreiche wirtschaftlich und sozial diskriminierende Maßnahmen, wie etwa besondere Zollabgaben für hinduistische Händler und das Verbot, Hindus in hoher Kanzleitätigkeit zu dulden, womit er wichtige Berufsgruppen zur Konvertierung zwingen wollte. Während des Kampfes gegen die Rajputen vollzog Aurangzeb endgültig eine radikale Abkehr von der toleranten Religionspolitik Akbars, indem er 1679 die verhasste *jizya*-Kopfsteuer für Hindus wieder einführte. Die Krise verschärfte sich, als Aurangzebs vierter Sohn Akbar, dem die Niederwerfung der Rajputen übertragen worden war, 1680 zu den Aufständischen überlief und ein Jahr später mit dem Gelöbnis, zur toleranten Politik seines großen Namensvetters und Vorfahren zurückzukehren, die Unabhängigkeit von seinem Vater erklärte. Als Akbar nach mehreren Niederlagen zu den Marathen Zentralindiens floh, entschloss sich Aurangzeb, die Verfolgung seines Sohnes und die Niederwerfung der Marathen, die sich in den vergangenen Jahrzehnten immer stärker zum eigentlichen Widerpart des Mogulreiches auf dem Dekkan entwickelt hatten, selber in die Hand zu nehmen. Im Herbst 1681 brach er nach Zentralindien auf, um in den folgenden 26 Jahren bis zu seinem Tode nicht mehr nach Nordindien zurückzukehren. Der Darstellung dieses zweiten Abschnittes der Regierung Aurangzebs muss ein Rückblick auf den Aufstieg der Marathen unter Shivaji vorangehen, der bereits ein Jahr vor der Rückkehr Aurangzebs auf dem Dekkan verstorben war.

Hindufeindliche Politik

2. Der Aufstieg der Marathen unter Shivaji

Der Aufstieg der Marathen im 17. Jahrhundert ist beispielhaft für die Entstehung neuer, indigener Staatsstrukturen im Windschatten der imperialen Großreichsbildung der Mogulen, die meist in schwer kontrollierbaren geographischen „Nischen" ihren Ursprung nahmen und sich geschickt durch wechselnde militärische Allianzen zu lokalen und bisweilen regionalen Machtfaktoren entwickelten. Die Einzigartigkeit der Geschichte der Marathen im 17. Jahrhundert liegt in der Tatsache begründet, dass ihnen in der Person Shivajis einer der großen militärischen Führer und Administratoren der indischen Geschichte erwuchs. Unter seiner charismatischen Führung dehnte sich ihre Herrschaft von Pune im bergigen Hinterland Bombays über das heutige Maharashtra hinaus zu einer überregionalen Macht aus, an deren dezentralisierter, guerillaartiger Kriegsführung Aurangzebs Plan scheiterte, ein zentral organisiertes Großreich der Mogulen zu errichten, das den gesamten südasiatischen Subkontinent umfasste.

Widerstand der Marathen

Shivajis Großvater Maloji Bhonsle stellte sich als Dorfschulze mit einigen berittenen Kriegern in den Dienst der Nizam Shahis von Ahmadnagar. Unter ihnen stieg sein Sohn, Shivajis Vater, Shahaji Bhonsle (1599–1664) zu einem „Lehensträger" (*jagirdār*) von Pune auf, um nach der Eroberung Ahmadnagars durch Shahjahan in die Dienste der Adil Shahis von Bijapur zu wechseln, unter denen er zu noch höherem Ansehen gelangte. Shivaji (1627–1680) riss als Achtzehnjähriger in Pune das Jagir-Erbe seines abwesenden Vaters an sich, gewann durch waghalsige Scharmützel die Unterstützung lokaler Marathenführer und eroberte innerhalb weniger Jahre weite Landstriche der Grenzregionen Bijapurs und des nun unter Mogulherrschaft stehenden Ahmadnagars. Seine Macht beruhte auf der Errichtung einer großen Zahl schier uneinnehmbarer Bergfestungen und auf der hohen Mobilität und Schlagkraft seiner kleinen ortskundigen Kavallerie- und Fußtruppen, die sich direkten Konfrontationen mit den großen Heeren der Statthalter der Mogulen und Bijapurs zu entziehen wussten.

Aufstieg Shivajis

Schon in den frühen Jahren seiner Karriere, als seine militärische Macht bereits auf etwa 10000 Kavalleristen und 50000 Fußsoldaten angewachsen war, gelangen Shivaji drei Überraschungssiege, die seinen Ruhm weit über die Grenzen seines jungen Fürstentums trugen. 1657 tötete er persönlich während einer Verhandlung Afzal Khan, den großen General Bijapurs, um anschließend mit seinen im Hinterhalt verschanzten Truppen dessen Heer zu vernichten, das Bijapur gegen Shivaji ausgesandt hatte. 1663 fügte er dem neuen Gouverneur der Mogulen, der von Aurangzeb zur Unterdrückung der Marathen entsandt worden war, eine besonders schmachvolle Demütigung zu. Shivaji drang unbemerkt von den Wachen mit wenigen Getreuen in dessen Residenz in Pune ein, verletzte ihn im Zweikampf und brachte sich in Sicherheit, bevor Verstärkung eintraf. Ein Jahr später drang er in Eilmärschen weit auf das Gebiet der Mogulen vor, eroberte und plünderte mit seinen Truppen Surat, die florierende Hafenstadt Westindiens, über die die Mogulen ihren schwunghaften Handel mit dem Vorderen Orient abwickelten, und entkam mit unschätzbar reicher Beute, bevor ein Ersatzheer der Mogulen Surat erreichte. Einzig die Händler der holländischen und englischen Ostindienkompanien konnten dank ihrer besseren Bewaffnung ihre Quartiere verteidigen.

Shivajis frühe Siege

Noch im selben Jahr entsandte Aurangzeb Raja Jai Singh, seinen fähigsten Rajputengeneral, mit einem mächtigen Heer gegen Shivaji. Der Strategie Jai Singhs, die Marathen gleichzeitig von mehreren Seiten anzugreifen, war Shivaji nicht gewachsen. Nach dem Verlust weiter Gebiete schloss er mit Jai Singh einen Friedensvertrag, in dem er vier Fünftel seines Reiches an die Mogulen abtrat, Aurangzeb Loyalität gelobte und sich nach langem Sträuben bereit erklärte, Aurangzeb am Hofe in Agra seine Aufwartung zu machen. Die kaiserliche Audienz endete jedoch mit einem Eklat, da Aurangzeb den protestierenden Shivaji nur in die Mansabdar-Stellung im Range von 5000 erhob und ihn in die zweite Reihe hinter die Großen des Reiches verwies, von denen Shivaji erst unlängst einige besiegt hatte. Shivaji wurde daraufhin unter Hausarrest gestellt, konnte aber auf abenteuerliche Weise als hinduistischer Pilger verkleidet entfliehen. Nach seiner Rückkehr schloss er Frieden mit Aurangzebs Sohn, dem Vizekönig des Dekkans. Shivaji erhielt freie Hand, Gebiete Bijapurs zu erobern, und sein Sohn Shambhaji wurde ebenfalls in den Mansab-Rang von 5000 erhoben.

Doch der Friede mit den Mogulen währte nur bis 1670, als Shivaji erneut Surat überfiel und plünderte, um seine leeren Kriegskassen aufzufüllen. Zwei Jahre später begann er, die berüchtigte Chauth-Abgabe, ein Viertel (*chauth*) der jeweiligen Staatseinnahmen benachbarter Staaten, auch in den Grenzgebieten der Mogulterritorien zu erheben. Sie war eine Schutzgebühr gegen die jährlichen Plünderungszüge der Marathen. Die Mogul-Gouverneure standen diesem Treiben der Marathen nahezu hilflos gegenüber, ja kauften sich in manchen Fällen freiwillig von den Überfällen der Marathen frei, deren Abwehr sie sonst aus ihren Mansabdar-Einkommen selber hätten finanzieren müssen. Nach weiteren großen Eroberungen auf Kosten Bijapurs ließ sich Shivaji 1674 in einer mehrwöchigen Krönungsfeier in seiner Residenzburg Raigarh zum *Chatrapati* („Herr des [kaiserlichen] Schirms") krönen. Dieser traditionelle hinduistische Titel eines Universalherrschers stellte eine offene Herausforderung Aurangzebs dar, der den Titel *Ālamgīr* („Eroberer der Welt") trug.

Chauth-Steuern

Shivajis Krönung zum Chattrapati

Zwei Jahre später begann die letzte Phase der Herrschaft Shivajis, in der er – seinem neuen Titel gerecht werdend – die Macht der Marathen über Maharashtra hinaus bis weit in den Süden Indiens ausdehnte. Zunächst schloss er mit Bijapur einen Vertrag, in dem er gegen hohe jährliche Tributzahlungen den Schutz Bijapurs gegen die Mogulen zusagte. Dann vereinbarte er einen formellen Waffenstillstand mit dem Dekkan-Vizekönig der Mogulen. Er begann mit finanzieller und militärischer Unterstützung des Qutb Shahs von Golkonda und seines hinduistischen Ministers Madanna Pandit die Eroberung Tamil Nadus und weiter Gebiete in Karnataka, wo er insbesondere die großen Festungen Vellore und Gingee einnahm und dabei große Schätze erbeutete. Als Shivaji 1680 verstarb, hinterließ er ein Reich, das sich von Nordwesten quer durch Zentralindien bis an die Küste Südostindiens erstreckte und den drei anderen Mächten des Dekkans, den Mogulen, Bijapur und Golkonda, gleichberechtigt gegenüber stand.

Expansion der Marathen

3. Höhepunkt und Untergang des Mogulreiches

3.1 Aurangzebs vergeblicher Kampf auf dem Dekkan

Nachdem Aurangzeb zur Verfolgung seines Sohnes Akbar im Frühjahr 1682 auf dem Dekkan eingetroffen war, sollte sich das Kräfteverhältnis innerhalb von sieben Jahren grundlegend zu Gunsten der Mogulen ändern. Aurangzeb zog alle verfügbaren Truppen des Reiches auf dem Dekkan zusammen, beschränkte seine militärischen Aktivitäten zunächst aber auf die Eindämmung der Marathen, die ihrerseits unter Shivajis Sohn und Nachfolger, Shambhaji (1681–1689), einer Konfrontation mit der geballten Streitmacht der Mogulen auswichen. Nachdem die Kämpfe mit den Marathen deutlich nachgelassen hatten, nahm Aurangzeb seinen Kampf gegen Bijapur und Golkonda wieder auf, den er 1657 bei Ausbruch der Thronfolgekämpfe abbrechen musste. 1686 fiel Bijapur nach siebzehnmonatiger Belagerung, und im Jahr darauf folgte die Einnahme der mächtigen Festung Golkonda. In beiden Fällen fielen Aurangzeb unermesslich reiche Schätze in die Hände. Beide Sultanate wurden annektiert und weitgehend in Kronländereien des Mogulhofes umgewandelt. Da Aurangzeb aber gleichzeitig die überwiegende Zahl der Großen beider Sultanate in den Mansabdar-Stand des Reiches aufnahm, entstand ein beträchtlicher Überhang landloser Mansabdare, die bisweilen erst nach Jahren über eine Warteliste in den Genuss der ihrem Mansab-Rang angemessenen Ländereien kamen. Historiker sehen hierin eine der Ursachen der „Jagir-Krise", die sich von den späten Regierungsjahren Aurangzebs bis ins frühe 18. Jahrhundert zur Reichskrise ausweitete (s. Kap. II.4.10).

Sieg über Marathen und Sultanate Zentralindiens

1689 wurde Shambhaji zusammen mit 25 seiner Truppenführer bei einem Überraschungsangriff gefangen genommen und nach vierzehntägiger Folter auf Geheiß Aurangzebs auf grausame Weise getötet. Damit schien das Ende des von Shivaji begründeten Marathenreiches besiegelt. Sieben Jahre nach seiner Ankunft auf dem Dekkan, der Eroberung und Annexion Bijapurs und Golkondas sowie der Niederwerfung der Marathen stand Aurangzeb auf dem Höhepunkt seiner Macht.

Historiker stimmen darin überein, dass Aurangzeb in diesem Augenblick des Triumphes siegreich nach Delhi hätte zurückkehren können, um auch dort die Autorität der Mogulen wieder zu stärken, nachdem es in den Jahren seiner Abwesenheit selbst im Kerngebiet des Reiches um Delhi/Agra mehrfach zu Aufständen gekommen war. So erhoben sich z.B. die Jat-Bauern seit 1685 erneut in einem sechs Jahre dauernden Aufstand, in dessen Verlauf sie in Sikandra bei Agra sogar Akbars Grab plünderten und dessen Gebeine verbrannten. Doch Aurangzeb entschied sich für den Verbleib auf dem Dekkan, um auch die Aufstände örtlicher Marathen-Führer niederzuwerfen, die sich nach der brutalen Tötung Shambhajis erhoben hatten.

Aufstände im Norden

Dieser Entschluss Aurangzebs hatte verheerende Folgen, denn er riss das Reich in einen sich wie ein Flächenbrand über den gesamten Dekkan ausbreiten-

Guerilla-Kriege der Marathen

den Guerillakrieg, der seine Kräfte erschöpfte. Aurangzebs Anwesenheit auf dem Dekkan und seine rigorose Kriegsführung verhinderten immer wieder Kompromisse, die seine Truppenführer, Hindus wie Muslime, mit den Marathen anstrebten. Die Folge war ein sich bis zu seinem Tode hinziehender, achtzehn Jahre langer Kampf, in dessen Verlauf es Aurangzeb und seinen Truppenführern zwar nach oft monatelangen Belagerungen immer wieder gelang, eine weitere Marathenfestung zu erstürmen – doch nur, um dann zur nächsten weiterziehen zu müssen. Die schwersten Kämpfe spielten sich in diesen Jahren um die etwa 100 km südwestlich von Chennai Madras gelegene Bergfestung Gingee ab, in der Shambhajis Nachfolger Rajaram Zuflucht genommen hatte. Sie konnte erst 1698 nach acht Jahren und schweren Verlusten auf beiden Seiten eingenommen werden.

Vorstoß des Mogulreiches in Südindien

Da in diese Kämpfe auch der Herrscher des noch weiter im Süden gelegenen mächtigen Nayak-Fürstentums von Thanjavur (Tanjore) verwickelt war, der zeitweise von Aurangzeb zur Anerkennung seiner Herrschaft gezwungen werden konnte, erreichte das Mogulreich damals seine größte territoriale Ausdehnung, die alle bisherigen Großreichsbildungen der indischen Geschichte übertraf. Doch der Schein trog. In diesen Jahren hatten die Marathen insbesondere in den weiten, ländlichen Gegenden des Dekkans eine effiziente, geradezu als Gegenregierung zu bezeichnende Macht etabliert. Mit den von ihnen erhobenen Steuern finanzierten sie ihre lokale Guerillakriegsführung. Aurangzebs fehlgeschlagener Versuch, den Dekkan und weite Teile des fernen Südens fest in das Mogulreich zu integrieren, bestätigt damit überaus deutlich die o.g. Existenz zweier konkurrierender Herrschaftssysteme in der Zeit der muslimischen Herrschaft in Indien, die selbst auf dem Höhepunkt territorialer Expansion des Mogulreiches ungebrochen fortbestand.

Der Aufstieg der britischen Ostindienkompanie

Buchstäblich am Horizont des Reiches begann sich damals der Aufstieg der britischen Ostindienkompanie als dritter und künftiger Vormacht Indiens abzuzeichnen. Mit der Gründung ihrer drei großen befestigten Niederlassungen Madras (1661), Bombay (1661) und Calcutta (1690) legte sie in der Zeit, als das Mogulreich auf dem Höhepunkt seiner Macht stand, den Grundstein für ihre drei Presidencies, von denen aus sie in der zweiten Hälfte des 18. Jahrhunderts die Eroberung Indiens begann.

3.2 Der Untergang des Mogulreiches

Niedergang des Reiches

Der Sturz des Mogulreiches vom mächtigsten Staat der indischen Geschichte über eine vorübergehend noch nordindische Hegemonialmacht zu einem „Königreich von Delhi“, das bald nur noch als Spielball größerer Regionalmächte in Erscheinung trat, vollzog sich nach Aurangzebs Tod (1707) in atemberaubender Schnelle. Zunächst schien die knapp fünfjährige Herrschaft seines 64-jährigen Sohnes Bahadur Shah dem Reich nochmals eine Atempause zu gewähren. Doch seinen Bemühungen, Rajputen und Marathen wieder in stärkerem Maße in den

Reichsverband einzubinden, waren allenfalls vorübergehende Erfolge beschieden. Denn wie sein alternder Vater ernannte er zu viele Mansabdare in zu hohe Ränge und verstärkte damit die „Jagir-Krise", die das Mansabdar-System, das wichtigste Machtinstrument der Mogulherrscher, weiter aushöhlte. Weiterhin zerstörten die zwei überaus blutigen Erbfolgekriege, die innerhalb von fünf Jahren der Regierung Bahadur Shahs vorausgegangen waren bzw. ihr folgten, das seit Akbar bestehende, aber seit Aurangzeb zunehmend gefährdete, fein austarierte Gleichgewicht ethnischer und religiöser Gruppen am Hofe – und damit eine weitere wichtige Stütze der Moguldynastie. In diesen Kämpfen verloren erstmals nicht nur in üblicher Weise unterlegene Thronprätendanten ihr Leben, sondern auch zahlreiche Mitstreiter dieser Prinzen. Seither stellte Loyalität zum Hofe und den Angehörigen der Moguldynastie keine hinreichende Sicherheit mehr für das Überleben der Großen des Reiches dar. Dieses war nur noch durch die Schaffung einer eigenen territorialen und militärischen Hausmacht gewährleistet.

Die Ursachen

Diese zentrifugalen Kräfte, die bisher allenfalls ein Charakteristikum der Mogulherrschaft auf dem Dekkan gewesen waren, erfassten nun erstmals auch Nordindien, allerdings ohne bereits in offene Rebellion umzuschlagen. Sie wurden aber durch eine weitere gefährliche Schwächung der Macht der Mogulen gestärkt. Die jeweils mächtigsten Granden des Reiches entrissen den schwachen Nachfolgern Bahadurs zunehmend die persönliche Kontrolle über die Verwaltung am Hofe und damit auch die eigentliche Macht im Reiche. Sie stiegen zu einer Art Großwesiren auf, einer am Hofe der Mogulen letztlich illegitimen Position, da es seit Akbar ein ehernes Gesetz war, die am Hofe konzentrierte Verwaltung des Reiches, von der täglichen Routinearbeit bis hin zur Ernennung der großen Mansabdare, der strikten Kontrolle des herrschenden Großmogulen zu unterstellen.

„Großwesire" am Mogulhof

Der erste dieser neuen Machthaber am Mogulhof in Delhi war Zulfikar Khan, einer der großen Heeresführer Aurangzebs und Kriegsminister (*bakṣi*) am Hofe Bahadurs. Nach seiner Ermordung folgten ihm 1713 zwei Sayyid-Brüder, die im Osten des Reiches zur Macht gelangt waren und bis zu ihrer Hinrichtung 1720 als Königsmacher und Wesir bzw. Mir Bakshi („Heeresminister") die Macht im Reiche ausübten. Diese neuen Machthaber am Hofe Delhis führten zwar durchaus sinnvolle Reformen durch, so hob z.B. Zulfikar Khan die von den Hindus gehasste *jizya*-Kopfsteuer auf. Doch ihre letztlich einzig auf den Erhalt ihrer eigenen Machtposition ausgerichteten Politik stürzte die Großen des Reiches in endlose Machtkämpfe. Sie wurden nun erstmals weniger in den Provinzen als in der Hauptstadt ausgetragen und gaben somit den Provinzgouverneuren die Möglichkeit, in aller Ruhe ihre künftige Landesherrschaft weiter auszubauen.

Der Aufstieg Nizam-ul-Mulks zum Wesir des Reiches und Gründer des unabhängigen Reiches der Nizame von Hyderabad ist ebenso beispielhaft für die erbitterten Machtkämpfe am Hof von Delhi wie das Auseinanderbrechen des Reiches in regionale Nachfolgestaaten. Als einer der Großen des Reiches

Desintegration des Reiches

überstand er zwar unbeschadet alle Nachfolgekämpfe am Hofe und wurde bereits 1713 zum Gouverneur der sechs Provinzen des Dekkan ernannt, um dann aber durch Intrigen am Hofe mehrfach andere Provinzen zugewiesen zu bekommen. 1722 wurde er von Muhammad Shah (1719–1748) zum Wesir nach Delhi berufen. Dort musste er jedoch bald feststellen, dass alle seine Reformbemühungen wegen der widersprüchlichen Interessen der verfeindeten Gruppen am Hofe und Muhammad Shahs zum Scheitern verurteilt waren. So zog er sich Ende 1723 auf den Dekkan in sein früheres Jagir zurück, wo er im folgenden Jahr mit Unterstützung der Marathen den Gouverneur von Hyderabad besiegte und das Reich der Nizame auf den Ruinen des einstigen Golkonda-Sultanats gründete.

Mit dem Ausbrechen des Wesirs aus dem Reichsverband begann die territoriale Desintegration des Reiches. Noch im selben Jahr folgten Oudh und Rohilkhand in der zentralen Ganges-Yamuna-Ebene, gefolgt von Bihar und Bengalen. Zwar vermieden es die Herrscher dieser Nachfolgestaaten, durch Prägung eigener Münzen und Ausrufung ihrer Namen im Freitagsgebet ihre Unabhängigkeit auch formell zu erklären, doch die eigentliche Macht lag künftig ausschließlich in ihren Händen.

Der Zerfall des Reiches und die durch den rapiden Rückgang der Steuereinnahmen bedingte Schwäche des Mogulhofes ließen das reiche Delhi in den kommenden Jahren zu einem begehrten und nahezu wehrlosen Objekt plündernder Truppen werden. 1737 stießen die Marathen bis nach Delhi vor und verheerten drei Tage lang dessen Vorstädte. Bereits zwei Jahre später schlug Nadir Shah, der kurz zuvor in Persien die geschwächte Dynastie der Safawiden gestürzt hatte, das Truppenaufgebot der Mogulen bei Panipat nordwestlich Delhis vernichtend und ließ die Stadt von seinen Truppen zwei Monate lang systematisch plündern. Nadir Shah kehrte mit den Schätzen des Mogulhofes beladen nach Persien zurück, unter denen sich auch der weltberühmte Pfauenthron befand. 1756 ereilte Delhi und seine Bewohner abermals dieses Schicksal. Ahmad Shah Durrani, ein afghanischer Glücksritter, der an Nadir Shahs Plünderung Delhis teilgenommen und sich 1748 zum König von Kandahar erhoben hatte, fiel in den folgenden Jahren mehrfach in den Panjab ein, um dann 1756 Delhi nahezu kampflos einzunehmen und seiner Schätze zu berauben. Als er im folgenden Jahr erneut nach Delhi vorstieß, riefen ihn die verzweifelten Höflinge zum neuen Herrscher Indiens aus. Nichts könnte den Zusammenbruch des Mogulreiches deutlicher kennzeichnen als die Tatsache, dass Shah Durrani dieses Angebot ablehnte und im selben Jahr Robert Clive mit einer kleinen Truppe der East India Company in der Schlacht von Plassey in Bengalen den Grundstein für die künftige britische Herrschaft in Indien legte.

Das Ende des Mogulreiches

Aus dem Machtkampf, der seit den 20er Jahren des 18. Jahrhunderts unter den Nachfolgestaaten des Mogulreiches ausbrach, schienen die Marathen für wenige Jahre als neue Vormacht Indiens hervorzugehen. Shahu, der nach der Ermordung seines Vaters Shambhaji am Hofe der Mogulen aufgewachsen war,

Wiederaufstieg der Marathen

wurde von Bahadur Shah in der Hoffnung freigelassen, dass der zu erwartende Kampf um sein väterliches Erbe mit der Regentin der Marathen, Tara Bai, die Marathen von weiteren Angriffen auf Mogulgebiete abhalten würde. Der eigentliche Sieger dieser Kämpfe war letztlich der Brahmane Balaji Vishwanath, den Shahu zu seinem Ministerpräsidenten (Peshwa) ernannte und der die Peshwa-Dynastie von Pune begründete. Nach seinem Tod (1720) folgte ihm sein Sohn Baji Rao, ein überaus fähiger Administrator und Militärführer, der 1727 die eigentliche Macht über die Marathenkonföderation übernahm. Shahu und seine Nachkommen zogen sich auf ihre Feste Satara zurück, wo sie im Schatten ihrer mächtigen Peshwas ein gänzlich unbedeutendes Leben fristeten.

Die Zeit der Herrschaft der Peshwas Baji Rao (1720–1740) und seines Sohnes Balaji (1740–1761) stellt nach Shivajis die zweite „imperiale" Phase der Geschichte der Marathen dar. In dieser Zeit stiegen einige Heeresführer der Marathen (wie die Gaikwards von Baroda, die Scindias von Gwalior, die Holkars von Indore und die Bhonsles von Nagpur) in den von ihnen eroberten Gebieten zu mächtigen Landesfürsten auf. Da sie den Peshwas von Pune zwar weiterhin Heeresfolge leisteten, sich in ihren Ländern jedoch weitestgehender Autonomie erfreuten, spricht man in dieser zweiten Phase der Marathen-Geschichte von einer Marathen-Konföderation. 1732 kam es nach schweren Kämpfen auf dem Dekkan zwischen den Marathen und dem Nizam-ul Mulk von Hyderabad zu einer Übereinkunft, die den Marathen in Nordindien und dem Nizam im Süden freie Hand für weitere Expansionen ließ. Die Marathen stießen daraufhin 1737 bis Delhi vor und setzten ab 1742 in jährlichen Feldzügen auch in Ostindien ihre Chauth-Forderungen durch, woraufhin ihnen 1751 der Nawab von Bengalen die Provinz Orissa abtrat.

Neue Hegemonialmacht Indiens?

Als die Marathen 1758 Lahore und dann sogar kurzfristig den gesamten Panjab besetzten, standen sie auf dem Höhepunkt ihrer Macht, die sich damit von den Vorbergen des Himalayas bis in den fernen Süden und von den Westghats bis an die Grenzen Bengalens erstreckte. Das Kerngebiet direkter Herrschaft bildeten der westliche Dekkan und die Territorien der o.g. Landesfürsten, während nahezu alle selbstständigen Staaten Zentral- und Südindiens die geforderten Chauth-Zahlungen entrichteten, um sich von den gefürchteten jährlichen Überfällen der Marathen freizukaufen. Im Nordwesten stießen sie jedoch auf die unerbittliche Gegnerschaft Shah Durranis. Nach wechselvollen Kämpfen kam es 1761 erneut zu einer entscheidenden Schlacht bei Panipat. Obschon die Marathen alle verfügbaren Truppen ins Feld geführt hatten, erlitten sie eine verheerende Niederlage, die alle Hoffnung auf die scheinbar greifbar nahe Konsolidierung ihrer Vorherrschaft über Indien zunichte machte und die Marathenkonföderation in seine Teilstaaten zerfallen ließ. Innerhalb weniger Jahre (1757 und 1761) haben damit die Afghanen den zwei großen Mächten Südasiens, den Mogulen und den Marathen, den Todesstoß versetzt bzw. den Weg zur neuen Hegemonialmacht Südasiens verbaut. Da sie selber keine Anstalten machten, ih-

Afghanen

rerseits das Erbe der Mogulen anzutreten, entstand ein Machtvakuum, das die regionalen Nachfolgestaaten des Mogulreiches nur noch vorübergehend ausfüllen konnten, bis die britische Ostindienkompanie im späten 18. Jahrhundert durch eine Politik systematischer Expansion ihre maritime Vorherrschaft zur Herrschaft über Indien ausbaute.

II. Grundprobleme und Tendenzen der Forschung

1. Periodisierung

In keiner der großen außereuropäischen Kulturen dürfte die historische Periodisierung ähnlich kontroverse Diskussionen ausgelöst haben wie in Indien. Sie erinnern allenfalls an die berühmte Debatte über die These H. PIRENNES, das europäische Mittelalter habe nicht mit dem Untergang des Römischen Reiches, sondern erst mit der Eroberung der östlichen und südlichen Mittelmeerwelt durch den Islam im 7. und 8. Jahrhundert begonnen [H. PIRENNE, Mahomet et Charlemagne, Brüssel 1937; s. auch A. F. HAVIGHURST, The Pirenne Thesis. Analysis, Criticism, and Revision, Lexington, Mass. 1969]. Der Hinweis auf die „Pirenne-These" liegt nahe, weil in Indien ebenfalls ein „Mittelalter" und insbesondere dessen Beginn debattiert wird und dabei die Ausbreitung des Islams in Südasien seit dem frühen 8. Jahrhundert eine beträchtliche Rolle spielt. Es kann daher nicht verwundern, dass auch im Kontext der indischen Geschichte häufig auf PIRENNE verwiesen wird [431: WINK; 760: MUKHIA; 757: JHA, S. 30 (Neuaufl. 2000: S. 39f.); B. D. CHATTOPADHYAYA, State and Economy in North India: 4th to 12th Centuries, in: 266: THAPAR (Hrsg.), S. 309–337].

Die Pirenne-These und die Periodisierung der indischen Geschichte

Mit der Periodisierung sind Fragen der Chronologie verbunden, wenn sie ungewisse Datierungen von Ereignissen oder Persönlichkeiten betreffen, deren Wirkungsgeschichte einer ganzen Epoche ihren Stempel aufdrückten. In der frühen Geschichte Indiens trifft dies vor allem auf die Lebensdaten des Buddha und des großen Kushana-Herrschers Kanishka zu. Das Todesjahr des Buddha (ca. 486/3), das für die Datierung der frühen Urbanisierung im Gangestal und den Aufstieg Magadhas von zentraler Bedeutung ist, galt als ältestes, hinreichend gesichertes Datum der indischen Geschichte. In den achtziger Jahren wies jedoch der Indologe H. BECHERT in mehreren Arbeiten nach, dass die buddhistischen Chroniken und kanonischen Texte, auf die sich die seit dem 19. Jahrhundert geltende Datierung stützt, keine verlässlichen Aussagen zulassen. BECHERTS Thesen, dass die Lebenszeit des Buddha ein knappes Jahrhundert später zu datieren sei, fand 1988 auf einer Konferenz in Göttingen weitgehende, aber keineswegs einhellige Zustimmung [334: H. BECHERT]. Für eine derartige Spätdatierung spricht u. a. die Tatsache, dass die frühe buddhistische Literatur, insbesondere die Jakatas, bereits eine derart hohe städtische Kultur erkennen lässt, die dem archäologischen Befund um 400 v. Chr. erheblich näher steht als um 500 v. Chr. [334: siehe

Das Datum des Buddha

dort insbesondere H. HÄRTEL, Archaeological Research on Ancient Buddhist Sites, Bd. 1, S. 61–69; so auch H. KULKE, ibid., S. 100–107. Die frühe Datierung vertritt dagegen weiterhin u. a. H. VON STIETENCRON, Die puranischen Genealogien und das Datum Buddhas, Bd. 2, S. 148–184].

Dasselbe was für die chronologische Korrelation zwischen früher Urbanisierung sowie dem Aufstieg Magadhas und dem ungewissen Lebensalter des Buddha gilt, trifft für die Datierung des Höhepunktes des zentralasiatisch-indischen Großreiches der Kushanas unter Kaiser Kanishka und dem ebenfalls ungewissen Beginn der von ihm begründeten Ära zu. In ihr wurden alle Inschriften Kanishkas und seiner Nachfolger zunächst bis in das Jahr 98 und ab 100 unter Fortfall der Ziffer 100 [383: J. E. VAN LOHUIZEN-DE LEEUW] bis weit in das zweite Jahrhundert dieser Ära datiert. Doch trotz mehrerer internationaler Konferenzen (1913 und 1960 in London [374: A. L. BASHAM], 1978 in Dushanbe und 1996 in Wien [373: M. ALRAM/D. E. KLIMBURG-SALTER]) ist es bisher nicht gelungen, zu einer Einigung über die Datierung des Regierungsbeginns Kanishkas zu gelangen. Über Jahrzehnte hin – und in Indien bis in die Gegenwart (z. B. bei B. N. MUKHERJEE [384], dem bedeutendsten indischen Kushana-Historiker) – überwog die konventionelle und letztlich naheliegende Gleichsetzung der Kanishka-Ära mit der Shaka-Ära des Jahres 78 n. Chr., der wichtigsten (und in Indien bis in die Gegenwart gültigen) indischen Zeitrechnung. Seit der Mitte des 20. Jahrhunderts setzte sich aber in den international bisweilen sehr heftig geführten Debatten vermehrt die Lehrmeinung durch, den Regierungsbeginn Kanishkas und seine Ära in die Zeit um 120 n. Chr. zu datieren. Diese Tendenz der Forschung erhielt durch eine 1993 in Rabatak in Nordafghanistan gefundene Inschrift Kanishkas erheblichen Auftrieb [378: G. FUSSMAN; J. CRIBB, The Early Kushana Kings: New Evidence for Chronology. Evidence from the Rabatak Inscription of Kanishka I, in 373: M. ALRAM, S. 177–206]. Für einen neuesten Versuch, die Kanishka-Ära durch einen Text des späten 3. Jahrhunderts n. Chr., in dem erstmals die Kanishka- und Shaka-Ären gleichzeitig genannt werden, in das Jahr 127 n. Chr. zu datieren, siehe H. FALK [The Yuga of Sphujiddhvaja and the Era of the Kushanas, in: Silk Road Art and Archaeology 7 (2001), S. 121–136]. Den besten Einblick in den gegenwärtigen Diskussionsstand gewähren die Berichte der Wiener Konferenz [373: M. ALRAM].

Die Kanishka-Ära

Doch nun zurück zur generellen Problematik historischer Periodisierung. Hier stellt sich in Indien die grundsätzliche Frage nach der Übertragbarkeit des europäisch-abendländisch „gewachsenen" Gliederungsschemas mit den drei Epochen Altertum, Mittelalter und Neuzeit. Obschon sich die Gliederung der indischen Geschichte in drei große Epochen in jüngster Zeit wieder stärker durchzusetzen scheint, stößt sie aus unterschiedlichen Gründen weiterhin auf Widerspruch. Sie wird u. a. im Rahmen der rezenten Orientalismusdebatte [E. SAID, Orientalism. Western Concepts of the Orient, London 1978; 206: BRECKENRIDGE/VAN DER VEER] als eurozentristisch ebenso in Frage gestellt, wie dies auch seitens der Vertreter eben dieses Geschichtsbildes geschieht. So fragt

Gab es ein indisches Mittelalter?

z. B. H. Mukhia, ob sich hinter dem Konzept „Medieval India" eine „alien conceptual hegemony" europäischer Geschichtsschreibung verberge; ebenso K. Veluthat [186]. Selbst als Herausgeber der neuen Zeitschrift „The Medieval History Journal", deren erstes Heft dem Thema „Contextualising the ‚Medieval'" im internationalen Vergleich gewidmet ist, kann sich Mukhia zu keiner klaren Verneinung dieser Frage durchringen [180: Mukhia]. Auch B. D. Chattopadhyaya stellt in der konventionellen Periodisierung „overtones of European historiography" fest, plädiert aber ausdrücklich für deren Nutzung, da sie der falschen Vorstellung von der Wandellosigkeit der indischen Gesellschaft widerspräche [429, S. 2]. Im Geschichte-Band des Fischer Lexikons heißt es dagegen, dass „das gesamte von einem eng abendländischen Aspekt aus gesehene Dreigliederungsschema Altertum–Mittelalter–Neuzeit auch räumlich [...] begrenzt" sei und daher Indien und der Ferne Osten ausdrücklich auszuschließen seien [F. G. Maier, in: W. Besson (Hrsg.), Geschichte, 1961, S. 247; auch in der von R. van Dülmen 2003 edierten Neuauflage desselben Bandes sieht J. Hannig den „Mittelalterbegriff per definitionem auf die Geschichte Europas als einer der großen Weltkulturen begrenzt", S. 413]. Und selbst in dem Band über die Kulturen Asiens der Propyläen-Weltgeschichte vertritt einer der Herausgeber die Auffassung, dass außerhalb des Römischen Reiches und seiner Grenzgebiete eine Unterscheidung von Altertum und Mittelalter „keinen Schatten der Berechtigung für sich in Anspruch nehmen" könne [A. Heuss, in: F. Altheim et al. (Hrsg.), Propyläen Weltgeschichte, Bd. 2, Frankfurt/M. 1962, S. 19].

Das Mittelalter – eine „alien conceptual hegemony"?

Das „Dreiergliederungsschema" wurde in Indien erstmals 1818/19 von J. Mill in seiner einflussreichen „The History of British India" in der folgenschweren Variante eingeführt, die Geschichte Indiens in Hindu-, Muhammedan- (bzw. Muslim-) und British-India zu gliedern. Er zeichnete damit nicht nur ein typisch koloniales, geradezu teleologisch auf die britische Herrschaft hinführendes Bild. Entscheidend war, dass er, wie R. Thapar hervorhebt, die indische Geschichte nicht nur in drei Epochen, sondern letztlich in drei getrennte Kulturen einteilte [267, S. 158]. Er schuf damit eine der Voraussetzungen für die Entwicklung getrennter hinduistischer und muslimischer Geschichtsschreibungen in Südasien, die sich bemühten, ihre nationalen Identitäten in ihren jeweiligen „Goldenen Zeitaltern" zu begründen und diese vom Millschen Odium zu befreien, „backward, stagnant and ahistoric" [Thapar] bzw. die „antithesis of enlightenment" [180: Mukhia] gewesen zu sein.

Hindu, Muslims, British-India

Mills Werk dominierte die Geschichtsschreibung während der gesamten Zeit britischer Herrschaft als „hegemonic textbook" [Mukhia] und, wie Thapar anmerkt, „his theory was to become axiomatic to the periodization of Indian history and is still with us, though sometimes in disguised form" [267, S. 52]. Ihm folgten 1919 die wichtigste kolonial-britische Gesamtdarstellung, die „Oxford History of India" von V. A. Smith, mit der Gliederung „Ancient and Hindu India", „India in the Muslim Period" und „India in the British Period" [246] ebenso wie auch Publikationen aus dem hindunationalen Lager, wie etwa

Das Fortwirken kolonialer Periodisierung

B. C. S. SRINIVASACHARYAS dreibändiges Werk „A History of India" von 1925, das die MILLsche Terminologie nahezu wörtlich übernahm.

Diese „kolonialhistorische" Periodisierung wurde am Vorabend der indischen Unabhängigkeit und im Zeichen des Kampfes gegen die sich abzeichnende Teilung Britisch-Indiens aufgegeben. 1946 veröffentlichte R. C. MAJUMDAR, der bedeutendste Vertreter der hindunationalen Historiker-Schule, gemeinsam mit zwei bengalischen Kollegen „An Advanced History of India" [242], in der er stattdessen die Periodisierung Ancient, Medieval und Modern India einführte. Zu ihr merkte R. THAPAR an, sie sei „basically the same as that of Mill, since the Ancient Period usually ends with the establishment of the Muslim dynasties and the Medieval period with the acquisition of political power by the East India Company" [THAPAR, Interpretations of Ancient Indian History, in: 276: DIES., S. 23]. Diese Periodisierung hat bis in die Gegenwart ihre offizielle Geltung bewahren können, zumindest was die Einteilung der Fächer an indischen Universitäten und der Sektionen der jährlichen Indischen Historikerkongresse betrifft (s. hierzu die PIHC).

Ancient, Medieval, Modern India

Neue Wege der Periodisierung beschritt R. C. MAJUMDAR in dem von ihm 1951–1977 edierten großen nationalen Geschichtswerk „The History and Culture of the Indian People" [241]. Die übliche Dreiteilung der Periodisierung ist darin aufgegeben. Die elf Bände sind jeweils einzeln benannten Epochen der indischen Geschichte vom vedischen Zeitalter bis zum indischen Unabhängigkeitskampf gewidmet. MAJUMDAR bezeichnet selber die Titel der Bände V und VIII, die den „Struggle for Empire" von 1000–1300 und die „Maratha Supremacy" von 1707–1818 darstellen, als ein „great departure from current practice" (Bd. 1, S. 24). Durch sie wird die muslimische Vorherrschaft auf die Zeit von 1300 (der zeitweiligen Expansion des Delhi-Sultanats bis Südindien) bis 1707 (dem Todesjahr Aurangzebs) begrenzt und der Beginn britischer „Paramountcy" nicht wie üblich mit dem Sieg Lord Clives in der Schlacht von Plassey in Jahr 1757, sondern erst mit dem Ende des dritten Marathenkrieges im Jahr 1818 gleichgesetzt. Die Zeit britischer Vorherrschaft in den Bänden IX und X, die auch die „Indian Renaissance" behandelten, endet hier bereits 1905, gefolgt vom „Struggle for Freedom" in Band XI. Zieht man weiterhin die Terminologie in den Titeln der ersten Bände in Betracht, von „Vedic Age" (bis 600 v. Chr.) über „The Age of Imperial Unity" (bis 320 n. Chr.) und „The Classical Age" (bis 750) sowie „The Age of Imperial Kanauj" (bis 1000) bis zu dem bereits genannten Bd. V über „The Struggle for Empire", so ist das „hindunationale Projekt" dieser Reihe unschwer zu erkennen [s. hierzu A. L. BASHAM, Modern Historians of Ancient India, in: 159: PHILIPS, S. 286 ff.].

Die hindunationale Periodisierung

Diese Periodisierung der indischen Geschichte in konkrete historische Epochen spiegelt aber auch das Unbehagen über die Übernahme der europäischen „Dreiteilung" der Geschichte wider und fand daher auch außerhalb der Schule der hindunationalen Geschichtsschreibung Anklang. So folgt z. B. L. FRÉDÉRIC in der Gliederung seiner umfangreichen „Histoire de l' Inde" [238] nahezu vollständig der Periodisierung der HCIP, wählt jedoch andere Titel für die jeweiligen Kapitel. Auch datiert er „L'Inde classique" von 300–750 n. Chr., gefolgt von „L'Inde post-classique" (750–1000) und „Le moyen-age indien" von 1000–1300.

Bereits in den 1970er Jahren hatte in Indien eine Debatte begonnen, die sich wieder verstärkt an dem Dreierschema orientierte und dieses erstmals durch sozio-ökonomische Kriterien zu untermauern suchte. Der Anstoß zu dieser längst überfälligen Debatte ging zunächst von marxistischen Historikern und ihrem Bemühen aus, im Sinne ihrer „Gesellschaftsformationstheorien" auch für Indien die Existenz einer feudalen Epoche und damit, in Analogie zur europäischen Periodisierung, ein Mittelalter unabhängig von der muslimischen Vorherrschaft nachzuweisen. Die Debatte wurde 1974 von R. S. SHARMA mit dem programmatischen Aufsatz „Problem of Transition from Ancient to Medieval in Indian History" eröffnet [184; DERS. Antiquity to the Middle Ages in India, in: Social Science Probings 1988, S. 20–37]. Mit ihm leitete er als Vorsitzender des Indian Council of Historical Research gleichzeitig auch den ersten Band dessen neuer Zeitschrift „Indian Historical Review" ein, der nahezu ausschließlich Themen des indischen Feudalismus gewidmet war. In seinem Aufsatz fasste er nochmals seine Thesen über den indischen Feudalismus zusammen und setzte dessen Aufstieg in der Mitte des 1. Jahrtausends n. Chr. mit dem Beginn des Mittelalters gleich. Da er in seinem Hauptwerk über den indischen Feudalismus dessen Höhepunkt in das 11. – 13. Jahrhundert datierte [767], koppelte er damit die Epoche der großen frühmittelalterlichen Regionalreiche von Ancient India ab, dem sie bis dahin stets zugerechnet worden war. Das indische Mittelalter begann somit nicht erst mit deren Untergang und der Errichtung des Delhi-Sultanats im frühen 13. Jahrhundert, sondern bereits etwa sieben Jahrhunderte früher mit der Entstehung des Feudalismus und der Regionalreiche nach dem Untergang des Gupta-Reiches [vgl. dazu 179: KULKE].

Feudalismus und marxistische Periodisierung

Frühdatierung des Mittelalters

Hatten SHARMA und seine „Feudalismus-Schule" zunächst vor allem den Niedergang des florierenden eurasiatischen Handels und des indischen Städte- und Münzwesens sowie die hierdurch bedingten Landstiftungen an Brahmanen und „Vasallen" als wichtigste verursachende Faktoren für die Entstehung des Feudalismus postuliert [768: SHARMA; 756: JHA; 774: THAKUR], so heben sie in jüngerer Zeit vor allem soziale Krisen als Ursachen für die Entstehung des Feudalismus und damit auch für den Beginn des Mittelalters hervor. Sie stützen sich hierbei auf die Schilderungen der „Übel des Kalizeitalters", des letzten der vier indischen Weltzeitalter (s. Kap. II.4.6), in Texten des 3.–9. Jahrhunderts n. Chr. Zu diesen „Übeln" zählen u. a. Fremdherrschaft, Nichtachtung der Brahmanen und ihres *dharma*, Aufstieg niederer Kasten und Kastenmischung. B. N. S. YADAVA hat diese Schilderungen 1978 in einem umfangreichen Aufsatz zusammengetragen und sie als Symptome sozialen Wandels am Übergang zum Mittelalter gedeutet [187]. Dabei verwies er auch auf den Rückgang der Sklaverei, die Zunahme von Fronarbeit und den Aufstieg der *sāmanta*-Kleinfürstentümer, ohne diese jedoch direkt mit der Entstehung des Feudalismus in Verbindung zu brin-

Verursachende Faktoren: Die „Krise des Kalizeitalters

gen. Dies tat R. S. SHARMA in einem 1982 erstmals erschienenen und 2001 beträchtlich erweiterten Aufsatz [The Kali Age: A Period of Social Crisis, in: 770: DERS., S. 45–77]. Für ihn und in der Folge auch für D. N. JHA [757, S. 6 f.] verkörpern die „Übel des Kalizeitalters" Symptome einer tiefgreifenden gesellschaftlichen und politischen Krise, aus der der Feudalismus hervorgegangen sei. Die Nähe zu K. MARX und auch zu M. BLOCH, einem weiteren geistigen Ahnherren der indischen „Feudalismus-Schule" (s. Kap. II.4.6), wird hier besonders deutlich. D. N. JHA setzt daher auch „the idea of Kali age [...] with that of decadence in Graeco-Roman antiquity" gleich und verweist dabei auf S. MAZZARINOS „The End of the Ancient World" von 1966 [757: JHA, S. 40].

Soziale Krise oder Krise brahmanischer Ideologie

Die These der „Krise des Kalizeitalters" fand außerhalb der Feudalismus-Schule bisher jedoch kaum Zustimmung. Nach B. P. SAHU spiegeln die stets von Brahmanen geschilderten „Missstände" eher eine Krise der brahmanischen Ideologie wider. Die in den zeitgenössischen Inschriften sich stereotyp wiederholenden Lobpreisungen einzelner Könige, diese Missstände beseitigt zu haben, müssten deshalb in enger Beziehung zu anderen „carefully constructed courtly images of kingship and ideology" gesehen werden [183]. Auch B. D. CHATTOPADHYAYA hebt hervor, eine derart tiefe Krise oder gar ein gesellschaftlicher Zusammenbruch in der Spätgupta-Zeit, aus denen eine neue Gesellschaftsformation hervorgegangen sei, „remains so far unrecorded" [State and Society in North India: 4th to 12th Centuries, in: 266: THAPAR (Hrsg.), S. 309–337]. Auch der südindische Historiker K. VELUTHAT, der der Feudalismus-Schule nahe steht, verneint für Südindien ausdrücklich die Existenz einer derartigen Krise [186].

Gab es eine indische Spätklassik?

Anders als diese These findet die Frühdatierung des Mittelalters inzwischen weitgehend Anerkennung. Unklar bleibt allenfalls, ob das Zeitalter Harshas im frühen 7. Jahrhundert noch dem späten Altertum bzw. der Spätklassik oder aber bereits dem Zeitalter des Feudalismus und damit dem Mittelalter zuzurechnen sei. Ansonsten gibt es heute keine ernst zu nehmenden wissenschaftlichen Bemühungen mehr, die etwa siebenhundertjährige Geschichte der Regionalreiche wie früher als „Late Ancient" oder Spätklassik zu bezeichnen [181: NJAMMASCH]. Entsprechend wird das Festhalten des Indian History Congress an eben dieser konventionellen Einteilung seiner Sektionen zunehmend als Anachronismus empfunden [186: VELUTHAT; 429: CHATTOPADHYAYA].

In der Zwischenzeit haben sich auch Begriff und Konzept einer „early medieval" Periode oder „sub-period" weitgehend durchgesetzt. Noch 1992 hatte R. THAPAR die Bezeichnung zwar begrüßt, aber die Notwendigkeit einer weiteren „evaluation of the nature of ‚early medieval'" hervorgehoben [Early India: An Overview, in: 277: DIES., S. 129]. Es ist vor allem das Verdienst B. D. CHATTOPADHYAYAS, dies in zahlreichen Arbeiten, neuerdings insbesondere in der umfangreichen Einleitung seiner Aufsatzsammlung „The Making of Early Medieval India", getan zu haben [429, S. 1–37]. Gegenüber einer deutlich stärker entwickelten Zentralisierung und Territorialisierung sowie Urbanität und Monetarisierung des überregionalen Handels der antiken nordindischen Staaten ist das frühe Mittelalter nach CHATTOPADHYAYA durch sechs Charakteristika gekennzeichnet: „1. political decentralization, 2. emergence of landed intermediaries, 3. ruralization and agrarian expansion, 4. subjection of peasantry, 5. proliferation of castes, 6. feudal dimension of the ideology and culture of the period" [429, S. 10–12]. CHATTOPADHYAYA weist weiterhin ausführlich auf die „multi dimensional characterization of medievalism" hin, die N. R. RAY in seiner Presidential Address „The Medieval Factor in Indian History" bereits im Jahre 1967 vorgestellt hatte [182]. In ihr hob RAY für das 7.–12. Jahrhundert insbesondere die starke Regionalisierung des politischen und kulturellen Lebens Indiens hervor (Sprachen, Kunst und Sektenbildungen) und verglich sie ausdrücklich mit zeitgleichen Entwicklungen in Europa. Ähnliche Überlegungen stellte auch H. KULKE an [179; 805].

Das frühe Mittelalter

Bedenkt man, dass in jüngster Zeit auch Vertreter der Feudalismus-Schule dem „Feudal Mind" [R. S. SHARMA, in: 757: JHA, S. 441–455; 455: NANDI] verstärkt ihre Aufmerksamkeit zuwenden, so ist eine gewisse Konvergenz der Forschungsrichtungen unverkennbar. So brachte R. S. SHARMA unlängst eine Auswahl seiner Aufsätze unter dem Titel „Early Medieval Indian Society. A Study in Feudalisation" heraus [769], und K. M. SHRIMALI geht sogar soweit zu fragen, ob es sich bei den Kontroversen zwischen SHARMA und CHATTOPADHYAYA nicht nur um „merely extensions of semantic differences rather than connoting any substantive departure from the ‚feudal model'" handle [770]. B. D. CHATTOPADHYAYA gibt dagegen zu bedenken, dass eine Periodisierung des frühen Mittelalters nach Kriterien des Feudalismus diese von den „directions of European historiography" abhängig mache, und wirft den Vertretern der Feudalismus-Schule vor, sich zu weigern, „alternative modes of social change" in Betracht zu ziehen. Er bezeichnet seine eigenen Thesen zur Definition und Periodisierung des frühen Mittelalters als eine solche Alternative [429, S. 37; 813: SAHU; 808: KULKE].

Es ist ein Kuriosum indischer Periodisierung, dass der Gesamtbegriff „Mittelalter" (medieval India, Middle Ages) auch nach der inzwischen weithin vollzogenen „Anerkennung" einer frühmittelalterlichen Epoche nahezu ausschließlich für die Zeit muslimischer Vorherrschaft von der Begründung des Delhi-Sultanats bis zum Untergang des Mogulreiches verwandt wird. Dies ist deutlich den Titeln zahlreicher Publikationen [478: CHANDRA; 480: MUKHIA], Zeitschriften und Serien zu entnehmen, wie z. B. der Zeitschrift „Medieval India. Researches in India. 1200–1750", die von I. HABIB an der Muslim-Universität in Aligarh, dem Zentrum muslimischer Geschichtswissenschaft Indiens, herausgegeben wird. Auch der bereits erwähnte Aufsatz H. MUKHIAS über Medieval India [180] umfasst ausschließlich diesen Zeitraum und definiert das indische Mittelalter einzig auf der Grundlage indo-muslimischer Quellen. Damit existieren in Indien letztlich zwei getrennte hinduistische („early medieval") und muslimische („medieval") mittelalterliche Epochen. Hierin dürfte ebenso ein Erbe der Periodisierung J. MILLS zu erkennen sein, wie die Vermutung nahe liegt, dass diese Trennung seitens des Indian History Congress aufrecht erhalten wird, um vorhersehbare

Zwei getrennte Mittelalter?

Auseinandersetzungen zwischen hindunationalen und orthodox-muslimischen Historikern und ihnen nahe stehenden politischen Kreisen zu vermeiden (zu ähnlichen Kontroversen und dem „indischen Historikerstreit" s. Kap. II. 2.1).

Eine Abweichung von dieser strikten Trennung zweier mittelalterlicher Epochen ist lediglich in der Geschichte Südindiens festzustellen, da hier die muslimische Vorherrschaft im frühen 14. Jahrhundert nur eine Episode blieb und das ihr folgende Reich von Vijayanagara im 14.–16. Jahrhundert eine starke Kontinuität zu den vorangegangenen Regionalreichen aufweist [491: DALLAPICCOLA; 500: STEIN] Mehrere Historiker vermeiden daher den Begriff „early medieval" im Kontext südindischer Geschichte und bezeichnen stattdessen die gesamte Periode von den frühen Regionalreichen seit dem 7. Jahrhundert bis zur (zeitweiligen) Expansion des Mogulreiches im späten 17. Jahrhundert als Mittelalter [461: STEIN (sechs seiner darin enthaltenen zehn Aufsätze tragen im Titel die Bezeichnung „medieval"); 585: STEPHEN].

Periodisierung südindischer Geschichte

Das Ende des indischen Mittelalters wird, wie die bisherigen Ausführungen zeigten, auch heute noch weitgehend mit dem Untergang des Mogulreiches und insbesondere mit der beginnenden territorialen Expansion der britischen Ostindien-Kompanie seit der Mitte des 18. Jahrhunderts gleichgesetzt. Diese Periodisierung macht die Epochenzäsur am Untergang des Mogulreiches und dem Beginn britischer Herrschaft samt den mit ihr verbundenen Merkmalen moderner Geschichte Europas im 18. Jahrhundert fest. Sie lässt jedoch die welthistorische Perspektive der europäischen Expansion seit 1500 und die auch Indien einbeziehende Entstehung des „modernen Weltsystems" [I. WALLERSTEIN, 1986] im 16. Jahrhundert ebenso außer Acht wie die Entwicklung der eurasiatischen frühmodernen Staaten von Europa über Persien und Indien bis China. S. SUBRAHMANYAM weist ferner darauf hin, dass die „Entdeckung der Welt" als ein wesentliches Merkmal der frühen Neuzeit bereits im frühen 15. Jahrhundert mit den sieben Flottenexpeditionen der Ming-Dynastie Chinas begonnen habe (s. Kap. II.6.4). Die Frühe Neuzeit müsse auf einem auch Indien einbeziehenden eurasiatischen bzw. „world scale" gesehen werden [185: SUBRAHMANYAM].

Das Ende des Mittelalters

Bedenkt man ferner, dass die Monetarisierung der Wirtschaft und die u.a. darauf beruhende Rationalisierung der Herrschaft der Mogulen und das Mansabdar-System in ähnlicher Weise vom Silber der Neuen Welt abhingen wie der Aufschwung der expandierenden iberischen Seemächte [D. ROTHERMUND, Indiens wirtschaftliche Entwicklung von der Kolonialzeit bis zur Gegenwart, Paderborn u.a. 1985, S. 18; 570: MOOSVI], so sprechen durchaus gute Gründe dafür, auch die Frühe Neuzeit Indiens mit dem Mogulreich und dem Beginn der europäischen Expansion im Indischen Ozean im frühen 16. Jahrhundert beginnen zu lassen [793: BERKEMER, S. 38ff.]. Diese Periodisierung, die dem vorliegenden Band ebenso wie der „Geschichte Indiens" von H. KULKE/D. ROTHERMUND [239] und deren Literaturbericht in der HZ [92] zugrunde liegt, findet neuerdings vermehrt Zustimmung. Bereits 1978 glaubte A. ALI im Mogulreich den „dawn of modernity" zu erkennen [791], und S. SUBRAHMANYAM brachte unlängst eine Auswahl

Frühe Neuzeit

seiner Aufsätze über das 16. und 17. Jahrhundert unter dem Titel „Making Polities in Early Modern South India" heraus. C. MARKOVITS' Monographie über das „Moderne Indien" beginnt im Jahr 1480 [535], und auch in den beiden Werken mit den gleichlautenden Titeln „A History of India" von B. STEIN [247] bzw. P. ROBB (2002) setzt die Frühe Neuzeit mit den Mogulen ein.

2. GESCHICHTSSCHREIBUNG

2.1 Hinduistische Geschichtsschreibung

Aus dem Altertum ist nur ein einziges kurzes Werk indischer Geschichtsschreibung bekannt: die königlichen Genealogien (*rājavaṃśānucaritam*) nahezu aller bekannter Dynastien Nordindiens bis ins frühe 4. Jahrhundert n. Chr., die in zahlreichen *Purāṇa*(„die Alten")-Texten seit der Mitte des 1. Jahrtausends n. Chr. überliefert sind [158: PARGITER; s. auch H. BRINKHAUS, Weltgeschichte und Weltzeitlehre im altindischen Epos und Purāṇa, in: 253: CONERMANN/KUSBER (Hrsg.), S. 23–50]. Das bekannteste Werk frühmittelalterlicher Geschichtsschreibung stellt die *Rājataraṅgiṇī* („Strom der Könige")-Chronik Kaschmirs dar, die der Brahmane Kalhana in der Mitte des 12. Jahrhunderts verfasste [26: STEIN; 149: KÖLVER; A. L. BASHAM, in: 159: PHILIPS (Hrsg.), S. 57–65] und die ihrer kritischen Darstellung wegen zu den großen Chroniken des eurasiatischen Mittelalters zählt [165: SCHNELLENBACH]. Historiographisch bisher weniger beachtet, gleichwohl nicht minder bedeutend für das mittelalterliche Geschichtsbild Indiens, sind die panegyrischen Herrscherbiographien (*carita* = „Taten") [19: COWELL; 24: SASTRI; 161: PRABHA], die Regionalchroniken [28: TRIPATHI/KULKE; 29: WAGLE/KULKARNI; 30: WAGONER] und die bisweilen sehr ausführlichen dynastischen Genealogien in den Kupfertafelinschriften [167: SPENCER; 134: BERKEMER; H. KULKE, Historiography in Early Medieval India, in: 250: BERKEMER u. a. (Hrsg.), S. 71–84]. Eine Sonderstellung nehmen die in Pali verfassten buddhistischen Chroniken Sri Lankas, insbesondere der *Mahāvaṃsa*, ein, die von der Geschichte der Insel und ihrer buddhistischen Heiligtümer vom 3. Jahrhundert v. Chr. bis 1815 berichten, als die Briten das letzte Königreich in Sri Lanka eroberten [20: GEIGER; 133: BECHERT; 152: KULKE].

Werke hinduistischer Historiographie

Buddhistische Chroniken

Gemessen an der 3000-jährigen Geschichte Indiens und dem schier unermesslichen Reichtum indischer Literatur in nahezu allen anderen Gebieten menschlichen Wissens und verglichen mit der hoch entwickelten Geschichtsschreibung in den Nachbarkulturen in China und dem islamischen Vorderen Orient nehmen sich die Werke indischer Geschichtsschreibung als eher bescheiden aus. So weist R. THAPAR darauf hin, dass aus der Zeit seit der ersten Großreichsbildung der Mauryas im späten 4. Jahrhundert v. Chr. bis zur Begründung des Gupta-Reiches im frühen 4. Jahrhundert n. Chr., als die o. g. Königsgenealogien der Purāṇas entstanden, kein historiographisches Werk bekannt ist [THA-

PAR, The Tradition of Historical Writing in Early India, in: 276: DIES., S. 268–293]. Schon F. HEGEL glaubte daher in seiner „Philosophie der Geschichte" (1837) zu wissen, dass „die Inder keine Geschichte, als Historie, haben", ein Urteil, dem sich noch 1976 auch der indische Historiker C. PRABHA in seiner Abhandlung über die Herrscherbiographien anschloss [„there have been no histories, only historical poems"; 161, S. 4]. Der amerikanische Historiker B. STEIN kommt zu dem Schluss, dass Indien zwar über eine historiographische Tradition verfügt habe, diese aber eher dürftiger Natur gewesen sei [169, S. 47]. Trotz noch zu erörternder neuerer Forschungsergebnisse wird man auch heute dem Indologen H. BECHERT zustimmen müssen, dass die indische Geschichtsschreibung das Stiefkind der Indologie und das Sorgenkind der Historiker bilde [133, S. 35].

„No histories, only poems?"

Das Unbehagen der Historiker und Indologen beruht weniger auf der geringen Zahl überlieferter historiographischer Werke Indiens als vielmehr auf ihrer von Mythen und kunstvollen Metaphern überwucherten Sanskrit-Kunstdichtung mit ihren bisweilen scheinbar gänzlich irrealen Genealogien, die einem rational-kritischen Geschichtsverständnis diametral entgegenzustehen scheinen [150: KÖLVER, S. 23–28]. So nimmt es nicht Wunder, dass seit dem 19. Jahrhundert die Auseinandersetzung mit den Werken indischer Geschichtsschreibung von einem teilweise erbittert geführten Kampf um bzw. gegen deren Historizität und „trustworthiness" geprägt war. So forderte 1896 der englische Epigraphiker J. F. FLEET, dass alles, was über die ostindische Geschichte auf der Grundlage der mittelalterlichen Chroniken Orissas [28: TRIPATHI/KULKE] geschrieben wurde, „has to be expunged bodily from the pages of history" [3: Bd. 3, S. 338]. W. GEIGER verteidigte dagegen 1930 in einem Aufsatz „The Trustworthiness of the Mahāvaṃsa" die „Glaubwürdigkeit" der Chroniken Sri Lankas [W. GEIGER in: Indian Historical Quarterly 6 (1930), S. 225–228] ebenso vehement wie jüngst VON STIETENCRON die bereits genannten Genealogien der Puranen [VON STIETENCRON, Die puranischen Genealogien und das Datum Buddhas, in: 334: BECHERT (Hrsg.), S. 148–184]. In seiner Einführung in die indische Historiographie widerspricht A. K. WARDER grundsätzlich der angeblichen Geschichtslosigkeit der Inder und vertritt dagegen die Auffassung, Indien habe eine der westlichen Historiographie vergleichbare Tradition hervorgebracht, die jedoch von der britisch-imperialen Geschichtsschreibung systematisch negiert worden sei [174; so auch 134: BERKEMER].

Auseinandersetzung um die „Glaubwürdigkeit" indischer Geschichtsschreibung

2.2 Ursachen der geringen Entwicklung

Hatte man sich im 19. und frühen 20. Jahrhundert damit begnügt, ganz im Sinne Hegels den Indern ein Geschichtsverständnis rundweg abzusprechen [134: BERKEMER; 215: HALBFASS], so zeichnet sich in jüngerer Zeit mit der Frage nach den möglichen Ursachen für das Ausbleiben einer hoch entwickelten Geschichtsschreibung erstmals auch im indischen Kontext ein historiographischer Diskurs ab. Als bekanntestes, wohl aber auch umstrittenstes Argument wird die „Außerweltlichkeit" indischer Philosophie und ihr zyklisches Weltbild [H. VON GLASENAPP, Der Hinduismus, München 1921, S. 231ff.] ins Feld geführt, die das Interesse an einmaligen historischen Ereignissen im Wissen um ihre eschatologische Irrelevanz und ewige Wiederkehr habe schwinden lassen. Diese These, die in zahlreichen Abhandlungen über indische Philosophie, Literatur und Geschichtsschreibung [A. B. KEITH, A History of Sanskrit Literature, London 1928; 159: PHILIPS, S. 4; 161: PRABHA] bis in die Gegenwart immer wieder anklingt, machte sich besonders U. SCHNEIDER zu eigen [164]. B. STEIN verwarf diese monokausale Erklärung, da Indien neben seiner „außerweltlichen" Philosophie stets auch über „säkulare" Staats- und Gesellschaftslehren wie etwa das *Arthaśāstra* [22] verfügt habe und gesellschaftlich relevante Gegebenheiten sehr wohl zu archivieren wusste [169: STEIN]. In einem ihrer zahlreichen Aufsätze über Geschichtsschreibung weist R. THAPAR zu Recht darauf hin, dass das hinduistisch-zyklische Weltbild letztlich kosmogonische Dimensionen hatte, deren vier endlos lange Weltzeitalter genügend zeitlichen Spielraum für die Darstellung historischer Ereignisse geboten hätten, der von den o.g. puranischen Königslisten [23: PARGITER] auch problemlos genutzt worden sei [276: THAPAR]. An anderer Stelle hebt sie hervor, dass dem zyklischen Weltbild eher ein spiralförmiges Geschichtsbild zugrunde liege, das nie an seinen Ausgangspunkt zurückkehre und damit eher einer linearen Entwicklung gleichkomme [171: THAPAR, S. 376]. Folgenschwerer als philosophische Lehren sind nach Thapar mythologische Vorbilder gewesen. In den panegyrischen Herrscherbiographien und Kupfertafelinschriften sei (so Thapar) das Bemühen zu erkennen, die Gegenwart und ihre Herrscher in ein goldenes Zeitalter mythischer Heroen zu projizieren [276, 277: THAPAR; 151: KULKE; 161: PRABHA, S. 3; 202: BASHAM, S. 44]. C. LASSEN bemerkte bereits 1874, dass offenbar das Eingreifen der Götter in den geschichtlichen Ablauf wichtiger sei als menschliches Handeln [Indische Altertumskunde, Bd. 2, S. 2]. Mit dieser „Mythologisierung" der Geschichte ging das Bestreben der gelehrten brahmanischen Verfasser der frühmittelalterlichen Chroniken einher, eher als „Großdichter" denn als „Historiker" Ruhm zu erlangen. Sie fühlten sich den Gesetzen der Sanskrit-Kunstdichtung und ihrer Metaphorik stärker verpflichtet als der mühsamen Schilderung historischer Ereignisse [169: STEIN].

Zyklisches Weltbild

„Mythologisierung" der Geschichte

Neuere Studien heben gesellschaftliche Probleme als einen besonders hemmenden Faktor der Übermittlung historischen Wissens hervor. So betont R. THAPAR, dass die niedrigkastigen Barden, denen die Überlieferung der frühen puranischen Genealogien zu verdanken ist, im frühen Mittelalter von gelehrten Brahmanen verdrängt wurden. Deren Aufgabe sei weniger die Bewahrung historischen Wissens über frühere Dynastien gewesen als vielmehr die Schaffung kunstvoller, fiktiver Genealogien neuer aufsteigender Dynastien [276: THAPAR; 167: SPENCER; 536: NARAYAN RAO/SHULMAN/SUBRAHMANYAM; 134: BERKEMER; 151: KULKE]. B. STEIN ging mit seiner „conspiracy hypothesis" noch einen Schritt weiter. Er sah in dem historiographischen „screening process" der Brahmanen, nur Größe und Pracht der jeweils herrschenden Dynastie zu schildern, die eigentliche Ursache für mangelnde Überlieferung, wenn nicht gar für bewusste Unterdrückung älteren historischen Wissens, das der Legitimation ihrer fürstlichen Arbeitgeber im Wege gestanden habe [169: STEIN]. Die 1925 von H. GOETZ geäußerte Vermutung, dass früher weit mehr Chroniken existiert haben dürften [143], diese jedoch dem feuchten Klima und politischen Umstürzen zum Opfer gefallen seien, erhält durch STEINS „Verschwörungstheorie", dass neue Dynastien kein Interesse an der Aufbewahrung der Chroniken ihrer gestürzten Vorgänger hatten, eine indirekte Unterstützung. In diesem Zusammenhang wird zu Recht auch auf die erstaunlich lange Liste heute weitgehend unbekannter Chroniken verwiesen, die Kalhana als Quellen in der Einleitung seiner Kaschmir-Chronik aufzählte [26: STEIN, S. 2–4; MAJUMDAR, in: 159: PHILIPS (Hrsg.), S. 13–29; 149: KÖLVER; 165: SCHNELLENBACH].

Zur Erklärung der nur rudimentär entwickelten Geschichtsschreibung in Indien wurde u. a. von KEITH [A. B. KEITH, A History of Sanskrit Literature, London 1928, 144 f.] in eigenartig anachronistischer Weise auf das Fehlen eines nationalen Bewusstseins („national feeling") in frühmittelalterlich-vorislamischer Zeit verwiesen. Mag dieses Argument als eine Reaktion englischer Indologen und Historiker auf die Intensivierung der (nationalen) Unabhängigkeitsbewegung Indiens in den zwanziger Jahren zu erklären sein, so ist es erstaunlich, dass auch C. PRABHA [161] dieses Argument erneut bemühte. In einer Akademieschrift „Zum Ursprung der Geschichtsschreibung im indischen Kulturkreis" griff H. BECHERT die „Nationalismusthese" auf, kehrte sie aber im Kontext Sri Lankas buchstäblich um. Er sieht in der Existenz eines frühen buddhistisch-singhalesischen Nationalismus (als Folge tamilischer Angriffe seit dem späten 2. Jahrhundert v. Chr.) die Ursache für die Entstehung einer singhalesischen Chronistik seit dem frühen 1. Jahrhundert v. Chr., die als älteste Geschichtsschreibung im indischen Kulturkreis gilt [133: BECHERT]. Aus diesen heute nicht mehr existierenden singhalesischen Chroniken gingen im späten 4. Jahrhundert und im frühen 6. Jahrhundert n. Chr. die berühmten Pali-Chroniken *Dīpavaṃsa* und *Mahāvaṃsa* [20: GEIGER] hervor, die im *Cūlavaṃsa* ihre Fortsetzung bis ins frühe 19. Jahrhundert fanden [142: GEIGER]. Unlängst wurde dagegen gehalten, dass schwere Kämpfe zwischen den beiden größten buddhistischen Klöstern Sri Lankas in der Mitte des 4. Jahrhunderts n. Chr. das orthodoxe Mahavihara-„Großkloster" veranlasst haben, im Mahavamsa seine eigene Klostergeschichte in Form einer (gefährdeten) Heilsgeschichte des Buddhismus in Sri Lanka zu verfassen und sie in Pali, der lingua franca des Buddhismus, der buddhistischen Welt bekannt zu machen [171: THAPAR; 152: KULKE; S. BRETFELD, Das singhalesische Nationalepos von König Duṭṭhagāmṇi Abhaya, Berlin 2001].

Die buddhistischen Chroniken Sri Lankas

2.3 Neuere Forschungen

Historiographische Forschungen hatten sich zunächst weitgehend auf eine stereotype Wesensbestimmung des indischen Geschichtsbildes und auf das Fehlen einer umfangreicheren Geschichtsschreibung im vorislamischen Indien oder aber auf die Widerlegung der vorgebrachten Gründe beschränkt. Die großen Chroniken Sri Lankas und Kaschmirs wurden letztlich als (einzeln zu erklärende) Ausnahmen angesehen, die die Regel bestätigen. Seit den siebziger Jahren des 20. Jahrhunderts zeichnen sich jedoch neue Forschungsansätze ab, die einen paradigmatischen Wandel signalisieren. Er beruht auf neuen epistemologischen, meist sozialwissenschaftlichen Prämissen und auf der Erschließung neuen Quellenmaterials. Ein wichtiger Anstoß ging von der indischen Historikerin ROMILA THAPAR aus. In einer Reihe von Aufsätzen [171; 172] sowie weiteren Beiträgen in ihren Sammelbänden [276; 267] weist sie Wege einer gesellschaftlichen Kontextualisierung der Geschichtsschreibung auf. So zieht sich die Frage, welche spezifischen Mythen und historischen Ereignisse für bestimmte gesellschaftliche Gruppen relevant waren und daher tradiert wurden, während andere bewusst ausgeblendet blieben, wie ein roter Faden durch ihre Arbeiten. Dabei konzentriert sie sich besonders auf die frühen Königsgenealogien der Puranas, die bisher im Wesentlichen nur auf ihr zyklisches Weltbild und auf ihre Historizität hin untersucht wurden [23: PARGITER; H. VON STIETENCRON in: 334: BECHERT (Hrsg.), Bd. 2, S. 148–184; R. M. SMITH, Dates and Dynasties in Earliest India, Delhi 1975]. THAPAR betont dagegen, „genealogies were crucial to political functions and to legitimise office holders. Genealogy was the king's title to rule" [172, S. 33]. Als ein wesentliches literarisches Merkmal der Genealogien hebt sie einen „telescoping process" hervor, durch den die Aussagen über Angehörige der Lineage oder Dynastie immer stärker reduziert werden, je weiter sie von der Gegenwart entfernt sind, bzw. immer ausführlicher werden, je näher sie dieser stehen – nach THAPAR ein Indiz für deren gegenwartsbezogene Relevanz [276, S. 287]. An anderer Stelle unterscheidet sie zwischen einer „embedded history" der Mythen, Epen und frühen Genealogien, die historisches Bewusstsein reflektieren, ohne es historiographisch auszudrücken, und der „externalized history" der Chroniken und Biographien, die dieses „eingebettete Bewusstsein" offen kundtun. Beide Wahrnehmungen der Vergangenheit können durchaus in ein und derselben Quelle nebeneinander stehen, ohne als Widerspruch empfunden zu werden [171].

Der soziale Kontext

Inzwischen werden auch die königlichen Genealogien der Kupfertafelinschriften mittelalterlicher Dynastien ähnlichen Fragestellungen unterworfen. Galten deren elaborierte „mythisch-heroische" Einleitungen stets als ein Indiz für generelle Ahistorizität, so betonen neuere Forschungen ihre Bedeutung für die Geschichtsbilder und Ideologie herrschender Eliten. SPENCER hebt hervor, dass unterschiedliche mythische Ursprungslegenden innerhalb einer Dynastie nicht als Widersprüche, sondern als Bereicherung deren göttlich-heroischer

Herkunft angesehen wurden. Er vermerkt allerdings, dass „Abweichungen" einem „pattern of variation within a limited range of sanctioned possibilities" folgten [167, S. 432]. G. BERKEMER untersucht am Beispiel der ostindischen Ganga-Dynastie den historischen Kontext der Entstehung und stufenweisen Erweiterung einer Königsgenealogie seit dem frühen 10. Jahrhundert. Als die Dynastie im frühen 12. Jahrhundert zu den „Imperial Gangas" aufstieg, wurde ihre lokale Urprungslegende durch eine gesamtindische ersetzt und für die folgenden drei Jahrhunderte kanonisiert [793: BERKEMER, S. 161 ff.]. U. TEUSCHER vermag in ihrer Arbeit über das spätmittelalterliche Rajasthan sogar nachzuweisen, dass bei der Erstellung der Genealogie der Könige von Mewar Hofchronisten systematisch ältere Inschriften heranzogen und an der Redaktion der *Māhātmya*-Hagiographie des Eklingji-Reichstempels beteiligt waren [724: TEUSCHER; s. auch 541: TOD; 533: KOLFF]. Weiterhin wurde darauf hingewiesen, dass die überaus langen königlichen Genealogien der Kupfertafelinschriften – im Falle der Cholas des 11. Jahrhundert bisweilen über tausend Zeilen [109: SIRCAR, S. 123 f.] – letztlich alle Kriterien kurzer literarischer Königschroniken erfüllen, wie etwa die bengalische Chronik *Rāmacaritam* aus dem frühen 12. Jahrhundert [24: SASTRI, 1969]. In Anbetracht der großen Zahl derartiger frühmittelalterlicher „Kupfertafel-Chroniken" dürfte die gängige „Unterentwicklungstheorie" vorislamischer Geschichtsschreibung beträchtlich zu revidieren sein [H. KULKE, Historiography in Early Medieval India, in: 250: BERKEMER u.a. (Hrsg.), S. 71–84].

Die Inschriften

Seit dem 14./15. Jahrhundert verdrängten dynastisch-regionale *Vaṃśavali*-Chroniken weitgehend die panegyrischen Genealogien als wichtigste hinduistisch-historiographische Quelle. Dies gilt in besonderem Maße auch für das hinduistische Königreich Nepal [175: WITZEL; 141: FRESE]. Da sie im Gegensatz zu den Sanskrit-Genealogien der Kupfertafelinschriften weitgehend in den jeweiligen regionalen Landessprachen verfasst sind, wurden sie wissenschaftlich bisher allenfalls im Kontext der Regionalgeschichte wahrgenommen und dies häufig auch nur, um die völlige Ahistorizität ihrer mythisch-legendären Einleitungen hervorzuheben. Dabei wurde übersehen, dass diesen Ursprungslegenden stets auch längere Abschnitte mit detaillierten historischen Angaben über die Gegenwartsgeschichte ihrer Autoren folgten [155: NARAYAN RAO/SHULMAN, S. 177 ff.]. Diese scheinbare Spaltung auch der spätmittelalterlichen Chroniken in einen mythisch-legendären Abschnitt und einen historischen Teil führte z.B. in der ansonsten sehr verdienstvollen Edition einer Chronik der Marathen aus dem 18. Jahrhundert zu der verwunderlichen Lösung, deren mythologisch-legendären Vorspann nur im Appendix wiederzugeben [29: WAGLE/KULKARNI].

Die spätmittelalterlichen Chroniken

Neuere Forschungen wenden sich gerade diesen mythisch-legendären „Vorgeschichten" der Regionalchroniken zu, da diese die Entstehung regionaler Identitäten seit dem Spätmittelalter besonders nachhaltig beeinflussten [G. N. DASH, Jagannātha and Oriya Nationalism, in: 676: ESCHMANN u.a. (Hrsg.), S. 359–374, und H. KULKE/B. SCHNEPEL, Jagannath Revisited, Delhi 2001]. Diese

Eigenart mittelalterlicher Geschichtsschreibung dürfte wesentlich mit dem historischen Kontext ihrer Entstehung zusammenhängen. Sie ging häufig aus Prozessen lokaler hinduistischer Restauration hervor, die dem Untergang der großen mittelalterlichen Regionalreiche und der zeitweiligen Errichtung muslimischer Herrschaft gefolgt waren. Eine wesentliche Funktion dieser „historiographischen Restauration" lag in der Legitimation lokaler, meist obskurer Nachfolgedynastien und der Sicherung gefährdeter Tempelländereien und priesterlicher Privilegien. Chroniken, die in dieser historischen Situation entstanden [28, 29, 30], fiel damit häufig die Funktion der „Heilung eines Traditionsbruches" zu [H. KULKE, Geschichtsschreibung als Heilung eines Traditionsbruches. Überlegungen zu spätmittelalterlichen Chroniken Südasiens, in: 163: RÜSEN, S. 422–440]. Die Ausmaße dieser Restauration auch auf gesamtindischer Ebene als Reaktion auf die Eroberungszüge Mahmuds von Ghazni und die Errichtung des Delhi-Sultanats werden von S. POLLOCK am Beispiel der Verherrlichung des göttlichen Heroen Rama und seiner Herrschaft (*rāmrāj*) in zahlreichen zeitgenössischen literarischen Zeugnissen aufgezeigt [160]. Zur Funktion frühneuzeitlicher Chroniken Südindiens als „sites of contestation" widersprüchlicher lokaler Herrschaftsansprüche siehe S. SUBRAHMANYAM, Reflections on State-Making and History-Making in South India, in: JESHO 41 (1998), S. 382–416.

Geschichtsschreibung als „Heilung eines Traditionsbruches?"

Ein weitgehend unerschlossenes Feld historiographischer Forschung stellten bis vor kurzem die mittelalterlichen Biographien dar, von denen bisher nur die wenigen bekannten königlichen Sanskrit-*Mahākāvya* („Großgedichte") des frühen Mittelalters in konventioneller indologisch-historischer Weise aufgearbeitet wurden [161: PRABHA; s. auch 92: KULKE, S. 49 ff.]. GRANOFF hebt in ihren Studien über spätmittelalterliche Biographien jainistischer Mönche und Heiliger erstmals deren wichtige identitätsstiftende Funktion ebenso für lokale Clane wie für die gesamte jainistische Religionsgemeinschaft gegenüber ihrer hinduistischen Umwelt hervor [145]. BERKEMER prägte in diesem Zusammenhang – in Analogie zur Endogamie indischer Kasten – den treffenden Ausdruck „Endohistorie" für „gruppenintern" tradiertes historisches Wissen [Literatur und Geschichte im vormodernen hinduistischen Südasien, in: 163: RÜSEN, S. 184 f., und 135].

Endohistorie

Südindien verfügt über eine besonders reiche spätmittelalterliche biographische Literatur. D. SHULMAN, dem wir auch die Erschließung frühmittelalterlicher Tamil-Literatur für Studien über das hinduistische Königtum [722] und des philosophischen und historischen Kontextes der Tempelmythen verdanken [697], hat gemeinsam mit V. NARAYAN RAO und S. SUBRAHMANYAM in beispielhafter Weise die höfische Kultur und Geschichtsschreibung der Nayak-Fürsten Südindiens im 17. Jahrhundert eruiert [155; 536]. Ein besonderes Charakteristikum der höfischen Biographien der Nayaks ist ihr – in früheren Werken unbekannter – unmittelbarer örtlicher Bezug [„to ground the classical aesthetic ideals in the experienced reality of the court"; 155, S. 124], wodurch sie trotz ihrer überschwänglichen Panegyrik einen beträchtlichen historiographischen Quel-

Südindische Chroniken

lenwert besitzen. Eine Bedeutung anderer Art kommt der *Rāyavācakamu* zu, die lange Zeit als wichtigste zeitgenössische Biographie des großen Vijayanagara-Königs Krishnadeva Raya galt [25: Sastri, Bd. 1, S. 88–124]. P. A. Wagoner wies in einer umfangreichen Studie nach, dass der Text zwar zahlreiche durch andere Quellen gestützte zeitgenössische Darstellungen enthält, jedoch erst fast hundert Jahre später am Hofe eines Nayak-Fürsten von Madurai verfasst wurde, um nach dem Untergang des Vijayanagara-Reiches seine lokale Nachfolgeschaft durch die „reflected glory" Vijayanagaras zu legitimieren [30: Wagoner, S. 10].

Der „postmoderne Diskurs"

Die Arbeiten Shulmans und Wagoners ließen bereits Ansätze einer narrativen Geschichtsdeutung erkennen. Mit ihrer Kieler Dissertation „Geschichte als ‚Gegengeschichte'? Historiographie in Kalhaṇas Rājataraṅgiṇī" brachte C. Schnellenbach [165] indische historische Texte erstmals in den postmodernen historiographischen Diskurs ein und verfolgt dabei eine doppelte Strategie. Ausgehend u.a. von den Theorien, die H. White 1973 in seiner „Metahistory" vorlegte, zeigt sie, dass Kalhanas Kaschmir-Chronik entgegen indologisch-historischer Deutung [u.a. 149: Kölver, S. 123] allenfalls nominell der Kategorie der Kāvya-Kunstdichtung zuzuordnen ist. Durch seine Kritik an den konventionellen Werken und die kritisch-distanzierte Darstellung seiner eigenen Gegenwartsgeschichte stelle Kalhanas Werk stattdessen geradezu eine narrative „Gegengeschichte" dar, ein Ausdruck, den Schnellenbach J. Rüsens Typologie der historischen Sinnbildung entnahm [K. E. Müller/J. Rüsen, Historische Sinnbildung. Problemstellungen, Zeitkonzepte, Wahrnehmungshorizonte, Darstellungsstrategien, Reinbek 1997]. Darüber hinaus setzt sich Schnellenbach erstmals im Kontext indischer Historiographie auch intensiver mit den neueren historiographischen Forschungsergebnissen der europäischen Mediävistik auseinander [u.a. G. Spiegel, F. Schmale, F. Graus, H. W. Goetz; s. hierzu 165: Schnellenbach, S. 41–50]. Sie kann dabei eine erstaunliche Konvergenz sowohl historiographisch-diskursiver Felder wie auch mittelalterlichen Geschichtsbewusstseins in Indien und Europa ausmachen. So gelang es ihr ohne größere Komplikationen, das opus magnum der indischen Geschichtsschreibung in den Hayden White'schen narrativen Historiographiediskurs einzubringen. Auf der Suche nach neuen Parametern für die Annäherung an das Phänomen „indische Geschichtsschreibung" benutzt H. Frese dagegen Gadamers Hermeneutik. In seiner Dissertation über traditionelle Chroniken Nepals aus dem 18./19. Jahrhundert [141, S. 10ff.] sieht er sich mit einem geschichtsphilosophischen Problem konfrontiert, dem wir in ähnlichen textuellen Situationen immer wieder begegnen: eine Vielzahl lokaler Chroniken des 18./19. Jahrhunderts berichten erstmals über die Schaffung des nepalesischen Kastensystems durch einen König im 14. Jahrhundert. Dieses Problem ist durch eine bloße Erschließung des kontextuellen Umfeldes, in dem die anonymen Autoren arbeiten, nur bedingt zu lösen. Ein wichtiges Resultat seiner Arbeit ist, dass auch im indischen „Kulturkreis" historische Texte mindestens ebenso viel, wenn nicht sogar mehr über ihre

Entstehungszeit aussagen als über die Zeit, über die sie zu berichten vorgeben. Chronisten sind nach FRESE offensichtlich weniger an „korrekter" Geschichte als an „guter" Geschichte im Sinne ihrer eigenen Zeitgenossen und kulturellen Wertvorstellungen interessiert.

2.4 Ethnohistorie

Eine nicht minder wichtige neuere historiographische Forschungsrichtung stellt die Ethnohistorie dar. Dies gilt inzwischen auch für die europäische Geschichtswissenschaft. So widmet O. ULBRICHT der „Ethnologie als neuer Leitdisziplin" ein gesondertes Kapitel in seinem Beitrag „Neue Kulturgeschichte, Historische Anthropologie" in der Neuauflage des Fischer-Lexikons „Geschichte" [hrsg. von R. VAN DÜLMEN, Frankfurt 2003, S. 56–83]. In Indien hängt die Ethnohistorie eng mit dem Konzept der „Little Kingdoms" zusammen und geht auf die amerikanischen Historiker und Anthropologen B. COHN [797] und N. DIRKS [799, 800] zurück. Leider existiert über diese „Schule" bisher noch keine wissenschaftstheoretische Gesamtdarstellung. Doch COHNs Auswahl seiner Aufsätze, die er unter dem bezeichnenden Titel „An Anthropologist among the Historians" [London 1987] herausgab, enthält eine Reihe wichtiger Einzelbeiträge über die erkenntnistheoretischen Prämissen der Ethnohistorie [253]. So heißt es in einem Aufsatz „History and Anthropology: The State of Play" aus dem Jahr 1980: „The units of study in anthropological history should be cultural and culturally derived: honour, power, authority, exchange, reciprocity, codes of conduct, system of social classification, the construction of time and space, rituals. One studies these in a particular place and over time, but the study is about the construction of cultural categories and the process of that construction, not about place and time". N. DIRKS nahm die historiographischen Anregungen seines Lehrers auf und setzte sie 1982 in einem Aufsatz [140] um, der als der Beginn ethnohistorischer Forschungen in Südasien gilt. Hiermit hängt seine 1981 verfasste und 1987 veröffentlichte Dissertation zusammen [800], der in der „Little Kingdom-Forschung" die gleiche Bedeutung zukommt. Für die weitere Entwicklung der „Ethnohistorie" war es wichtig, dass sich DIRKS zwar der o.g. Forschungsagenda COHNs verpflichtet wusste, jedoch „place and time" keineswegs als Erkenntnisinteresse seiner Forschungen ausschloss. Denn das Bemühen, die kulturellen Formen der Konstruktion von Vergangenheit einzelner Little Kingdoms anhand ihrer *Vaṃśavāli*-Chroniken aufzuzeigen, führte DIRKS zwangsläufig zu einer Rekonstruktion der Geschichte der „Little Kingdoms" durch Dekonstruktion ihrer narrativen Geschichtsdarstellung und Kontextualisierung ihrer Mythen und Legenden. Für ethnohistorische Arbeiten in Südindien und Teilen Zentral- und Ostindiens spielte die überaus umfangreiche, aber bisher kaum erforschte Sammlung lokaler Chroniken, die C. Mackenzie um 1800 als Surveyor General der East India Company zusammentrug, eine zunehmend wichtige Rolle [N. DIRKS, Colonial Histories and

Little Kingdoms

Native Informants: Biography of an Archive, in 206: C. A. BRECKENRIDGE/ P. VAN DER VEER (Hrsg.), S. 279–313; H. FRESE, Strategische Historiographie? Anmerkungen zu Orissa und der Mackenzie Collection, in 253: S. CONERMANN/J. KUSBER (Hrsg.), S. 95–106].

Ethnohistorie hat sich in den achtziger und neunziger Jahren zu einer indienspezifischen historischen Methode der Erforschung lokaler Herrschaftsinstitutionen insbesondere in den hindu-tribalen Grenzgebieten der Kernregionen früherer Königreiche entwickelt [134: G. BERKEMER; neuerdings besonders auch DERS. und M. FRENZ (Hrsg.), Sharing Sovereignty. The Little Kingdom in South Asia, Berlin 2003]. Im Rahmen der spätmittelalterlichen Geschichtsschreibung liegt ihre Bedeutung insbesondere in der Erschließung lokaler literarischer Quellen, die konventionellen Methoden bisher weitgehend verschlossen blieben. In seiner ethnohistorischen Arbeit über die „Dschungelkönige" im bergigen Stammesgebiet Ostindiens zeigt SCHNEPEL, „wie man zu plausiblen historischen Schlussfolgerungen gelangen kann, wenn man Quellen, die weitgehend den Ethnologen zur Interpretation überlassen wurden (wie Mythen oder Rituale), für die historische Rekonstruktion zu Rate zieht" [814: SCHNEPEL, S. 5].

Ethnologische Quellen

Es ist auffallend, aber keineswegs verwunderlich, dass die jüngsten Entwicklungen im mittelalterlichen Historiographiediskurs bisher auf nahezu keinerlei Resonanz in Indien stießen. An den Departments of Ancient Indian History and Culture der indischen Universitäten dominiert noch immer konventionelle Historiographie. Anders dagegen verhält es sich im Bereich der neueren indischen Geschichte, wo die von R. GUHA begründeten „Subaltern Studies" seit 1982 neue historiographische Wege gehen und inzwischen auch international eine bedeutende Rolle im Historiographiediskurs spielen [V. CHATURVEDI (Hrsg.), Mapping Subaltern Studies and the Postcolonial, London 2000]. Da dieser fruchtbare Ansatz bisher überwiegend in der Neueren Geschichte Anwendung findet und damit außerhalb des Berichtzeitraumes des vorliegenden Bandes liegt, sei hier lediglich auf die ausführlichen Besprechungen der „Subaltern-Schule" von R. O'HANLON [in MAS 22 (1988), S. 189–224]; L. SINGH [in IHR 21 (1994/95), S. 99–112] und D. ROTHERMUND [in Jahrbuch für Geschichte Lateinamerikas 35 (1998), S. 305–318] verwiesen.

Die umfangreichsten Abhandlungen über indische Geschichtsschreibung stellt noch immer die von C. H. PHILIPS herausgegebene Sammlung von 35 Vorträgen dar, die an der London School of Oriental and African Studies gehalten wurden [159], und neuerdings die sechs indienbezogenen Beiträge in dem von J. RÜSEN edierten Band über außereuropäische Geschichtsschreibung [163]. Kurze Einführungen in die hinduistische Geschichtsschreibung gewähren A. B. KEITH, s. o., S. 144–174; R. C. MAJUMDAR in 159: PHILIPS (Hrsg.), S. 13–28; 151: KULKE und neuerdings insbesondere 134: BERKEMER. Eine chronologische Auflistung der wichtigsten Quellen der indischen Geschichte bis ins 18. Jahrhundert verfassten H. KULKE und H. J. LEUE in einem Literaturbericht der HZ [92, S. 35–81].

Allgemeine Einführungen

2.5 Muslimische Geschichtsschreibung

Wenn von indischer Geschichtsschreibung die Rede ist, werden darunter meist nur hinduistisch-buddhistische Werke verstanden [so z. B. 174: WARDER]. Ohne Zweifel erreichte die Historiographie jedoch ihren Höhepunkt in den großen indo-persischen Chroniken des Delhi-Sultanats und insbesondere des Mogulreichs. Insgesamt sind etwa 100 indo-persische Geschichtsschreiber bekannt, aus deren Feder eine noch weit größere Zahl an historiographischen Werken verschiedener Textgattungen stammt, wie Welt-, Reichs- und Dynastiegeschichten, Fürstenspiegel, Herrscherviten und Autobiographien. Alleine in der Mogulzeit gingen etwa 40 Chroniken aus dem höfischen Umfeld hervor [137: CONERMANN]. Wie die staatliche Entwicklung, so kulminierte auch die Geschichtsschreibung in Akbars Regierungszeit. Aus etwa einem Dutzend Geschichtswerken dieser Zeit ragen die jeweils mehr als tausend Seiten umfassenden Chroniken von Abu'l Fazl, Akbars Hofchronisten und „Chefideologen" (CONERMANN) seiner Religionspolitik [s. Kap. I, F.1.3], und von Bada'uni, seinem orthodoxen Gegenspieler, heraus [48, 49, 50].

Indopersische Chroniken

1867–1877 brachte J. DOWSON in acht Bänden den von ihm beträchtlich erweiterten Nachlass H. M. ELLIOTS (gestorben 1853) unter dem Titel „The History of India as Told by its Own Historians. The Muhammadan Period" heraus, der Übersetzungen aus insgesamt 154 Werken enthält und bis heute die umfangreichste englischsprachige Quellensammlung muslimischer Herrschaft in Indien darstellt [42: ELLIOT/DOWSON]. In diesen Jahren begann auch die Asiatic Society in Calcutta in der Reihe „Bibliotheca Indica" textkritische Ausgaben der großen Chroniken zu veröffentlichen, deren Übersetzungen in den folgenden Jahrzehnten erschienen [s. hierzu 146: HARDY, S. 1–19; 481: RIZVI, S. XX–XXVI]. 1929 veröffentlichte J. BRIGGS die vierbändige Übersetzung Ferishtas Gulshan-i-Ibrahimi aus dem Jahr 1612, der wohl bedeutendsten vormodernen gesamtindischen Geschichte des Mittelalters [45].

Frühe Veröffentlichungen

Auf der Grundlage dieses Quellenreichtums entstanden seit den ersten Jahrzehnten des 20. Jahrhunderts zahlreiche Monographien über „Muslim India", insbesondere über das Mogulreich und seine Herrscher. Auch mangelt es nicht an biographischen Abhandlungen über die großen indo-persischen Autoren und an handbuchartigen Darstellungen ihrer Werke [so z. B. 156: NIZAMI]. Erkenntnistheoretische Fragestellungen wurden meist nur mit entsprechenden Zitaten aus den Chroniken „beantwortet" [so z. B. RASHID in 159: PHILIPS (Hrsg.), S. 139 ff.]. Eine systematische historiographietheoretische Aufarbeitung der indo-persischen Chronistik blieb bis in die Mitte des 20. Jahrhunderts aus. Selbst in dem 1961 von C. H. PHILIPS edierten Sammelband über indische Geschichtsschreibung sind nur drei Beiträge der mittelalterlichen muslimischen Historiographie, neun dagegen der hinduistisch-buddhistischen und 23 der modernen Zeit gewidmet [159].

Probleme moderner Historiographie

Die Ursachen dieser auffallenden Marginalisierung der indo-persischen Historiographie, die sich auch im Literaturverzeichnis des vorliegenden Bandes deutlich widerspiegelt, sind vielschichtig. Zum einen wird auch in dieser Hinsicht auf die Instrumentalisierung der Geschichte und Geschichtsschreibung für die britische Herrschaftslegitimation in Indien verwiesen, die einer wissenschaftstheoretischen Analyse lange Zeit im Wege gestanden habe [146: HARDY, Einleitung; 207: CHAKRABARTI, S. 101 ff.]. Ähnlich wie von den Defiziten der hinduistischen Geschichtsschreibung auf staatliche Inkompetenz des vormuslimischen Indiens geschlossen wurde, so wurden die indo-persischen Chroniken als Kronzeugen für den andauernden Kriegszustand und die hindufeindliche Politik muslimischer Herrscher in vorbritischer Zeit bemüht. In diesem Zusammenhang wird bisweilen auf das noch von ELLIOT verfasste Vorwort des ersten Bandes der o.g. Reihe verwiesen [42: ELLIOT/DOWSON], so z.B. von P. HARDY [146]; M. HABIB [486: Bd. 1] und CHAKRABARTI [207]. Da sein kaum zu überbietender kolonialistischer Duktus für den britischen Orientalismus im Sinne E. SAIDS (Orientalism, 1978) und für andere „koloniale Diskurse" beispielhaft ist, sei ausführlicher aus ihm zitiert: „The common people must have been plunged into the lowest depths of wretchedness and despondency. The few glimpses we have of Hindus slain for disputing with Muhammadans, of general prohibitions against processions, worships, of idols mutilated, temples razed, of forcible conversions and marriages, of murders and massacres show us that the picture is not overcharged [...] Though the intrinsic value of these works may be small, they will still yield much that is worth observation [...] They will make our native subjects more sensible of the immense advantages accruing to them under the mildness and equity of our rule. We should no longer hear bombastic Babus [hier: beleidigende Bezeichnung indischer Intellektueller], enjoying under our Government the highest degree of personal liberty [...] Should any ambitious functionary entertain the desire of emulating the ‚exeedingly magnificial' structures of his mughal predecessor [hier verweist Elliot in einer Fußnote auf eine ‚grandiloquent declaration' des von ihm kritisierten früheren Generalgouverneurs Ellenborough], it will check his aspirations to learn, that beyond palaces and porticos, temples, and tombs there is little worthy of emulation" [42: ELLIOT/DOWSON, Bd. 1, S. XX f.]. In einer kritischen Evaluation der beiden ersten Bände ELLIOT/DOWSONS wirft M. HABIB beiden Autoren vor, durch ihr einflussreiches Geschichtswerk den kommunalistischen Fanatismus in Indien beträchtlich gestärkt zu haben [486, S. 8].

Britischer Imperialismus und Geschichtsschreibung

Einer kritischen historiographischen Analyse der indo-persischen Chronistik dürfte nach P. HARDY und S. CONERMANN auch der scheinbar sachlich deskriptive Stil der Chroniken im Wege gestanden haben, der zu einer nahezu unkritischen inhaltlichen Übernahme in modernen Werken führte. So muten die 1928 und 1937 erschienenen Bände der „Cambridge History of India" über das Delhi-Sultanat und das Mogulreich bisweilen wie moderne Neuauflagen ihrer indo-persischen Vorgänger an [235, Bde. 3 u. 4]. Wie auch andere zeitgenössische Werke [u.a. 518, 519: SARKAR] stellten sie die Geschichte der muslimischen Staaten Indiens als eine Abfolge permanenter Kriege, Thronfolgekämpfe und hindufeindlicher Maß-

„Wahlverwandtschaft" zwischen Chronisten und Historikern

nahmen dar. Dieses Bild wurde von der großen hindunationalen Reihe „History and Culture of the Indian People", insbesondere im Band über das Delhi-Sultanat, nur zu bereitwillig übernommen [241: MAJUMDAR, Bd. 6]. P. HARDY [146], H. MUKHIA [154] und S. CONERMANN [137] machen daher auf eine auffallend unreflektierte Textgläubigkeit aufmerksam, die bis in die Mitte des 20. Jahrhunderts die Muslimhistoriker Indiens mit den mittelalterlichen Chronisten verband, einen für theoretische Überlegungen über indo-persische Chronistik nicht gerade förderlichen Zustand. Weiterhin verweist HARDY auf die hindu-muslimische Spaltung der Unabhängigkeitsbewegung, die in der Teilung Britisch-Indiens gipfelte und in Indien Studien über muslimische Geschichte und Geschichtsschreibung über Jahrzehnte mit dem Odium des Kommunalismus belastete.

Neuere Forschungen

HARDYS „bahnbrechende" [so 137: CONERMANN, S. 27] Londoner Dissertation aus dem Jahr 1959 bezeichnet H. MUKHIA [154] als erste „general study" muslimischer Historiographie in Indien. In ihr untersuchte Hardy erstmals systematisch fünf Chroniken des Delhi-Sultanats und gelangte dabei zu einer Reihe wichtiger Schlussfolgerungen [146, S. 114]. So beschränken sich die Chroniken nahezu ausschließlich auf die Taten der Muslime und insbesondere ihrer großen Herrscher in Indien. Hindus werden lediglich als passive Statisten erwähnt. Ferner deuteten die Chronisten die Vergangenheit im Sinne der islamischen Weltordnung, die es durch Geschichtsschreibung zu stärken galt. So seien z.B. politische Kämpfe zwischen muslimischen Staaten vor allem Folgen religiöser Missverständnisse und Differenzen gewesen. Weiterhin glaubt HARDY, bei seinen Autoren eine Abneigung gegen allzu genaue Details feststellen zu können. Eine Unze religiöser Wahrheit wiege mehr als ein Pfund Fakten, denn das Studium der Geschichte sei ein Studium Gottes und nicht des Menschen: „The past is a commentary upon the Divine purpose for men, a vehicle of Revelation" (S. 118). An anderer Stelle betont Hardy noch deutlicher, „History was an essential component of divine truth, it was truth teaching by awful example" [in 159, S. 122]. Entsprechend werden Heroen und Schurken der Chroniken weniger mit individuellen als vielmehr mit stereotypen Topoi bedacht.

H. MUKHIA widerspricht Hardys Deutung, dass für die Verfasser der indo-persischen Chroniken Geschichte einen Zweig der Theologie dargestellt habe und der Verlauf der Geschichte einzig dem Willen Gottes unterliege [154, S. 172]. Im Unterschied zu den überwiegend mönchischen Verfassern der mittelalterlichen Chroniken Europas gehörten in Indien muslimische Chronisten stets dem höfischen Umfeld an und hatten zeitweise auch administrative und militärische Ämter inne. Ihre Werke seien daher „almost entirely related to political history" (S. 171 f.). Nach NIZAMI sei die starke Betonung der dynastischen Geschichte in der indo-persischen Chronistik auf die Verdrängung der „demokratischen Ideale" der frühen arabischen Geschichtswerke durch die am Großkönigtum orientierte persische Historiographie zurückzuführen (156, S. 6 ff).

Der politische Charakter der indopersischen Chroniken

Die jüngste und bisher umfangreichste Abhandlung über indo-persische Historiographie stellt S. CONERMANNS Kieler Habilitationsschrift dar. In ihrem Mittelpunkt steht die Hofgeschichtsschreibung der Mogulzeit, doch verfolgt er erstmals auch ihre Ursprünge über deren unmittelbare Vorgänger im Delhi-Sultanat hinaus bis zu den persischen Chroniken Zentralasiens seit dem 10. Jahrhundert zurück [137]. H. MUKHIA hatte dies in einer eigenen Abhandlung wegen des gewaltigen Umfangs des Materials ausdrücklich als „almost prohibitive" abgelehnt [154]. CONERMANN weist aber überzeugend nach, dass Form und Funktion der Mogul-Chronistik ohne eine direkte Bezugnahme auf deren indische und zentralasiatische Vorläufer nur sehr bedingt erfassbar seien. Die 23 Chroniken der Mogulzeit werden unter den drei Fragestellungen des „religiös verankerten normativen muslimischen Geschichtsbewusstseins [...], der Bewältigung irritierender Kontingenzerfahrungen [... und der] narrativen Strategien zur Umsetzung der normativen Vorgaben" untersucht (S. 28f.). Neue Erkenntnisse legt er insbesondere zu den Kontingenzerfahrungen vor. Dabei stützt er sich auf den von J. RÜSEN [163, 37-73] geprägten Begriff, unter dem dieser irritierende Ereignisse im individuellen oder gesellschaftlichen Leben versteht, die u.a. durch sinnstiftende Historiographie erklärt, wenn nicht gar geleugnet werden. Im Mittelpunkt der Kontingenzerfahrung der Muslime Indiens und insbesondere ihrer höfischen Eliten, zu denen auch alle Chronisten zählten, stand nach CONERMANN das Bewusstsein, als Minorität in einem Land zu leben und zu herrschen, dessen Majorität dem Hinduismus angehört, einer polytheistischen, bilderverehrenden Religion, der der Islam grundsätzlich ablehnend bis feindlich gegenübersteht. Anhand einzelner Chroniken zeigt er drei Strategien historiographischer „Kontingenzbewältigung" auf: Insbesondere ging es um Stärkung der Herrschaftslegitimation durch Betonung einer ungebrochenen genealogischen Kontinuität der timuridischen Mogulen bis zu ihren großen zentralasiatischen Stammvätern und Weltherrschern Timur und Tschingis Khan. Historische Kontextualisierung als zweite Strategie erläutert Conermann an den Werken Firishtas und Abu'l Fazls. Ziel dieser politisch sinnvollen, aber dennoch nur vereinzelten und letztlich erfolglos gebliebenen Bemühungen war es, „die hinduistische Geschichte sinnstiftend in einen muslimischen Gesamtzusammenhang zu stellen" (S. 276). Der dritte, gegenteilige Weg der Kontingenzbewältigung manifestiert sich besonders deutlich in der höfischen Memoirenliteratur, in der der Wahrnehmungshorizont bewusst auf die Zugehörigkeit zur großen Gemeinschaft der muslimischen Umma beschränkt wurde. Die Arbeit schließt mit einem Hinweis auf die „frappierenden [...] strukturellen Übereinstimmungen zwischen europäischem und persischem historiographischem Schrifttum" (S. 441) und, als Anregung für künftige komparatistische Forschungen, mit einem Blick auf Sekundärliteratur zur europäischen mittelalterlichen Historiographie, die auch C. SCHNELLENBACH bereits in ihrer Arbeit über die *Rājataraṅginī*-Chronik herangezogen hatte (s.o.). Besonders hilfreich an CONERMANNS Arbeit sind ferner die Listen ausgewählter indo-persischer Chroniken der indischen und zentralasiatischen Dynastien sowie seine umfangreiche Bibliographie.

Historiographie und „Kontingenzerfahrungen"

Komparatistische Forschungen

3. Die Indo-Arya

3.1 Einleitung

Es mag verwundern, dass sich das (Indo-)"Arya-Problem", insbesondere die Frage nach der Herkunft der Indo-Arya (IA) und ihrer Einwanderung nach Südasien sowie ihrer Definition als ethnische oder sprachlich-kulturelle Kategorie, in den letzten Jahrzehnten international wie auch „national-indisch" zum kontroversesten Thema der gegenwärtigen indischen Geschichtswissenschaft auswuchs. In Anlehnung an den Titel einer Arbeit A. Parpolas über die IA [316] könnte man im metaphorischen Sinne durchaus von einer „Rückkehr der Arya" sprechen. Davon zeugen ebenso die umfangreiche neuere Literatur (auch in der weitergehenden Erforschung der Indoeuropäer steigt die Flut der ohnehin schon „uferlosen Literatur" erneut an) wie eine erstaunlich große Zahl internationaler Konferenzen, die in den letzten Jahrzehnten insbesondere in Nordamerika diesem Thema gewidmet waren. Wichtige Konferenzen fanden statt u.a. 1976 an der Michigan-Universität in Ann Abor [305: Deshpande/Hock (Hrsg.)], 1989 an der Harvard-Universität [331: Witzel (Hrsg.)], 1991 in Toronto [307: Erdosy (Hrsg.)], 1996 erneut in Ann Abor [300: Bronkhorst/Deshpande (Hrsg.)] und 2000 in Halle [205: Bergunder/Das (Hrsg.)].

Die Rückkehr der Arya-Debatte

Die verschiedenen Theorien über die IA umfassen im Wesentlichen drei Themenfelder – vornweg immer noch die Migrationstheorien. Sie gehen von einer zentralasiatischen Herkunft der IA und ihrer Einwanderung über Afghanistan nach NW-Indien aus. Sie unterscheiden sich jedoch in Einzelheiten vor allem über die genauere Lokalität ihrer außerindischen Herkunft (und damit auch über die „Urheimat" der indoeuropäischen Sprachfamilie) sowie über mögliche Wege und das Alter der Einwanderung. Umstritten ist dabei die Frage, ob sich die Einwanderung in zwei größeren „Wellen" [302: Burrow] als Invasionen zu Beginn und gegen Ende des 2. Jahrtausends v.Chr. oder aber in einem kontinuierlichen Migrationsprozess kleinerer Gruppen während des gesamten 2. Jahrtausends abgespielt habe. Die Migrationstheorien werden wie auch andere eurozentrische Theorien des 19. und frühen 20. Jahrhunderts, zu denen eben auch der „arische Mythos" zählt [L. Poliakov, Der arische Mythos, Hamburg 1993; 329: Trautmann; R. Inden, Imagining India, Oxford 1990], von Linguisten und Archäologen zunehmend in Frage gestellt. Diese zweite Gruppe der „Arya-Forscher" ist bemüht, die ethnische Identität (oder gar Rasse) der IA zu widerlegen und lässt sie allenfalls als kulturelle Kategorie gelten. Anhänger dieser „Kulturtheorie" schließen „small scale migrations" [307: Erdosy, S. 23; 327: Thapar] zwar nicht grundsätzlich aus, reduzieren das IA-Problem letztlich aber auf unterschiedliche Erklärungsmodelle über die Ausbreitung der indo-arischen Sprache(n) nach Indien, wie etwa durch „Stimulus-Diffusion", Handel oder Akkulturation. Eine dritte Theorie identifiziert die Induskultur als jene der vedischen IA und postuliert Indien als Urheimat der IA und damit auch der gesamten indoeuropäischen

Migrationstheorien

Dekonstruktionstheorien

Hindunationale Theorien

Sprachfamilie. Es kann nicht verwundern, dass diese im wahrsten Sinne des Wortes „Indo-Arya-Theorie“ in Indien im Zeichen des gegenwärtigen Hindu-Nationalismus auch unter Wissenschaftlern eine zunehmend große Zahl von Anhängern findet [301: BRYANT]. Einblick in die Genesis der verschiedenen Theorien über die IA und ihre Beziehungen zur Induskultur gewähren u. a. N. LAHIRI in der Einleitung („Indus Cities and the Aryans: Historical Conquerors, Mythical Marauders or Vedic Harappans?“) zu seinem Sammelband [287] und I. HABIB [311].

3.2 Migrationstheorien

Kurze, zusammenfassende Darstellungen der „klassischen“ Migrationstheorien [„traditional view“, 316: PARPOLA, S. 196] über die Einwanderung der IA nach Indien liegen u. a. von B. und R. ALLCHIN [280, S. 298–308], R. S. SHARMA [321; 322] und R. KOCHHAR [313] vor. Trotz ihrer Bedenken gegen die Tendenz mancher Archäologen, bestimmte Grabungsbefunde vorschnell mit einem „Volk“ (*people*) zu identifizieren, betonen die ALLCHINS, „[that] we would like to insist that the arrival and spread of the Indo-Aryan languages must have been associated with the movement of the Indo-Aryan people“, und dass sich diese Wanderung vermutlich in „two main periods“ etwa um 2000 und um 1400 v. Chr. vollzogen habe [280, S. 299 f.]. Einzelheiten der Ankunft der IA in Indien lägen jedoch wegen des Mangels ihrer „archäologischen Spuren“ und der als „extremely vague“ zu bezeichnenden Datierung der vedischen Texte immer noch im Dunkeln. Dennoch glauben die ALLCHINS und R. S. SHARMA, in bestimmten Funden des frühen 2. Jahrtausends v. Chr. im afghanisch-pakistanischen Grenzgebiet (wie etwa im Swat-Tal und der „Gandhara Grave Culture“ und im Cemetery H in Harappa, s. oben Kap. I.B.1), Spuren früher Gruppen der IA, sozusagen auf ihrem Wege nach Indien, erkennen zu können. SHARMA bezieht in stärkerem Maße als die ALLCHINS neueste Forschungsergebnisse über die IA in Zentralasien ein und beschäftigt sich ausführlich mit der Datierung der „Ankunft“ des gezähmten Pferdes und des Kampfwagens mit Speichenrädern in NW-Indien im frühen 2. Jahrtausend [so auch 308: FALK] und mit archäologischen und linguistischen Belegen für „The Advent of the Aryans in India“, wie der Titel seines neuesten Buches lautet [322].

Neuere Migrationstheorien

B. und R. ALLCHIN betonten, dass es bisher keine unzweideutigen Kriterien [„unequivocal indications“, 280, S. 304] gäbe, frühe Gruppen der IA von den späteren vedischen IA zu unterscheiden. Eben diese zu liefern, ist das Anliegen von A. PARPOLA, das er in mehreren Aufsätzen vortrug [insbesondere 316]. Die frühen IA seien während ihrer beiden großen Wanderungsbewegungen aus dem Wolga- bzw. dem Uralgebiet auf ihren Wegen nach Südasien unter starken Einfluss der zentralasiatischen Bronzezeitkultur des späten 3. und frühen 2. Jahrtausends geraten, die in den letzten Jahrzehnten insbesondere von russischen Archäologen ausgegraben wurde. Sie wird als „Turan-Kultur“, „Margiana-Bact-

Zentralasiatischer Ursprung der IA

ria Archaeological Complex“ [F. T. Hiebert, South Asia from a Central Asian Perspective, in: 307: Erdosy (Hrsg.), S. 192–206] oder als „Bronze Age Culture of Greater Iran“ [316: Parpola] bezeichnet. Nach Parpola stiegen Teile der ersten „Welle“ der IA um 2000 v. Chr. zur „seminomadischen militärischen Elite“ dieser Kultur auf, während andere Teile in der Zeit des Niederganges der Induskultur etwa um 1800 v. Chr. nach Südasien vorstießen, wo sie in Nordindien u. a. in den großen Kupferhortfunden ihre „intrusive traits“ hinterließen. Auf diese „first wave of Aryan speakers in Central Asia“ stieß nach Parpola [The Dāsas and the Coming of the Aryans, in: 331: Witzel (Hrsg.), S. 193–202; s. hierzu auch dessen Karten, fig. 31 und 32 in 316] etwa zwei Jahrhunderte später eine weitere Welle der IA, die aus der Andronovo-Kultur südöstlich des Urals hervorgegangen sei und die er als die Vorläufer der späteren vedischen IA bezeichnet. Hierzu merkt H. Falk kritisch an: „Sich nun mit der Andronovo-Kultur (als Ursprung der vedischen IA) anzufreunden, wird vielen schwerfallen.“ [in: IIJ 34 (1991), S. 57] Diese nachrückenden vedischen IA gerieten nach Parpola in Zentralasien mit den IA der ersten „Welle“ in schwere Auseinandersetzungen. Er stützt diese These auf seine überraschende Gleichsetzung der ersten „Welle“ mit den Dasa/Dasyu, denen wir bisher nur als die großen Gegner der vedischen IA in NW-Indien begegnet waren (s. Kap. I.B.2). Parpola identifiziert diese Dasa mit den Daha der Inschriften von Persepolis und dem von Herodot erwähnten Stamm der persischen Daoi. Er untermauert diese Gleichsetzung durch die Feststellung, dass die Beschreibung der „Burgen“ der Dasa im Rigveda, in dem ihre Zerstörung durch die Arya in zahllosen Hymnen besungen wird, keinerlei Äquivalenz in den rechteckigen Städten der Induskultur fände. Die Angaben des Rigveda über die Dasa-Burgen träfen jedoch bis in Einzelheiten auf die von mehreren ringförmigen Palisaden konzentrisch umgebenen Siedlungen der Bronzezeitkultur in Baktrien zu, die in den vergangenen Jahrzehnten zu Hunderten entdeckt wurden [316: Parpola, S. 231 ff.; gute Zusammenfassung auch Ders. in: 331: Witzel (Hrsg.), S. 200–203]. Der im Rigveda geschilderte Kampf gegen die Dasa habe demnach nicht in NW-Indien, sondern im südlichen Zentralasien stattgefunden. Von den unterlegenen Dasa übernahmen die Sieger nach Parpola noch vor 1550 v. Chr. den Gott Varuna, der zu einem der großen Götter der künftigen vedischen Religion aufstieg und im frühen 14. Jahrhundert v. Chr. in einem Vertragstext der Mitannis im Vorderen Orient genannt wird [328: Thieme]. Nach H. Falk sei es Parpola gelungen, Entwicklungen herauszuarbeiten, die „für die Geschichte der Besiedlung Indiens im 2. Jahrtausend v. Chr. von fundamentaler Bedeutung sind, auch wenn Details und die ethnische Zuordnung im Lichte künftiger Funde vielleicht zu revidieren sein werden“ [Falk in: IIJ 34 (1991), S. 57]. R. Kochhar [313] folgt in der zentralasiatischen Frühgeschichte der IA weitgehend A. Parpola und R. S. Sharma, stellt dann aber die Identifizierung der vedischen Flüsse in den Mittelpunkt seiner Untersuchung. Aufgrund topographischer Überlegungen setzt er die Saraswati mit dem Helmand-Fluss im heutigen Südafghanistan

Die „Dasa-Burgen“

gleich und gelangt damit zu ähnlichen Schlussfolgerungen wie M. WITZEL aufgrund seiner linguistischen Analyse (s.u.). Auch H. FALK sieht wegen überraschender Übereinstimmungen zwischen der seminomadischen Wirtschaftsweise des heutigen Gaudar-Stammes in Seistan und der vedischen IA Südafghanistan als deren wichtigste „Zwischenstation" vor ihrer Einwanderung in NW-Indien an [The Purpose of Ṛgveda Ritual, in: 331: WITZEL (Hrsg.), S. 69–88].

Die vedischen IA zogen nach A. PARPOLA und R. S. SHARMA aus Afghanistan offenbar bald nach NW-Indien weiter, wo sie möglicherweise Feueraltäre (u.a. in Kalibangan) hinterließen [B. B. LAL, Kalibangan and the Indus Civilization, in: 279: AGRAWAL/CHAKRABARTI (Hrsg.), S. 65–97; 280: B. u. R. ALLCHIN] und in Baluchistan in Pirak bei Mehrgarh in kleinen Terrakotta-Figuren die älteste Darstellung des Pferdes in Indien schufen [285: JARRIGE/SANTONI]. Im Panjab stießen sie auf Angehörige der älteren IA, die „Dasa", die in einem tief greifenden Akkulturationsprozess mit der einheimischen (drawidischen?) Bevölkerung ihre Sprache und Aussehen bereits derart verändert hatten, dass sie als sozial diskriminierte Dasa/Dasyu Eingang in die vedische Literatur fanden.

In Anbetracht möglicher zentralasiatischer Überlieferungen in den frühvedischen Texten fordert H. FALK, klarer zwischen den unterschiedlichen Orten und Zeiten der Entstehung der Mythen und ihrer Redaktion im Rigveda zu unterscheiden [in: 331: WITZEL (Hrsg.), S. 87]. R. ALLCHIN schlägt in Anbetracht der Thesen PARPOLAS als Zeit der „initial composition" der Hymnen des Rigveda ca. 1800–1500 und für deren Redaktion etwa 1500 v.Chr. vor [332, S. 51; so auch ERDOSY in: 307: DERS., S. 13]. In Anbetracht dieser (Früh-)Datierung der vedischen IA scheint ALLCHIN in seinem neuen Werk die traditionelle „Zwei-Wellen-Theorie", die er noch 1982 vertreten hatte, aufzugeben. Denn 1995 merkt er an: „It may be that the ‚Pre-Vedic' and the ‚Vedic' Aryans represent members of the same group at different stages of their history" [332, S. 51].

Alter des Rigveda

Die neuesten Forschungsergebnisse lassen erkennen, dass unter den Anhängern der Migrationstheorien trotz mancher Unklarheiten über die Migrationsabläufe der frühen IA von Zentralasien nach NW-Indien eine weitgehende Einigkeit über die enge symbiotische Beziehung der IA zur Bronzezeitkultur Zentralasiens besteht. So glaubt W. A. FAIRSERVICE sogar, aus Grabfunden und Siedlungsstrukturen dieser Kultur Einflüsse auf die hierarchische Struktur der späteren vedischen Gesellschaft in Indien ableiten zu können. Er kommt daher zu dem Schluss, „that the people of the Veda were part of, or highly influenced by, a Central Asian Bronze Age civilization" [Central Asia and the Ṛgveda: The Archaeological Evidence, in: 307: ERDOSY (Hrsg.), S. 210]. FALK spricht von einer „far reaching unity of technology, iconography and style of life" und verweist auf den tief greifenden ökologischen und ökonomischen Wandel [„tremendous change", bei F. T. HIEBERT in: 307: ERDOSY (Hrgs.), S. 199], den die zentralasiatische Kultur Anfang des 2. Jahrtausends v.Chr. ebenso durchlief wie die Induskultur und die Vorfahren der frühvedischen Priester und Autoren des Rigveda [FALK in: 331: WITZEL (Hrsg.), S. 71].

Im Gegensatz zu dem sich abzeichnenden Konsens über die zentralasiatische Herkunft der IA herrschen unter den Anhängern der Migrationstheorie jedoch weiterhin Unklarheiten über die näheren Umstände der eigentlichen Einwanderung der IA in NW-Indien [301: BRYANT, S. 197–223]. Dies liegt u. a. an der kontroversen Beurteilung der ohnedies spärlichen archäologischen Befunde in Nordindien in der zweiten Hälfte des 2. Jahrtausends v. Chr. und an deren ethnischer Zuordnung. Schon 1959 forderte M. WHEELER zur Vorsicht bei der Datierung der Arya auf, da „bis heute keine einzige proto-arische Kultur in Indien festgestellt wurde“ (Alt-Indien und Pakistan, S. 108). Daran hat sich in der Zwischenzeit wenig geändert, denn noch 1995 klagt auch F. R. ALLCHIN, die vedischen Arya „have proved to be exceptionally elusive in the archaeological records“ [332, S. 89] und im selben Jahr stellt auch ERDOSY fest, dass es den Archäologen bisher nicht gelungen sei, „material traces of newcomers“ zu identifizieren [307, S. 2]. R. S. SHARMA sieht hingegen die Ankunft der IA im frühen 2. Jahrtausend v. Chr. durch die Funde im Swat-Tal, der „Gandhara Grave Culture“, in Pirak und im Cemetery-H-Komplex in Harappa hinreichend dokumentiert [322]. Inzwischen werden jedoch einige der bisher postulierten archäologischen Spuren der IA in Zweifel gezogen. Dies gilt ebenso für die These, die Nutzung des Eisens in Indien sei den IA zuzuschreiben [303: CHAKRABARTI; R. KENNEDY in: 307: ERDOSY (Hrsg.), S. 42], wie für die häufig vertretene Ansicht, die großen Kupferhortfunde Nordindiens aus der Mitte des 2. Jahrtausends und die ihnen zugeordnete ockerfarbene Keramik (OCW) seien eine Hinterlassenschaft der IA [R. CONINGHAM in: 332: ALLCHIN, S. 54–72]. Als besonders problematisch erweist sich die „Bemalte Graue Keramik“ (PGW). Ihre einst als sicher geltende Funktion als Leitfossil der spätvedischen „Proto-Urbanisierung“ im nordindischen Zweistromland und dem Panjab im frühen 1. Jahrtausend [76: LAL] wird nicht mehr einhellig akzeptiert [306: ERDOSY]. In Anbetracht der Frühdatierung der Einwanderung der IA in NW-Indien und der Tendenz, den Beginn der PGW nicht mehr in das 11., sondern eher in das 9. Jahrhundert v. Chr. zu datieren [354: TRIPATHI], verliert sie jeglichen Aussagewert für die frühvedische Zeit.

Archäologischer Befund

Das Fehlen archäologischer „Spuren“ der IA

Die rezenten archäologischen Erkenntnisse schaffen eine unerwartete neue Forschungslage. Die Frühdatierung der Einwanderung der IA in NW-Indien führt zwar zu einer beträchtlichen Verkürzung, wenn nicht gar Tilgung der früher postulierten, sog. geschichtslosen Zeit („dark age“) zwischen dem Untergang der Industädte und der Einwanderung der vedischen Arya. Die neue Datierung der Migration etwa in das 18. Jahrhundert bei gleichzeitiger Infragestellung der Verbindung der IA mit den nordindischen archäologischen Fundkomplexen des gesamten 2. Jahrtausends bürdet nun aber den vedischen Arya eine noch beträchtlich längere Zeit angeblicher „Geschichtslosigkeit“ nach ihrer Ankunft im Nordwesten Indiens bis zu der Entstehung der Gangesgesellschaft auf. Diese Situation ist deshalb so gravierend, weil alles darauf hindeutet, dass die nordindische Gesellschaft in der 2. Hälfte des 2. Jahrtausends bereits den tief greifen-

2. Jahrtausend v. Chr., ein „Dark Age“?

den „formativen" Entwicklungsprozess durchlief [353: THAPAR; 351: SHARMA], aus dem in der ersten Hälfte des 1. Jahrtausends v. Chr. die „Gangesgesellschaft" hervorging.

Die literarischen Quellen

All dies wertet den Rigveda erneut zur wichtigsten Quelle der frühvedischen Zeit auf, was die allseits angemahnte engere Zusammenarbeit zwischen Indologen, Archäologen und Linguisten beflügeln sollte [307: ERDOSY, S. 5]. Doch um diese scheint es in Anbetracht der von den Archäologen postulierten „extreme vagueness" der vedischen Texte [ALLCHIN] oder Schlussfolgerungen wie jener ERDOSYS, „the Vedas shed no light on the movement of the Indo-Aryan languages into South Asia" [307: ERDOSY, S. 15], noch immer nicht zum Besten bestellt zu sein. ERDOSY klagt über „mutual ignorance of the aims, complexity and limitations of the respective disciplines" (S. 1) und stellt fest, dass „the chasm dividing the respective disciplines could not be wider" (S. 3). Der Indologe M. WITZEL spricht sogar von einem Fiasko, das er u. a. auf die „reliance [der Archäologen] on a few, frequently poorly translated Vedic texts" und auf die unter Archäologen weit verbreitete Ansicht zurückführt, dass vedische Studien in jüngerer Zeit angeblich kaum historisch verwertbare Ergebnisse aufwiesen [M. WITZEL, Ṛgvedic History: Poets, Chieftains and Polities, in: 307: ERDOSY (Hrsg.), S. 306–352]. Er führt als Gegenbeispiele W. RAUS Studien [u. a. 345; DERS.: Zur vedischen Altertumskunde, Wiesbaden 1983] ins Feld, hätte aber auch auf neuere Studien anderer „Vedisten" verweisen können, wie z. B. S. BHATTACHARYA [299] und H. FALK – und sicherlich auch auf seine eigenen.

Die IA und der Rigveda

Entstehung des Rigveda in Afghanistan?

WITZELS zahlreiche Arbeiten [u. a. in 307: ERDOSY (Hrsg.); 331: WITZEL (Hrsg.), S. 257–346 (s. dort die umfangreiche Bibliograpie seiner Arbeiten, S. 343 ff.); 356: DERS. (Hrsg.), S. 29–52] sind in der Tat von grundlegender Bedeutung für die historische Rekonstruktion der Einwanderung der vedischen Arya und ihres Kampfes um Vorherrschaft über das weite Land vom Indus bis an die Yamuna. Auf früheren Studien aufbauend arbeitet er historische und geographische Daten des Rigveda heraus, „to demonstrate the richness of available information which has generally been overlooked by both historians and archaeologists" [The Development of the Vedic Canon and its Schools: The Social and Political Milieu, in: 331: DERS (Hrsg.), S. 257–346]. Er weist auf eine erstaunlich große Zahl geographischer Namen außerhalb Indiens hin, insbesondere in Afghanistan, aber auch in Nordpersien, die deutlich für eine Migration der vedischen Arya sprechen, „in spite of repeated assertions to the contrary in secondary literature" [S. 320; siehe hierzu auch die beeindruckende Liste im Appendix, S. 343–345; ferner in 278: DERS., S. 24–31; neuerdings auch 313: KOCHHAR]. Nicht minder erstaunlich sind die historischen Ergebnisse seiner Analyse über die Landnahme und die Kämpfe zwischen den vedischen Stämmen. Ein besonders klares und historisch glaubwürdiges Bild ergibt die aus zahllosen Textpassagen rekonstruierte Darstellung der Kämpfe zwischen den Purus und Bharatas, den beiden (nach WITZEL) wichtigsten „lineages" des Rigveda, und des Aufstiegs der Bharatas zur Vorherrschaft über das Kurukshetra nördlich Delhis, einem der

Schauplätze des späteren *Mahābhārata*-Epos [356: DERS.]. Zu ähnlichen Ergebnissen über Migration und Landnahme der vedischen Arya gelangte u.a. auch R. N. NANDI [315; DERS., Aryan Settlement and the Ṛgveda, in: IHR 21 (1994/95), S. 8–36].

3.3 Dekonstruktion der Migrationstheorien

In seinem neuesten Werk beginnt R. ALLCHIN seine Ausführungen über den Ursprung der IA und ihre Ankunft im Nordwesten des südasiatischen Subkontinents mit der Bemerkung: „there is a fashionable tendency these days to discuss ‚Aryan invasions' as mere myths, the aberrations of ‚Diffusionist' thinking" [332, S. 45]. Diese „fashionable tendency" und „Abirrung" von den traditionellen Migrationstheorien stehen in Einklang mit der seit der Mitte des 20. Jahrhunderts zunehmenden Abwendung der Kulturwissenschaften von Theorien des Diffusionismus und (Völker-)Wanderungen als Erklärungsmuster kulturellen Wandels. Im Kontext Indiens üben in dieser Hinsicht die Arbeiten des Archäologen A. C. RENFREW über den Ursprung der Indoeuropäer [Archaeology and Language: The Puzzle of Indo-European Origins, London 1987] einen besonders nachhaltigen Einfluss aus. Seine Thesen über sozio-ökonomischen Wandel als wichtigsten verursachenden Faktor für die Ausbreitung von Kulturen versetzten nach ERDOSY „a crashing blow to migrationist explanations in archaeology" [307, S. 2]. Auf weniger Gegenliebe stieß dagegen RENFREWS These von der Existenz indoeuropäischer Sprachen in NW-Indien bereits im 6. Jahrtausend, wohin sie mit der Ausbreitung der neolithischen Agrargesellschaften aus der von ihm postulierten „Urheimat" der Indoeuropäer im östlichen Anatolien gelangt seien.

Gegen europazentrische Modelle

In den vergangenen Jahrzehnten gerieten die Migrationstheorien über die IA zusätzlich zwischen die Mühlsteine der zwei einflussreichen Diskurse über den „Arier-Mythos" [L. POLIAKOV: Der arische Mythos. Zu den Quellen von Rassismus und Nationalismus, Hamburg 1993] und den „Orientalismus" [E. SAID; 206: BRECKENRIDGE]. Im Kontext Indiens konvergieren sie in der These, dass die IA und ihre Invasion im Wesentlichen Konstrukte des 19. Jahrhunderts seien. Als „some kind of moral justification, a mythical charter" [E. LEACH in 287: LAHIRI (Hrsg.), S. 126] hätten sie der Legitimation der Briten und ihrer „arischen" (Fremd-) Herrschaft in Indien gedient, „combined with a desire to find a non-Semitic past for themselves" [307: ERDOSY, S. 21; siehe insbesondere auch 329: TRAUTMANN; 320: SHAFFER; 192: BRANDTNER].

Arya-Mythos und Orientalismus

Die „Dekonstruktionsthesen" finden zusätzliche Unterstützung in den physisch-anthropologischen Studien K. A. R. KENNEDYS mit dem bezeichnenden Titel „Have Aryans Been Identified in the Prehistoric Skeletal Record from South Asia?" [in 307: ERDOSY (Hrsg.), S. 32–66]. Sein Befund weist in NW-Indien deutliche demographische Diskontinuitäten zwischen 6000 und 4500 und nach 800 v. Chr. auf. Diese deuteten zwar auf größere Bevölkerungsbewegungen

Der physisch-anthropologische Befund

hin, seien aber „events too early and too late, respectively, to fit into the classic scenario of mid-second millennium B. C. Aryan invasion“ [S. 60] und stützen damit in überraschender Weise RENFREWS Thesen von einer frühen Einwanderung der IA.

In Folge des Wandels wissenschaftlicher Erkenntnisinteressen zeichnete sich in den vergangenen zwei Jahrzehnten in der Tat ein beachtlicher Paradigmenwechsel in der Erforschung des frühen Indien und eine Revision traditioneller Migrationstheorien ab. Dabei lassen sich graduelle Unterschiede ausmachen, die von Modifizierung überkommener Theorien bis hin zu ihrer (nahezu) gänzlichen Negierung reichen. Die erste Position wird in letzter Zeit besonders klar von R. THAPAR vertreten [327; 353]. Sie widersetzt sich allen Theorien von einer indoarischen Rasse und deren Invasion(en) Indiens [172, S. 33] und spricht statt dessen von einem „Indo-Aryan speaking people“, schließt aber „small-scale migrations“ nicht aus [353, S. 16; so auch S. RATNAGAR, The End of Great Harappan Civilization, New Delhi 2000, S. 106 ff.]. Vordringlicher Klärung bedürfe die Frage, unter welchen Umständen die Sprache der IA nach Indien gelangt sei und sich im Laufe der folgenden Jahrhunderte über Nordindien ausgebreitet habe [R. THAPAR, The First Millennium B. C. of Northern India, in: 266: DIES.; so auch 307: ERDOSY, S. 5; 322: SHARMA, S. 58 ff.]. Nach THAPAR sei dies zunächst im Wesentlichen durch kriegerische Überlegenheit kleiner mobiler einwandernder Gruppen der IA und dann durch ihren schrittweisen Aufstieg zur dominanten Agrarbevölkerung ermöglicht worden: „The emergence of dominant groups ensure the pre-eminence of the language as well“ [353, S. 35]. Die Stigmatisierung der dunkelhäutigen Dasa beruhte nach Thapar nicht auf rassischer, sondern zunächst auf deren sprachlicher und ritueller „Andersartigkeit“, und „eventually came to signify the impoverished ‚Other‘“ [S. 33; DIES., The Theory of Aryan Race and India. History and Politics, in 267, S. 1108–1141]. S. RATNAGAR gelangt in ihrem Aufsatz „Does Archaeology Hold the Answer?“ zu ähnlichen Schlussfolgerungen. Sie hält es für möglich, dass es nach den Einwanderungen in Indien aufgrund gänzlich anderer ökologischer Umweltbedingungen zu starken gesellschaftlichen und kulturellen Umbrüchen („original social and cultural forms ‚shattered‘“) und einer Hybridisierung der vedischen Kultur gekommen sei. Dabei vermutet sie starke Einflüsse der indigenen nordindischen Metall verarbeitenden Kulturen [in 300: J. BRONKHORST/M. M. DESHPANDE, S. 207–238].

Paradigmenwechsel: Kulturelle Ethnogenese der IA

Die IA als ein Konstrukt des 19. Jahrhunderts

Auf eine gänzliche Dekonstruktion der IA steuert seit Mitte der 1980er Jahre eine Gruppe vorwiegend amerikanischer Archäologen zu, zu denen u. a. J. G. SHAFFER, J. M. KENOYER und G. ERDOSY zählen. Entscheidende Anstöße gingen seit 1984 von J. SHAFFER aus [320; DERS./D. A. LICHTENSTEIN, Migration, Philology and South Asian Archaeology, in: 300: BRONKHORST/DESHPANDE (Hrsg.), S. 239–260], der die Migrationstheorien als „significantly diminished by European ethnocentrism, colonialism, racism, and antisemitism“ bezeichnet. Er fordert, indigene kulturelle Kontinuitäten und nicht wie bisher vorrangig Einbrüche („intrusions“) und Diskontinuitäten in der Geschichte Südasiens zu erforschen [The Concept of ,Cultural Tradition' and ,palaeoethnicity' in South Asian Archaeology, in: 307: ERDOSY (Hrsg.), S. 126]. Er konstatiert eine ungebrochene Kontinuität der „cultural tradition" von den neolithischen Anfängen der Induskultur in Mehrgarh über die voll entwickelte Stadtkultur und deren post-urbanen Nachfolgekulturen im östlichen Panjab und in Gujarat bis hin zur Gangesgesellschaft [so auch R. THAPAR in 276, S. 18 f.]. Das Ende der Industädte interpretiert SHAFFER daher nicht als Ende ihrer Kultur, sondern deren geographische Verschiebung bzw. als einen „localisation process" [307, S. 137]. Dieser sei ausgelöst worden von der ökologisch bedingten Abwanderung der Bevölkerung der Industädte, „the only archaeologically documented west-to-east-movement of human population in South Asia before the first half of the first millennium B. C." (S. 139). Es kann daher kaum verwundern, dass die IA und ihre Sprache(n) in SHAFFERS Aufsätzen der Jahre 1997 und 1999 allenfalls als Konstrukte des 19. Jahrhunderts Erwähnung finden. Auf Hinweise auf „the so-called movements of Indo-Aryan speaking people" stoßen wir einzig im Zusammenhang mit früheren Theorien [in: 307: ERDOSY (Hrsg.), S. 230]. Bezeichnend für diese extreme Position ist ein Ausstellungskatalog über die Industädte, der die indo-arischen Sprachen zwar mit der zentralasiatischen Bronzezeitkultur verbindet, eine indo-arische Bevölkerung aber erstmals wieder in der Gangesebene zwischen 1200 – 800 im Zusammenhang mit der PGW-Keramik erwähnt, es aber völlig offen lässt, wie und wann sie dorthin gelangte [286: KENOYER, S. 174–179]. KENOYERS These, dass das von ihm vorgelegte Material die Nutzlosigkeit der Diffusions- und Migrationsmodelle als Erklärung für den Übergang von der Indus- zur Gangeskultur erweise, lässt sich wohl nur aufrecht erhalten, wenn man gewillt ist, die IA im 2. Jahrtausend v. Chr. völlig zu negieren. ERDOSY bezeichnet daher im Vorwort des von ihm edierten Bandes [307] Thesen wie die Kenoyers zwar als so etwas wie ein dringend benötigtes Gegengift („antidote") gegen festgefahrene traditionelle Erklärungen, hält es aber für unverzichtbar, den auswärtigen Ursprung der indoarischen Sprachen und deren wahrscheinlicher Ankunft im 2. Jahrtausend v. Chr. nicht aus dem Auge zu verlieren [ebd., S. XV].

In seinem eigenen Beitrag zu der von ihm organisierten Konferenz in Toronto hält ERDOSY zwar an möglichen „small scale migrations" fest [307, S. 23], stellt aber die Forderung auf, strikter zwischen der Ausbreitung der Sprachen, der Ethnogenese und der Durchsetzung der neuen (vedischen) Ideologie zu unterscheiden (S. 5 ff.). Aufgrund des archäologischen Materials gelangt er zu der erstaunlichen, für ihn aber „zwingenden Schlussfolgerung", dass die indoarischen Sprachen zwar auswärtigen Ursprunges seien, die Arya des Rigveda jedoch nicht deren Übermittler („carrier") nach Südasien gewesen seien. Unter Bezugnahme auf die Forschungen der Drawidologen wie M. B. EMENEAU und F. B. J. KUIPER über die starken Einflüsse der drawidischen Sprache auf die indoarischen Sprachen stellt ERDOSY dann die überraschende und nur bedingt nachvollziehbare These auf, „that the majority of Old Indo-Aryan speakers had Drawidian as their first language, which they shed after a period of bilingualism" (S. 18). In der

IA und die Drawiden

Erklärung der Ethnogenese der Arya und ihres Aufstiegs in Nordindien folgt er weitgehend R. THAPAR: Die einheimischen („indigenous") Arya seien in der frühvedischen Zeit aus einer kulturellen Transformation hervorgegangen und hätten die „Arya-Ideologie" erst unter dem Einfluss weit verzweigter indoarisch sprechender Priesterfamilien und Schulen entwickelt [S. 3; DERS., The Prelude to Urbanization: Ethnicity and the Rise of Late Vedic Chiefdoms, in: 332: ALLCHIN, S. 79]. Eine ethnische Identität der vedischen Arya gehöre demnach nicht dem „cultural package" an, das mit den indoarischen Sprachen aus Zentralasien nach NW-Indien gelangte, sondern sei als ein ideologisches Konstrukt erst in vedischer Zeit in Indien aus der Symbiose der Brahmanen und Kshatriya hervorgegangen.

Kritik an den Dekonstruktionstheorien

Eine kritische Auseinandersetzung mit den Dekonstruktionstheorien steht noch aus, wenn auch inzwischen vereinzelt Einwände gegen sie erhoben werden. So kritisiert z.B. M. WITZEL die Vorstellung SHAFFERS, eine Sprache könne einfach („simply") durch intensiven Handel eines Grenzstammes übertragen werden [Early Indian History: Linguistic and Textual Parameters, in: 307: ERDOSY (Hrsg.), S. 111] – und dies gelte noch mehr für eine Kultur „von der Dichtung bis zur Herstellung von Streitwagen" [in: 300: BRONKHORST/DESPHANDE (Hrsg.), S. 393]. Auch R. S. SHARMA hielte es für ein Wunder, sollte sich die Ausbreitung der indoarischen Sprache ohne Einwanderungen ihrer Sprecher vollzogen haben. Dennoch wird man ERDOSY darin zustimmen können, dass diese Thesen („ironically borne out of opposition to migrationist explanations") zur Verfeinerung unseres Verständnisses der Migrationen und des Überganges von der Indus- zur Gangeskultur beigetragen haben. Feststehen dürfte aber auch, dass sich diese „revisionistischen Theorien" mit der „Indigenisierung" der IA in manchen Einzelheiten – wenn sicherlich auch ungewollt – dem „Indigenous Aryanism" des hindunationalistischen Lagers nähern, dem wir uns nun noch abschließend zuwenden wollen.

3.4 Hindunationalistische Arya-Debatte

Indien wird in den letzten Jahren von einer Flut von Büchern über den indischen Ursprung der IA und ihr schier grenzenlos hohes Alter überschwemmt. E. F. BRYANT legte unlängst eine erste umfangreiche Abhandlung über den „Indigenous Aryanism" vor, wie er die Position der indischen Gegner der Einwanderungstheorien bzw. Verteidiger des indischen Ursprungs der IA nennt [301]. Auf der Grundlage einer eingehenden Analyse der kontroversen Positionen im Kampf um den Ursprung der IA gelangte er zu der Schlussfolgerung, dass die Position des Indigenous Aryanism keineswegs „historically probable" sei, der Befund vielmehr eine Einwanderung der IA nicht nur ausschlösse, sondern „if anything, favours it." Da er den Indigenous Aryanism jedoch als „a manifestation of a postcolonial rejection of European intellectual hegemony" hält, fordert er für ihn „a legitimate and even valuable place in discussions of Indo-Aryan origins" (S. 4). Die Furcht, diese Forderung „might be misconstrued and adapted to suit ideological agendas", schwebe als dunkle Wolke über seinem „otherwise intriguing and intellectually very fulfilling research project" (ebd.). Wie der Titel seiner Arbeit erkennen lässt, dürfte sie nicht nur einen Beitrag zur Geschichte der IA, sondern auch zum Thema „Invention of Tradition" (HOBSBAWM) einer „Imagined Community" (B. ANDERSON) darstellen.

Publikationen zu hindunationalen Aryatheorien

Einen Einblick in das „Forschungsprogramm" des Indigenous Aryanism gewähren die Titel einiger ausgewählter Publikationen. Eine der frühen Veröffentlichungen stammt von K. D. SETHNA, „The Problem of Aryan Origin. From an Indian Point of View" [New Delhi 1980, erw. Aufl. 1992]. Ihr folgten u. a.: S. G. TALAGERI [326]; P. CHOWDHURY [304]; D. FRAWLEY [alias Vamadeva Shastri, 309]; N. S. RAJARAM [317]. Weiterhin brachte die Zeitschrift „Manthan", das Organ der hindunationalistischen Organisation Rashtriya Swayamsevak Sangh (RSS), 1994 und 1995 in zwei umfangreichen Doppelnummern eine Auswahl von älteren Aufsätzen zum Thema „Genesis of the Aryan Myth: A Historiographical Review" (Bd. 15, 2/3) und neuere aus dem hindunationalen Umfeld unter dem Titel „New-Light on the Aryan Problem" (Bd. 15,4–16,1) heraus [314].

Der Aufstieg der „Arya-Forschung" zum Leitthema hindunationalistischer Historiographie seit den 1980er und insbesondere in den 1990er Jahren geht bis in die Zeit des indischen Freiheitskampfes zurück [324: SIEFERLE und 311: HABIB]. Bereits in den zwanziger Jahren des 20. Jahrhunderts erhielt der „Kampf um die Indo-Arya" und ihre Rolle in der frühindischen Geschichte großen Auftrieb, als europäische Archäologen die gerade entdeckte hohe Stadtkultur des Industales als vorarisch-drawidisch definierten und die vedischen IA und ihre Götter zu deren barbarischen Zerstörern degradierten [„On circumstantial evidence, Indra stands accused", M. WHEELER in: 287: LAHIRI (zuerst 1945)]. In der Endphase des Unabhängigkeitskampfes trat dieser Streit in den Hintergrund und verharrte dort noch über zwei Jahrzehnte unter dem dominierenden Einfluss M. WHEELERS [298]. Als letzter britischer Generaldirektor des Archaeological Survey of India war er ein vehementer Verfechter der „Invasionstheorie" und implizite der Zerstörung der Indusstädte durch die IA [287: LAHIRI; J. SHAFFER in: 300: BRONKHORST/DESHPANDE (Hrsg.), S. 244]. So sprach selbst K. M. MUNSHI, einer der prominentesten Vertreter des kulturellen Hindunationalismus, noch im Jahr 1951 in seinem Vorwort zum ersten Band der großen History and Culture of the Indian People vom „Aryan conquest of India" [241: Bd. I, S. 11]. B. B. LAL, der heute ein prononcierter Vertreter der „Vedic Harappa-Theorie" ist [288; 289], hatte diese 1978 noch entschieden zurückgewiesen [siehe 322: SHARMA, S. 37].

Ursachen der Arya-Debatte in Indien

Nach Jahren intensiver archäologischer Forschungen über die „Spuren" der vedischen Arya in Induskultur und epischer Frühzeit [287: LAHIRI, S. 7 ff.] brach der Kampf um die IA in den späten 1970er Jahren erneut aus [350: SHARMA; 139: DEVAHUTI; 162: RUDOLPH]. Zunächst traten in diesem „indischen Historikerstreit" die Kreise des „indigenous Aryanism" noch kaum hervor, bis in den

1980er Jahren die sensationellen Forschungsergebnisse [284: JARRIGE/LECHAVELLIER] in Mehrgarh in Baluchistan über die bis ins 7./8. Jahrtausend zurückreichende Vorgeschichte der Induskultur auf den „indigenous Aryanism" einzuwirken begannen. Man wird ferner nicht fehlgehen, in der erneut aufbrechenden Arya-Debatte auch eine indische Reaktion auf die in Europa und den USA initiierte Debatte über die IA zu sehen, denn auf sie wird in den hindunationalen Publikationen häufig Bezug genommen.

Die auffällig große Zahl von Veröffentlichungen seit den frühen 1990er Jahren dürfte aber ebenso eine Folge der politischen Entwicklungen und kommunalistischen Auseinandersetzungen dieser Jahre sein. Bis zur Zerstörung der Babri Masjid (Moschee) in Ayodhya im Dezember 1992 dominierte die „epische Archäologie" den historisch-politischen Diskurs des Hindunationalismus [191: BRANDTNER; 680: GOPAL]. Nach der Zerstörung der Moschee und den durch sie ausgelösten schweren Unruhen wurde es jedoch still um die epische Archäologie (s. Kap. II.5.7). Diese Lücke füllte nun die Arya-Debatte. Es kann kein Zufall sein, dass der hindunationalistische Verband RSS am 9.12.1993, fast genau am ersten Jahrestag der Zerstörung der Moschee in Ayodhya, in Delhi ein Symposium über das Arya-Problem in der indischen Geschichte veranstaltete. Teilnehmer waren so bekannte Archäologen und hindunationale Wortführer im Streit um Ayodhya wie S. P. GUPTA und S. R. RAO, der Ausgräber Lothals [80] und Entdecker möglicher vedischer Feueraltäre in Kalibangan, B. B. LAL [in: 279: AGRAWAL/CHAKRABARTI (Hrsg.), S. 65–97], sowie die bereits erwähnten Autoren N. S. RAJARAM und S. TALAGERI [314: Manthan 15 (1994), S. 5]. Die Publikationen riefen, wie kaum anders zu erwarten, die Gegenreaktion des „Linken Lagers" hervor [321: SHARMA; 311: HABIB; 353: THAPAR].

Epische Archäologie und der indische Arya-Mythos

Aus dem ausufernden Spektrum der hindunationalen Literatur seien hier drei eng miteinander verbundene zentrale Themen herausgegriffen: (1) die Frühdatierung der Arya in Indien, (2) die sich hieraus geradezu zwangsläufig ergebende „Aryanisierung" der Induskultur sowie (3) die Erhebung Indiens zur Urheimat der IA und der gesamten indoeuropäischen Sprachfamilie.

Frühdatierung der Veden

Versuche, den Rigveda in eine deutlich ältere Zeit zu datieren, als dies die gängige indologische Lehrmeinung seit dem 19. Jahrhundert tat, sind keineswegs neu. Doch bezogen sie sich auf eine außerindische Vorgeschichte der IA, wie dies u. a. aus dem Titel des Buches „The Arctic Home of the Vedas" des großen indischen Unabhängigkeitskämpfers B. G. TILAK aus dem Jahr 1903 hervorgeht, der glaubte, das Alter des Rigveda anhand von astronomischen Angaben auf ca. 4000 v. Chr. datieren zu können. Die heutigen Frühdatierungen der IA streben dagegen den Nachweis des hohen Alters der Veden innerhalb Indiens an. Anfangs ging es vor allem darum, gegen die international vorherrschende und auch von Tamilen wie I. MAHADEVAN (1977) vertretene „Drawiden-Theorie" („that must surely rank among the great intellectual blunders of modern times", S. RAJARAM/D. FRAWLEY, Vedic Aryans and the Origins of Civilization, New Delhi 1995, S. 112) die Schrift und Sprache der noch immer unentzifferten Indus-Siegel als indoarisch zu deuten. Die einschlägigen Arbeiten des Archäologen R. S. RAO, die 1982 in „The Decipherment of the Indusscript" gipfelten, fanden zwar außerhalb Nordindiens kaum Beachtung, stellen heute aber eine der Grundlagen des „Indigenous Aryanism" dar [289: LAL, S. 116ff.]. Auch der heute in Cambridge lehrende Archäologe D. K. CHAKRABARTI spricht ganz in diesem Sinne von einer „almost definite indication that this [Indus] civilisation was speaking an early form of Sanskrit" [303; 288: LAL; S. BHAN, Aryanization of the Indus Civilization, in 262: K. N. PANIKKAR u. a. (Hrsg.), S. 41–55]. H. HOCK widersprach unlängst all diesen Thesen in seiner Kritik des indischen Linguisten S. S. MISHRA, der von dem Sanskrit-Vokabular in den Mitanni-Verträgen des 14. Jahrhunderts v. Chr. auf eine Entstehung der vedischen Sprache um ca. 5000 v. Chr. schloss [HOCK, Out of India? The Linguistic Evidence, in: 300: BRONKHORST/DESHPANDE (Hrsg.), S. 1–18; s. auch 301: BRYANT, S. 68ff.].

Indusschrift indoarisch?

Die hindunationalen Forschungsziele gehen inzwischen über eine bloße sprachliche Identifizierung der Indussiegel weit hinaus. [Einen kurzen Überblick über die bisherigen Versuche, die Indusschrift zu entziffern, bietet A. PARPOLA, Zur Entwicklung der Indusschrift, in: 297, S. 196–205.] Angestrebt wird die „Indisierung" der Induskultur (deren archäologische Zentren heute in Pakistan liegen) und ihre „Vedisierung" durch deren Gleichsetzung mit der Kultur der Veden [289: LAL]. Die auffallende Einbeziehung der Induskultur in den hindunationalen Diskurs während der letzten Jahrzehnte lässt sich u. a. daran messen, dass noch 1951 das große nationale Geschichtswerk, die HCIP, der Induskultur nur 30 Seiten widmete [241: Bd. 1, S. 172–202]. Nach der Entdeckung zahlreicher harappazeitlicher Siedlungen und Städte im indischen Panjab und in Rajasthan wird die Induskultur nach dem heiligen Saraswati-Fluss der Veden „Indus-Saraswati Civilization" genannt [282: GUPTA]. In einem weiteren Schritt wird die indische „Saraswati-Kultur" dann sogar zur „Cradle of the Harappan Civilization" erklärt, wie der Titel eines Aufsatzes des Archäologen V. N. MISHRA im Manthan lautet [314: 1994/95; siehe hierzu 311: HABIB]. In einem Buch mit dem aufschlussreichen Untertitel „The Invasion Theory and the Subversion of Scholarship" [317] begründet N. S. RAJARAM diese Gleichsetzung u. a. mit einem wahrlich „schlagenden" Argument. Da die Induskultur keine Literatur, aber reiche materielle Zeugnisse hinterlassen habe und es sich bei den frühen IA genau entgegengesetzt verhalte, liege nichts näher, als die großartigen archäologischen und literarischen Zeugnisse ein und derselben Kultur, selbstredend der vedischen, zuzuweisen (S. 28f.). Noch einfacher macht es sich S. G. TALAGERI, für dessen Buch ein so namhafter Archäologe wie S. R. RAO ein Vorwort verfasste: Die Nichterwähnung der Indusstädte im Rigveda sei darauf zurückzuführen, dass diese in der (angeblich) weit älteren Zeit des Rigveda eben noch nicht existiert hätten! [326, S. 362]

Induskultur spätvedisch?

Rigveda älter als Induskultur?

Doch damit nicht genug. Das Alter der Veden sei noch beträchtlich höher, wie „neueste Erkenntnisse" der vedischen Mathematik erkennen ließen. Die genauen geometrischen Berechnungen des spätvedischen *Śulvasūtra* über die Anlage

Vedische Mathematik in Ägypten?

vedischer Opferplätze hätten nicht nur die Grundlage der Städteplanung der Induskultur, sondern auch allen mathematischen Wissens des Alten Orients, insbesondere im Mittleren Reich Ägyptens um 2000 v. Chr., gebildet. Selbst die Idee der Pyramiden als Grabmäler sei in diesem Text bereits erkennbar [317: RAJARAM, S. 37]. Da dieser Text als „chronological marker for the ancient age" (S. 29) der Sutra-Periode, der Endphase der über tausendjährigen Literaturgeschichte der Veden angehört, sei auf der Grundlage dieses „scientific evidence" das älteste Werk der Veden, der Rigveda, in das frühe 4. Jahrtausend zu datieren [594: MICHAELS datiert das Sulvasutra dagegen in die Mitte des 1. Jahrtausends v. Chr.]. Die Protogeschichte des „vedischen Zeitalters" wird dann in einem weiteren Schritt analog zu den frühesten Grabungsfunden in Baluchistan bis in das 7. Jahrtausend zurückdatiert. RAJARAM kommt daher zu der kaum noch überraschenden Schlussfolgerung: „The so-called Indus civilization was a continuation of Vedic Aryan. The so-called Drawidians of South India are part of the same Vedic society, and have always been. The Harappan sites discovered so far (c. 3000 to 2000 BCE) are part of a world that came towards the end of Vedic Age" [S. 228]. Diese „Hochdatierung" erklärt in der überzeugenden Weise eines Zirkelschlusses, warum die Suche nach besonderen archäologischen Spuren der vedischen Arya bisher vergeblich verlaufen musste: „The answer comes with a resounding echo: Because Harappan archaeology is hardly different from the Vedic one" [325: SINGH].

Drawidische Kultur Teil der indoarischen Kultur?

Doch diese scheinbar so plausiblen Deutungen werfen selbst für Anhänger des „Indigenous Aryanism" schwierige Fragen auf. Hierzu zählt u. a. die Erwähnung von Pferden, Streitwagen und Eisen in Rigveda, also in einer Zeit, in der diese auf der Grundlage der Frühdatierung (also im frühen 4. Jahrtausend) in Südasien noch gar nicht existieren konnten [308: FALK; 321: SHARMA]. Es ist ein wesentliches Anliegen des „Indigenous Aryanism", diesen Erklärungsnotstand zu beheben. Einzelheiten sollen hier nicht weiter erläutert zu werden, doch sei ausdrücklich auf SINGHs umfangreiches Werk von nahezu 500 Seiten verwiesen, das alle diese Fragen im Sinne hindunationaler Historiographie beantwortet [325; siehe auch 301: BRYANT]. Nur am Rande sei angemerkt, dass diese phantastischen, aber heute im hindunationalen Diskurs überaus einflussreichen Thesen bereits 1923 von V. D. SAVARKAR, dem geistigen Vater des RSS, in seiner programmatischen Schrift „Hindutva" geäußert wurden. Er lehnte die Theorien der Einwanderung zwar noch nicht grundsätzlich ab, datierte sie aber in die Zeit weit vor der Entstehung der ägyptischen und babylonischen Hochkulturen und bezeichnete den Rigveda als „the oldest records of the world".

Indien als Urheimat der indoeuropäischen Sprachfamilien

Die Frühdatierung der IA in Indien soll auch die Frage nach ihrer Urheimat und damit ebenso jene der indoeuropäischen Sprachen beantworten. Da für keine der gängigen Theorien ein ähnlich hohes oder gar höheres Alter einer indoarischen Gruppe außerhalb Indiens nachgewiesen werden kann, fiele Indien und der Sanskritsprache unangefochten der Primat zu. Erklärungsbedürftig blieben daher einzig Alter und Wege der Ausbreitung der indoeuropäischen Sprachen aus ihrer (neuen) indischen Urheimat. Die Erklärung liefert häufig ein Umkehrschluss der bekannten Theorien über die Ausbreitung dieser Sprachen aus Zentralasien. B. SINGH wirft den Anhängern der Theorie, indoarische Sprachen seien Zweige eines zentralasiatischen Stammes, vor, „to mistake the branches for the trunk" [325, S. XVIII]. Gestützt werde die hindunationalistische „Auswanderungstheorie" der Indoeuropäer aus Indien durch die Geschichtsklitterung, dass von den frühen indoeuropäischen Kulturen einzig Indien in der (angeblich vedischen) Induskultur über Großstädte verfügt habe, über deren (archäologisch bis nach Zentralasien nachweisbare) Handelsnetzwerke sich Proto-Sanskrit als „Mutter" aller indoeuropäischen Sprachen habe ausbreiten können (S. 336). Altgriechisch z.B. stünde dem Sanskrit derart nahe, dass es als dessen „distorted image" zu betrachten sei (S. 7). Selbst Einflüsse der indoarischen Sprache auf entfernte, nicht-indoeuropäische Sprachfamilien wie z.B. das Finno-Ugrische, werden dadurch zu erklären versucht, dass diese Sprachen angeblich aus einem der zahlreichen „linguistic pockets" in den Weiten Indiens hervorgegangen seien [S. 336; siehe hierzu 301: BRYANT, S. 126 ff.]. Mehrere Beiträge der zweiten Konferenz in Ann Abor im Jahr 1996 über „Aryan and Non-Aryan in South Asia" [300: BRONKHORST/DESHPANDE (Hrsg.)] setzen sich kritisch mit den linguistischen Theorien des „indigenous Aryanism" auseinander. H. H. HOCK, der seinen bereits genannten Aufsatz „Out of India? The Linguistic Evidence" auf ausdrücklichen Wunsch der Veranstalter noch nach der Konferenz verfasste, kommt zu dem Schluss, dass keine der „Out of India-Theorien" den seit über hundert Jahren erarbeiteten Erkenntnissen der Linguistik standhält [301: BRYANT, S. 73 ff. und 353: THAPAR].

Kritik und Gegenkritik

Die neueren archäologischen Forschungsergebnisse in Südasien, die die lange Vorgeschichte der Induskultur aufzeigen, und die wachsende „internationale" Kritik an den Einwanderungstheorien der IA kommen dem „Indigenous Aryanism" ebenso sehr zupass, wie dessen Vertreter die den Laien in der Tat schwer zugänglichen linguistischen Theorien gänzlich ablehnen [325: SINGH, S. 320], da diese die Einwanderungstheorien stützen [H. H. HOCK, a.a.O., S. 17; siehe auch 301: BRYANT, S. 73 ff.]. SINGH hält die indoeuropäische Sprachfamilie für ein kolonialistisches Konstrukt, das geschaffen worden sei, um Sanskrit aus seiner „central position" zu verdrängen und die rassische Überlegenheit des weißen Mannes auch in die Frühzeit zu projizieren [325, S. 345]. TALAGERI sieht gar in der Invasionstheorie „a powerful weapon to be used against Indian nationalism", entwickelt von europäischen Imperialisten und „perfected by Indian Leftists" [TALAGERI in: 314: Manthan 15 (1994), S. 119]. D. K. CHAKRABARTI, einer der profilierten Gegner der Invasionstheorie, zieht eine radikale Konsequenz: In seiner unlängst erschienenen umfangreichen archäologischen Geschichte Indiens finden die IA keinerlei Erwähnung [194]. Als angebliche Ureinwohner Südasiens, so wird man folgern dürfen, bedürfen sie deren offenbar nicht mehr.

Diese und ähnliche nationalistisch-autistische Theorien zeigen, dass das Arya-Problem, wie bereits zuvor in Europa in der ersten Hälfte des 20. Jahrhunderts,

Die IA und der gegenwärtige indische „Historikerstreit"

nun auch in Indien Teil des öffentlich-politischen Diskurses geworden ist. Dies geht deutlich aus der Einleitung des Sonderheftes der Zeitschrift des hindunationalen RSS-Kampfverbandes über „New Light on the Aryan Problem" hervor, aus dem hier abschließend etwas ausführlicher zitiert werden soll. „Europe and America have got rid of the Frankenstein of the Aryan Myth. But it is puzzling to see that a section of Indian academicians claiming themselves to be scientific historians [an anderer Stelle werden in diesem Zusammenhang ausdrücklich R. THAPAR und R. S. SHARMA genannt] are still clinging to this exploded myth, to an extent that they go hysteric at the very mention in the textbooks of Indian history of this alternative view [des indischen Ursprungs der IA] emerging out of the recent philological, anthropological, archaeological and historical studies. On a closer examination of their writings one may discover their real motives and bias behind this stubborn unscientific attitude. In fact, the Aryan Race and Invasion Theory seems to have become a powerful instrument in the hands of divisive and separatist forces in India. [...] Muslim fundamentalist scholars are also trying to use this discredited theory to justify their own separatist politics and to beat the forces of nationalism." [314, 1994/95]. In seinem umfangreichen Aufsatz „Imagining River Saraswati. A Defence of Commonsense" unterzieht der marxistische Historiker I. HABIB diese Thesen einer heftigen Kritik. Er spricht von einer „new version of race theory", die beweise, „how much subjected History and Archaeology can be to pulls of power, especially when the pulls have the seeming attraction of a false patriotism" [311, S. 91 f.]. Unlängst hob der australische Historiker G. BAILEY hervor, dass die nationalistische Politisierung der Arya-Debatte wesentlich auf die „pseudo-historischen" Veröffentlichungen indischer Naturwissenschaftler in Nordamerika zurückgehe, die auch eine wichtige Stütze des hindunationalistischen „Welthindurates" (Vishwa Hindu Parishad) darstellen [The Work of Indo-American Historians and the Rewriting of Indian History, in: South Asia, NS. 25 (2002), S. 165–186].

In Anbetracht der Heftigkeit dieses Kampfes um die IA, der nun auch Indien in aller Stärke erfasst hat, warnt E. F. BRYANT allerdings vor einem „Indological McCarthyism" gegen die Versuche, vom derzeitigen status quo der internationalen Arya-Forschung abzuweichen [in: 300: BRONKHORST/DESHPANDE (Hrsg.), S. 60; so auch 301, und DERS., „Disput um die Vergangenheit. Indoarische Ursprünge und moderner nationalistischer Diskurs, in 205: M. BERGUNDER/R. P. DAS, S. 206–231]. Die Vertreter des „indigenous Aryanism" seien eine „extremely variegated group including brilliant intellectuals, thorough and professional critical scholars, Hindu chauvinists, and what most academics would consider annoying ‚crackpots'." [300, S. 59; ERDOSY spricht in diesem Zusammenhang von einem „lunatic fringe", 307, S. X]. Vermutlich dürfte für keine andere Zeit der neueren indischen Geschichte R. THAPARS Urteil besser zutreffen als für das vergangene Jahrzehnt: „The Aryan theory has been central to many of the political contestations over identity and status during the evolution of the Indian nation-state in the last two centuries" [353: THAPAR, S. 11]. Blickt man zurück auf

IA und indische Identität

die widersprüchlichen Tendenzen der Forschung über die IA, so möchte man H. H. Hock folgen, der seinen Aufsatz [in 300: Bronkhorst/Deshpande (Hrsg.)] mit einem Zitat aus dem Rigveda schließt: „Der, der Aufseher dieser (Welt) im höchsten Himmel ist, er allein weiß es, es sei denn, dass auch er es nicht weiß" [Übersetzung nach 21: Geldner, Bd. III, S. 361].

4. Staat und Staatsentwicklung

4.1 Einleitung

Der Staat in Indien und seine strukturelle Entwicklung („state formation" in der englischsprachigen Literatur) war seit der Entdeckung der indischen Geschichte im späten 18. Jahrhundert [F. Wilhelm, Die Entdeckung der indischen Geschichte, in: Saeculum 15 (1964), S. 22–40] eines der umstrittensten Themen indischer Geschichtswissenschaft. Die Ursachen der zeitweise überaus heftigen Kontroversen sind vielfältiger Natur [738: Kulke, S. 1–47]. So gab es, anders als z. B. in China, in Indien nur wenige und sehr kurze Perioden gesamtstaatlicher Entwicklung, die eine Definition „des indischen Staates" erleichtern würden. Erschwerend kommt die Größe des indischen Subkontinents hinzu, der stets unterschiedlichsten staatlichen Entwicklungsformen und -stufen gleichzeitig Raum ließ. Versuche, den Staat in Indien über zeitlich und räumlich begrenzte Bereiche hinaus umfassend zu definieren, stoßen daher schon aus historischen und geographischen Gründen auf Grenzen der Sinnhaftigkeit [742: Subrahmanyam]. Forschungsgeschichtlich belastender als diese „objektiven Gründe" und folgenschwerer waren die ideologischen Prämissen der Geschichtsschreibung im 19. und 20. Jahrhundert im politischen Kampf um Hegemonie in Indien, sei es zwischen britischer Kolonialmacht und indischem Nationalismus oder, seit den sechziger Jahren des 20. Jahrhunderts, zwischen hindunationalen und marxistischen Historikern [721: Sharma, S. 1–13; 207: Chakrabarti; 192: Brandtner]. Die Auseinandersetzungen nahmen in den späten siebziger Jahren Ausmaße eines indischen Historikerstreites an [162: Rudolph; J. Lütt in: 92: Kulke u. a. (Hrsg.), S. 14 ff.; 170: Thapar] und wurden von der indischen Historikerin D. Devahuti gar als „a kind of permanent civil war" bezeichnet [139, S. XVIII].

Kontroversen um den indischen Staat

4.2 Orientalischer Despotismus und Asiatische Produktionsweise

Die älteste Theorie moderner Geschichtsschreibung vom indischen Staat knüpft an das seit klassischer Zeit als politisch-kulturelle Gegenwelt zu Europa tradierte Bild vom „orientalischen Despotismus" an [J. Osterhammel, Die Entzauberung Asiens. Europa und die asiatischen Reiche im 18. Jahrhundert, München 1998]. Es fand 1818 im mehrbändigen Werk J. Mills „The History of British India", das Generationen britischer Indian Civil Servants als Lehrbuch diente, seine indien-

Hegel, Marx und die APW

spezifische Ausprägung [267: THAPAR, S. 7ff]. Über HEGELS „Philosophie der Geschichte“ (1837), in der es heißt, „das indische politische Wesen (ist) nur ein Volk, kein Staat. [...] In Indien ist der willkürlichste, schlechteste, entehrendste Despotismus zu Hause“ [G. BERKEMER in: 163: RÜSEN (Hrsg.), S. 148 f.] fand es 1853 Eingang in die Schriften K. MARX, und stellte eine der Grundlagen seiner Theorie über die Asiatische Produktionsweise (APW) dar [775: THORNER; 747: ERDMANN; 753: GUNAWARDANA; 759: KULKE]. Ihre unklare Zuordnung zu den „klassischen“ vier Gesellschaftsformationen bei Marx und Engels und ihre endgültige Verdammung durch Stalin im Jahr 1931 [772: SOFRI, S. 99–128] führte zu einer heftigen Fehde innerhalb des internationalen Marxismus. Sie brach 1957 mit der Veröffentlichung von K. WITTFOGELS Werk „Oriental Despotism“ aus. In ihm bezichtigte der Sinologe und frühere Marxist Stalin der bewussten Geschichtsklitterung bei der „Beseitigung“ der APW und suchte nun seinerseits deren Existenz in der Form einer „hydraulischen Gesellschaft“ im alten China nachzuweisen. In die Auseinandersetzung griffen indische marxistische Historiker ein, die ihrerseits vehement für die Existenz der vier orthodox-marxistischen Gesellschaftsformationen und damit auch für eine feudalistische Epoche in der indischen Geschichte kämpfen. I. HABIB betont, „there is little ‚exceptionalism‘ in Indian history“, und klagt daher, dass die „unfortunate theses that Marx had once propounded“ von Propagandisten des Imperialismus gegen die revolutionären Bewegungen in Asien benutzt würden. Dabei wären es insbesondere „certain Marxists of western European countries [who] have begun to insist that they know better and have ‚reopened‘ the debate among themselves“ [754, S. 38 f.]. Richtig an dieser Feststellung ist, dass die „neu eröffnete“ Debatte um die APW vor allem im Kreise europäischer (insbesondere französischer) Marxisten geführt wurde [749: GODELIER; 748: GARAUDY; 772: SOFRI]. Auch D. N. JHA von der Delhi-Universität pflichtete dieser innermarxistischen „Verschwörungstheorie“ bei und begrüßte die „theoretical emancipation of Indian [Marxist] historians from Marx's loosely knit construct of the Asiatic Mode of Production“, die Indien eine revolutionäre Entwicklung zum Kommunismus versage [756, S. 3].

Marxistische Kontroversen um die APW

Nach dieser vehementen Ablehnung seitens indischer Marxisten ist es kaum verwunderlich, dass aus ihren Kreisen keine umfassende Abhandlung über die APW im Kontext der indischen Geschichte hervorging. Auffallender ist dagegen, dass die in den sechziger und siebziger Jahren in Europa erschienenen Aufsatzsammlungen über die APW keine nennenswerten Beiträge über Indien, das „Ursprungsland“ der Marxschen Theorie, enthalten. Der Erwähnung wert, aber keinesfalls überzeugend, ist K. GOUGH, die sich 1981 bemühte, im südindischen Reich der Cholas Merkmale der APW aufzuzeigen [752]. Die ausführlichste Abhandlung über die APW und ihre Relevanz für die indische Geschichte liegt von B. O'LEARY vor [764]. Er betont die ungenügende historische und theoretische Fundierung des Marxschen Konzeptes und die Sinnlosigkeit, es auf die indische Geschichte anwenden zu wollen. Obschon damit vorerst das letzte Wort gesprochen sein dürfte, verbleibt bei verschiedenen Autoren eine gewisse Sympathie

APW und der indische Staat

für Indien betreffende Thesen von Marx, die, wie u.a. B. STEIN mahnte [789, S. 83], nicht völlig der Vergessenheit anheimfallen sollten.

4.3 Der indische Staat in britisch-imperialer Geschichtsschreibung

Die Nähe der Vorstellungen von Hegel und Marx zur britischen „imperial ideology" und Geschichtsschreibung über den vorkolonialen indischen Staat ist keineswegs verwunderlich [721: SHARMA, S. 2], bezogen sie doch ihr Indienbild aus denselben Quellen [775: THORNER]. Konstanten britischer Historiographie des 19. und frühen 20. Jahrhunderts sind die Negierung einer nennenswerten politischen Geschichte der „Hindu Period" und die Charakterisierung der muslimischen Herrschaft als „despotic government" [42: ELLIOTT/DOWSON, Bd. I, S. XV]. Die erste wissenschaftliche Gesamtdarstellung der indischen Geschichte ist zugleich das „klassische Werk" britisch-kolonialer Geschichtsschreibung über Indien: V. A. SMITHS „Oxford History of India", die seit 1919 in mehreren überarbeiteten Auflagen erschien [246]. Den kolonialen Prämissen folgend, widmete SMITH z. B. der siebenhundertjährigen frühmittelalterlichen Geschichte der großen Regionalreiche Zentral- und Südindiens kaum mehr Seiten als Alexanders Indienzug und den Indo-Griechen [so zuvor auch in seiner 1914 erstmals erschienenen Early History of India: 245; zu V. A. SMITH siehe A. L. BASHAM und R. C. MAJUMDAR in 159: PHILIPS (Hrsg.), S. 266 ff. und 418 ff.]. Nicht weniger bezeichnend ist es, dass der zweite von insgesamt fünf Bänden der seit 1922 publizierten „Cambridge History of India" [235], welcher der Guptazeit und dem gesamten frühen Mittelalter gewidmet sein sollte, nie erschienen ist, und die „New Cambridge History of India" (seit 1987) erst mit den Portugiesen beginnt. Eine umfassende Darstellung des „klassischen" indischen Staates ist aus der britischen Schule der „imperial historiography" nicht hervorgegangen.

4.4 Indologische Arbeiten über den indischen Staat

In der Erforschung und „Rekonstruktion" des frühen indischen Staates spielte die Indologie eine zentrale, aber auch zwiespältige Rolle. Zum einen war sie an der Schaffung eines von transzendentaler Weltabgewandtheit bestimmten Indienbildes ganz wesentlich beteiligt [215: HALBFASS; 207: CHAKRABARTI; 209: DALMIA/v. STIETENCRON; 225: ROTHERMUND; R. INDEN, Imagining India, 1990]. Sie trug damit im Sinne der heutigen Orientalismus-Debatte [E. SAID; und 206: BRECKENRIDGE/VAN DER VEER] wesentlich zur Legitimation des „British Raj" in Indien bei. So stellte der große deutsche Indologe in Oxford, MAX MÜLLER, im Vorwort zu seiner „History of Ancient Indian Literature" (1859) ein Jahr nach der Niederschlagung des großen indischen Aufstandes (Mutiny) fest: „in India there was no history to call forth a historian [...] all the greater is India's place in the intellectual history of mankind" [zitiert nach 104: STACHE-ROSEN, S. 67]. Un-

Indologie und der „koloniale Diskurs"

längst zeigte S. Pollock auf, in welchem Maße die Indologie an der Schaffung des „Arier-Mythos" beteiligt war [in: 206: Breckenridge/van der Veer (Hrsg.), S. 76–133]. Er fungierte zunächst als wichtige Stütze britischer Herrschaft [E. B. Havell, The History of Aryan Rule in India, London 1918; 329: Trautmann], wurde dann aber bereitwillig von Hindu-Nationalisten und Nationalsozialisten aufgegriffen [J. Lütt, Indische Wurzeln des Nationalsozialismus?, in: Utopien – Projektion – Gegenbild. Indien in Deutschland. Sonderheft der Zeitschrift für Kulturaustausch 37 (1987), S. 468–479].

Frühe indologische Werke

Zum anderen aber erschloss die Indologie in philologischer Kärrnerarbeit die zahllosen literarischen Quellen des indischen Altertums auch für die historische Forschung. Von ihr stammt seit dem späten 19. Jahrhundert eine Reihe deskriptiver indologischer Darstellungen, wie etwa H. F. Zimmers „Altindisches Leben" (1879) oder A. Hillebrandts „Altindische Politik" (1923). Aus der großen Zahl dieser frühen Arbeiten ragen zwei hervor. Die vierbändige, über 4000 Seiten umfassende „Indische Altertumskunde" (1867–74) des norwegischen Indologen C. Lassen auf dem Bonner Lehrstuhl wurde von dem Doyen der britischen Indienhistoriker A. L. Basham „a milestone in the progress of the science of Indology" genannt. „No other single hand has since produced so monumental a survey of the history of early India" [in: 159: Philips (Hrsg.), S. 262]. Mag sein Werk insgesamt auch weitgehend überholt sein, so bleibt doch erstaunlich, in welchem Maße Lassen als Indologe bereits Epigraphie und Numismatik in seine Arbeit einbezog und dabei z. B. anhand der großen Allahabad-Inschrift Samudraguptas erstmals auch die Herrschaftsstruktur eines Hindu-Reiches erkannte [C. Lassen, Indische Altertumskunde, Bd. 2, Bonn 1873, S. 957 ff.]. In dem zweiten wichtigen Werk dieser Zeit über die soziale Gliederung zur Zeit des Buddha erschloss R. Fick [338] vorbildlich die buddhistischen Jataka-Legenden als literarische Quelle der zeitgenössischen „zweiten Urbanisierung" und frühstaatlichen Entwicklung im Gangestal [für eine spätere Datierung siehe dagegen 355: Wagle]. Bedauerlicherweise zog er jedoch keine archäologischen Berichte über frühbuddhistische Stätten und Städte heran, die damals bereits in großer Zahl vorlagen [72: Cunningham].

Epigraphik

Weitere bedeutende Beiträge der deutschen Indologie stellen die Arbeiten von E. Hultzsch [5; 10], G. Bühler (Indische Paläographie, 1896) und F. Kielhorn [siehe 104: Stache-Rosen] dar. Sie waren vor dem Ersten Weltkrieg im Epigraphical Survey of India maßgeblich an der Edition des reichen epigraphischen Quellenmaterials Indiens beteiligt und fundierten damit zu einem Gutteil die weitere Erforschung der historischen und staatlichen Entwicklung Indiens. Diesen drei deutschen Indologen und dem englischen Epigraphiker J. F. Fleet [5] widmete der indische „Government Epigraphist" D. C. Sircar 1965 sein Werk „Indian Epigraphy" [109].

Im Mittelpunkt indologischer Forschung über die Staatlichkeit Indiens stehen das vedische Indien und das altindische Staatslehrbuch Arthashastra. Die Studien über frühstaatliche Entwicklung in vedischer Zeit beschränkten sich weitgehend auf eine systematische Analyse literarischer Belege zu einzelnen gesellschaftlich-politischen Institutionen wie Königtum oder Kasten, ohne den Versuch zu unternehmen, Strukturen frühstaatlicher Entwicklung textgeschichtlich aufzuzeigen. Dies tat erst 1954 der Marburger Indologe W. RAU mit „Staat und Gesellschaft im alten Indien“ [345]. Seine streng philologische Analyse spätvedischer *Brāhmaṇa*-Texte zeigt in beispielhafter Weise die Ostwanderung der spätvedischen Zeit, Sesshaftwerdung, Aufstieg der Kshatriya-Kaste und Entstehung frühstaatlicher Institutionen auf. M. WITZEL, der vor allem durch seine Studien über die Migrationen vedischer Schulen bekannt ist [u.a. in: 220, S. 37–76; auch 331: DERS. (Hrsg.), S. 257–347], geht noch einen Schritt weiter und untersucht anhand der spätvedischen Literatur den Aufstieg des Kuru-Stammes zum ersten frühen indischen Königreich [356]. Das vedische Opferritual im Kontext vor- bzw. frühstaatlicher Entwicklung wurde vor allem von dem Leidener Indologen J. C. HEESTERMAN in seiner Studie über die altindische Königsweihe und in zahlreichen Aufsätzen rekonstruiert, die unlängst in einem Band über „Indian Ritual, Kingship and Society“ erschienen [339; DERS., The Inner Conflict of Tradition. Essays in Indian Ritual, Kingship, and Society, Chicago 1985]. Auf diesem Gebiet hat u.a. auch KULKE weitergearbeitet [340; The Rājasūya – a Paradigm of Early State Formation in India?, in: 256: HOEK u.a. (Hrsg.), S. 188–198].

Neuere indologische Arbeiten

Mit dem Rüstzeug der gut hundertjährigen indologischen Studien entstanden in den vergangenen Jahrzehnten umfangreiche Monographien, die nun handbuchartig Theorien vom Staat und seinen Institutionen im frühen Indien darstellen. Hier ist insbesondere B. SCHLERATHS Buch über das vedische Königtum zu nennen [719]. C. DREKMEIER [707] untersucht die Entwicklung des Königtums von den Veden über die Epen bis zu den *Dharmaśāstra*-Texten, während J. W. SPELLMAN systematisch ideologische Einzelaspekte des Königtums (wie etwa Ursprungsmythen und Vergöttlichung des Königs) und seiner Herrschaftsinstrumente (wie etwa Gesetze und Steuern) anging [723]. Eine Frühzeit und Mittelalter umfassende Synopsis der Forschungen findet sich in H. SCHARFES „The State in Indian Tradition“ [741]. Zwar folgt auch er indologisch-literarischen Parametern, doch stellt er sie in historische Zusammenhänge und zieht in stärkerem Maße historische Fachliteratur heran, als dies sonst in indologischen Arbeiten üblich ist.

Studien zum Königtum

Die Entdeckung des altindischen Staatslehrbuches Arthashastra (AS) des Kautilya im Jahr 1905 stellte eine wahre Sensation dar. Seine Veröffentlichung beeinflusste die indologisch-historische Forschung ebenso nachhaltig wie die in den folgenden Jahren aufkommende national-indische Geschichtsschreibung [22: KANGLE]. Das AS, das bis dahin nur auszugsweise aus anderen Texten bekannt war [741: SCHARFE, S. 1 ff.], wurde schon bald nach seiner ersten Übersetzung (1915) mit Machiavellis „Il Principe“ verglichen. Mit einem Schlag schien es die Lehrmeinung des 19. Jahrhunderts von der staatspolitischen Inkompetenz des frühen Indien zu widerlegen. Die Debatte über Autorenschaft und Alter [27: TRAUTMANN] und insbesondere über den Quellenwert des Werkes für den

Arthashastra-Studien

historischen Staat des indischen Altertums hält bis in die Gegenwart an. [Einen Überblick über den Forschungsstand in Quellenkritik und Interpretation vermitteln u.a. 740: SCHARFE; 739: RITSCHL/SCHETELICH; s. auch L. ROCHER in: 99: BECHERT/VON SIMSON].

An der Frage nach den Autoren und damit auch dem Alter des AS scheiden sich indische und „westliche" Historiker (zu denen auch bedeutende russische Historiker wie BONGARD-LEVIN [363] zählen). Nahezu alle indischen Historiker datieren das AS in die Mauryazeit, auch wenn sie nicht immer der traditionellen Überlieferung folgen, dass Kautilya mit Chanakya, dem legendären Minister Chandragupta Mauryas identisch gewesen sei [363: BONGARD-LEVIN, S. 26ff.]. Besonders seit T. R. TRAUTMANN [27] durch eine statistische Wortanalyse nachgewiesen hat, dass Teile des Textes erst in den ersten Jahrhunderten n. Chr. entstanden, wird das AS außerhalb Indiens nur noch bedingt als Quelle für das Maurya-Reich herangezogen. So schließt G. FUSSMAN in seiner wichtigen Untersuchung über die Verwaltung des Maurya-Reiches das AS ausdrücklich aus [365], während R. THAPAR in ihrem Standardwerk über Ashoka [370] und dem Ergänzungsband The Mauryas Revisited [371] das AS weiterhin als gleichwertige Quelle neben Ashokas Inschriften heranzieht. Entsprechend unterschiedlich fällt die Einschätzung des Maurya-Reiches aus, ob es ein zentraler Einheitsstaat [THAPAR] oder nur ein starker Staat bei beträchtlicher Provinzautonomie [FUSSMAN] bzw. unterschiedlicher Durchdringung der Peripherie und Stammesgebiete war [239: KULKE/ROTHERMUND].

Arthashastra und der Maurya-Staat

Nicht minder umstritten ist der Quellenwert der „Indika" des Megasthenes, des seleukidischen Botschafters am Hofe Chandragupta Mauryas [31: ARRIAN]. Dabei geht es neben der Überlieferungsgeschichte seines nur in Fragmenten erhaltenen Berichtes vor allem um die Frage der Glaubwürdigkeit seiner detaillierten Aussagen über den Maurya-Staat. O. STEIN wies bereits 1921 auf Widersprüche bei Megasthenes und im AS hin [zusammenfassend 363: BONGARD-LEVIN, S. 20–26]. D. SCHLINGLOFF konnte hingegen die Anweisungen des AS über Stadtbefestigungsanlagen verifizieren und die Glaubwürdigkeit der Angaben des Megasthenes über die ungewöhnliche Größe der Hauptstadt Pataliputra nachweisen [657]. Neuere Forschungen von R. THAPAR bestätigen weiterhin die Angaben des Megasthenes über die Berufsgruppen im Maurya-Reich [371: THAPAR], wenn auch ihre Kategorisierung in sieben „Stände" Herodots Darstellung der sieben Berufsgruppen Ägyptens folgte. H. FALK hält dagegen einen Einfluss der indischen Lehre von den „sieben Gliedern" (*saptāṅga*) des Staates für möglich [601], während S. R. GOYAL deutliche Übereinstimmungen mit den Inschriften Ashokas konstatiert [India as Known to Kautilya and Megasthenes, 2001].

Indika des Megasthenes

4.5 Der indische Staat in indisch-nationaler Geschichtsschreibung

Die „nationale Schule" moderner indischer Historiographie wurzelt in der frühen Unabhängigkeitsbewegung des späten 19. und frühen 20. Jahrhunderts und ist eine direkte Reaktion auf das ideologisch und zunehmend auch rassistisch diskriminierende Geschichtsbild der britischen „imperial historiography" [721: SHARMA, S. 1–14; 207: CHAKRABARTI; 192: BRANDTNER; R. INDEN, Imagining India, Oxford 1990]. Die Entdeckung und Veröffentlichung des AS, die zufällig genau in die Jahre der ersten Radikalisierung des Unabhängigkeitskampfes nach 1905 fiel, gab der nationalen indischen Geschichtsschreibung einen unerwarteten Auftrieb. Sie trug wesentlich dazu bei, dass sich Geschichtsschreibung zu einem der wichtigsten Medien im Kampf um die Hegemonie im indischen Staat entwickelte, der nach britischem Geschichtsverständnis seine Begründung oder zumindest seine eigentliche Ausprägung erst im „British Raj" gefunden habe.

Kampf um Unabhängigkeit und Definition des indischen Staates

Hatten indische Historiker des späten 19. Jahrhunderts wie R. D. BHANDARKAR (Early History of the Deccan, 1884) oder R. L. MITRA (The Antiquities of Orissa, 1875) sich noch ganz auf regionale Geschichtsschreibung beschränkt, so entstanden nach Entdeckung des AS zahllose Bücher über die vermeintliche Größe des letztlich gesamtindisch gedachten Staates vor dem Einbruch zentralasiatischer und europäischer Eroberer. Den Anfang machte seit 1912 K. P. JAYASWAL mit mehreren Aufsätzen, die 1924 erneut in einem Buch unter dem Titel „Hindu Polity" erschienen [735], das R. S. SHARMA als „the bible of the Indian Nationalists" bezeichnet [721, S. 5]. JAYASWAL stellte anhand einer „nationalen Reinterpretation" der Quellen die These auf, dass die spätvedischen Stammesrepubliken ebenso die Errungenschaften der griechischen Polis-Demokratie vorweggenommen haben, wie die Königreiche der epischen Zeit des *Mahābhārata* bereits alle Elemente einer konstitutionellen Monarchie enthielten und damit der europäischen Entwicklung zumindest gleichzustellen seien.

Die vermeintliche Größe des frühindischen Staates

Die zahlreichen Arbeiten dieser Schule sollen hier nicht weiter verfolgt werden, da sie wissenschaftlich längst überholt sind und ihr ideologisch-geisteswissenschaftlicher Kontext der Geschichte des Hindu-Nationalismus des frühen 20. Jahrhunderts zuzuordnen ist [R. C. MAJUMDAR in: 159: PHILIPS (Hrsg.), S. 416–428; 721: SHARMA, S. 1–14; M. GOTTLOB, Kommunalismus, Nationalismus, Säkularismus. Historisches Denken in Indien vor dem Problem der kulturellen Vielfalt, in: 163: RÜSEN (Hrsg.), S. 510–541]. Festzuhalten gilt es aber, dass bedeutende Arbeiten dieser Zeit über den frühen indischen Staat noch heute als Standardwerke gelten, obgleich sie deutliche Spuren dieser nationalen „Schule" aufweisen. Wie R. K. MOOKERJEE in seinem „Local Government in Ancient India" (Erstaufl. 1920) der britischen Verweigerungspolitik die Effizienz lokaler Selbstverwaltung im frühen Indien entgegenstellte, so hielt A. S. ALTEKAR 1949 in seinem Werk „State and Government in Ancient India" dem gerade unabhängig gewordenen Indien bewusst die Ideale der frühen hinduistischen Staaten vor [731, S. 376–390].

Standardwerke der „nationalen Schule"

Hervorzuheben ist aber auch, dass in diesen Jahrzehnten die ersten großen Dynastie- und Regionalgeschichten über das frühe Mittelalters entstanden. Zu ihnen zählen Arbeiten wie jene von K. A. N. SASTRI über die südindischen Cho-

Die Regionalreiche

las [457], von A. S. Altekar über die zentralindischen Rashtrakutas [446] und von R. C. Majumdar über Bengalen [437: 1943]. Die Genealogien und Chronologien der Dynastien, die in diesen frühen „Klassikern" erstmals auf der Grundlage des inzwischen veröffentlichten reichen epigraphischen Materials [3; 5] erstellt wurden, haben auch heute noch weitgehend Geltung. Das gilt dagegen nur sehr bedingt für die Darstellung von Staat und Verwaltung der indischen Landesgeschichte. Aus der national-indischen Geschichtsschreibung wurde das Bild mächtiger zentraler Einheitsstaaten auf ihre Dynastie- und Regionalgeschichten übertragen. B. Stein [787] warf daher K. A. N. Sastri vor, in seinem Werk über die Cholas von einer „Byzantine royalty" zu sprechen.

Das Fortleben des indisch-nationalen „Staatsmodells"

Das Modell eines starken indischen Einheitsstaats, der über eine effiziente zentrale Bürokratie und ein festes Staatsterritorium verfügte, dominierte historiographisch bis in die 1960er Jahre [738: Kulke, S. 2 ff.]. Es fand seinen bleibenden Niederschlag in der großen „History and Culture of the Indian People" [241: Majumdar; zu deren hindunationalistisch-kommunalistischer Ausrichtung siehe insbesondere die Einleitungen der Bde. I und II]. Historiker konnten sich bisher auf keinen Namen für dieses „Staatsmodell" einigen. Es wird unterschiedlich als „unitary" [874: Spencer], „bureaucratic" [802: Heitzman] oder „imperial" [722: Shulman] bezeichnet. Trotz der anhaltenden Kontroversen über dieses Modell folgt ihm in Indien der überwiegende Teil der (insbesondere regionalhistorischen) Dissertationen. Es kann daher zu Recht als „konventionelles" [789: Stein] oder aber auch als das „indische historiographische Modell" [738: Kulke, S. 4 ff.] bezeichnet werden, das, wie Heitzman zu Recht vermerkt, „little scope for structural changes" aufweise [803, S. 12].

4.6 Der indische Feudalismus

Die „Basham-Schule"

Die Erforschung der spätklassischen und frühmittelalterlichen Geschichte Indiens orientierte sich seit den späten fünfziger und frühen sechziger Jahren neu. Die geschah namentlich an der School of Oriental and African Studies der Londoner Universität unter A. L. Basham, dem Verfasser der wohl bekanntesten Gesamtdarstellung indischer Kulturgeschichte, „The Wonder that was India" [202], wegen ihrer weit über dreißig Auflagen bisweilen „the wonder that was Basham" genannt. Aus seinem indischen Schülerkreis gingen bedeutende Dissertationen zur Wirtschafts- und Sozialgeschichte des frühen Indien hervor, in denen erstmals epigraphische Quellen einer systematischen Analyse unterzogen wurden. Neben R. Thapars Standardwerk über Ashoka [370] sind u. a. die Arbeiten von G. L. Adhya über die Wirtschaftsgeschichte Nord- und Westindiens der Vorguptazeit [Delhi 1966], von S. K. Maity über die Wirtschaft im Zeitalter der Guptas [569] und von L. Gopal über die frühmittelalterliche Wirtschaft Nordindiens [566] hervorzuheben. In der „Basham-Schule" verlagerten sich die Gewichte von der dynastisch-politischen zur Wirtschafts- und Sozialgeschichte. Es kann nicht verwundern, dass aus diesem Kreis auch R. S. Sharmas [766, 767]

Studien über den indischen Feudalismus hervorgingen, die den bisher folgenreichsten, wohl aber auch umstrittensten Beitrag zu einer Neuorientierung gegenwärtiger indischer Mediävistik darstellen.

Von einem „feudalen System" in Indien hatten zwar schon früher britische Administratoren in ihren Berichten gesprochen [z.B. 541: TOD, Bd. I, S. 153–246], und auch MAX WEBER glaubte, „echt feudale soziale Strukturelemente [...] im Mittelalter in den meisten Teilen Indiens [...], oft ganz in occidentaler Art", erkennen zu können [231, S. 67], ein Urteil, dem sich wenig später auch O. HINTZE anschloss [Wesen und Verbreitung des Feudalismus, in: DERS., Staat und Verfassung, hrsg. von G. OESTERREICH, Göttingen 1970, S. 84–117]. Dennoch konnte D. THORNER im Jahre 1956 in seinem Beitrag „Feudalism in India" zu dem von R. COULBORN herausgegebenen Sammelband „Feudalism in History" [746, S. 133–150] noch mit Fug und Recht feststellen: „There is no single work solely devoted to feudalism in India; nor is there even a single article on the place of feudalism in the historical evolution of India" [S. 133]. Es ist ein eigenartiger Zufall, dass in eben diesem Jahr D. D. KOSAMBI mit zwei Aufsätzen [758] und mit seinem Werk „An Introduction to the Study of Indian History" (deutsche Ausg. 1969) die bis heute anhaltende Debatte über den indischen Feudalismus eröffnete. Er unterschied zwischen einem „feudalism from above" der frühmittelalterlichen hinduistischen Regionalreiche des 6.–13. Jahrhunderts und einem „feudalism from below" in der Zeit des Delhi-Sultanats und des Mogulreichs. Obschon er heute als Vater der marxistischen Geschichtsschreibung in Indien gilt, fand seine undogmatische Feudalismus-Interpretation lange Zeit kaum Zuspruch seitens marxistischer Historiker [738: KULKE, S. 11]. Allerdings sieht I. HABIB [754; 755] wie KOSAMBI im Zamindar-System der Mogulzeit „analoge Elemente" zum Feudalismus. [Eine Ausnahme bildet 267: THAPAR, S. 52–73; siehe auch die von B. D. CHATTOPADHYAYA edierte Gesamtausgabe 258: KOSAMBI]. In der Zwischenzeit hatte sich ein Feudalismuskonzept durchgesetzt, das sich an der orthodox-marxistischen Abfolge progressiver Gesellschaftsformationen orientierte. R. S. SHARMA hatte es erstmals 1958 in seinem Aufsatz über den Ursprung des Feudalismus in Indien in den Jahren 400–650 zur Diskussion gestellt [766]. Die in den folgenden Jahren verfassten weiteren Aufsätze zu diesem Thema arbeitete er dann 1965 in sein Werk „Indian Feudalism" ein [767]. Es umfasst die Periode 300–1200 n. Chr. und gilt bis heute als Standardwerk der „Indischen Feudalismus-Schule".

Frühe Aussagen zum Feudalismus in Indien

Laut R. S. SHARMA entstand der indische Feudalismus seit dem 3./4. Jahrhundert n. Chr. infolge des Niederganges des überregionalen asiatischen Handels und städtischer Wirtschaft [siehe dazu neuerdings auch sein Werk „Urban Decay": 659] und damit verbundener Münzbaisse [R. S. SHARMA, Paucity of Metallic Coinage (ca. 500–1000), in: 769, S. 119–162]. Direkte Ursache für die Entstehung wirtschaftlich-sozialer (und in der Folge politischer) Feudalstrukturen seien aber die Landstiftungen an Brahmanen religiöse Institutionen und, wenn auch seltener, an königliche Beamte gewesen [768]. Sie hätten eine landbe-

R. S. Sharmas Theorien

sitzende, jedoch das Land nicht selber bebauende Klasse von Grundbesitzern geschaffen, die mit zahlreichen Immunitäten und Regalien ausgestattet wurde, wie sie auch aus dem europäischen Mittelalter z.B. im Steuererhebungsrecht und der Gerichtsbarkeit bekannt seien [hierzu insbesondere 432: BHATTACHARYA]. Die Übertragung dieser Rechte auf die Grundbesitzer und die zunehmende Bindung der Dorfbevölkerung an die Scholle hätte ein schrittweises Abdrängen in die Hörigkeit bewirkt [siehe auch 778: YADAVA; dagegen jedoch 760: MUKHIA]. Diese Entwicklung habe zu einer fortschreitenden Zersplitterung und Schwächung der politischen Macht geführt, verursacht „by the widespread practice of granting big and small territories to vassals and officials who entrenched themselves territorially and ended up as independent potentates" [767: SHARMA, S. 159].

Nach SHARMAS Werk darf das 1973 erschienene Buch B. N. S. YADAVAS als umfassendste Studie über den indischen Feudalismus angesehen werden [777]. Es stellt eine klare Fortsetzung der Forschungsansätze SHARMAS dar, doch geht YADAVA stärker auf europäische Feudalismustheorien ein, als dies SHARMA tat. YADAVA zitiert ausführlich die Liste der „grundlegenden Eigenarten des europäischen Feudalismus" von M. BLOCH – dessen Werk „La société féodale" 1961 in englischer Sprache erschienen war – und zeigt, in welchem Maß MARX als wichtigste theoretische Quelle der indischen Feudalismus-Schule von BLOCH abgelöst wurde. Unter dem Einfluss BLOCHS, aber auch MAX WEBERS, verlagert YADAVA den Schwerpunkt seiner Untersuchungen in den politischen Bereich feudaler Strukturen. Dabei hebt er besonders die Stellung der Samanta-Fürsten hervor, die als das „key word of Indian feudalism" anzusehen seien [777, S. 136]. Die „Samantaisierung" der frühmittelalterlichen Königreiche wird daher bisweilen auch als die „indische Variante" des Feudalismus angesehen [751: GOPAL; 805: KULKE, S. 98].

Weitere Arbeiten zum indischen Feudalismus

Bereits vor der Veröffentlichung seines Buches begann eine heftige Auseinandersetzung über SHARMAS Feudalismus-Thesen. Während einer Konferenz über „Land System and Feudalism in Ancient India", die im Dezember 1964 an der Calcutta-Universität veranstaltet wurde [771: SIRCAR (Hrsg.)], stießen sie gleichermaßen auf Zustimmung [u.a. B. P. MAZUMDAR und B. N. S. YADAVA] wie auf vehemente Ablehnung [u.a. S. K. MAITY]. Diese wurde besonders von D. C. SIRCAR in seinem Beitrag „Landlordism Confused with Feudalism" mit der Schlussfolgerung vorgetragen, dass Brahmanen, keine Lehensträger gewesen seien und Feudalismus daher „a misnomer in the early Indian context" sei [771, S. 62]. In den Auseinandersetzungen auf dieser Konferenz brach die bis dahin sorgsam gehegte nationale Einheit der indischen Historiker in zwei sich befehdende Gruppen, eine konservative und eine sich zunehmend marxistisch orientierende Schule, auseinander. Gleich zu Beginn der Regierungszeit der konservativen Janata Partei (1977–1980) war als Gegenorganisation zum „marxistischen" Indian History Congress die „Indian History and Culture Society" gegründet und SHARMA die Teilnahme an einer Konferenz in der Sowjetunion verweigert

Feudalismus und der indische Historikerstreit

worden [139: DEVAHUTI; 162: RUDOLPH/RUDOLPH, zu den neuesten Auseinandersetzungen S. 138], während auf den Tagungen des Indian History Congress in den Jahren 1979 und 1980 drei Presidential Addresses dem Thema des indischen Feudalismus gewidmet wurden. D. N. JHA begründete in selbstentwaffnender Offenheit die Übertragung des Feudalismuskonzeptes auf die indische Geschichte: „What needs to be adequately appreciated is the fact that Indian Marxist historiography, opposed to the British view of Indian [unchanging] past, has used the European model of feudalism to explain social change in India from the middle of the first millennium" [756, S. 11]. B. N. S. YADAVA trat zwar ebenfalls für die Übertragung des Feudalismus-Modells ein, forderte aber größere konzeptuelle Abklärung in der konkreten „Anwendung" auf die indische Geschichte [778].

Hatten JHA und YADAVA zwar theoretische Schwächen der indischen Feudalismus-Debatte eingestanden, diese aber durch konsequentere Berücksichtigung marxistischer oder nicht-marxistischer Feudalismus-Theorien zu beheben gesucht, so stellte H. MUKHIA die Existenz eines Feudalismus in Indien grundsätzlich in Frage [760; 761]. Nach einer ausführlichen Sichtung verschiedener Theorien über den Ursprung von Feudalismus hob er die Übereinstimmung darüber hervor, dass dieser in Europa aus einem tief greifenden und langwierigen gesellschaftlichen Wandel hervorgegangen sei. Von der indischen Feudalismus-Schule würden dagegen staatliche Landstiftungen als wichtigster Auslöser für die Genese von Feudalismus angesehen. Eine derartig komplexe gesellschaftliche Struktur wie der Feudalismus könne jedoch nicht aus staatlich-administrativen Maßnahmen hervorgegangen sein. Ferner wurde von anderer Seite darauf hingewiesen, dass im Gupta-Reich [737: KULKE; 427: VIRKUS] der postulierten politischen Fragmentierung durch Feudalismus keine der europäischen Entwicklung vergleichbare Zentralstaatlichkeit (der Spätantike) vorausgegangen sei und Landstiftungen an neu siedelnde Brahmanen, vornehmlich außerhalb des Gupta-Reiches und seiner Nachfolgestaaten vollzogen wurden [so auch 429: CHATTOPADHYAYA]. Zusammenfassend fragt MUKHIA daher nach dem Sinn von solchen Vergleichen, wenn diese nur dazu führen, Fragen zu stellen „which have so little relevance to our history" [760, S. 133].

MUKHIAS Kritik löste in der indischen Feudalismus-Schule eine tiefe Betroffenheit aus. Die Ursache hierfür dürfte weniger in seinen Argumenten als vielmehr darin zu suchen sein, dass sie „in a strongly assertive Marxist mould" [761, S. 9] von einem Angehörigen des Centre for Historical Studies der Jawaharlal Nehru University in Delhi, eines der Zentren der „concerned leftist and Marxist historians", vorgetragen wurden. Entsprechend wurde die nachfolgende Diskussion besonders in diesen Kreisen, aber im Unterschied zu früheren Debatten nun erstmals auch auf internationaler marxistischer Ebene ausgetragen. Nach intensiver Vorbereitung erschien 1985 ein Sonderheft des „Journal of Peasant Studies" über „Feudalism and Non-European Societies", hrsg. von T. J. BYRES und H. MUKHIA, das die Auseinandersetzung auf einen neuen Höhepunkt

Der marxistische Diskurs

brachte, wenn auch wesentlich „within a Marxist analysis" [745, S. 2]. Der historische Feudalismus in Indien bzw. die Übertragbarkeit westlicher Feudalismuskonzepte für seine Interpretation werden darin u.a. von R. S. SHARMA heftig verteidigt, von I. HABIB bedingt akzeptiert, aber von B. STEIN [773] für die südindische Geschichte ebenso strikt verneint wie von H. MUKHIA für Nordindien.

Gegenreaktion der „Indischen Feudalismus-Schule"

Die Reaktion der keineswegs „geschlagenen" Feudalismus-Schule ließ nicht lange auf sich warten. 1987 veröffentlichte D. N. JHA eine Anthologie wichtiger Aufsätze führender Vertreter dieser Schule [757]. Ein wesentliches Anliegen dieses Bandes und der langen Einleitung des Herausgebers ist es, das Argument zu entkräften, vorwiegend externe Faktoren (wie der Rückgang des internationalen Handels) und staatliche Maßnahmen (wie die Landstiftungen an Brahmanen), seien die auslösenden Faktoren für die Entstehung des Feudalismus in Indien gewesen (dies wurde im Zusammenhang der Periodisierung bereits dargelegt; s. Kap. II.1). Stattdessen werden soziale Unruhen, wie z.B. die sog. Krise des Kaliyugas und Bauernaufstände, herausgearbeitet [R. S. SHARMA, The Kali Age: A Period of Social Crisis, erw. Neudruck in: 757: JHA (Hrsg.), S. 1–60]. Die 1989 von V. THAKUR veröffentlichte „Historiography of Indian Feudalism" [774] ist eine orthodoxe Verteidigung. Ihr kommt aus heutiger Sicht die wohl unbeabsichtigte Bedeutung eines Rückblicks auf einen bereits vergangenen, aber zweifelsohne wichtigen Abschnitt der neueren indischen Geschichtswissenschaft zu. Den Eindruck abschließender Dokumentationen vermitteln auch drei Sammelbände, die unlängst von den drei einflussreichsten indischen Akteuren der Feudalismusdebatte herausgebracht wurden. D. N. JHA und H. MUKHIA veröffentlichten im Jahr 2000 erweiterte Neuauflagen ihrer bereits genannten Bände [757; 761], und R. S. SHARMA legte 2001 eine Auswahl überarbeiteter eigener Schriften zu diesem Thema vor [769]. Die insgesamt 35 Aufsätze dieser Bände gewähren einen umfassenden Einblick in Arbeiten und Thesen der indischen Feudalismus-Schule, sowohl im indischen wie auch im internationalen marxistischen Kontext. Gegendarstellungen kommen einzig in MUKHIAS Band zu Wort. Opponenten der Feudalismustheorien werden dagegen in den umfangreichen Einleitungen der Bände SHARMAS und JHAS ausführlich behandelt, wobei sich beide besonders (JHA in recht polemischer Weise) an ihrem Kollegen B. D. CHATTOPADHYAYA und seiner einflussreichen Gegendarstellung [795] „reiben". Allen drei Einleitungen dürfte in künftigen Studien über die Indische Feudalismus-Schule ein beträchtlicher Quellenwert zukommen.

Sowjetische Studien

Bereits 1988 war sozusagen als Schwanengesang auf die sowjetisch-marxistische Feudalismusforschung eine Gesamtdarstellung des Feudalismus als Epoche [„Gesellschaftsformation"] der Weltgeschichte erschienen [744]. In ihr wandte K. A. ANTONOVA gegen die Lehrmeinung indischer Marxisten die orthodoxe marxistische Periodisierung des Feudalismus auf die indische Geschichte an. Dem „frühen" (hinduistischen) Feudalismus vom 6.–12. Jahrhundert (bei SHARMA dagegen dessen Höhepunkt) folgte demnach der (islamische) Feudalismus des Delhi-Sultanats und des Mogulreiches, unter dem der indische Feudalismus seinen Höhepunkt erreicht habe. Ihm schloss sich die Phase des Niederganges unter britischer Kolonialherrschaft und der Aufstieg des Kapitalismus seit dem späten 18. Jahrhundert an. Ähnlich argumentiert allerdings auch I. HABIB [755]. ANTONOVA folgte damit letztlich der bekannten dreistufigen Periodisierung der kolonialen britischen Geschichtsschreibung.

Abschließend sei noch ein Blick auf die Diskussion über den indischen Feudalismus in der früheren DDR geworfen. Sie wurde 1968, also sehr bald nach der Veröffentlichung des Werkes R. S. SHARMAS, von W. RUBEN mit einem appendixartigen „Ausblick auf die Geschichte des Feudalismus" eröffnet, mit dem er den zweiten Band seiner sechsbändigen Reihe „Gesellschaftliche Entwicklung im alten Indien" schloss [275, Bd. 2, S. 230–236]. In ihm hob er stärker als SHARMA – aber ähnlich wie dies später auch YADAVA tat – die politische Dezentralisierung und die Stellung der Samanta-Fürsten in ihrer Bedeutung für den indischen Feudalismus hervor. Gegen Sharma, aber in Übereinstimmung mit sowjetischen Historikern [z.B. 744: ANTONOVA], bezeichnete auch er die Zeit von ca. 500–1200 als Epoche des „frühen indischen Feudalismus". An ihn schlossen sich der „hoch entwickelte Feudalismus" des Delhi-Sultanats und Mogulreiches und der „zerfallende Feudalismus" von 1700 bis ins 19. Jahrhundert an, bis dann „die Engländer den indischen Feudalismus und die asiatische Produktionsweise durch ihren Kapitalismus zerstörten" [S. 234]. Im sechsten Band seiner Reihe rückte er 1973 überraschend wieder von seinen Thesen ab, da die volle Entwicklung eines indischen Feudalismus als selbstständige Gesellschaftsformation noch nicht als gesichert gelten könne [6. Bd., S. 286]. 1978 entschied er sich in seiner „Kulturgeschichte Indiens" zugunsten einer von ihm postulierten „altorientalischen Produktionsweise", die in Indien 5000 Jahre vorgeherrscht habe, eine Vorstellung, die der APW sehr nahe kommt.

DDR-Studien zum indischen Feudalismus

In der Zeit, als RUBEN vom indischen Feudalismus abrückte, begann M. NJAMMASCH ihre Untersuchungen zu Ursprung und früher Entwicklung des Feudalismus in Indien, die sie 1984 als Buch herausbrachte [763]. Auch sie arbeitete mit einem Modell der altorientalischen Klassengesellschaft, die sie jedoch im Gegensatz zu RUBEN bereits mit der Guptazeit um 500 n. Chr. enden ließ, um daran dann eine Periode des Feudalismus anzuschließen, die sie mit SHARMA auf die Zeit bis ca. 1200 begrenzte. Anders allerdings als SHARMA, der u. a. den Rückgang internationalen Handels und die Entstehung von Großgrundbesitz als verursachende Faktoren der Feudalisierung in Indien ansieht, stellt NJAMMASCH den Verfall der Staatsmonopole, „Individualisierung" der Steuereinziehung und die Entstehung von Privatbesitz in den Mittelpunkt ihrer Untersuchung, um „die Entstehung feudaler Verhältnisse im Schoße der altorientalischen Klassengesellschaft" zu begründen. Zur umstrittenen Frage des Landbesitzes in Mogulindien siehe insbesondere M. N. PEARSONS „Land, Noble and Ruler in Mughal India" [in E. LEACH/S. N. MUKHERJEE/J. WARD (Hrsg.), Feudalism: Comparative Studies, Sydney 1985, S. 175–196].

4.7 Der frühindische Staat

Während sich die Feudalismusdebatte seit den achtziger Jahren in stereotypen Wiederholungen zu erschöpfen begann, gingen von indischen marxistischen Historikern wichtige Anstöße zur Erforschung der spätvedisch-frühstaatlichen Entwicklung der „Gangesgesellschaft" aus. Sie könnten sich langfristig als deren fruchtbarster Beitrag zur indischen Geschichtswissenschaft erweisen. Diese Forschungsrichtung wurde wesentlich von R. S. SHARMA und ROMILA THAPAR geprägt. Bereits 1959, ein Jahr nach der Veröffentlichung seines ersten Aufsatzes über die Ursprünge des Feudalismus in Indien [766], erschien SHARMAS Studie über politische Ideen und Institutionen im frühen Indien [721]. Sie stellt die erste systematische Abhandlung eines indischen Historikers über die frühstaatliche Entwicklung von frühvedischer Zeit bis zum Gupta-Reich dar. Sie beruht wesentlich auf einer Analyse schriftlicher Quellen und steht den Arbeiten der Indologen J. C. HEESTERMAN [710] und B. SCHLERATH [719] nahe, arbeitet jedoch in stärkerem Maße einzelne Phasen historisch-strukturellen Wandels von der frühen semi-nomadischen Gesellschaft zur Großreichsbildung heraus. Die folgenden Jahre standen im Schatten seiner Feudalismusstudien, bis SHARMA 1974 seine frühhistorischen Studien wieder aufnahm. In einem Artikel über „Iron and Urbanisation" kommt in deutlichem Unterschied zu seiner früheren Studie der Wandel der Produktionsmittel (Eisenäxte und Pflüge) als Voraussetzung für die Urbarmachung der Gangesebene und damit für den Beginn der frühstaatlichen und städtischen Entwicklung Nordindiens zur Geltung [658]. Wie noch aufzuzeigen sein wird, löste dieser Aufsatz eine heftige Debatte im Rahmen der Stadtforschung aus (s. u., Kap. II.5). Ein Jahr später erweiterte er seinen marxistischen Forschungsansatz in einem Aufsatz über „Class Formation and its Material Basis in the Upper Gangetic Basin (c. 1000–500 BC)" [in: IHR 2 (1975), S. 1–13] und hielt zu diesem Thema auch seine Presidential Address des indischen Historikerkongresses [in: PIHC 36 (1975), S. 1–14]. 1983 erschien als sein Hauptwerk in früher Geschichte Indiens „Material Culture and Social Formations in Ancient India" [351], dem bahnbrechende Abhandlungen über soziale Stratifizierung, berufliche Differenzierung, Urbanisierung und frühstaatliche Entwicklung folgten [613]. Eine systematische Kurzdarstellung seiner Thesen findet sich in seinem kleinen Büchlein „Origin of the State in India" [1989] und „The State and Varna Formation in the Mid-Ganga Plains. An Ethnoarchaeological View [New Delhi 1996].

Neuere Arbeiten zum frühhistorischen Staat

1984 legte auch R. THAPAR ihre viel zitierte Studie „From Lineage to State" über die Entwicklung im Gangestal in der Mitte des 1. Jahrtausends v. Chr. vor [352]. Ihr waren 1980 ein richtungweisender Artikel über „State Formation in Early India" [in: International Social Science Journal 32 (1980), S. 655–670] und 1983 ihre Presidential Address des indischen Historikertages vorausgegangen [277, S. 114–136]. In ihren Arbeiten hebt THAPAR stärker als SHARMA den strukturellen Wandel der spätvedischen Zeit als verursachenden Faktor der frühstaatlichen Entwicklung Nordindiens hervor. Sie definiert die vedische Gesellschaft als eine „lineage based society" (1980), deren Clane (*viś*) in spätvedischer Zeit im Kampf um Land- und Viehbesitz einen tief greifenden Stratifizierungsprozess durchliefen. Aus ihm gingen in enger Symbiose mit den Brahmanen, und durch Unterwerfung der ackerbauenden Angehörigen ihrer Clane dominante Kshatriya („Krieger")-Familien siegreich hervor. Die Herrschaft über ihre Clane und sich entwickelnde Clanföderationen festigten sie durch Beutezüge, Erzwingung und Institutionalisierung regelmäßiger Abgaben und aufwändige Königsrituale [zu Letzteren siehe auch 339: HEESTERMAN; 719: SCHLERATH; 340: KULKE]. Die mächtigsten dieser frühen Stammesfürstentümer (*janapada*) stiegen in einem Prozess frühstaatlicher Entwicklung („Transition to State") [352: THAPAR, S. 70–115] zu „Großfürstentümern" (*mahājanapada*) auf, deren Fürstensitze die Nuklei der frühen Urbanisierung Nordindiens bildeten.

„From Lineage to State"

Aus dem Umfeld SHARMAS und THAPARS gingen bedeutende Arbeiten hervor. D. N. JHA, dem wir bereits als Mitstreiter SHARMAS in der Feudalismus-Debatte begegneten, hob in seinem seit 1977 in acht Auflagen erschienen Buch „Ancient India" zunächst noch stärker die Durchsetzung des Abgabe- und Steuerwesens als wichtigste Voraussetzung für die frühstaatliche Entwicklung der spätvedischen Zeit hervor. In der überarbeiteten Neuauflage von 1998 folgt er dann jedoch weitgehend SHARMAS „Eisentheorie" [271, S. 62ff.]. Die Dissertation K. ROYS, einer Schülerin THAPARS, stellt anhand der spätvedischen Literatur und Rituale die Entwicklung der Monarchie in Nordindien im 8.–4. Jahrhundert v. Chr. als das Ergebnis widerstreitender sozialer Wandlungsprozesse und religiös-ideologischer Herrschaftsansprüche dar [346]. S. BHATTACHARYA untersuchte das ambivalente Verhältnis zwischen Brahmanen und Kshatriyas als prägenden Faktor der spätvedischen sozialen Entwicklung [299]. Eine Schülerin SHARMAS, V. NATH, hob in Anlehnung an M. Mauss' Studie über die „Gabe" die zentrale Bedeutung religiös institutionalisierten Gabentausches als Parameter sozialer und politischer Ordnung im spät- und nachvedischer Zeit hervor [607].

Rituale und frühstaatliche Entwicklung

Wie zuvor bereits die Arbeiten über den frühmittelalterlichen indischen Feudalismus, so stießen auch diese „materialistischen" Interpretationen der frühen indischen Geschichte insbesondere in Indien auf heftige Kritik. Bereits 1978 standen die von SHARMA und THAPAR verfassten Schulbücher „Ancient India" und „Medieval India" im Mittelpunkt des indischen Historikerstreites (s. o. Kap. 4.1) und wurden vorübergehend aus dem Lehrplan der Colleges verbannt, wogegen sich SHARMA in einer Streitschrift „In Defence of ‚Ancient India'" zur Wehr setzte [350] – eine Kontroverse, die sich seit 2001 wieder erheblich verschärfte. Wie auch im Falle seiner stadthistorischen Arbeiten (s. Kap. II.5.2) war SHARMA vor allem Angriffen indischer Archäologen ausgesetzt, die nachzuweisen suchten, dass Eisenpflüge erst Jahrhunderte später zum Einsatz gelangten [341: LAL]. Auch wenn es ihnen gelungen sein dürfte, den technologischen Wandel der Produktionsmittel als wichtigsten verursachenden Faktor frühstaatlicher Entwicklung in Frage zu stellen, so hält G. ERDOSY ihnen, insbesondere D. K.

Archäologische Theorien zur frühstaatlichen Entwicklung

Chakrabarti und A. Ghosh, vor, „they failed to provide an adequate substitute, never specifying what crucial changes in the socio-political sphere actually led to the emergence of complex societies" [332, S. 119].

Zu den schärfsten Gegnern Sharmas zählt D. K. Chakrabarti, der heute in Cambridge lehrt. In seiner Studie über „The Early Use of Iron in India" wird Sharma mit keinem Wort mehr erwähnt [335]. F. R. Allchin, Chakrabartis Vorgänger in Cambridge, betonte dagegen in der von ihm edierten umfassenden Darstellung über „The Emergence of Cities and States" im frühen Indien, an der auch Chakrabarti mitarbeitete, dass die zahlreichen Arbeiten Thapars und Sharmas „have provided us with many new insights in the subject of this book" [332, S. 339]. Er verweist dabei ausdrücklich mehrfach auf ihre gerade genannten Hauptwerke aus den Jahren 1984 und 1983 und auf eine Arbeit R. Chakravartis aus dem Jahr 1991 über „Early Historical India: a Study in its Material Milieu" [336]. Dessen überarbeitete Dissertation aus dem Jahr 1983 enthält ebenfalls ein umfangreiches Kapitel über „Janapada to Empire: Economic Issues" [732, S. 27–76]. Der von Allchin edierte Band und insbesondere G. Erdosys wichtige Beiträge [332, S. 75–122] erbringen die gelungenste Synthese bisheriger historisch-indologischer und archäologischer Forschungen und Theorien über die frühstaatliche und frühurbane Entwicklung, obschon Erdosy seinerseits den Vorrang R. Thapar (1984) einzuräumen scheint: „This impasse between rival theories was first transcended by Thapar's synthesis" [332, S. 119].

4.8 Der segmentäre Staat

Südindien und der segmentäre Staat

Nach R. S. Sharmas Apperzeption des Feudalimus stellt die Theorie des segmentären Staates den zweiten wichtigen, aber gleichermaßen umstrittenen Beitrag in der Diskussion über den frühmittelalterlichen indischen Staat dar [738: Kulke, S. 18–31]. Das Konzept geht auf die Arbeiten des englischen Anthropologen A. Southall über die Alur-Gesellschaft in Ostafrika zurück [785] und wurde 1977 erstmals von dem amerikanischen Historiker Burton Stein in seinem Aufsatz „The Segmentary State in South Indian History" auf die südindische Geschichte angewandt [787]. Der segmentäre Staat ist wesentlich dadurch gekennzeichnet, dass wichtige Kriterien entwickelter Staatlichkeit, wie territoriale Souveränität oder zentrale Herrschaft, auf den Herrschersitz und dessen Umfeld beschränkt sind und sich in den Außengebieten zunehmend in bloße „rituelle Souveränität" abschwächen [785: Southall, S. 248 ff.; 787: Stein, S. 11]. Je geringer die tatsächliche Macht des zentralen Herrschers in der „intermediate zone" und der Peripherie ist, umso deutlicher treten dort Strukturen lokaler Herrschafts- und Machtbefugnisse hervor. In einem segmentären Staat existieren demnach zahllose, hierarchisch gestaffelte Machtzentren unterschiedlicher Größe, die in ihren Gebieten die tatsächliche Herrschaft („actual politicial control") ausüben, während die rituelle Souveränität, ihre Herrschaftssymbole und Rituale in den Händen des zentralen Herrschers liegen. Nach Stein sei es im frühmittelalterlichen Südindien einzig diese rituelle Souveränität gewesen, „which converted a congeries of local political systems into a segmentary state" [787, S. 16]. Ein ähnliches Bild entwirft S. J. TAMBIAH in seinem einflussreichen Buch über die „Galactic Polity" des buddhistischen mittelalterlichen Staates in Thailand [821]. Der „zentrale Planet" werde von unterschiedlichen „Satelliten" umrundet, die als mehr oder weniger autonome Einheiten im Umlauf um das Zentrum gehalten werden. Der traditionelle Staat konstituiere „a galactic constellation rather than a strict hierarchy" (S. 114).

„Galactic Policy"

Bei der Übertragung des Southallschen Modells von Afrika auf Südindien wurde STEIN von zwei indischen historisch-geographischen Studien beeinflusst. So hatte B. SUBBARAO bereits 1956 mit unterschiedlichen Formen staatlicher Entwicklungsprozesse in den „areas of attraction", „areas of relative isolation" und „tribal areas or areas of isolation" operiert [131]. In Anlehnung an SUBBARAOS „areas of attraction" sind STEINS „nuclear areas" zu verstehen, die er in einem Aufsatz über agrarische Integration im frühmittelalterlichen Südindien vorstellte [B. STEIN, Integration of the Agrarian System of South India, in: 255: FRYKENBERG (Hrsg.), S. 175–216]. Unter „nuclear areas" verstand STEIN die an den unteren Flussläufen gelegenen, um Brahmanendörfer gruppierten, hoch entwickelten Siedlungs- und Wirtschaftsgebiete (*nāḍu*). 1973 erschien weiterhin Y. SUBBARAYALUS Studie über die mittelalterliche politische Geographie Südindiens, in der er in einer umfassenden Analyse mehrerer tausend Inschriften der Chola-Zeit (9.–13. Jahrhundert) insgesamt ca. 550 derartige Nadus kartographierte [132]. SUBBARAOS These von Zonen konzentrisch schwächer werdender zentraler Herrschaftsinstitutionen und SUBBARAYALUS kartographische Erfassung der Nadus als tragender Elemente des politischen Systems im frühmittelalterlichen Südindien veranlassten B. STEIN noch im selben Jahr, in einem Vortrag SOUTHALLS Konzept des segmentären Staates auf die südindische Geschichte anzuwenden [787]. Im Jahre 1980 folgte dann sein Hauptwerk „Peasant State and Society in Medieval South India" [460], in dem er die segmentärstaatliche Entwicklung Südindiens umfassen vorstellte und erstmals auch das spätmittelalterliche Vijayanagara-Reich (14.–16. Jahrhundert) mit einbezog.

„Nuclear Areas" und Nadus

Die Reaktion auf STEINS Thesen war unter namhaften Historikern erwartungsgemäß geteilt. Westliche Historiker wie D. SHULMAN, G. SPENCER und N. DIRKS betonten, dass STEINS segmentärstaatliches Konzept „ohne Zweifel weit zutreffender sei als das ‚imperiale' von Nilakanta Sastri" [722: SHULMAN, S. 19] und priesen es daher als „ein geeignetes alternatives Modell" [874: SPENCER, S. 7] bzw. als „immensely powerful deconstructive tool" [800: DIRKS, S. 403] gegen die konventionelle Historiographie. Unlängst bezeichnete G. BERKEMER das Modell als den bisher erfolgreichsten Versuch „to illustrate the structure behind historical events in the time of the Cōḷa kingdom" [Political Systems and Political Structure of Medieval South India, in: 250: BERKEMER u.a. (Hrsg.), S. 121–138], und auch nach J. HEITZMAN erklärt sich das Verhalten der königlichen Funktionäre der Cholas am ehesten aus den Bedingungen eines segmentä-

Die Debatte um den segmentären Staat

ren Staates [803, S. 223]. Andere würdigen den heuristischen Wert bestimmter Einzelaspekte, wie z. B. den der „nuclear areas", melden aber auch Vorbehalte an gegen die strikte Differenzierung ritueller Souveränität und tatsächlicher politischer Macht [737: KULKE; so auch 799: DIRKS]. D. E. STREUSAND stellt Übereinstimmungen zwischen der Provinzverwaltung der Mogulen und dem segmentären Modell fest, ohne jedoch den Mogulstaat im Ganzen in diesem Sinne deuten zu wollen [522, S. 180f.].

In Indien stießen STEINS Thesen dagegen auf heftige Kritik, zunächst in ablehnenden Rezensionen [u. a. 779: CHAMPAKALAKSHMI; 782: JHA; 783: RAMASWAMI]. Sie kritisierten vor allem Einzelpunkte, wie etwa die von Stein postulierte Nichtexistenz zentraler Steuerbehörden im Chola-Reich. Schwerwiegender waren Gegendarstellungen grundsätzlicher Natur wie jene B. D. CHATTOPADHYAYAS [795; siehe auch 737: KULKE] und konkrete Einzeluntersuchungen zum Chola-Staat von Y. SUBBARAYALU [818] und J. HEITZMAN [802]. In seiner Presidential Address des Indian History Congress im Jahr 1983, in der B. D. CHATTOPADHYAYA gleichermaßen Feudalismustheorien wie Theorien des segmentären Staates verwarf, hielt er STEIN entgegen, einen „state *sans* politics" zu beschreiben, dessen Macht auf den patrimonialen Haushalt des zentralen Herrschers beschränkt bleibe, während die „actual political control" in den Zwischen- und Außenregionen auf die „Segmente" als eigentliche „foci of power" verteilt sei. SUBBARAYALU und HEITZMAN hoben hervor, dass das Chola-Reich auf dem Höhepunkt seiner Macht im 11. Jahrhundert eine erkennbare Zentralisierung der Verwaltung im dynastischen Kerngebiet und ihre Ausweitung in das Hinterland auf Kosten lokaler Selbstverwaltung und allodialer Fürsten aufweise. SUBBARAYALU betont weiterhin, dass die Chola-Zeit strukturgeschichtlich nicht als Einheit behandelt werden könne. Segmentärstaatliche Merkmale weise bestenfalls die formative Frühphase des Reiches im 10. Jahrhundert auf. Damit wies SUBBARAYALU auf die vermutlich problematischste Seite der Bemühungen STEINS hin, nämlich das segmentärstaatliche Modell nicht nur auf eine Frühphase staatlicher Entwicklung anzuwenden, sondern es geradezu als gesellschaftliche „Großformation" der gesamten frühmittelalterlichen Geschichte Südindiens zu postulieren und dies ausgerechnet am Chola-Reich und dem Höhepunkt seiner Machtentfaltung im 11. Jahrhundert zu exemplifizieren [738: KULKE, S. 26ff.].

Der Chola-Staat im Lichte der Debatte

Auf dem Höhepunkt dieser Auseinandersetzungen griff SOUTHALL in die Debatte ein, um „sein" afrikanisches Modell im indischen Kontext zu verteidigen. Dabei gelangte er unter Rückgriff auf V. K. GOUGH, die den Chola-Staat der Asiatischen Produktionsweise zuordnet [752], zu dem abenteuerlichen Schluss, der segmentäre Staat verkörpere ebenso die APW [786: SOUTHALL, S. 9]. Diese Schlussfolgerung veranlasste nun auch R. S. SHARMA, sich in einem umfangreichen Aufsatz äußerst kritisch mit diesem Konzept auseinander zu setzen und seine Relevanz für die indische Geschichte strikt zu verneinen. Dessen Anhängern warf er vor, sozusagen durch die Hintertüre des segmentären Staatsmodells

Segmentärer Staat = APW?

die von den Anhängern der indischen Feudalismustheorie besonders heftig bekämpfte APW wieder ins Gespräch bringen zu wollen [784]. STEIN antwortete in zwei Aufsätzen [790; The Gupta Empire, in: 736: KÖLVER (Hrsg.), S. 15–28]. Zum einen warf er SOUTHALL vor, zwei unterschiedliche konzeptuelle Ebenen zu verwechseln [790, S. 227 f.], gestand aber zum anderen auch die Berechtigung gewisser Einwände ein, wie etwa gegen die von ihm postulierte strikte Trennung zwischen ritueller und politischer Autorität.

4.9 Neuere Forschungen zum frühmittelalterlichen Staat

Aus den Kontroversen über die Vormoderne des indischen Staates kamen seit den achtziger Jahren wichtige Anstöße zu weiterführenden Reflexionen, die nun erstmals auch das Gupta-Reich betrafen, das als der klassische Hindustaat konventioneller Geschichtsschreibung [R. K. MOOKERJEE, The Gupta Empire, Bombay 1948; 418: S. R. GOYAL] von den Debatten weitgehend unbehelligt geblieben war. Gegenüber dem Zentralstaat der Mauryas galt das Gupta-Reich zwar als föderal, habe aber dennoch über eine „hierarchy of administrative divisions from top to bottom" verfügt [MOOKERJEE, S. 151]. An diesem Bild vermochte auch die Einbeziehung ihrer Landstiftungspolitik in die Feudalismusdiskussion wenig zu ändern, bis D. N. JHA den hindunationalen Mythos vom „Goldenen Zeitalter" der Guptas aufgriff [The Myth of the Golden Age, in: 271: Neuaufl. 1998, S. 149–174; dagegen S. R. GOYAL in: B. C. CHHABRA u. a. (Hrsg.), Reappraising Gupta History, New Delhi 1992] und R. S. SHARMA seine These vom beginnenden Niedergang der Städte Nordindiens bereits im Zeitalter der Guptas vortrug [659; s. Kap. I.C.5.2]. Inzwischen steht auch die Struktur des Guptastaates zur Debatte. Geht KULKE noch mit einem starken Zentrum bei konzentrisch abnehmender Machtfülle des Reiches unter Samudragupta aus [239; so auch oben Kap. I.C.5.1; Karte 6], so postuliert F. VIRKUS inzwischen das „Fehlen einer starken Zentralgewalt und einer straffen politisch-administrativen Organisation" [427] und spricht von einer „multizentralen" politischen Struktur des Reiches, in dem den Guptas auch auf dem Höhepunkt ihrer Macht nur drei relativ begrenzte Gebiete ihrer direkten Herrschaft unterstanden hätten. „In Anbetracht des geringen Grades der Zentralisierung und administrativen Vereinheitlichung [...] kann [das Reich] durchaus als ein Verbund verschiedener politischer Systeme charakterisiert werden" (S. 252). Damit stünde bereits das Gupta-Reich und nicht erst das Reich Harshas im 7. Jahrhundert am Übergang zum frühen Mittelalter.

Die Struktur des Gupta-Reiches

In neueren Arbeiten über den frühmittelalterlichen Staat geht es weniger um die Schaffung umfassender Modelle als vielmehr um Analyse und theoretische Erfassung staatlicher Prozesse und strukturellen Wandels insbesondere der großen Regionalreiche. Hatten die bisher vorgestellten Theorien ihren jeweiligen „Staatsmodellen" sehr unterschiedliche, aber fest fixierte Positionen in einem Kontinuum staatlicher Entwicklung zugewiesen, so bemühen sich die neueren

Arbeiten, eben diese Entwicklungen innerhalb einzelner Regionen paradigmatisch aufzuzeigen, um daraus zu Rückschlüssen zu gelangen, die verallgemeinert werden können. Dabei beruft sich J. HEITZMAN in den Schlussfolgerungen seiner Arbeit über den Chola-Staat ausführlich auf O. BRUNNER, dessen bekanntes Werk über „Land und Herrschaft" im mittelalterlichen Österreich 1992 in englischer Übersetzung erschienen war und eine „nützlich vergleichende Perspektive gewähre" [803: HEITZMAN, S. 223–226].

Ein wesentlicher Anstoß für diese Studien ging von der bereits genannten Presidential Address B. D. CHATTOPADHYAYAS im Jahr 1983 über „politische Prozesse und staatliche Strukturen im frühmittelalterlichen Indien" aus [795]. Ihr folgten in den kommenden Jahren wichtige weitere Beiträge, die er 1994 teilweise in dem Sammelband „The Making of Early Medieval India" erneut herausbrachte [429; dort insbesondere die Einleitung, S. 1–37], sowie ein umfangreicher Aufsatz über Staat und Wirtschaft im frühmittelalterlichen Nordindien [in 266: THAPAR (Hrsg.), S. 309–337]. In seinen Arbeiten hebt er u.a. drei charakteristische Prozesse der frühmittelalterlichen „integrative polity" hervor: „1. The expansion of state society through the process of local state formation; 2. the peasantization of tribes and caste formation, and 3. cult appropriation and integration" [429, S. 161]. Auch KULKE postuliert für Ostindien ein „prozessurales Modell integrativer staatlicher Entwicklung" [807; 808] in drei Phasen der Integration und territorialen Expansion. Sie verliefen von der Begründung einer lokalen Herrschaft („chiefdom") über die schrittweise territoriale und administrative Errichtung eines Kleinkönigtums („early kingdom") bis hin zur gewaltsamen Expansion in einem Regionalreich („imperial kingdom") (s. Karte 9). Für Südindien konstatiert Y. SUBBARAYALU vier Entwicklungsphasen des Chola-Staates in seiner vierhundertjährigen Geschichte [818]. Sie begannen im 10. Jahrhundert mit einem territorial begrenzten Kleinkönigtum, dem im 11. Jahrhundert die Phase imperialer Expansion und Stärkung der zentralen Verwaltung folgte. Ihr schloß sich im 12. Jahrhundert die Wiedererstarkung lokaler Herrschaften zunächst in der Peripherie und dann auch in der „intermediate zone" an, eine Entwicklung, die im 13. Jahrhundert zur Desintegration des Reiches führte [siehe auch 449: HALL; HEITZMAN, in: 802]. S. K. PANDA zeichnet ein ähnliches Vierphasenmodell „From Kingdom to Empire" für das ostindische Ganga-Reich vom 11.–15. Jahrhundert [809; siehe auch 442: DERS.].

Phasen regionalstaatlicher Entwicklung

Ein wichtiges Anliegen der Arbeiten ist es, den Theorien über strukturbedingte feudale oder segmentärstaatliche Stagnation und Fragmentierung bzw. den konventionellen Vorstellungen von gleichbleibender regionalstaatlicher Größe verschiedene Parameter strukturellen Wandels (z.B. Integration und temporäre Zentralisierung, aber auch gegenläufige Tendenzen wie Lokalisierung) entgegenzusetzen. In dieser Hinsicht ist B. D. CHATTOPADHYAYAS These von der „state society" und ihrer „staatsbildenden" Funktion durch Ausbreitung des Kastenwesens und Integration der Eliten lokaler autonomer gesellschaftlicher Gruppen und ihrer herrschaftlichen Institutionen wichtig [795; 429]. KULKE be-

„State Society"

obachtet für die o.g. drei Phasen regionalstaatlicher Entwicklung in Ostindien unterschiedliche ritualpolitische Strategien, die von der Integration wichtiger Stammeskulte bis zur Errichtung monumentaler Reichstempel reichten [804; 689]. Ähnliche Entwicklungen findet U. TEUSCHER in Rajasthan vom 7. bis 15. Jahrhundert [724]. Besondere Beachtung fand in den letzten Jahrzehnten der monumentale Reichstempel der Cholas in ihrer Hauptstadt Tanjore, der im Mittelpunkt eines ritualpolitischen Netzwerkes stand, das weite Teile des Reiches unmittelbar mit dem Kult des Herrscherhauses verband [699, 700: SPENCER; 685: HEITZMAN; Y. OGURA, The Changing Concept of Kingship in the Cola Period: Royal Temple Constructions, c. A. D. 850–1279, in: 711: KARAHSIMA, S. 119–142].

Ritualpolitik und politische Integration

Da das Chola-Reich aufgrund seines ungewöhnlich reichen epigraphischen Quellenmaterials [10] der einzige frühmittelalterliche Staat Indiens ist, in dem eine temporäre Durchsetzung zentraler Verwaltungsinstitutionen (wie z.B. Steuererhebung) auch außerhalb des dynastischen Stammlandes nachzuweisen ist, liegen hierüber richtungweisende Arbeiten vor [u.a. von 449: HALL; 818: SUBBARAYALU; 803: HEITZMAN; 451: KARASHIMA]. Obgleich eine umfassende Untersuchung bisher aussteht, glauben diese Autoren für das 11. Jahrhundert übereinstimmend eine stärkere Bürokratisierung der zentralen Verwaltung im Kerngebiet und deren Vordringen in bisher autonome lokale Verwaltungsbereiche des Hinterlandes feststellen zu können. Die zeitweilig ebenfalls erfolgreiche wirtschaftliche Integration der lokalen Zentralorte des Chola-Reiches und seines überregionalen Handels sowie die großen südindischen Händlergilden werden von K. R. HALL [449; 845] und M. ABRAHAM [574] untersucht. Eine historisch-geographische Darstellung der Bewässerungsanlagen Südindiens liegt von H.-G. BOHLE vor [671]. Zur Agrargesellschaft und ihren ländlichen Siedlungsstrukturen, denen als Basis staatlicher Entwicklung in Südindien B. STEINS besonderes Forschungsinteresse galt [254, S. 175–216; 459, S. 64–91; 460], legten für Gesamtindien B. D. CHATTOPADHYAYA in einer vergleichenden Studie dreier Dörfer in Bengalen, Rajasthan und Südindien [619] und B. P. SAHU in dem von ihm edierten Sammelband [628; dort insbesondere seine Einleitung, S. 1–60] wichtiges neueres Material vor.

Der Chola-Staat

Eine systematische und vergleichende Ursachenforschung über den Untergang der großen frühmittelalterlichen Regionalreiche existiert im Gegensatz zum Mogulreich bisher nur in Ansätzen. Betonen konventionelle Historiker dynastischen Niedergang bzw. militärische Überlegenheit der zentralasiatischen Eroberer, so heben J. HEITZMAN [803] und K. R. HALL [449] die Unfähigkeit der Cholas hervor, im erweiterten eigenen Stammland dauerhaft genügend Ressourcen zum Erhalt des Großreiches mobilisieren zu können, und G. BERKEMER hält die territoriale Überdehnung ihrer Herrschaft ohne entsprechende Stärkung zentraler Verwaltungsinstitutionen in den eroberten Randgebieten für die eigentliche Ursache des Unterganges [in 250]. G. SPENCER sieht dagegen im Ausbleiben ertragreicher Beute in den bereits ausgeplünderten Nachbargebieten die

Ursachen des Unterganges des Chola-Reiches

Ursache für den Rückgang der Expansionspolitik und den schrittweisen Zusammenbruch der Reiche [874]. Zur Rolle der Beutezüge als wesentlicher Antriebskraft vormoderner staatlicher Expansion siehe R. CHAKRAVARTI [732].

Ethnohistorische Studien

In enger Verbindung mit diesen neueren Arbeiten mit starken lokalen und regionalen Bezügen stehen ethnohistorische Untersuchungen über stammesstaatliche Entwicklungen in den weiten hindu-tribalen Grenzgebieten sowie über spätmittelalterliche und frühneuzeitliche Kleinfürstentümer. Diese Studien gehen auf die Zeit des ethnographischen Dienstes Britisch-Indiens zurück [824: WILLS] und brachten auch in den folgenden Jahrzehnten bedeutende Beiträge hervor. Zu ihnen zählen S. SINHAS Arbeit über den Einfluss des Rajputenkönigtums auf die Stammesfürstentümer Ostindiens [816] und der von ihm edierte Sammelband [817, mit wichtigen Einzelbeiträgen, u.a. von L. K. MAHAPATRA über die Fürstenstaaten Orissas, S. 1–50].

„Little Kingdoms"

Ein neuer Anstoß für eine systematische Erforschung der Fürstenstaaten und ihrer Rolle in der regionalstaatlichen Entwicklung geht vom Konzept der „Little Kingdoms" aus. Wie bereits im Zusammenhang mit der Ethnohistorie erwähnt (s. Kap. II.2.4), geht es auf B. COHNS [797] Ausführungen über das Königreich von Benares im 18. Jahrhundert zurück und wurde dann von N. DIRKS [799; 800] für Südindien und von G. BERKEMER [793] und B. SCHNEPEL [814] für die Küsten- und Stammesgebiete Ostindiens weiterentwickelt. Während bisherige Staatstheorien die Fürstentümer der „Little Kings" allenfalls als „Störfaktoren" und marginale Randerscheinungen wahrnahmen, heben die genannten Autoren deren konstitutive Rolle im Prozess regionalstaatlicher Entwicklung hervor. Als getreue, aber kleine Abbilder ihrer jeweiligen Großkönige (*mahārāja*) übten sie in ihren Gebieten eine weitgehend autonome Herrschaft aus, zu deren Legitimation sie aber auf ihre Großkönige in gleicher Weise angewiesen waren, wie auch diese ohne ihre „Little Kings" buchstäblich keinen „Staat machen" und Oberherrschaft ausüben konnten. Einen ganz Indien umfassenden Sammelband legten unlängst G. BERKEMER/M. FRENZ vor: „Sharing Sovereignty. The Little Kingdom in South Asia", Berlin 2003.

4.10 Der muslimische Staat in Südasien

Das Jahr 1206 stellt eine tiefe Zäsur in der staatlichen Entwicklung Indiens dar [482: WINK]. Mit der Errichtung des Delhi-Sultanats entstand ein machtvoller muslimischer Staat in Nordindien, der Anfang des 14. Jahrhunderts erstmals seit dem 3. Jahrhundert v. Chr. vorübergehend wieder zu einem gesamtindischen Staat expandierte. Im selben Jahr stieg Tschingis Khan zum Großkhan aller Mongolen auf und legte den Grundstein seines transasiatischen Großreiches, dessen Herrschaftsstrukturen die Reiche des eurasiatischen Kontinents von Russland bis China und Indien direkt beeinflussten [J. GERNET, Die Chinesische Welt, Frankfurt/M. 1989, S. 307 ff.]. Indien geriet Jahrhunderte später erneut unter dessen Einfluss, als Tschingis Khans entfernter Nachkomme, Babur, 1526 das

Mogulreich begründete, das Ende des 17. Jahrhunderts den gesamtindischen Staat erneuerte. Wenn auch beide Großreichsbildungen auf indischem Boden kaum die Generationen ihrer Gründer überlebten, so kann nach den Jahrhunderten regionalstaatlicher Entwicklung ihre Bedeutung für die weitere Geschichte Indiens nicht hoch genug eingeschätzt werden – bereitete doch das auf dem Delhi-Sultanat aufbauende Mogulreich den Boden für British India und damit letztlich auch für die heutige Indische Union.

Nicht minder bedeutend als diese Erneuerung gesamtindischer Staatlichkeit ist der Einfluss muslimischer Herrschaft auf die staatlich-administrative Entwicklung. Nach der militärischen Eroberung erforderte die dauerhafte Errichtung einer ethnischen und religiösen Fremdherrschaft sowohl die Schaffung neuer Herrschaftsinstrumente als auch – in Anbetracht ihrer überwältigenden Mehrheit – die partielle Integration der hinduistischen Eliten. Während das Delhi-Sultanat seinen okkupatorischen Charakter über drei Jahrhunderte letztlich nie ganz abzulegen vermochte [484: Chandra], gelang es den Mogulen im Mansabdar-System des späten 16. Jahrhunderts, hinduistische Fürsten effizient zu integrieren [504: Ali].

Der muslimische Staat und die neuere Geschichtsschreibung

Die Erforschung des indo-muslimischen Staates vom frühen 13. bis ins frühe 18. Jahrhundert wurde wie jene seiner hinduistischen Vorgänger von ideologisch-politischen Prämissen der britisch-imperialen, hindu-nationalen und marxistischen Historiker geleitet. Hinzu kommen spezifische orthodox-muslimische Probleme und abendländische Perzeptionen des „Orientalischen Despotismus“, mit dem das Mogulreich seit dem späten 18. Jahrhundert gleichgesetzt worden war [53: Bernier; 747: Erdmann; J. Osterhammel, Die Entzauberung Asiens. Europa und die asiatischen Reiche im 18. Jahrhundert, München 1998]. Ferner lassen sich unterschiedliche Erkenntnisinteressen der Sultanats- und Mogulhistoriker ausmachen. Erstere tendieren bis in die Gegenwart zu einer handbuchartig-deskriptiven Auflistung der Herrscher, ihrer militärischen Erfolge und ihrer Verwaltungsinstitutionen. Kontroversen gibt es allenfalls über den Grad der Fremdherrschaft und die Orthodoxie der muslimischen Herrschaftsideologie und über die Integration des Sultanats in die mittelalterliche Staatenwelt Südasiens [486: Habib, Bd. 1]. Im Mittelpunkt der Mogulhistorie standen dagegen bis in die Gegenwart die großen Herrscherpersönlichkeiten von Akbar bis Aurangzeb und deren Anteil am Aufbau und Zusammenbruch der Reichsverwaltung. In jüngster Zeit tritt verstärkt Strukturgeschichte in den Vordergrund und es wird vermehrt nach der Effizienz zentraler Herrschaftsinstitutionen und den strukturellen Ursachen der Reichskrise im späten 17. und frühen 18. Jahrhundert gefragt [503: Alam/Subrahmanyam (Hrsg.), Einleitung S. 1–71].

Das Delhi-Sultanat

Mangel konventioneller Historiographie

In keiner anderen Epoche indischer Geschichte blieb die staatliche Entwicklung derart unerforscht wie in der des Delhi-Sultanats, was besonders in Hinblick auf dessen lange, über dreihundertjährige Geschichte verwundert. Beispielhaft für die historiographische Sterilität und ideologische Wahlverwandtschaft britisch-imperialer und hindunationaler Geschichtsschreibung sind die umfangreichen Bände, die in der „Cambridge History of India" und der „History and Culture of the Indian People" dem Delhi-Sultanat gewidmet sind [235: Bd. 3; 241: Bd. 6]. In ihnen verschwinden die staatlichen Konturen des Sultanats in einer „unendlichen Geschichte" kontinuierlicher Kriege, Palastintrigen und Repressionen gegen die hinduistische Bevölkerung, eine Darstellung, die ebenso britischen wie hindunationalen Interessen entgegen kam.

Muslimische Gegendarstellungen

Gegen eine derartige politische „Instrumentalisierung" des Delhi-Sultanats wandte sich vehement M. Habib, einer der ersten großen Historiker der Muslim-Universität in Aligarh. Die seiner Feder entstammenden Arbeiten über das Sultanat wurden teilweise posthum von seinem Nachfolger K. A. Nizami ediert [486]. Beide brachten auch gemeinsam den Band über das Delhi-Sultanat in der vom Indian Council of Historical Research edierten Reihe „A Comprehensive History of India" heraus [241, Bd. 4; vgl. auch 490: Nizami]. Ihre Arbeiten zeichnen sich durch ein hohes Maß an systematischer Analyse der in Arabisch und Persisch verfassten Quellen aus. Forschungsschwerpunkte stellen dabei neben minutiöser Rekonstruktion der dynastischen Geschichte u.a. soziale Entwicklungen wie Klassenbildung und Urbanisierung dar, sowie die teilweise osmosehaften Beziehungen zwischen hinduistischer und muslimischer Bevölkerung [hierzu siehe insbesondere auch 430: Chattopadhyaya]. Eine theorieorientierte Darstellung des muslimischen Staates im Zeitalter des Delhi-Sultanats blieben jedoch auch diese Autoren weitgehend schuldig. Dies gilt ebenso für ihre Comprehensive History of India wie auch für Nizamis jüngste Monographie über das Königtum des Sultanats (Royalty in Medieval India, Delhi 1997). Sie enthält zwar detaillierte Darstellungen einzelner Herrschaftsinstitutionen, jedoch keinen Versuch, den indo-muslimischen Staat der Sultanatszeit umfassender zu definieren. Das gleiche gilt letztlich auch für das neueste Werk über das Delhi-Sultanat von P. Jackson [487].

Delhi-Sultanat: Zentralstaat oder Feudalismus?

Eine Ausnahme bildet der Abschnitt „The State in India under the Sultanat" in S. Chandras Arbeit über das mittelalterliche Indien [484]. Er spricht von einem „loose decentralized despotism" der frühen Jahrzehnte des Sultanats, der sich im späten 13. Jahrhundert unter Balban zu einem „highly centralized state" gewandelt habe. Bis zum Ende des Jahrhunderts könne das Sultanat als eine „institutionalized form of a foreign conquest" bezeichnet werden (S. 265f.). Das wichtigste Instrument der Zentralisierung sei die strikte Kontrolle der von keinen lokalen Sonderinteressen behinderten, höchst mobilen Eliten gewesen, die auf unvererbbaren *iqṭa*-Pfründen saßen und eine schwer bewaffnete Kavallerie unterhielten. Es ist auffallend, in welchem Maße Chandra, der vor allem für seine Arbeiten über das Mogulreich bekannt ist, bereits dem Sultanat einen derart hohen Grad an Zentralstaatlichkeit zugesteht. S. Conermann hingegen gelangt in seiner herrschaftssoziologischen Einordnung des Delhi-Sultanats unter Rückgriff auf M. Webers Herrschaftstypologie zu der Schlussfolgerung, dass das

Sultanat „beinahe alle Kennzeichen und Merkmale der patrimonialen Herrschaftsform erfüllte." Es habe sich aber letztlich um „eine Form des Präbendalismus [bzw. Pfründenfeudalismus] gehandelt" [798, S. 183 ff.].

Das Mogulreich

An Arbeiten über den Mogulstaat herrscht im Gegensatz zum Delhi-Sultanat kein Mangel. Den Herausgebern des umfangreichen Sammelbandes „The Mogul State", M. ALAM und S. SUBRAHMANYAM, dürfte, wenn man von der gegenwärtigen „Indo-Arya-Schwemme" absieht, zuzustimmen sein, dass die Erforschung des Mogulstaates „probably the single most active field of research in pre-colonial Indian history" sei [503, S. 2]. Stand doch das Mogulreich seit Anbeginn der europäischen Expansion im Zentrum abendländischen Interesses an den großen Kulturen Asiens. Die Berichte der Jesuiten über ihre Besuche am Hofe Akbars in den Jahren 1580–1583 [54] und der zahlreichen europäischen Reisenden im 17. Jahrhundert [57; 59; 62; 63], besonders F. BERNIERS einflussreicher Bericht über seinen langjährigen Aufenthalt im Mogulreich 1656–1668 [53], wurden in zahlreiche europäische Sprachen übersetzt und prägten das Bild der „Großmogulen" und ihres Reiches bis ins 19. Jahrhundert; es klingt noch in A. SCHIMMELS Spätwerk aus dem Jahr 2000 nach [520]. Im Zeitalter der Aufklärung und der ihr seit dem frühen 19. Jahrhundert folgenden „Entzauberung Asiens" [J. OSTERHAMMEL] verschob sich jedoch die europäische Deutung des Mogulstaates vom „benevolent despotism" zum „Oriental Despotism.

Frühe europäische Berichte

Am Anfang der intensiven historischen Forschung über das Mogulreich in den ersten Jahrzehnten des 20. Jahrhunderts standen die umfangreichen Werke J. N. SARKARS [u.a. 518; 519]. Sie präsentieren jedoch eine reine Ereignisgeschichte und entstammen einer Zeit „which lent legitimacy to communal interpretations of Indian history", wie M. ALAM es vorsichtig formulierte [502, S. 2], während D. E. STREUSAND offen von einem „communalist approach" SARKARS spricht [522, S. 2]. Eine systematische Analyse gesellschaftlicher und administrativer Institutionen im Kontext gesamtstaatlicher Entwicklung begann in den zwanziger Jahren mit den Arbeiten W. H. MORELANDS. Sie gipfelten in seiner Studie „The Agrarian System of Mouslem India" [515], einer detaillierten Untersuchung der im wesentlichen aus der Landwirtschaft stammenden Staatseinkünfte des Sultanats und des Mogulreichs. Die Geschichte des Agrarsystems und damit auch der muslimischen Herrschaft kam einem kontinuierlichen Kampf um die Verteilung der Agrarproduktion gleich, die das Überleben der Bauern (und damit der weiteren Produktion) sowie die Finanzierung der fürstlichen Hofhaltung, Kriegsführung und Verwaltung der Sultane und Mogulherrscher und ihrer Provinzgouverneure zu gewährleisten hatte. Änderungen des „Verteilerschlüssels" führten zwangsläufig zu Rebellionen benachteiligter Angehöriger der Eliten bzw. zu Aufständen oder Flucht übermäßig ausgebeuteter Bauern [509: HABIB].

Neuere Forschungen über den Mogulstaat

Der Einfluss der sozial- und wirtschaftshistorischen Studien MORELANDS ist bereits in manchen noch weitgehend „konventionellen" Arbeiten seiner Zeit über das Delhi-Sultanat wie jenen K. M. Ashrafs [in: 438] und I. H. Qureshis [The Administration of the Sultanate of Delhi, Delhi 1942] erkennbar, die aus Dissertationen in London bzw. Cambridge hervorgingen. Seit den fünfziger Jahren setzte er sich dann in den Arbeiten einer Gruppe indischer Historiker durch, die als „Aligarh-Schule" bekannt wurde, da deren wichtigste Vertreter an der Muslim-Universität in Aligarh lehrten. Zu ihnen zählen insbesondere Satish Chandra [506], Irfan Habib [509] und Atar Ali [504] und im weiteren Umfeld auch Tapan Raychaudhury [516] und Nurul Hasan [511]. Im Mittelpunkt ihrer Mogulforschungen steht das „Agrarian System", ein Begriff, der auf Moreland zurückgeht und im Deutschen nur unzureichend mit „Agrarsystem" übersetzt werden kann. Unter ihm werden weniger Fragen landwirtschaftlicher Produktion als vielmehr das sozio-politische und fiskalische System der Abschöpfung des landwirtschaftlichen „Mehrwertes" als Grundlage des Mogulstaates verstanden, den T. Raychaudhuri als einen „insatiable Leviathan [...] defined above all by its unlimited appetite for resources" bezeichnet [571, S. 173].

„Aligarh-Schule"

Während konventionelle Mogulhistoriker das Agrarsystem seit den fiskalischen Reformen Akbars und der Durchsetzung des Mansabdar-Systems als Inbegriff der Stärke des Mogulstaates deuten, bezeichnen es S. Chandra und I. Habib als „structural flaw of the Mughal system" und als eigentliche Ursache für den Niedergang des Reiches im frühen 18. Jahrhundert. S. Chandra stützt seine berühmte These der „Jagir-Krise" auf den akuten Mangel an verfügbaren Jagir-Pfründen. Die ungenügende Versorgung der Mansabdare mit diesen „Lehen" (es gab regelrechte „Wartelisten") sei durch Aurangzebs jahrzehntelange kostspielige Kriegsführung auf dem Dekkan hervorgerufen worden und habe zu einem drastischen Einbruch der Loyalität des „Reichsadels" und damit zur Schwächung einer der wichtigsten Stützen des Mogulstaates geführt [506]. M. A. Alis systematische Analyse der Mansabdare und ihrer ethnischen und religiösen Gruppierungen in Aurangzebs später Regierungszeit untermauert diese These auch statistisch [504]. Eine vollständige Erfassung der Mansabdare auch in der Zeit vor Aurangzeb legte er in seinem monumentalen „Apparatus of Empire" vor [505; neuerdings auch F. Anwar, Nobility under the Mughals (1628–1658), New Delhi 2001]. I. Habib hält dagegen die durch zeitlich befristete Vergabe der Jagir-Pfründe fast zwangsläufig heraufbeschworene maximale Ausbeutung der Agrarbevölkerung [„short-term maximation of revenue by individual jagirdars", Habib in: 571: Raychaudhuri/Habib (Hrsg.), S. 243] für das Grundübel des Agrarsystems, das unter Aurangzeb und seinen Nachfolgern zu Bauernaufständen und damit zu dessen Zusammenbruch führte. Habib gelangt zu der Schlussfolgerung, dass der Mogulstaat nicht nur der schützende Arm der ausbeutenden Klassen, sondern „itself the principal instrument of exploitation" gewesen sei [509, S. 257]. Im Agrarsystem nahmen die hinduistischen Zamindare als erbberechtigte Grundherren und Steuererheber eine ebenso wichtige wie prekäre Stellung zwischen den Bauern und den temporären, meist muslimischen

Die „Jagir-Krise"

Jagirdars ein, denn ihre Loyalität war bei erhöhtem Steuerdruck besonders gefährdet [siehe hierzu insbesondere 511: HASAN].

Bereits 1975 äußerte J. F. RICHARDS in seiner Studie über die Mogul-Administration in der zentralindischen Golkonda-Provinz Bedenken gegen Thesen der Aligarh-Schule [Mughal Administration in Golkonda, Oxford 1975]. Nicht der Mangel an Jagir-Land, sondern dessen planmäßige Umformung in staatliches Steuerland (*khāliṣa*) zur Finanzierung der Marathenkriege habe unter Aurangzeb zur „demoralization of the once reliable nobility" in Zentralindien geführt (S. 308). An anderer Stelle macht Richards darauf aufmerksam, dass nicht die stete Rotation der Jagir-Ländereien und die damit zusammenhängende Ausplünderung der Bauern das Mansabdar-System geschwächt habe. Stattdessen habe die unter Aurangzeb einsetzende Vererbbarkeit der Jagirs das System als zentrales Herrschaftsinstrument der Mogulen geschwächt. „The jagir crisis, while certainly serious, was not the central reason for imperial decline" [517, S. 293].

Die Reichskrise in Zentralindien

Zwar standen im Mittelpunkt der Forschungen der Aligarh-Schule wirtschafts- und sozialhistorische Fragen und insbesondere die Ursachen des Zusammenbruchs des Mogulreiches. Dennoch trugen ihre Arbeiten erheblich zur Definition des Mogulstaates als eines zentralen Einheitsstaates mit einer effizienten, hoch entwickelten Verwaltung bei. So spricht I. HABIB von einem „centralized despotism" des Mogulstaates [Classifying Pre-Colonial India, in: 745: BYRES/MUKHIA (Hrsg.), S. 44–53], und A. ALI sieht in den Reformen Akbars eine „extreme Systematisierung" und Vereinheitlichung der Verwaltungsstrukturen aller Provinzen und bezeichnet das Mansabdar-System als „a highly unified and systematized bureaucratic apparatus" [505], in dem auch S. CHANDRA einen weiteren Schritt zur Bürokratisierung des Adels (*nobility*) sieht [506, Einleitung, S. XXVIII].

„centralized despotism"

Eine umfassende theoretische Abhandlung über den Mogulstaat liegt jedoch auch aus der Aligarh-Schule bisher nicht vor. So hob S. BLAKE zwar ihre grundlegenden Beiträge, insbesondere A. ALIS und S. CHANDRAS, hervor, kritisiert aber, dass sich keiner von ihnen Gedanken über Auswirkungen ihrer Arbeiten auf das „konventionelle Modell" des Mogulstaates gemacht und ein eigenes theoretisches Modell vorgelegt habe. BLAKE unternahm seinerseits diesen Versuch, indem er MAX WEBERS Konzept des Patrimonialismus und des bürokratischen Patrimonialstaates auf das Mogulreich übertrug [794]. Aufgrund einer strukturanalytischen Untersuchung der *Ā'īn-i-Akbarī* ABU'L FAZLS [49] glaubte er, im Mogulreich die von WEBER erarbeiteten Kriterien patrimonialstaatlicher Entwicklung feststellen zu können. Besonders überzeugend seien die Übereinstimmungen mit dem „rein persönlichen" patrimonial-bürokratischen Verwaltungsstab der Mogulen und der extrapatrimonialen Rekrutierung der Militärführer und höchsten Verwaltungsbeamten, der Mansabdare. Nach Blake sei der Mogulstaat auch auf dem Höhepunkt seiner Macht „a household-dominated patrimonial-bureaucratic empire rather than a highly structured bureaucratically administered state" geblieben [794, S. 86]. In einer Konferenz über MAX WEBERS religionssoziologische

Das Mogulreich – ein patrimonial-bürokratischer Staat?

Islamstudien folgte P. Hardy ausdrücklich Blakes Interpretation des Mogulreiches und ergänzte sie durch weitere Kriterien [801]. So bezeichnet er u. a. die kontinuierliche „Versetzung" der Mansabdare und den systematischen Ausbau des extrapatrimonialen Verwaltungsstabes sowie die auf den Herrscher bezogene synkretistische „Religion" Akbars als typisch patrimonialstaatliche Maßnahmen der Mogulen gegen eine gefährliche Verselbstständigung der hohen Mansabdare.

Die Patrimonialstaatsthese kann zwar neben den Beiträgen vom indischen Feudalismus und vom segmentären Staat als dritter Versuch einer theoretischen Definition des vormodernen indischen Staates angesehen werden [738: Kulke, S. 35–39]. Sie fand jedoch bei Mogulhistorikern insbesondere in Indien bisher kaum Beachtung. J. F. Richards [517, S. 59] stimmte ihr zwar grundsätzlich zu, ohne dies jedoch weiter zu erläutern. M. Alam/S. Subrahmanyam halten sie dagegen für eine „picturesque formulation", die zu den Thesen der „older personality-orientated generation" zurückführe [503, S. 57]. Versuche, Webers Thesen auch auf die frühmittelalterlichen hinduistischen Staaten anzuwenden, sind bisher über viel versprechende Anfänge kaum hinaus gekommen [J. Rösel, Max Weber and the Patrimonial State, in: D. Kantowsky (Hrsg.), Recent Research on Max Weber's Studies of Hinduism, 1986, S. 117–152; 793: Berkemer, S. 38ff; siehe auch S. N. Eisenstadt/H. Hartman, Cultural Traditions, Conceptions of Sovereignty and State Formations in India and Europe. A Comparative View, in: 256: Hoek, S. 493–506.].

Neuere „revisionistische" Theorien

Auch die über Jahrzehnte dominante Interpretation des Mogulstaates durch die Aligarh-Schule zog Kritik auf sich, u. a. von M. Alam 1986 in seiner Dissertation [502] und unlängst in der langen Einleitung zu dem von ihm und S. Subrahmanyam editierten umfangreichen Sammelband „The Mughal State" [503, S. 1–71]. Ihr gewichtigstes Argument richtet sich gegen die zentristische Sichtweise des Mogulstaates, der eher mit einer Patchwork-Decke als einem Teppichboden zu vergleichen sei. C. Bayly spricht in anderem Zusammenhang vom Mogulstaat als einem „flexible system of government by contract" [C. Bayly, Indian Society and the Making of the British Empire, 1987, S. 22]. Alam/Subrahmanyam halten insbesondere I. Habib Übereinstimmungen mit seinen kolonialen Vorgängern vor („at times dismayingly so"). So sei Morelands Orientalischer Despotismus bei Habib als „class-based exploitation" wiedererstanden [503, S. 14]. Diese Sichtweise führe zur Ausblendung regionaler sozio-kultureller Sonderentwicklungen, die den Aufstieg und Aufstand der Marathen, Sikhs und Jats in weit stärkerem Maße verursacht hätten als der von Moreland und Habib überbetonte Ausbeutungscharakter durch den Mogulstaat. D. E. Streusand argumentiert ähnlich, wenn er eine stärkere Differenzierung zwischen Zentrum und Provinzen des Reiches fordert und dieses „as a hybrid Islamic – in the broadest sense – at the centre; Indian in the provinces" [522, S. 181] charakterisiert. Der Zusammenbruch des Reiches habe seit dem frühen 18. Jahrhundert zu einer Dezentralisierung [Bayly, S. 39] und damit zu einer erneuten Regionalisierung geführt, die jedoch nur im Zentrum des Reiches als Niedergang empfunden

Der Mogulstaat: eine Patchwork-Decke oder ein Teppichboden?

und in der Hofgeschichtsschreibung der späten Mogulen entsprechend beklagt worden sei. Die regionalen Nachfolgestaaten [zu ihnen siehe besonders 797: Cohn] erlebten in dieser Zeit Stabilität und eine wirtschaftliche und kulturelle Blüte [502: Alam; „within a loosened, decentralized imperial structure", 517: Richards, S. 274]. M. Alam und S. Subrahmanyam gehen noch einen Schritt weiter und betonen, dass gleichzeitig mit der Dezentralisierung des Reiches eine „regionale Zentralisierung" in einzelnen Provinzen eingesetzt habe [503, S. 46–55]. So habe z. B. in Bengalen die Vereinheitlichung der Provinzverwaltung nicht in der Zeit der größten Machtentfaltung des Mogulreiches, sondern erst unter seinen Nachfolgestaaten ihren Höhepunkt erreicht, „a fact that the fixation with manṣabdārī and ‚agrarian system' in the Moreland-Habib analysis may have obscured" (S. 43). In Anbetracht dieser Kritik ist es nicht verwunderlich, dass u. a. I. Habib und A. Ali sich weigerten, eigene Aufsätze zum Nachdruck für den Sammelband freizugeben, wie dessen Herausgeber Alam/Subrahmanyam bedauernd anmerken.

Bereits 1993 griff A. Ali den Fehdehandschuh der „Revisionisten" auf [792]. Zu ihnen zählt er neben einem „increasingly larger set of western scholars" [B. Stein, C. Bayly, A. Wink und F. Perlin] auch M. Alam und C. Singh. Alis „critique of revisionist approaches" richtet sich insbesondere gegen deren Dezentralisierungsversuche und damit die „Dekonstruktion" des Einheitsstaates der Mogulen. Ali hält dagegen, dass das Bild des Mogulreiches in seiner klassischen Phase als eine „centralized polity, geared to systematization and creation of an all imperial bureaucracy would still remain unshaken." [792, S. 708] M. Alam/S. Subrahmanyam weisen in Anbetracht derartiger Aussagen auf die Nähe der „ostensibly nationalist-Marxist writers" der Aligarh-Schule zu den „kolonialen Positionen" hin, gestehen aber ein, dass Morelands „paradigm of a centralized despotism" letztlich weiterhin unwidersprochen bleibe [503].

Zurückweisung der „Revisionisten"

5. Stadt und Urbanisierung

5.1 Die Quellen

Die frühe indische Stadtgeschichte verfügt im Vergleich zu anderen Bereichen der indischen Geschichte über ein erstaunlich weitgefächertes Spektrum zeitgenössischer Quellen. Buddhistische Texte berichten über städtische Klosteranlagen und florierende städtische Handwerker- und Händlergilden in den Jahrhunderten vor der Zeitenwende [338: Fick; 355: Wagle], und Werke der Sanskritdichtung preisen die Größe und Pracht der klassischen Städte [657: Schlingloff]. Staatslehrbücher wie das Arthashastra und *Śilpaśāstra*-Architekturlehrbücher geben genaue Anweisungen für die Errichtung von Festungen, Residenzen und Städten [22: Kangle; 656: Schlingloff]. Inschriften enthalten Hinweise auf religiöse Institutionen der Städte, und die großartigen Steinreliefs der

Quellen

Eingangstore zum buddhistischen Heiligtum von Sanchi vermitteln ein Bild blühenden städtischen Lebens und der Stadtanlagen um Christi Geburt [211: FRANZ; 217: HARLE]. Auch die Werke griechischer und römischer Autoren der klassischen Antike [34: MAJUMDAR; 35: MCCRINDLE] und die Berichte buddhistischer Pilger aus China [36: BEAL; 39: LEGGE] enthalten zahlreiche Einzelheiten über Blüte und Niedergang der frühen indischen Städte. Archäologen des Archaeological Survey of India (ASI) wie A. CUNNINGHAM bemühten sich seit dem späten 19. Jahrhundert mit großem Erfolg um Identifizierung und Ausgrabung der frühen buddhistischen Städte [72: CUNNINGHAM; 207: CHAKRABARTI]. Nach der Unabhängigkeit stand für indische Archäologen des ASI die Ausgrabung der frühurbanen Siedlungen aus der spätvedisch-epischen Frühzeit Nordindiens im Mittelpunkt ihrer Tätigkeit [75: LAL (Hastinapura); 79: NARAIN (Benares); 81: SHARMA (Kausambi); 82: SINHA/ROY (Vaisali); 83: SINHA (Sravasti)].

Frühe Forschungen

In Anbetracht dieser günstigen Quellenlage überrascht es, dass bis in die frühen siebziger Jahre des 20. Jahrhunderts die vormoderne Stadt Indiens kein Forschungsthema der indischen Geschichtswissenschaft war [658: SHARMA, S. 98: „Practically no work deals with urbanism in ancient India"; siehe hierzu auch G. ERDOSY, The Origin of Cities in the Ganges Valley, in: JESHO 28 (1984), S. 81 ff.]. So enthalten z.B. die 1951 und 1954 erschienenen Bde. 2 und 3 der „History and Culture of the Indian People" [241: MAJUMDAR], die von den Mauryas bis zu den Guptas reichen, zwar ausführliche Abschnitte über alle möglichen Themen wie Verwaltung, Wirtschaft und Gesellschaft, aber keinerlei systematische Abhandlungen über die frühen Städte. Dasselbe gilt für so bedeutende Standardwerke wie A. S. ALTEKARS Arbeit über Staat und Verwaltung im frühen Indien [731] und selbst für S. K. MAITYS Londoner Dissertationen über das Wirtschaftssystem der Guptas [569]. Die wissenschaftliche Beschäftigung mit den frühen indischen Städten blieb zunächst Archäologen und Indologen überlassen, die meist ohne weitere theoretische Fragestellungen ihre deskriptiven Grabungsberichte bzw. philologische Abhandlungen über *Śāstra*-Lehrbücher der Städteplanung vorlegten [B. B. DUTT, Town Planning in Ancient India, Delhi 1925; 656: SCHLINGLOFF; J. LAPING, Aspekte der Stadt im altindischen Staatslehrbuch des Kautilya, in: 650: KULKE u. a. (Hrsg.), S. 1–16]. Eine überaus interessante kurze Studie über konträre Bilder der Stadt in buddhistischer und hinduistischer Literatur legte unlängst B. D. CHATTOPADHYAYA vor [641].

Städte der Induskultur („Erste Urbanisierung")

Einen nachhaltigen Aufschwung nahm die indische Stadtarchäologie in den 1920er Jahren durch die Entdeckung und Ausgrabung der Städte der Induskultur [283: JANSEN], die Indien mit einem Schlag in die frühen Stadtkulturen der Menschheit einreihte [78: MARSHALL; 84: VATS; 280: ALLCHIN/ALLCHIN; 292: POSSEHL; 288: LAL; 294: RATNAGAR; 297]. Nach der Teilung Britisch-Indiens und dem Verlust des Industales mit den wichtigsten Städten wie Mohenjo-Daro und Harappa an Pakistan führte das Bestreben des ASI, auch in Indien Städte der Induskultur auszugraben, zu einer überaus intensiven Grabungstätigkeit in Nordindien [hierüber ausführlich 659: SHARMA, S. 1 ff.; 197: GHOSH].

5.2 Neuere Forschungen zur „zweiten Urbanisierung"

Eine systematische Erforschung der frühen indischen Stadtgeschichte, der „zweiten Urbanisierung" nach der Induskultur, begann in den frühen 1970er Jahren und entwickelte sich seit der Mitte der 1980er Jahre zu einem der ertragreichsten Bereiche neuerer indischer Geschichtswissenschaft. Die Ergebnisse beruhen auf epigraphischen und literarischen Quellen sowie auf den Grabungsberichten des ASI (siehe insbesondere dessen Zeitschrift „Ancient India") und beziehen ihr konzeptuelles „Rüstzeug" weitgehend aus den theoretischen Fragestellungen, die bereits seit Mitte der 1960er Jahre die Debatte über den frühen indischen Staat bestimmten [G. ERDOSY, City States of North India and Pakistan at the Time of the Buddha, in: 332: ALLCHIN, S. 99–122]. Die gleichermaßen heftigen wie fruchtbaren Auseinandersetzungen über frühe staatliche und städtische Entwicklung behandeln letztlich Teilaspekte der gegenwärtigen umfassenderen Debatte über den Wandel der spätvedischen, „post-tribalen" Gesellschaft Nordindiens zur komplexen Gesellschaft des nordindischen Altertums, ein Forschungsbereich, in den in den letzten Jahren vermehrt auch Zentral- und Südindien einbezogen wird [386: PARASHER-SEN; 332: ALLCHIN, S. 123–151].

Beginn neuerer Forschungen

Am Anfang neuerer Forschungen über frühindische Stadtgeschichte stehen zwei Werke aus den Jahren 1972/73. D. K. CHAKRABARTI, der heute an der Cambridge-Universität lehrt, arbeitete in seiner Dissertation an der Calcutta-Universität das archäologische Material über städtische Zentren Indiens von 2500 v. Chr. bis 300 n. Chr. noch weitgehend deskriptiv auf. Er veröffentlichte seine Dissertation zwar erst 1995 [637], griff aber seit 1973 mit einigen wichtigen Beiträgen in die stadthistorische Diskussion ein (meist in der Zeitschrift „Puratattva"). Richtungsweisend war die kleine, aber inhaltsreiche Monographie „The City in Early India" von A. GHOSH [647], dem langjährigen Direktor des ASI. Da sein Einfluss auf die weitere Forschung kaum hoch genug eingeschätzt werden kann und er zahlreiche Aspekte der künftigen Stadtforschung paradigmatisch aufzeigt, sei etwas näher auf sein Buch eingegangen.

In seiner theoretischen Einführung [S. 23–28] misst GHOSH die Städte des indischen Altertums an den zehn Kriterien früher Urbanität, die G. CHILDE 1950 in seinem Aufsatz „Urban Revolution" entwickelt hatte [nachgedruckt in 291: POSSEHL, S. 12–18]. Einzig dem Kriterium „the city [as] a community" genügen nach GHOSH die indischen Städte wegen ihrer Kastenschranken nicht. Dabei beruft sich GHOSH auf MAX WEBERS „Typologie der Städte" (in: „Wirtschaft und Gesellschaft", 1956), der die Kasten als wichtigste Ursache für das Fehlen eines städtischen Bürgertums und seiner „Stadtgemeinde", wie sie das Abendland prägend entwickelte, bezeichnet. Auch ERDOSY verneint die Autonomie früher indischer Städte und kommt zu dem Schluss: „the Indian city remained a centre of political power and orthodoxy" [644, S. 17].

Kriterien früher Urbanität

Die stadthistorischen Abschnitte der Arbeit von GHOSH enthalten eine systematische Analyse der wichtigsten stadtarchäologischen Befunde und erörtern mögliche Beziehungen der Gangesstädte zu denen der Induskultur und des Achämeniden-Reiches. In seiner Synopse der Grabungsbefunde aus den wichtigsten Städten Nordindiens gelangt er zu einer deutlich späteren Datierung einzelner Kriterien der Urbanisierung (wie Befestigungen, Monumentalbauten, Städteplanung etc.) als seine indischen Kollegen. Dies gilt insbesondere für Kausambi bei Allahabad, deren mächtige Befestigungsanlagen G. R. SHARMA in seinem Grabungsbericht [81] auf ca. 1000 v. Chr. datierte und in denen er ein spätes Erbe der Indusstädte zu erkennen glaubte. GHOSH hält diese Datierung für „highly over-dated" [S. 62; ebenso B. B. LAL in Puratattva 11 (1982), S. 89–94] und verlegt den Beginn der Fortifikation Kausambis auf ca. 600 v. Chr.; M. S. MATE datiert die frühesten Verteidigungsanlagen nordindischer Städte sogar erst in das 5. Jahrhundert v. Chr. [Early Historic Fortifications in the Ganga Valley, in: Puratattva 3 (1969), S. 58–69]. GHOSH weist weiterhin überzeugend nach, dass die Stadtentwicklung in Nordindien erst im 3. Jahrhundert v. Chr. – also im Zeitalter des Maurya-Großreiches – zur vollen Blüte kam. Auch diese Datierung stand im deutlichen Widerspruch zu den Frühdatierungen mancher indischer Kollegen der vorangegangenen Jahrzehnte, hat sich heute jedoch weitgehend durchgesetzt [so auch 332: ALLCHIN]. D. K. CHAKRABARTI kommt zu ähnlichen Schlussfolgerungen, unterscheidet aber drei Höhepunkte früher urbaner Entwicklung, die mit der Entstehung der frühen Staaten Nordindiens im 6./5. Jahrhundert v. Chr., dem Maurya-Reich im 3./2. Jahrhundert v. Chr. und der Zeit intensiver Handelsbeziehungen mit Rom und Zentralasien in den frühen Jahrhunderten n. Chr. einher gingen [193].

Datierung der frühen Gangesstädte („Zweite Urbanisierung")

Weiterhin lehnt GHOSH alle Theorien über mögliche spätharappazeitliche Einflüsse auf die frühe städtische Entwicklung in Nordindien ab. Seine Kritik richtet sich dabei ebenso gegen S. C. MALIK, der kulturelle Übereinstimmungen für eine Kontinuität zwischen der Indus- und Gangeskultur anführte [272], wie gegen jene indischen Kollegen, die in Rajasthan oder Gujarat [80: RAO] oder gar im fernen Kausambi [81: SHARMA] direkte Anzeichen des Fortbestehens der Induskultur erkennen zu können glauben. GHOSH bezeichnet alle diese Theorien als „fanciful" (S. 83), denn der Befund der Gangesstädte „has nothing Harappan about it" (S. 81). Mit seinem Verdikt löste GHOSH eine bis heute anhaltende Diskussion aus. Er fand u. a. die Zustimmung der Archäologin S. RATNAGAR [293]. Doch bereits 1974 hielt es H. SHANKALIA in einer ausführlichen Besprechung der Arbeit GHOSHS [Puratattva 7 (1974), S. 108 ff.] für möglich, dass die Dörfer der hoch entwickelten chalkolithischen Kultur Nordindiens des 2. Jahrtausends v. Chr. „Träger" einer kulturellen Kontinuität gewesen waren. Zu gleichen Schlussfolgerungen gelangten inzwischen mehrere Archäologen. So hebt J. SHAFFER das Fortbestehen geistig-normativer Traditionen der Harappa-Zeit als Grundlage der „Reurbanisierung" des Gangestales hervor [Re-urbanization: The Eastern Punjab and Beyond, in: 660: SPODEK/SRINIVASAN, S. 53–67], und R. CONINGHAM verweist mit M. K. DHAVALIKAR auf die chalkolithischen proto-urbanen Siedlungen des 15.–11. Jahrhunderts v. Chr. in Maharashtra [R. CONINGHAM, Dark Age

Einfluss der Indusstädte und des Perserreiches?

or Continuum? An Archaeological Analysis of the Second Emergence of Urbanism in South Asia, in: 332: ALLCHIN, S. 61 ff.]. GHOSH wies ferner mit gleicher Vehemenz alle Versuche zurück – etwa des letzten britischen Direktors des ASI, M. WHEELER [362] – den Beginn der zweiten Urbanisierung auf achämenidischen Einfluss zurückführen zu wollen [647, S. 86 f.; so auch 642: DANI, S. 41 ff. und 81 ff. zu Taxila].

In einem ausführlichen Rezensionsartikel mit dem Titel „Iron and Urbanization in the Ganges Basin" widersprach R. S. SHARMA [658] der Auffassung GHOSHS, die Entstehung der frühen Gangesstädte sei einzig eine Folgeerscheinung der vorangegangenen politischen Entwicklung in Nordindien gewesen. Nach SHARMA spielte wie auch in der frühstaatlichen Entwicklung der Wandel der Produktionsmittel eine wesentlich bedeutendere Rolle. Erst die systematische Nutzung des Eisens habe die Urbarmachung der fruchtbaren Böden der Gangesebene für den großflächigen Reisanbau ermöglicht, der die notwendige landwirtschaftliche Überschussproduktion für die nicht-agrarische Bevölkerung der Städte und der urbanen Herrschereliten der frühen Staaten erwirtschaftete. Es war vorauszusehen, dass SHARMAS marxistische Deutung – wie zuvor schon auch seine Feudalismus-Theorie – auf heftigen Widerspruch stoßen würde, zumal die vermehrte Nutzung des Eisens bei der frühen Urbarmachung der Gangesebene archäologisch keineswegs als gesichert gelten kann [D. K. CHAKRABARTI, Iron and Urbanization: An Examination of the Indian Context, in: Puratattva 15 (1984/85), S. 68–74; zustimmend dagegen M. C. JOSHI, Early Historic Urban Growth: Some Observations, in: Puratattva 7 (1974), S. 91 ff., und 661: THAKUR, S. 5 u. 18 ff.]. Da R. S. SHARMA seine „Eisenthese" als damaliger Vorsitzender des Indian Council of Historical Research geradezu ex cathedra in der von ihm edierten „Indian Historical Review" vorstellte, gelang es ihm jedoch, die längst überfällige, bis heute anhaltende, kontroverse Diskussion über die wirtschaftlichen und gesellschaftlichen Ursachen der frühen Stadtentwicklung anzustoßen. So verteidigt z. B. V. K. THAKUR in seiner Monographie „Urbanization in Ancient India" SHARMAS Thesen ebenso vehement [661, S. 62 ff.], wie D. K. CHAKRABARTI [193, S. 80 f.] und M. LAL [342] ihnen widersprechen.

Sozioökonomische Voraussetzungen der Gangesstädte

5.3 *Niedergang der „klassischen Stadtkultur"*

Besonders einflussreich auf die weitere Stadtforschung war SHARMAS These vom Niedergang der Gangesstädte („urban decay") seit dem späten 3. Jahrhundert n. Chr., die er 1972 erstmals auf dem Indischen Historikerkongress vortrug. Zwar weisen nahezu alle publizierten Grabungsberichte einen drastischen Rückgang städtischen Lebens in den gupta- und nachguptazeitlichen Grabungshorizonten aus, und die Berichte chinesischer Pilger seit dem frühen 5. Jahrhundert über den Verfall der großen buddhistischen Städte Nordindiens waren ebenfalls hinlänglich bekannt [36: BEAL; 39: LEGGE]. Doch glaubte man all dies als „Einzelbefunde", nicht aber als gesamtindisches Phänomen deuten zu können [so auch 647: GHOSH], widersprachen sie doch zu sehr dem Bild des „Goldenen Zeitalters" der Guptas [423: MAJUMDAR/ALTEKAR]. Der Niedergang der „klassischen" Städte Nordindiens wurde stattdessen meist als eine Folge der Hunneneinfälle im späten 5. Jahrhundert n. Chr. gesehen.

SHARMA stellte seine „Deurbanisierungsthese" zunächst noch weitgehend in den Dienst seiner umkämpften Feudalismusthese [768], um damit die bisher letztlich fehlende Begründung für die den indischen Feudalismus auslösende Landstiftungspolitik im frühen Mittelalter zu liefern. 1987 legte er seine Monographie „Urban Decay in India (c. 300–c. 1000)" [659] vor, in der er seine These durch eine systematische Analyse der Grabungsergebnisse von nahezu 140 Stadtarealen zu erhärten sucht. Die Belege, die den Beginn des Niederganges der klassischen Städte lange vor dem Hunneneinbruch dokumentieren, sind nach Zahl und Sache in der Tat überwältigend. An diesem Gesamtbefund änderte sich auch dann nichts, als Archäologen dem Historiker SHARMA in Einzelfällen Interpretationsfehler ihres Materials nachwiesen [637: CHAKRABARTI, S. 270 ff.]. Neuerdings differenziert SHARMA zwischen zwei Phasen des städtischen Niederganges, um 300 n. Chr. und um 600 n. Chr. [Urbanism in Early Historic India, in: 634: BANGA, S. 9–18].

Deurbanisierungstheorie

Als einer der frühesten Kritiker SHARMAS galt lange Zeit B. D. CHATTOPADHYAYA, da er ihm 1974 in einem Aufsatz über Handel und städtische Zentren im frühmittelalterlichen Nordindien entgegenhielt, „in what precise form trade and urbanism survived in the post-Gupta period" [639, S. 204]. Anhand des epigraphischen Materials von vier allerdings eher unbedeutenden Städten konnte er nachweisen, dass urbane Zentren und regionaler Handel auch im 9. und 10. Jahrhundert weiterbestanden, wenn auch auf einem deutlich bescheideneren Niveau als in den „klassischen Städten" der früheren Jahrhunderte. Die Inschriften Rajasthans sprechen von florierenden Märkten, Geschäftsstraßen, Wohnbezirken, Händlergilden, Tempeln und sogar von einer Münzstätte. CHATTOPADHYAYA wurde von den Anhängern der Thesen SHARMAS gleichermaßen heftig kritisiert [774: THAKUR, S. 59 ff.; 661: DERS., Kap. 7: „decline of urban centres"] wie von dessen Gegnern als Kronzeuge zitiert [637: CHAKRABARTI, S. 271]. Beide Seiten schienen dabei jedoch übersehen zu haben, dass CHATTOPADHYAYA der „Deurbanisierungsthese" SHARMAS keineswegs gänzlich widersprach, sie ungewollt sogar stützte, denn er postulierte nicht den Fortbestand der klassischen nordindischen Städte, sondern die Entstehung neuer Städte im Frühmittelalter. Da diese frühmittelalterliche Entwicklung aber erst Jahrhunderte nach dem archäologisch inzwischen als gesichert geltenden Niedergang der Gangesstädte begann, initiierte er mit seinem Aufsatz letztlich eine neue Forschungsrichtung: die frühmittelalterliche Stadtgeschichte als dritte Phase vormoderner Urbanisierung Indiens.

Frühmittelalterliche Städte: Kontinuität oder Neubeginn?

So wurden in den frühen 1970er Jahren die bis heute relevanten Problemkreise der historischen Stadtforschung in Indien abgesteckt. A. GHOSH und auch D. K. CHAKRABARTI trugen wesentlich zur Klärung der Chronologie und der Kriterien

Ergebniss der frühen stadthistorischen Forschungen

frühurbaner Entwicklung in Nordindien bei. Insbesondere GHOSH schloss die proto-urbanen Siedlungen der spätvedischen Zeit ebenso aus der frühen Stadtgeschichte aus, wie er kategorisch alle möglichen Beziehungen der Gangesstädte zur Induskultur und der Stadtkultur des Achämeniden-Reiches verneinte. R. S. SHARMA stellte eindringlicher, als dies bisher geschah, die Frage nach den wirtschaftlichen und sozialen Voraussetzungen der frühurbanen Entwicklung Nordindiens und wies mit seiner „Deurbanisierungstheorie" erstmals auf eine klare Zäsur in der frühen indischen Stadtgeschichte hin. B. D. CHATTOPADHYAYA legte mit seinem Aufsatz den Grundstein für die Erforschung einer – nach den Indus- und Gangesstädten – dritten Phase („third urbanization") indischer Stadtgeschichte. Die weitere frühhistorische und frühmittelalterliche Stadtforschung Indiens bewegte sich seither im Wesentlichen im Rahmen dieser Forschungsansätze.

Der Schwerpunkt frühhistorischer Stadtforschung verlagerte sich seit Mitte der 1980er Jahre in starkem Maße von archäologischer Feldforschung [einer der wenigen bedeutenden Grabungsberichte jüngeren Datums ist 73: HÄRTEL über Sonkh] und Datierungsfragen zu wirtschafts- und sozialwissenschaftlichen Themen. Obschon die Frage nach sozio-ökonomischen und politischen Ursachen der frühstädtischen Entwicklung bereits in den frühen 1970er Jahren von GHOSH und SHARMA gestellt wurde, ging die eigentliche Neuorientierung des stadthistorischen Diskurses vor allem von drei bedeutenden Monographien aus, die 1983 und 1984 erschienen. Es waren dies R. S. SHARMAS „Material Culture and Social Formations in Ancient India" [351], R. THAPARS „From Lineage to State – Social Formations in Mid-First Millennium BC in the Ganga Valley" [352] und M. LALS „Settlement History and Rise of Civilization in the Ganga Yamuna Doab from 1500 BC – 300 AD" [341]. Wie bereits ihre Titel besagen, sind sie alle, wenn auch mit unterschiedlichen wirtschafts- und sozialhistorischen bzw. siedlungsgeschichtlichen Schwerpunkten, der spätvedischen Zeit und der Entstehung der „Gangesgesellschaft" gewidmet. Wenngleich es SHARMA und THAPAR in stärkerem Maße um wirtschafts- und sozialgeschichtliche Ursachen der frühstaatlichen Entwicklung geht, so wurden ihre Thesen sehr bald auch in den stadthistorischen Diskurs einbezogen. Dies geht aus zwei programmatischen Aufsätzen ALLCHINS [besonders Patterns of City Formation in Early South Asia, in: SAS 6 (1990), S. 163–173] ebenso hervor wie aus seinem neuesten Werk „The Archaeology of Early Historic South Asia. The Emergence of Cities and States" [332], in dem er, wie bereits erwähnt (s. Kap. II.4.7), ausdrücklich auf THAPAR und SHARMA verweist (S. 329).

Urbanisierung und soziopolitische Entwicklung

Das von ALLCHIN herausgegebene Werk ist eine Fortsetzung seiner nicht minder bedeutenden Abhandlung über die Induszivilisation aus dem Jahr 1982 [280] und kann nach den Arbeiten von GHOSH und SHARMA als wichtigste neuere Veröffentlichung auf dem Gebiet der frühen Stadtgeschichte Indiens angesehen werden. Die Beiträge dieses Buches stellen letztlich ein Kompendium des derzeitigen Forschungsstandes dar und sind bemüht, zu einer Synthese der sich biswei-

„Cambridge-Schule"

len arg widersprechenden Theorien über frühe Stadt- und Staatenbildung zu gelangen [so Kapitel 13: „The Emergence of Cities and States: Concluding Synthesis", S. 329–341]. Besonders wichtig sind in diesem Band die zwei Beiträge ERDOSYS über Anfänge der Urbanisierung im Gangestal und deren erste Blüte zur Zeit des Buddha [S. 75–122; einen Gesamtüberblick bietet ferner 644: ERDOSY]. Auch sind seine Untersuchungen zur Siedlungshierarchie zu nennen, die eine wichtige neuere Forschungsrichtung aufzeigen. Sie ermöglichen eine Korrelation zwischen frühstaatlicher Entwicklung und der Entstehung verschiedener Siedlungstypen. Ihre unterschiedlichen Größen und wirtschaftlich-administrativen Funktionen erlauben eine hierarchische Einordnung zwischen Agrardorf und Fürstensitz [341: LAL; 643: ERDOSY].

5.4 Südindien

Die frühhistorische indische Stadtgeschichte war bis in die jüngste Zeit letztlich gleichbedeutend mit nordindischer Stadtgeschichte. Ausnahmen bildeten Taxila, der seit achämenidischer Zeit wichtigste urbane Komplex Nordwestindiens [78: MARSHALL; 642: DANI; 636: BRANDTNER], und Sisulpalgarh, die Hauptstadt des ostindischen Kalinga-Reiches unter Ashoka und Kharavela und bedeutendste planmäßige Stadtanlage des indischen Altertums [74: LAL; 332: ALLCHIN, S. 142–147; 375: BRANDTNER]. Die frühurbane Entwicklung Zentral- und Südindiens wurde dagegen allenfalls als Ausläufer oder Randerscheinung der nordindischen Urbanisierung seit der Expansion der Mauryas im 3. Jahrhundert v. Chr. oder als Folge des römischen Handels im Indischen Ozean im 1. und 2. Jahrhundert n. Chr. wahrgenommen. Bei GHOSH [647] fanden Zentral- und Südindien nahezu keinerlei Erwähnung. Auch ALLCHIN und seine Mitarbeiter widmen diesem Großraum nur einen kurzen Abschnitt [332, S. 134–151]. Seit Beginn der 1990er Jahre legte jedoch A. PARASHER-SEN umfassende Studien über die frühhistorische staatliche und urbane Entwicklung Zentralindiens vor, das hierdurch Anschluss an die Diskussion um die einige Jahrhunderte früher beginnende Entwicklung im Gangestal fand [386; 387]. Als wichtigste Faktoren hebt sie die agrarische Entwicklung und die „twin forces of external trade and Buddhism" [Social Structure and Economy of Settlements in Central Deccan (200 BC-AD 200) in: 634: BANGA (Hrsg.), S. 27] hervor, die in der Zeit um Christi Geburt unter der Dynastie der Satavahanas die frühurbane Phase Zentralindiens begründeten. Die enge Verknüpfung des Buddhismus mit translokalem Handel im Zeitalter der Satavahanas steht ebenfalls im Mittelpunkt von Arbeiten H. P. RAYS [584] und HEITZMANS [580].

Urbanisierung außerhalb der Gangesebene

Die systematische Erforschung der frühen Stadtgeschichte Südindiens und insbesondere Tamil Nadus begann ebenfalls erst in den vergangenen Jahrzehnten. Südindische Historiker waren bereits seit dem Beginn des 20. Jahrhunderts bemüht, aus der frühen Tamil-Literatur der Shangam-Zeit der frühen Jahrhunderte n. Chr. vermeintlich blühende Städte in Südindien zu rekonstruieren [380: KANA-

KASABHAI], und die Ausgrabungen M. WHEELERS in Arikamedu schienen die Berichte klassischer Autoren über römische Faktoreien an südindischen Küsten zu bestätigen [85: WHEELER]. C. MALONEY trat mit der wichtigen These hervor, dass der auslösende Faktor der frühstaatlichen Entwicklung Südindiens der Seehandel gewesen sei [Archaeology in South India: Accomplishments and Prospects, in: 459: STEIN (Hrsg.), S. 1–40]. Die neueren Arbeiten von H. P. RAY bestätigen diese These und zeigen, in welchem Maße die Küstengebiete Südindiens seit den späten Jahrhunderten v. Chr. und verstärkt durch den Romhandel Indiens in den ersten Jahrhunderten n. Chr. in ein immer enger werdendes Netz überregionalen Land- und „internationalen" Seehandels eingebunden waren [472; 866].

Südindische Stadtgeschichte

Es ist der Historikerin R. CHAMPAKALAKSHMI zu danken, diese verschiedenen Forschungsbereiche systematisch erweitert und in den nun auch Südindien erfassenden stadtgeschichtlichen Diskurs eingebracht zu haben. Ihre Presidential Address des indischen Historikerkongresses, die sie 1986 dem Thema „Urbanization in South India: The Role of Ideology and Polity" widmete, wurde 1996 mit einer Auswahl ihrer Aufsätze unter dem Titel „Trade, Ideology and Urbanization. South India 300 BC to AD 1300" veröffentlicht [638, S. 24–91]. Ihre Arbeiten vermitteln die Erkenntnis, dass um Christi Geburt die sogenannte „zweite Urbanisierung" den fernen Süden erst sehr begrenzt erfasst hatte. Als wesentlichen Grund für diese Verzögerung gilt ihr die noch intakte Stammesgesellschaft der Shangam-Zeit, die nur wenige Residenzorte mit frühurbanem Charakter wie etwa Madurai und Kanchipuram und die Hafenstädte als „trade enclaves" hervorgebracht habe (S. 37). Der mit dem Rückgang des internationalen Seehandels im 3. Jahrhundert n. Chr. einsetzende „urban decay" betraf in Südindien nur die Hafenstädte, während die Residenzorte der Stammesfürstentümer weitgehend unbehelligt blieben und seit dem siebten Jahrhundert die Träger der – im gesamtindischen Kontext – dritten Urbanisierung wurden.

5.5 Die „dritte Urbanisierung"

In Weiterentwicklung seiner früheren Ansichten trug B. D. CHATTOPADHYAYA 1986 seine These über die „dritte Urbanisierung" vor. Hatte er 1974 noch gegen R. S. SHARMAS Deurbanisierungsthese auf die Existenz frühmittelalterlicher urbaner Zentren in Nordindien verwiesen [639], so hob er nun den Neubeginn frühmittelalterlicher städtischer Entwicklung seit dem Ende des 1. Jahrtausends n. Chr. hervor [640]. Ein wesentliches Merkmal dieser „dritten Urbanisierung" sei ihre gesamtindische Dimension, die von keinem „epicentre" (wie vom Gangestal im vorchristlicher Zeit) ausgegangen sei, sondern jeweils eigene regionale Wurzeln habe. Die wichtigsten Funktionen frühmittelalterlicher Städte seien in deutlicher Übereinstimmung mit den frühhistorischen Städten auch weiterhin Markt und Herrschersitz gewesen. Mehr Ergänzung als Widerspruch kam von R. CHAMPAKALAKSHMI, die die Lage der „dritten Städte" im Zentrum fruchtbarer agrarischer Kerngebiete und insbesondere ihre sakralen Funktionen als weitere

Faktoren der frühmittelalterlichen Stadtentwicklung in Südindien betonte. Sie resümierte für die südindische Stadtentwicklung: „In most cases, while trade was a secondary factor, religious activity was a dominant and persistent, though not necessarily the sole, factor“ [638, S. 357]. Wenn CHAMPAKALAKSHMI auch in ihrer Presidential Address (1986) und weiteren stadthistorischen Arbeiten über Südindien, dem Ursprungsgebiet der frühmittelalterlichen volksreligiösen Bhakti-Religiosität mit ihren ausgeprägten Wallfahrtskulten und Pilgerzentren, die religiöse Funktion frühmittelalterlicher Städte derart betont, beruft sie sich auf – den von ihr wegen seiner segmentären Staatstheorie ansonsten heftig befehdeten – B. STEIN, der ebenfalls die wachsende Bedeutung von Tempeln und Klöstern für die städtische Entwicklung in Tamil Nadu erkannt hatte [460: STEIN, S. 243–253]. B. STEIN distanzierte sich jedoch von CHAMPALAKSHMI, weil sie in einem „act of scholarly municipal administration“ auch die zentralen ländlichen Brahmanendörfer (*brahmadeya*) zu städtischen Siedlungen erklärt und deshalb den Grad der mittelalterlichen Urbanisierung Tamil Nadus deutlich überschätzt habe [in: 668: BAKKER (Hrsg.), S. 164 ff.].

5.6 *Die Tempelstädte*

Die mittelalterlichen Tempelstädte, mit ihren vielfältigen religiösen, sozialen, politischen und wirtschaftlichen Funktionen, bilden einen besonders ertragreichen neueren Forschungsbereich indischer Stadtgeschichte. In weiten Teilen Indiens stellen Tempelstädte den Nukleus der „dritten Urbanisierung“ dar [638: CHAMPALAKSHMI]. Bis in die fünfziger Jahre des 20. Jahrhunderts existierten im Wesentlichen nur überblicksartige Gesamtdarstellungen der großen heiligen Stätten Indiens [z. B. 678: VON GLASENAPP], deskriptive Abhandlungen über Geschichte, Architektur und Kulte einzelner Tempelstädte [wie etwa 692: PILLAY] oder kunsthistorische Werke [wie z. B. 688: KRAMRISCH]. Seit den sechziger Jahren wurden dann erstmals auch hagiographische Sammlungen der Mythen und Legenden (*Māhātmya*) einzelner Tempelstädte als literarische Quellengattung der Tempelstädte erschlossen [673: DESSIGANE; 689: KULKE; 666: BAKKER; 690: MALIK]. Von D. SHULMAN stammt eine großartige Untersuchung über tamilische Tempelmythen [697], und H. BAKKERS Konferenzband gewährt einen Überblick über die Vielfalt traditioneller Texte der Tempelstädte [667]. Ein weiterer Forschungsbereich ist die wichtige Rolle, die Tempelstädte für Entstehen und Bestand von Regionalreichen spielten [676: ESCHMANN/KULKE/TRIPATHI; 694: RÖSEL; 433: BILLER]. Die Erforschung der Geschichte und Organisation der Wallfahrt [siehe besonders 675: ENSINK] und der Tempelstädte als Pilgerzentren liegt bisher weitgehend in den Händen von Geographen [670: BHARDWAJ] und Soziologen [695; 696: RÖSEL]. Eine indische Forschergruppe über Wallfahrt- und Tempelstädte geriet nach vielversprechenden Anfängen [L. GOPAL/D. P. DUBEY, Pilgrimage Studies, Text and Context, 1990] schon bald in den Sog hindunationalistischer Agitationen um die Tempelstadt Ayodhya [680: GOPAL].

Die historische Tempelstadtforschung im eigentlichen Sinne begann mit B. STEINS unveröffentlichter wirtschaftshistorischer Dissertation über Südindiens größte Tempelstadt Tirupati (1958). Deren Ergebnisse legte er in einer Reihe von Aufsätzen vor, in denen er erstmals die engen Verflechtungen zwischen mittelalterlicher Tempelstadt, Staat und agrarischer Entwicklung aufzeigte [701; drei weitere Aufsätze nachgedruckt in: 461]. Die wirtschaftspolitische Funktion des Reichstempels der Chola-Dynastie in der Hauptstadt Tanjore, durch ein wirtschaftlich-rituelles Redistributionssystem die Herrschaft der Cholas zu sichern, wurde u.a. von G. SPENCER [699] und J. HEITZMAN [685] hervorgehoben, ergänzt von C. TALBOT, der die Tempelstädte als Fokus königlich-fürstlicher Patronage untersuchte [704]. D. N. JHA [in: 264: SHARMA/JHA (Hrsg.)] und K. R. HALL/G. SPENCER [683] wiesen auf die Bedeutung der Tempelstädte für Handwerk und Handel hin. R. CHAMPAKALAKSHMI wies die enge Verknüpfung der großen südindischen Händlergilden mit den Tempelstädten nach [638, S. 311–330], und H. B. REYNOLDS zeigte, dass Madurai, die große Tempelstadt Tamil Nadus, zutreffend als *Koyil Nakar* („Tempel-Stadt") bekannt ist [693, S. 30]. R. CHAMPAKALAKSHMI [638, S. 30] und J. HEITZMAN [803, S. 82ff.] sprechen daher zu Recht von „temple urbanisation" bzw. „temple urbanism" in Südindien. Einen Überblick über verschiedene Aspekte der Tempelstadtforschung gewähren die von B. STEIN [702], J. C. GALEY [677] und BAKKER [668] herausgegebenen Sammelbände. Umfassende historische Studien über einzelne Tempelstädte liegen u.a. vor über Ayodhya [666: BAKKER], Benares [674: ECK; 682: GUTSCHOW/MICHAELS], Puri [676: ESCHMANN; 695: RÖSEL] und Suchindram [692: PILLAY].

„temple urbanism" in Südindien

Einen besonderen Schwerpunkt der Tempelstadtforschungen zeigt der Titel des von BAKKER edierten Bandes „The Sacred Centre as a Focus of Political Interest" an [668]. Bereits 1969 hat G. SPENCER in einem richtungweisenden Aufsatz über die politisch-legitimatorische Funktion der großen Reichstempel der Cholas in Südindien den Schluss gezogen, dass deren königliche Förderung „far from representing the self-glorification of a despotic ruler, was in fact a method adopted by an ambitious ruler to enhance his very uncertain power" [699, S. 45]. Außer Frage steht die zentrale Rolle, die die Tempelstädte, ihre Priesterschaften und „Reichsgottheiten" für die Begründung und den Erhalt dynastischer Herrschaft in den mittelalterlichen Regionalreichen spielten [H. KULKE, Royal Temple Policy and the Structure of Medieval Hindu Kingdoms, in: 676: ESCHMANN u.a. (Hrsg.), S. 125–138; DERS. in: 239: KULKE/ROTHERMUND, S. 179–194; 694: RÖSEL]: „Temples were fundamental for the maintenance of kingship" [665: APPADURAI].

Tempelstädte und Herrschaft

Neben den monumentalen Reichstempeln der frühmittelalterlichen Chola-Dynastie Südindiens [700: SPENCER; 803: HEITZMAN] stehen die seit dem 12./13. Jahrhundert entstandenen Tempelstädte in den spätmittelalterlichen Reichen von Orissa und Vijayanagara im Mittelpunkt dieser Forschungen. In zwei wichtigen Aufsätzen zeigten A. APPADURAI [665] und A. PALAT [496] auf, in

Vijayanagara

welchem Maße die Herrscher Vijayanagaras ihre Herrschaft in den eroberten Gebieten Tamil Nadus durch gezielte Förderung von Sektenführern in den großen Tempelstädten zu festigen trachteten und soziale Unruhen durch Stiftungen an die in den Tempelstädten agierenden Sekten zu besänftigen versuchten. Zur Rolle der Tempel und Tempelstädte Südindiens als zentrale Orte des Redistributionssystems königlicher Gaben und Ehrungen siehe A. APPADURAI [665], J. HEITZMAN [685] und C. TALBOT [704], zu Orissa U. SINGH [698] und G. BERKEMER [669], sowie zu Südasien N. GUTSCHOW [681] und J. PIEPER [691].

Zeremonialstädte

Die Funktion der Residenz- und Tempelstädte als rituelle Zentren des Kosmos und als „Zeremonialstädte" und Bühne großer religiös-königlicher Feste stellen einen weiteren Schwerpunkt südindischer Stadtgeschichte dar. R. CHAMPAKALAKSHMI legte eine Arbeit über Tanjore als „Ceremonial City" der Cholas vor [683], während B. STEIN das große jährliche Durga-Fest in Vijayanagara im Rahmen seiner Studien über den segmentären Staat Südindiens untersuchte [460: STEIN, S. 384 ff.; 461: DERS., S. 302–326]. Erforschung und Restaurierung des großartigen „Royal Centre" und seiner Tempel standen im Mittelpunkt eines mehrjährigen Vijayanagara-Projektes [646: FRITZ/MICHELL].

Orissa

Aus dem in den 1970er Jahren von der Deutschen Forschungsgemeinschaft geförderten Projekt über Puri, der größten Tempelstadt Ostindiens, gingen mehrere Arbeiten über den Einfluss dieser Tempelstadt und ihres Jagannath-Kultes auf die Entwicklung der regionalen Kultur Orissas [676: ESCHMANN; 695: RÖSEL], des sakralen Königtums [713: KULKE] und der regionalstaatlichen Entwicklung hervor [694: RÖSEL; 433: BILLER; 806: KULKE]. Eine vergleichende Studie über „Funktion und Macht des Hindu-Tempels im regionalen Kontext" der Tempelstädte von Ramagiri, Puri und Ayodhya stammt aus der Feder H. BAKKERS [in: Lokale Religionsgeschichte, hrsg. von H. G. KIPPENBERG, Marburg 1995, S. 191–199].

5.7 Epische Archäologie

Mit den heiligen Städten des Hinduismus und der mythisch-legendären Vorgeschichte der Gangesstädte ist die sog. „epische Archäologie" verbunden, eine in jüngerer Zeit umstrittene Forschungsrichtung indischer Stadtarchäologie. Sie setzt sich zum Ziel, die Historizität der Städte aus der mythisch-legendären Vorzeit der Mahabharata- und Ramayana-Epen archäologisch nachzuweisen [siehe hierzu insbesondere 191: BRANDTNER]. Sie hatte in den 1950er Jahren mit B. B. LALS erfolgreichen Grabungen in Hastinapura und anderen „Mahabharata-Städten" im westlichen Uttar Pradesh begonnen [75: LAL] und war in den 1970er Jahren in einem großen Forschungsprojekt auf die heiligen Stätten des Ramayana-Epos im östlichen Uttar Pradesh ausgeweitet worden [76]. Die „epische Archäologie" wurde zunächst als eine bedeutende Errungenschaft der indischen Archäologie begrüßt [so H. KULKE in: 239: KULKE/ROTHERMUND, S. 50 f.], vor allem nachdem LAL 1981 einen Aufsatz über die Archäologie der indischen

Epen in der angesehenen Zeitschrift „Antiquity“ veröffentlicht hatte, in der er der internationalen Fachwelt erstmals die archäologische Identifizierung der Städte der epischen Frühzeit vortrug [198]. Frühzeitige Warnungen einiger indischer Archäologen und Historiker vor den Gefahren einer von religiösen und politischen Prämissen ausgehenden Archäologie blieben zunächst weitgehend ungehört [A. GHOSH im Vorwort zu 75: LAL; 195: CHATTOPADHYAYA].

Die „epische Archäologie“ entwickelte sich seit der Mitte der 1980er Jahre zunehmend zu einer der wichtigsten ideologischen Waffen hindunationalistischer Agitatoren und kommunalistischer Auseinandersetzungen [680: GOPAL; S. RATNAGAR, Archaeological Perspectives of Early Indian Societies (Review Article), in: 266: THAPAR (Hrsg.), S. 1–52]. Sie führten 1992 zur Erstürmung und Zerstörung einer Moschee in Ayodhya, die der erste Mogulherrscher Babur 1528 angeblich auf den Ruinen des „Geburtstempels“ des Gottes Rama errichtet haben soll [siehe insbesondere: 687]. Nach der Zerstörung der Moschee und den darauf folgenden blutigen Ausschreitungen mit mehreren tausend Toten scheint es um die „epische Archäologie“ bedeutend ruhiger geworden zu sein. Seither sind keine neueren Versuche bekannt, das epische Erbe „wissenschaftlich“ einzufordern, obgleich weiterhin Publikationen des vor über zwei Jahrzehnten begonnenen „Ramayana-Projektes“ B. B. LALs erscheinen [76, dort auch in der Einleitung eine Rechtfertigung dieser Forschungen].

Ayodhya

6. Indien und die Indian Ocean Studies

Neben der erstaunlichen „Rückkehr der Arya“ (s. Kap. II.3) spielen in jüngerer Zeit die „Indian Ocean Studies“ (IOS) eine nicht minder bedeutende Rolle im Rahmen internationaler Forschung zum vormodernen Indien. Sie umfassen ein weit gefächertes Spektrum maritimer, archäologischer und historischer Themen von der ostafrikanischen bis an die südchinesische Küste. Der südasiatische Subkontinent schiebt sich wie ein Keil in das Zentrum dieser maritimen Welt, die für die Anrainerstaaten seit dem Altertum eine dem Mittelmeer vergleichbare Rolle spielte. Indiens maritime Geschichte im Indischen Ozean vor der europäischen Expansion im frühen 16. Jahrhundert ist von einer Abfolge bedeutender Epochen mit unterschiedlichen geographischen Schwerpunkten gekennzeichnet. Den bisher nur unzulänglich bekannten maritimen Beziehungen des Industales zum Persischen Golf und den frühen Hochkulturen des Vorderen Orients [293: RATNAGAR; 281: CHAKRABARTI] folgte in den Jahrhunderten um Christi Geburt im westlichen Indischen Ozean, dem Arabischen Meer, eine Zeit intensiven Handels mit der mediterranen Welt des Hellenismus und Roms [395: DIHLE]. Im Zeichen der Ausbreitung der indischen Kultur nach Südostasien verlagerte sich in den folgenden Jahrhunderten der Schwerpunkt in den Golf von Bengalen und dessen östliche Anrainerstaaten [470: MABBETT]. Vom 8. bis 13. Jahrhundert, im Zeitalter muslimischer maritimer Hegemonie, wuchs der Indische Ozean erst-

Epochen der IOS

mals zu einem wirtschaftlich integrierten Großraum zusammen [834: CHAUDHURI; siehe auch O. PRAKASH, India and the Indian Ocean Trading Network on the Eve of the European Arrival in the Asian Seas, in: 250: BERKEMER u. a. (Hrsg.), S. 59–70]. In ihn stieß im 14. Jahrhundert China vor, das im frühen 15. Jahrhundert zeitweilig zur maritimen Vormacht im Indischen Ozean aufstieg [859: PTAK]. Diese Stellung übernahm im frühen 16. Jahrhundert Portugal [563: SUBRAHMANYAM].

Die historische Forschung spielt sich weitgehend innerhalb dieser chronologisch und geographisch getrennten Teilbereiche und ihrer jeweiligen „Leitdisziplinen" ab. In den zwei vergangenen Jahrzehnten treten vermehrt fächer- und epochenübergreifende, interdisziplinäre Studien in den Vordergrund, in denen sich die Archäologie zur Leitdisziplin herausbildete. Sie fanden ihren Niederschlag in zahlreichen internationalen Konferenzen wie z. B. 1994 in Delhi unter dem Titel „Techno-archaeological Perspectives of Seafaring in the Indian Ocean, 4th Century B. C. to 15th Century A. D." [867: RAY/SALLES]. Schwerpunkte dieser neueren, indienbezogenen IOS vor der europäischen Expansion bilden der klassische indo-römische Seehandel und Indiens frühe kulturelle Beziehungen zu Südostasien. Sie sollen im Folgenden in zwei Abschnitten ausführlicher dargestellt werden. Ihnen folgen kürzere Zusammenfassungen der folgenden Epochen. Einführende Überblicke in die Geschichte des Indischen Ozeans und die IOS gewähren u. a. A. DAS GUPTA [in: 250: BERKEMER u. a. (Hrsg.), S. 53–59], K. MCPHERSON [854], C. VERLINDEN [in: 833: CHANDRA (Hrsg.), S. 27–53] und H. KULKE [in: 836: CONERMANN (Hrsg.), S. 1–8].

6.2 Der Romhandel Indiens

Die IOS nahmen ihren Anfang im späten 18. Jahrhundert mit der Erschließung der klassischen hellenistisch-römischen Quellen über die Beziehungen der Mittelmeerwelt zu Indien. Die Erforschung der maritimen indo-römischen Handelsbeziehungen stand jedoch bis ins frühe 20. Jahrhundert im Schatten der kontinentalen Ostexpansion der hellenistisch-römischen Welt seit dem Indienzug Alexanders des Großen. So nahm der 1922 von E. J. RAPSON editierte Band „Ancient India" vom Indienhandel Roms nahezu keinerlei Kenntnis [235: 1. Bd.], und V. A. SMITH widmete 1914 in seiner „Early History of India" dem römischen Indienhandel allenfalls zwei Seiten, Alexanders Indienzug dagegen zwei Kapitel [245, S. 52–120]. Aus dieser „Schule" gingen jedoch umfangreiche Editionen der klassischen literarischen und numismatischen Quellen hervor [u. a. 35: MCCRINDLE, und 68: GARDNER]. Durch diese Anthologien klassischer Indienberichte u. a. von Strabo, Plinius und Ptolemäus und der ersten systematischen Aufnahme der römischen Münzfunde in Südindien durch R. SEWELL [JRAS, 1904] trat auch der maritime Handel Roms mit Indien stärker in das Blickfeld. Dessen weitere Erforschung fand in der ersten Hälfte des 20. Jahrhunderts ihren Niederschlag in drei Standardwerken. 1912 brachte W. H. SCHOFF die

Rom und die frühen IOS

Frühe Standardwerke

Übersetzung und ausführliche Kommentierung des „Periplus of the Erythraean Sea" heraus, die auch durch L. CASSONs neue Edition [33] nicht obsolet wurde. Verfasst von einem griechischen Autor aus Ägypten, der die Westküste Indiens selbst bereist hatte, ist der Periplus mit seinen detaillierten Angaben über Seerouten, Häfen und Handelsgüter eine einzigartige Quelle über den Handel Roms im westlichen Indischen Ozean, dem „erythräischen Meer". Neuere Forschungen bestätigen nahezu einhellig die bereits von SCHOFF vorgeschlagene, aber lange Zeit umstrittene Datierung des Periplus in die Mitte des 1. Jahrhunderts n. Chr. [33: CASSON; 402: RASCHKE; G. FUSSMAN in: JA 279 (1991), S. 33 sogar ca. 30 n. Chr.]. 1928 folgte nach H. G. RAWLINSONs Werk aus dem Jahr 1916 [403] mit E. H. WARMINGTONs „The Commerce Between the Roman Empire and India" [409] die erste umfassende Darstellung des Indienhandels der Mittelmeerwelt im Zeitalter Roms. 1946 veröffentlichte M. WHEELER den Bericht über die sensationellen Grabungen in Arikamedu [85], der ersten und bisher einzigen erforschten römischen Handelsniederlassung in Indien, die er 1955 in seinem Buch „Rome Beyond the Imperial Frontier" einer weiteren Leserschaft vorstellte [410; dt. Ausg. 1965]. Diese Standardwerke und Quelleneditionen spiegeln das klassische Bild eines florierenden, staatlich geförderten [„machtvolle Planung", 410: WHEELER 1965, S. 152] und kontrollierten römischen Seehandels im Indischen Ozean wider. Er sei von Händlern der östlichen Mittelmeerwelt dominiert [„the chief traders are the Yavana – the Roman Greeks", 409: WARMINGTON, S. 310] und in Indien im Wesentlichen in römischen Handelsniederlassungen der Hafenstädte abgewickelt worden. Inder traten allenfalls als Herrscher der Küstenregionen und Lieferanten der begehrten Handelswaren wie Pfeffer und Perlen in Erscheinung.

Romzentrisches Weltbild

Das bedeutendste Kompendium des durch neuere Forschungsergebnisse inzwischen erheblich ergänzten und revidierten Wissens über Roms Indienhandel stellt der 1978 erschienene Band II.9.2 der von H. TEMPERONI/W. HAASE editierten monumentalen Reihe „Aufstieg und Niedergang der Römischen Welt" aus dem Jahr 1974 dar. Er enthält die wichtigen Aufsätze von A. DIHLE [395] über die entdeckungsgeschichtlichen Voraussetzungen des Indienhandels der frührömischen Kaiserzeit („der in der übrigen griechisch-römischen Geschichte ohne Beispiel ist", S. 547) sowie von M. G. RASCHKE über neuere Studien zum römischen Handel mit dem Osten [402]. RASCHKEs Abhandlung, seine 1791(!) Anmerkungen (S. 681–1076) und die kaum minder umfangreiche Bibliographie (S. 1077–1233, es folgen Indices etc.) gelten auch im internationalen Kontext als Standardwerk neuerer „klassischer Forschungen" über Roms Indienhandel. Die seit RASCHKE erschienenen Studien erschließt u. a. K. KARTTUNEN in seinem Werk „India and the Hellenistic World" [400]. Von ihm stammen auch zwei Sammelbesprechungen aus den Jahren 1986 und 1995 „Graeco-Indica. A Survey of Recent Work" [in: Arctos 20 (1986), S. 73–86, und in: 393: BOUSSAC/SALLES (Hrsg.), S. 11–20]. Neuere Gesamtüberblicke über Geschichte und Forschungsgeschichte des indo-römischen Handels bieten u. a. L. CASSON in der Einleitung

Neuere Beiträge

seiner Periplus-Edition [33], R. THAPAR [in 404: DE ROMANIS/TCHERNIA (Hrsg.)], F. E. REICHERT [Begegnungen mit China. Die Entdeckung Ostasiens im Mittelalter. Sigmaringen 1992, S. 22–36] und insbesondere J. WIESEHÖFER [411, mit umfangreichen bibliographischen Angaben].

Internationale Konferenzen über Indiens Romhandel

Aufbauend auf und angeregt von diesen neueren klassischen Indienstudien nahmen seit den achtziger Jahren interdisziplinäre Forschungen über den Romhandel Indiens einen ungeahnten Aufschwung. Ihm sind eine Reihe bedeutender Sammelbände zu verdanken, von denen, wie bereits erwähnt, mehrere aus internationalen Konferenzen hervorgingen. Den Anfang machten der 1991 von A. K. JHA veröffentlichte Konferenzband „Coinage, Trade, Economy“ eines internationalen Kolloquiums des indischen numismatischen Forschungsinstitutes [118] sowie der Band V. BEGLEY und R. D. DE PUMA aus dem Jahr 1992 [391], dem 1986 eine Konferenz des Archaeological Institute of America in San Antonio vorausgegangen war. Wartete Ersterer mit teilweise gänzlich neuen numismatischen Interpretationen der berühmten römischen Münzfunde in Südindien auf, so hebt sich der zweite von früheren IOS-Publikationen insbesondere dadurch ab, dass elf seiner dreizehn Beiträge neuere archäologische Forschungsergebnisse vorstellen. Es folgten M. F. BOUSSAC/J. F. SALLES mit „Athens, Aden, Arikamedu. Essays on the Interrelations Between India, Arabia and the Eastern Mediterranean“ [393; 1993 erstmals vom Institut für klassische Archäologie in Lyon veröffentlicht]; H. P. RAY/J.-F. SALLES mit „Tradition and Archaeology. Early Maritime Contacts in the Indian Ocean“ [867, aus der o. g. Konferenz in Delhi im Jahr 1994 hervorgegangen]; J. READE mit „The Indian Ocean in Antiqutity“ [869, zurückgehend auf eine Konferenz am Britischen Museum in London im Jahr 1988]; sowie F. DE ROMANIS/A. TCHERNIA mit „Crossings: Early Mediterranean Contacts with India“ [404]. Es dürfte kein Zufall sein, dass nur noch in einem Titel dieser Sammelbände der Name Rom erscheint. Denn es ist in der Tat eines ihrer wesentlichen Anliegen, gegen frühere Autoren wie etwa WARMINGTON oder WHEELER die vermeintlich dominante Stellung Roms bzw. des römischen Staates und mediterraner Händler differenzierter zu betrachten und neu zu definieren. Einen starken Rombezug weist dagegen weiterhin der 1994 von R. M. CIMINO edierte Ausstellungskatalog „Ancient Rome and India“ auf [394]. Die gut hundert Beiträge zu den genannten sieben Sammelbänden gewähren einen umfassenden Einblick in die gegenwärtigen IOS im Zeitalter Roms.

Die Rolle Roms im Indischen Ozean

So wird z. B. gegen die opinio communis früherer Autoren hervorgehoben, dass von einer „militärisch-kommerziellen Beherrschung“ Roms einzig im westlichen Ausläufer des Indischen Ozeans, dem Roten Meer, seinen Hafenstädten und den Karawanenstraßen zum Nil die Rede seine könne [395: DIHLE, S. 573]. Roms Interesse habe sich aber auch dort im Wesentlichen auf die Erhebung von Importzöllen auf Güter des Seehandels beschränkt, und der militärische Schutz auf den Karawanenstraßen in Ägypten habe eher den dortigen Bergwerken als dem Indienhandel gegolten [406: SIDEBOTHAM]. Hiermit hängt eng die Frage zusammen, ob Rom im Indischen Ozean eine systematische Handelspolitik betrieben habe, eine These, die allerdings keineswegs nur in älteren Publikationen wie z. B. WARMINGTON [409, S. 84] und WHEELER [410, S. 117] vertreten wurde. So heißt es beispielsweise noch 1987 bei I. PUSKÁS, „longdistance trade [im Indischen Ozean] was basically a state monopoly [Roms], in any case state controlled" [401, S. 142]. SIDEBOTHAM hebt zwar ebenfalls eine starke Stellung römischer Händler im Indischen Ozean hervor, differenziert aber zwischen einzelnen Phasen und Regionen unterschiedlicher Intensität römischen Handels [406]. L. CASSON hält dagegen die These einer „imperial economic policy" im Indischen Ozean für kaum mehr als „theorizing with nothing solid to support it" [33]. A. TCHERNIA kommt gar zu dem Schluss: „Western merchants were not going to sell anything to India, they were on the lookout for silk, nard, pepper and beryls that they sold back at hundred times the price as Pliny states to their wealthy fellow citizens" [in: 393: BOUSSAC/SALLES (Hrsg.), S. 152]. P. J. TURNER, der unlängst eine Monographie über die römischen Münzfunde veröffentlichte [71], hält Münzen gar für „the only significant trading item the Roman could offer the Indians" [in: 869: READE (Hrsg.), S. 312]. S. B. DEO weist ferner darauf hin, dass der archäologische Befund selbst an der im Periplus so hervorgehobenen Westküste und dessen Hinterland kaum römische Importwaren aufweise [in: 391: BEGLEY/DE PUMA (Hrsg.)]; so auch J. WIESEHÖFER: „Die römischen Händler, Kaufleute und Seefahrer sind im archäologischen Befund Indiens kaum zu fassen" [411, S. 23].

Ausnahmen von diesem Befund bilden heute der berühmte Hortfund griechisch-römischer Bronzen von Kolhapur im westlichen Zentralindien (s. o., Kap. I.C.4.2), die Funde römischer Glaswaren, Amphoren und datierter Terra-Sigillata-Keramik [zu diesen Funden siehe insbesondere die Beiträge in 391: BEGLEY/DE PUMA] und „last not least" die römischen Münzen. Ein literarisches Dokument ersten Ranges ist weiterhin ein in Wien befindlicher Papyrus aus dem 2. Jahrhundert n. Chr. Der darin dokumentierte Darlehensvertrag bezeugt einen florierenden Handel indischer Waren zwischen Muziris an der Südwestküste Indiens und Alexandrien. Er gilt als ein wichtiges Zeugnis für den privaten Charakter des römischen Indienhandels. Außer den üblichen 25% Einfuhrzoll enthält er keinerlei Hinweise auf Eingriffe des römischen Staates in den Handel im Indischen Ozean [398: HARRAUER/SIJPESTEIJN; L. CASSON, New Light on Maritime Loans: P. Vindob. G 40822, in: Zeitschrift für Papyrologie und Epigraphik 84 (1990), S. 73–79; 411: WIESEHÖFER, S. 27, dort auch weitere Literatur]. Die Anwesenheit indischer Händler in den Hafenstädten am Roten Meer ist durch ihre in Tamil verfassten Graffiti bezeugt [405: SALOMON; S. E. SIDEBOTHAM in: 391: BEGLEY/DE PUMA (Hrsg.), S. 33 ff.].

Die römischen Münzfunde stellen die signifikantesten Spuren des römischen Indienhandels dar. Sie riefen seit 1786, als der erste Hortfund römischer Aurei in Südindien entdeckt wurde, ein starkes europäisches Interesse hervor, werden aber erst in den gegenwärtigen IOS eingehender numismatischer Untersuchungen unterzogen [71: TURNER; 118: JHA; 112: BOPEARACHCHI/WEERAKKODY; zur

Römische Münzfunde in Indien

Entdeckungs- und Forschungsgeschichte siehe insbesondere 111: BERGHAUS]. Nach RASCHKE waren 1978 in Indien ca. 5400 Silbermünzen (denarii) und 800 Goldmünzen (aurei) bekannt [402, S. 66], wobei ein Vielfaches im Laufe der Jahrhunderte eingeschmolzen worden sein dürfte [A. TCHERNIA in 404: DE ROMANIS/TCHERNIA (Hrsg.)]. Über 98% aller römischen Münzen kamen in Südindien (s. Karte 5) und dort wiederum als Hortfunde ans Tageslicht [RASCHKE, a.a.O.]. Die Denarii entstammen nahezu ausschließlich den Regierungszeiten des Augustus und Tiberius [71: TURNER].

Münzreform Neros

Die Münzreform Neros in den Jahren 63/64 n. Chr., die zu einer Reduzierung des Silbergehalts der Denarii und des Gewichts der Aurei führte, bewirkte eine drastische Zäsur im Export römischer Münzen nach Indien [P. J. TURNER/J. E. CRIBB in: 869: READE (Hrsg.), S. 309–320]. So ist aus der Nachreformzeit kein einziger Denarius in Indien bekannt [402: RASCHKE, S. 666]. Indische Wechsler und Händler hatten offenbar die Annahme der „abgewerteten" Münzen verweigert [A. TCHERNIA in: 404: DE ROMANIS/TCHERNIA (Hrsg.), S. 265].

Neuinterpretation des Münzbefundes

Seit 1904 war man der SEWELLschen Korrelation zwischen Emissionsdatum und Exportzeit der Münzen nach Indien gefolgt und hatte daraus auf den Höhepunkt des Indienhandels im julisch-claudischen Zeitalter und auf dessen starken Rückgang nach 64 n. Chr. geschlossen. Diese Interpretation des Münzbefundes wird heute in Frage, ja geradezu auf den Kopf gestellt. „The basic but hidden assumption – that we now seriously challenge – [is] that Roman coins found in India were exported soon after they were first issued in Rome" [D. W. MACDOWALL in: 867: RAY/SALLES (Hrsg.), S. 82; DERS. in: 118: JHA (Hrsg.), S. 145–163]. Ein großer Teil der in Indien gefundenen Denarii und Aurei des Augustus und Tiberius sei stattdessen erst nach der Reform Neros systematisch für den Handel mit Indien zusammengestellt und exportiert worden [A. BURNETT, Roman Coins from India and Sri Lanka, in: 112: BOPEARACHCHI/WEERAKKODY (Hrsg.), S. 179–190], da dort nur deren Edelmetallwert zählte: „Julio-Claudian denarii were exported to India in the Flavian period and worn Republican denarii after the major reform of Trajan in AD 107" [D. W. MACDOWALL in: 118: JHA (Hrsg.), S. 152]. Dieser „paradoxical theory" [A. TCHERNIA in: 404: DE ROMANIS/TCHERNIA (Hrsg.), S. 265] folgen u. a. A. BURNETT [in: 112] und insbesondere BERGHAUS, der bereits 1991 eine Fünfphasenperiodisierung der Einfuhr römischer Münzen in Indien vom 1.–6. Jahrhundert n. Chr. vornahm [in: 118: JHA (Hrsg.)]. Diese Arbeiten suchen die Ursachen für den „unregelmäßigen" Import römischer Münzen im Kontext indischer Entwicklung zu erklären. RASCHKE verwies dagegen auf die wirtschaftlich-monetäre Entwicklung Roms [402, S. 665 ff.], die u. a. den Export der Denarii des Augustus und Tiberius wegen des Mangels dieser Münzen im Römischen Reich nach Nero unwahrscheinlich und in flavischer Zeit unmöglich gemacht habe [402, S. 1012, Anm. 1485]. Weitgehende Einigkeit herrscht über die indischen Ursachen des nahezu vollständigen Fehlens römischer Münzen in Nordindien: Es sei auf die Schaffung hoch entwickelter Münzsysteme der dortigen zeitgenössischen Kushana- und Shaka-Dynastien zurückzuführen, die offenbar systematisch alle römische Münzen in ihre eigenen „Währungen" umprägen ließen [D. W. MacDowell in: 118: Jha (Hrsg.)]. Südindien habe dagegen zu dieser Zeit ebenso wie Sri Lanka, wo ebenfalls reiche Funde römischer Münzen zu Tage traten [A. Burnett in: 112: Bopearachchi/Weerakkody (Hrsg.)], über keine eigenen Münzsysteme verfügt.

Arikamedu, das „Poduke emporion" des Ptolemäus südlich von Madras (s. Karte 5), kam in den Jahrzehnten nach 1946, als M. Wheeler gemeinsam mit zwei indischen Kollegen des Archaeological Survey of India den Grabungsbericht vorgelegt hatte [85], eine ähnliche Bedeutung zu wie den römischen Münzfunden. Die auf relativ kleiner Grabungsfläche zu Tage getretenen Ziegelbauten (Lagerhallen?) und die stattliche Zahl mittelmeerländischer Keramik, römischer Amphoren, Tafelgeschirr, Lampen und Gemmen bezeichnete Wheeler als einen „Markstein für das Studium der römisch-indischen Beziehungen" [410, S. 152]. In der Datierung des Siedlungsbeginns Arikamedus als römisches Handelsemporium in das augustäische Zeitalter stützte Wheeler sich ausschließlich auf die dortigen Funde römischer Terra-Sigillata-Keramik (TS) aus Arezzo, die seines Erachtens nach aus der Zeit von ca. 10 v. Chr. – 50 n. Chr. stammt. Funden in den vor-arretinischen Grabungshorizonten, die auf einen früheren Handel mit der Mittelmeerwelt schließen lassen, maß er keine Bedeutung zu. „Previous trade with eastern India, if it existed at all, was of spasmodic and indirect kind" [85].

Arikamedu

Diese „Kurzdatierung" des archäologischen Befundes im Arikamedu ausschließlich im Kontext direkten römischen Handels wurde in den vergangenen zwei Jahrzehnten durch erneute Grabungen und Neuinterpretation des Keramikbefundes insbesondere durch V. Begley einer systematischen Revision unterzogen [390; 392]. Wichtige archäologische Einzelbeiträge hierzu enthält der von ihr und de Puma 1991 edierte Sammelband [391], über den eine weiterführende umfangreiche Besprechung von A. Tchernia vorliegt [in: 393: Boussac/Salles (Hrsg.), S. 147–157]. Eine präzise Zusammenfassung des neuen Forschungsstandes liefert J. Wiesehöfer [411]. Die Red Polished Ware Arikamedus, die inzwischen auch in anderen Teilen Indiens nachweisbar ist, war demnach keine Imitation römischer Keramik, sondern nahm ihren Ursprung unter hellenistischem Einfluss in Gujarat, bevor dort römische Importe erkennbar sind. Ferner ist die ebenfalls auf hellenistischen Einfluss zurückgehende Rouletted Ware in Arikamedu bereits seit ca. 150 v. Chr. belegt, und die in Formschalen erstellte („mouldmade") Tafelware Arikamedus hat „hellenistische (nicht römische!) Vorbilder und in Westindien ihren Ursprung." H. Comfort [„Terra Sigilatta at Arikamedu" in: 391: Begley/de Puma (Hrsg), S. 134–135] erhebt weiterhin starke Einwände gegen die Herkunft der TS-Keramik aus Arezzo. Wiesehöfer sieht sich daher zu der Schlussfolgerung veranlasst: „Das große römische Emporium in Arikamedu hat sich als Phantom erwiesen" [411, S. 23].

Die „Dekonstruktion" Arikamedus

Ausgehend von diesen neuen Erkenntnissen werden in den letzten Jahren in Indien zunehmend Stimmen laut, die über eine Reinterpretation der klassisch-europäischen Quellen und vermeintlichen römisch-mediterranen Funde in Indien hinausgehen. Sie stellen diese stattdessen in den Kontext bereits existierender maritimer Handelsnetzwerke, die aus der frühstaatlich-urbanen Entwicklung in Indien hervorgegangen waren. Diese „purposefully Indian perspective" [J. F. SALLES in: 393: BOUSSAC/SALLES (Hrsg.), S. 7] wird in jüngster Zeit vor allem von H. P. RAY vertreten. Sie war zunächst mit Studien über buddhistische Klöster und Händlergilden sowie indischen Seehandel im Zeitalter der Satavahanas in den Jahrhunderten um Christi Geburt hervorgetreten [472; 865; in: 869: READE (Hrsg.), S. 351–364]. Hatte sie noch 1988 in einem Aufsatz von „The Yavana Presence in Ancient India" gesprochen, so fügte sie 1995 dessen Nachdruck in dem von BOUSSAC/SALLES edierten Sammelband ein Postscriptum bei, in dem sie verkündete, dass die Funde römischer Provenienz in Südindien „cannot be used to substantiate the presence of Roman settlements in the Peninsula" [393, S. 93]. Im selben Band legte sie in einem „Resurvey of ‚Roman' Contacts with the East" ausführlich Gründe und Ergebnisse ihrer Neuinterpretation dar. Sie bezieht sich dabei ausdrücklich auf die gerade genannten neueren Arbeiten V. BEGLEYS und betont, dass es nicht darum gehe, die Bedeutung des „Roman trade" zu leugnen. Ziel sei es jedoch, „to shift the focus to the indigenous maritime network in the Indian Ocean at the beginning of the Christian era, and to evaluate Roman intervention in this context" (S. 98). So weist sie darauf hin, dass der Periplus zwar Schiffe zahlreicher Länder im Indischen Ozean, jedoch keine römischen erwähne und z.B. auch der o.g. Wiener Papyrus keinen Anlass zu der Vermutung gäbe, der in ihm bezeugte Transport von dreieinhalb Tonnen indischer Waren nach Alexandria sei von römischen Schiffen durchgeführt worden. Sie widerspricht daher der häufig geäußerten Auffassung, der Überseehandel sei von Schiffen westlicher Herkunft dominiert worden, während indische Schiffe vorwiegend im Küstenhandel aktiv gewesen seien. Diese Deutung ignoriere die inzwischen vortrefflich publizierten Darstellungen indischer Schiffe insbesondere in den berühmten zeitgenössischen Fresken Ajantas [siehe vor allem 871; 872: SCHLINGLOFF; ferner 578: DELOCHE]. Weiterhin bezeuge der Fund von Luxuswaren römisch-mediterranen Ursprungs wie Weinamphoren und hochwertiger Keramik keineswegs die Anwesenheit ausländischer Händler in Indien, „but more significantly consumption centres of the local elite" [393, S. 101]. Diese Funde seien Indikatoren regionaler Urbanisierung, und die Verteilung ihrer Fundorte markiere die Existenz von „internal communication networks" (S. 103). Für Südindien verweist sie auf die hoch entwickelte eisenzeitliche Megalithkultur als Kontext des „Roman" Trade, deren Zentren in signifikanter Nähe zu Fundstätten römischer Münzen lägen. Sie hebt dabei insbesondere den megalitischen Fundkomplex von Kudumanal hervor und stellt Arikamedu in direkten Zusammenhang mit dem „Megalithic exchange network" (S. 111).

Die „Indigenisierung" des römischen Indienhandels

R. THAPAR sieht in diesem Argument eine Reaktion auf frühere europa- bzw. romzentrische Deutungen. Jedoch hebt sie hervor, dass eine derartige Geringschätzung des römischen Handels bedeute, „to misjudge the evidence" [Early

Mediterranean Contacts with India, in: 404: DE ROMANIS/TCHERNIA (Hrsg.), S. 11–40]. Eine Betonung indigener Handelsnetzwerke erfordere keine Herabminderung der Bedeutung ausländischen Handels (S. 30). H. P. RAY setzt sich mit dieser Kritik in einem ausführlichen Besprechungsartikel [Roman Trade in the Indian Ocean: The Dialogue Continues, in: IHR 22 (1996), S. 170–179] über den „Roman Approach" des von F. DE ROMANIS und A. TCHERNIA edierten Sammelbandes und dessen Leitartikel R. THAPARS auseinander.

Eine Fehlinterpretation des Befundes?

6.2 Die Indisierung Südostasiens

Die Geschichte des Golfes von Bengalen, des östlichen Teils des Indischen Ozeans, war vom frühen ersten bis ins frühe zweite Jahrtausend n. Chr. von überaus engen kulturellen Beziehungen Indiens zu den Ländern Südostasiens geprägt [470: MABBETT; 465: COEDÈS; 239: KULKE, S. 195–207]. Die Ausbreitung der indischen Religionen, Staatslehren, Sprachen und Schriften wird allgemein als „Indisierung" bezeichnet. Sie war eng mit dem Handel im Indischen Ozean verbunden und dürfte wegen ihres friedlichen Charakters in der Geschichte der großen Kulturen der Menschheit einmalig dastehen.

Verschiedene historische und sozio-politische Aspekte dieses Prozesses sind jedoch bis in die Gegenwart umstritten [475: WHEATLEY]. Ausgehend von den zahlreichen Sanskritinschriften Südostasiens, die in allen Einzelheiten – bis hin zu den Namen und Titeln ihrer königlichen Stifter – indischen Vorbildern gleichen, und beeindruckt von den großartigen hinduistischen und buddhistischen Tempelbauten Südostasiens postulierten Historiker bis in die Mitte des 20. Jahrhunderts indische Ursprünge der dortigen frühen Staaten. Die großen europäischen Geschichtswerke, die in der Kolonialzeit über die frühen Staaten Südostasiens verfasst wurden, trugen daher Titel wie „Hindoe-Javaansche Geschiedenis" [N. J. KROM, 1931] oder „Histoire ancienne des états hindouisés d'Extrême-Orient" [466: COEDÈS]. Die postulierte Existenz indischer Staaten im frühen Südostasien trug zweifelsohne zur Legitimation der dortigen europäischen Kolonialreiche und ihrer Zivilisationsmission bei [469: KULKE].

Frühe koloniale Interpretation

Indische Historiker übernahmen in den zwanziger Jahren, auf dem Höhepunkt ihres nationalen Unabhängigkeitskampfes, bereitwillig das Konzept indischer Hegemonie in Südostasien. 1926 gründeten sie in Calcutta – in Analogie zur kolonialen Greater-Britain-Ideologie – die „Greater India Society", die eine gleichlautende Zeitschrift und u. a. eine mehrbändige Reihe R. C. MAJUMDARS über „Ancient Indian Colonies in the Far East" veröffentlichte. 1944, im selben Jahr, in dem auch COEDÈS sein o. g. Werk über die „hinduistischen Staaten im fernen Orient" veröffentlichte, erschien MAJUMDARS „Hindu Colonies in the Far East" als Standardwerk hindunationaler Geschichtsschreibung über Indiens Beziehungen zu Südostasien [471]. Nach MAJUMDAR breitete sich die indische Kultur durch stete Einwanderung, „missionarischen Eifer", militärische Eroberungen und Staatengründungen aus. Der einheimischen Bevölkerung billigte er,

Hindunationale Interpretation

wie auch andere Anhänger dieser Schule, allenfalls „rudimentary elements of civilization" zu (S. 6).

Bereits im Jahr 1934 widersprach J. C. van Leur in seiner Dissertation [Indonesian Trade and Society, The Hague 1967] vehement dieser europäisch-kolonialen und hindunationalen Interpretation und hob stattdessen den Anteil südostasiatischer Eliten an der Ausbreitung der indischen Kultur hervor. Demnach waren es einheimische Fürsten, die zur Organisation ihrer Staaten und „Domestikation der Untertanen" indische Brahmanen an ihre Höfe beriefen. Es habe daher weder „Hindu colonies" noch eine „Hindu colonisation" gegeben [siehe hierzu H. Kulke, Max Weber's Contribution to the Study of „Hinduization" in India and „Indianization" of Southeast Asia, in: D. Kantowsky (Hrsg.), Recent Research on Max Weber's Studies on Hinduism. München 1986, S. 97–116]. 1946 berief sich der Historiker F. D. K. Bosch in seiner Leidener Antrittsvorlesung auf die bis dahin weitgehend unbekannt gebliebenen „heretical hypotheses" van Leurs. Er verwarf die bisher gängigen „Kshatriya"- und „Vaishya-Theorien", die die Ausbreitung der indischen Kultur in Südostasien den Eroberungszügen indischer Fürsten bzw. Händlern zusprachen. Dieses Verdienst komme den Brahmanen zu, da nur sie in der Lage gewesen seien, als höfische Berater, Gelehrte und Priester das Wissen der „great tradition" Indiens zu vermitteln. Dem widerspricht es keineswegs, dass mittelalterliche indische Regionalreiche insbesondere des heutigen Tamil Nadus intensive wirtschaftliche und diplomatisch-politische Beziehungen zu Südostasien unterhielten [845: Hall; 874: Spencer; 849: Kulke].

Die Rolle einheimischer Fürsten

Bosch legte mit seiner Antrittsvorlesung die theoretischen Grundlagen der bisweilen recht kontroversen „Indisierungsdebatten" in den folgenden Jahrzehnten [siehe u. a. 467: Hall, S. 19ff.]. Dabei ging es neben der eben genannten Frage nach den Trägern der Indisierung und der Provenienz indischer Einflüsse in Südostasien – ein „hehrer Streit", der besonders zwischen Historikern Bengalens und Tamil Nadus ausgefochten wurde [u. a. 471: Majumdar und 464: Chhabra] – vor allem um den Grad der Indisierung der Kulturen Südostasiens. Die Vorstellung, die dortigen frühmittelalterlichen Reiche seien von indischen Fürsten und Abenteurern gegründet worden, kann heute weitgehend als überholt gelten. Ihre Kulturen wurden dagegen weiterhin nahezu uneingeschränkt als indisch bezeichnet. So hieß es etwa bei G. Coedès: „Die alte Kultur Angkors war ebenso wie die javanische nichts anderes als die von einer ungewöhnlich begabten eingeborenen Bevölkerung umgeformte und assimilierte indische Kultur. Sie war indisch, wie unsere Kultur lateinisch ist" [465, S. 362]. An anderer Stelle spricht Coedès von einer „Transplantation" der indischen Kultur [466, S. 16].

Die Indisierungsdebatte

1977 legte I. W. Mabbett eine umfassende Darstellung der archäologischen und literarischen Quellenbefunde und des Forschungsstandes vor [470]. Er wies auf den spekulativen Charakter aller Indisierungstheorien hin, da die Quellen keinerlei verlässliche Auskunft über den eigentlichen Prozess der Indisierung gäben. Er verwarf jedoch ausdrücklich die Kshatriyaisierungshypothese und die Vorstellung einer „Transplantation“ der indischen Kultur en bloc, gelangte aber dennoch zu dem Schluss, „culturally Southeast Asia became nearly as ‚Indian‘ as parts of India“ (S. 161).

1982 unterzog J. G. DE CASPARIS die Indianisierungstheorien einer umfassenden Kritik, indem er den indigenen Ursprung einzelner (vermeintlich indischer) Aspekte kultureller und staatlicher Entwicklung in Südostasien nachwies. Er schlug vor, „the relatively simple, or perhaps simplistic, view of Indianization“ zu ersetzen durch „a complicated network of relations“, das sowohl die regional unterschiedlichen Entwicklungen innerhalb Südostasiens wie auch deren Verhältnis zu Indien bestimmt habe [463, S. 18 f.].

„tide of revisionism“

Bereits ein Jahr zuvor sprach P. WHEATLEY in seiner Presidential Address mit dem bezeichnenden Titel „India Beyond the Ganges – Desultory Remarks on the Origins of Civilization in Southeast Asia“ von einer „tide of revisionism that is currently sweeping through Southeast Asian historiography“. Sie stelle nahezu alle bisherigen Thesen über die Ausbreitung der indischen Kultur in frühgeschichtlicher Zeit in Frage [475, S. 27]. Ursache hierfür seien die archäologischen Forschungen der vergangenen zwei Jahrzehnte, die bereits um Christi Geburt, also vor Beginn stärkerer indischer Einflüsse, im südostasiatischen Festland ein hohes Maß an frühurbaner und frühstaatlicher Entwicklung erkennen ließen. WHEATLEY stellt daher die These auf, „that it is in these pre- and protohistoric paramountcies that much of the dynamism of the so-called Hinduization [= Indianization] process should be sought“ (S. 18). Indisierung sei daher weniger ein Prozess der Übertragung indischer Kultur durch indische Einwanderer oder gar Eroberer als vielmehr deren selektive Übernahme durch indigene Eliten bereits existierender Fürstentümer in Südostasien gewesen.

Konvergenztheorie

1990 griff KULKE diese These auf und stellte sie in einer „Konvergenztheorie“ in den weiteren Zusammenhang nahezu gleichzeitiger und sich unter ähnlichen Bedingungen abspielender frühstaatlicher Entwicklung in Ostindien und Südostasien [469]. Er zeigt auf, dass das Vorbild der Fürsten Südostasiens weniger das Großreich der Guptas als vielmehr die kleinen Königreiche waren, die seit dem 4./5. Jahrhundert an der „nahen“ Ostküste Indiens entstanden. Der Aufstieg der dortigen Stammesfürsten zu Rajas und Maharajas mit Hilfe aus Nordindien eingeladener Brahmanen und die Errichtung erster hinduistischer Tempel etc. findet klare, allenfalls um wenige Generationen verschobene Analogien in weiten Teilen Südostasiens. „Whereas Indianization presumes social distance as the major cause of Indian influence in Southeast Asia, the convergence hypothesis postulates social nearness as the promoter of social change under – undoubtedly – Indian influences in Southeast Asia“ (S. 32). M. L. SMITH überträgt dieses „Modell“ auch auf die guptazeitliche Entwicklung – „Indian traditions were attractive [in Southeast Asia] because they had been fashioned into a sociopolitical model by groups in the [Indian] subcontinent“ [473, S. 19] – ohne allerdings auf WHEATLEY und KULKE zu verweisen. O. W. WOLTERS betont gegenüber den gängigen Theorien der Indisierung regional unterschiedlich verlaufende Prozesse der „localization" indischer Einflüsse in Südostasien [476].

Im Mittelpunkt der neueren Studien über die Ausbreitung der indischen Kultur stehen der Hinduismus und dessen legitimatorische Funktion im Prozess indigener staatlicher Entwicklung Südostasiens. H. P. RAY hebt in ihrer Arbeit „The Winds of Change. Buddhism and the Maritime Links of Early South Asia" [866] dagegen stärker die Rolle hervor, die der Buddhismus im maritimen Handel Indiens mit Südostasiens spielte. Die frühe Ausstrahlung der indischen Kultur nach Südostasien sei vor allem eine Folge der Expansion des intensiven indischen Küstenhandels seit den späten Jahrhunderten des 1. Jahrtausends v. Chr. gewesen. Dieser sei von Händlern dominiert worden, die dem Buddhismus nahestanden und als „trading diaspora" im Überseehandel eine starke „corporate identity" entwickelt hätten. Auch I. C. GLOVER betont in seinen zahlreichen Studien über die in Südostasien begehrten indischen Glasperlen den buddhistischen Kontext dieses Handels [839; so auch 827: BASA]. Die mit dem Buddhismus verbundenen frühen indischen Händler seien nach H. P. RAY in den kommenden Jahrhunderten die Wegbereiter für die Ausbreitung des Hinduismus und dessen dominierenden Einfluss an den Höfen der frühen Fürstenhäuser Südostasiens gewesen [866, S. 8 ff. u. 123].

Buddhismus und Seehandel

6.3 Das Zeitalter muslimischer Hegemonie im Indischen Ozean

Aus dem Zeitalter vorderorientalisch-muslimischer Hegemonie sind eine beachtliche Zahl bedeutender arabischer Reiseberichte und geographisch-maritimer Handbücher über den Indischen Ozean überliefert [43: IBN KHURDADHBIH; 46: IBN BATTUTA; 52: AHMAD IBN MAJID AL-NAJDI]. Die IOS dieser Epoche konzentrieren sich aber in starkem Maße entweder auf das Arabische Meer oder zielen auf die Erforschung des „Indian Ocean Trade System" (IOTS) in seiner Gesamtheit, wie unlängst z. B. S. CONERMANN in seiner Studie „Muslimische Seefahrt auf dem Indischen Ozean vom 14. bis zum 16. Jahrhundert" auf der Grundlage dreier arabischer „Seespiegel" zeigte [836, mit ausführlicher Bibliographie]. Obschon Indien buchstäblich in der Mitte des sich in diesen Jahrhunderten herausbildenden IOTS stand, spielt es, wie ein Blick in Standardwerke z. B. von G. F. HOURANI [846] und K. N. CHAUDHURI [834, 835] unschwer erkennen lässt, im Kontext der IOS eine eher marginale Rolle. Dieser bemerkenswerte Zustand dürfte in beträchtlichem Maße auf das geringe Interesse indischer „Muslimhistoriker" am vorderorientalisch-muslimischen Seehandel an den Küsten Indiens zurückzuführen sein. Selbst die Angehörigen der bedeutenden Aligarh-Schule (s. Kap. II.4.10) haben sich nahezu ausschließlich der Erforschung der großen (sub)kontinentalen muslimischen Reiche Indiens verschrieben. Es dürfte daher kein Zufall sein, dass in der u. a. von ihrem Doyen I. HABIB edierten „Cambridge Economic History of India" S. DIGBY die verdienstvolle Aufgabe übernahm, das Kapitel „The Maritime Trade of India" für die Zeit von

Das muslimische IOTS

1200–1500 zu verfassen [571, S. 125–169], das als die umfassendste Kurzdarstellung dieser bedeutenden Epoche indischen maritimen Handels gelten kann. Eine gute Zusammenfassung bietet auch J. L. ABU-LUGHOD [826, S. 252–290].

Für Indien betreffende Einzelaspekte des muslimischen Seehandels, wie etwa für die von Ägypten aus in der Levantine und im Indischen Ozean in Geleitzügen operierenden Karimi-Händler, müssen Arbeiten aus dem Bereich vorderorientalischer Geschichte konsultiert werden [S. LABIB, Les merchands Karimis en Orient et sur l'Ocean indien, in: 855: MOLLAT (Hrsg.), S. 209–224; 870: RISSO]. Dies gilt weitgehend auch für die überaus wichtigen Geniza-Dokumente des 11. und 12. Jahrhunderts, die Ende des 19. Jahrhunderts zu Tausenden in der Synagoge von Fustat in Alt-Kairo entdeckt und in den vergangenen Jahrzehnten von SHLOMO D. GOITEIN wissenschaftlich erschlossen wurden. Er fand unter ihnen mehrere hundert Geschäftspapiere und private Briefe, die einen blühenden Handel jüdischer Händler Kairos und Adens mit ihren Glaubensbrüdern sowie muslimischen und hinduistischen Geschäftspartnern in den Küstenstädten Südwestindiens bezeugen [840, 841]. Mit ihren detaillierten Angaben über Organisation und Handelsgüter dürften die Geniza-Dokumente sogar den Quellenwert des Periplus erreichen, wie z. B. unlängst R. CHAKRAVARTI im Hinblick auf die jüdischen Schiffseigentümer in den westindischen Hafenstädten aufzeigte [832]. Ihre umfassende Analyse im indischen Kontext steht jedoch noch aus. Zu weiteren Einzelthemen wie etwa der „Islamisierung" des indischen Seehandels liegen inzwischen eine Reihe kürzerer Arbeiten vor [828: BOUCHON; 854: MCPHERSON].

Jüdischer Handel im Indischen Ozean

Intensiver erforscht wurde dagegen der Vorstoß südindischer Händler und Flotten im Golf von Bengalen unter der Chola-Dynastie, der 1025 in einem Angriff auf das südostasiatische Reich von Srivijaya gipfelte (s. Kap. I.D.2.5). K. A. N. SASTRI deutete 1955 in seinem Standardwerk über die Cholas den Flottenangriff noch im Wesentlichen als einen symbolischen Akt hinduistisch-kaiserlicher Welteroberung [457]. G. W. SPENCER sieht in ihm dagegen den Höhepunkt einer systematischen Expansionspolitik der Cholas [874]. Die vorausgegangene Eroberung Sri Lankas und Verwüstung seiner Hauptstadt Anuradhapura bezeichnete er sogar als „politics of plunder", die vor allem das Ziel verfolgt habe, durch Plünderungen die leeren Kriegskassen der Cholas zu füllen [453]. K. R. HALL hebt die hektischen diplomatischen Bemühungen hervor, die die Länder am Golf von Bengalen in diesen Jahren zum Schutz ihres Handels entfalteten [845]. H. KULKE glaubt, in der „Flottenpolitik" der Cholas Anzeichen eines Kampfes um Marktanteile am lukrativen Handel im Indischen Ozean erkennen zu können, der Ende des 10. Jahrhunderts durch eine systematische Handelspolitik der Song-Dynastie Chinas und der Fatimiden Ägyptens einen ungewöhnlichen Aufschwung genommen hatte [849; s.a. 873: SEN]. Im Zeitalter der Cholas standen die südindischen Händlergilden, die bisweilen als treibende Kraft hinter der Expansionspolitik der Cholas vermutet werden [874: SPENCER], auf dem Höhepunkt ihrer Macht [574: ABRAHAM]. Über den frühmittelalterlichen Seehandel in Bengalen bzw. im Golf von Bengalen liegen zwei neuere Stu-

Die „Flottenpolitik" der Cholas

dien von R. CHAKRAVARTI vor [in: 575: , S. 113–141 und S. 160–186]. Sie zeigen beispielhaft die Notwendigkeit und Fruchtbarkeit regionaler Studien im Indischen Ozean auch außerhalb Südindiens, das in dieser Hinsicht bisher am intensivsten erforscht wurde.

6.4 Der Vorstoß Chinas in den Indischen Ozean

Chinas frühe Kontakte mit Indien

Die maritimen indo-chinesischen Beziehungen gehen bis in die Han-Zeit der ersten Jahrhunderte n. Chr. zurück, aus der chinesische Quellen erstmals über Südindien berichten [863: RAY]. Intensivere Kontakte entwickelten sich in den folgenden Jahrhunderten über die frühen „indisierten" Staaten Südostasiens, die einen Umschlagplatz für Handelsgüter und eine wichtige Zwischenstation für die Ausbreitung des Buddhismus nach China bildeten [466: COEDÈS]. Aus dem 7. Jahrhundert stammen mehrere umfangreiche Berichte chinesischer buddhistischer Pilger, die auf ihren Reisen zu den heiligen Stätten des Buddhismus in Nordindien zumeist den Rückweg über See antraten [39: LEGGE; 36: BEAL; 41: TAKAKUSU].

Der maritime Handel Chinas nahm unter der machtvollen T'ang-Dynastie (618–906) zwar beträchtlich zu, beschränkte sich aber noch weitgehend auf das Südchinesische Meer („Nanhai") [843: GUNGWU]. Die gesteigerte chinesische Nachfrage nach Luxuswaren und Gewürzen des Vorderen Orients und Indiens wurde überwiegend von Händlern dieser Länder befriedigt, von denen eine große Zahl in Guangzhou (Kanton) sesshaft geworden war [834: CHAUDHURI]. In der Mitte des 8. Jahrhunderts existierten dort sogar drei hinduistische Klöster [844: GUY].

Chinas „lizensierter" Seehandel

Eine neue Phase des IOTS begann im späten 10. Jahrhundert unter den frühen Herrschern der Song-Dynastie (960–1279). Durch die Errichtung eines kaiserlichen „Büros für den lizensierten [See]Handel", intensive Diplomatie und die Gewährung von „Meistbegünstigungen" an ausländische Händler gelang es ihnen, den Seehandel an den Küsten Südchinas und die Steuereinnahmen beträchtlich zu erhöhen [877: WHEATLEY]. Sie lösten damit den o. g. Konflikt zwischen den beiden mächtigsten Seemächten Indiens und Südostasiens, den Cholas und Srivijaya, aus [845: HALL; 874: SPENCER; 849: KULKE]. Aus der Spätzeit der Songs stammt der berühmte Bericht, den Chau-Ju-Kua, der „Superintendent des kaiserlichen Büros für Seehandel", über den Handel im Indischen Ozean verfasste [38: HIRTH/ROCKHILL]. Dessen detaillierte Angaben über den Handel des Chola-Reiches mit China untersuchte unlängst T. SEN [873].

Die Phase militanter chinesischer Intervention in das IOTS begann mit dem Versuch der mongolischen Yuan-Dynastie (1279–1367), ihre erstrebte Weltherrschaft auf den Ozean auszudehnen [847: JUNG-PANG]. Ihre gescheiterten Flottenexpeditionen waren gegen Japan und Java gerichtet und berührten daher Indien nicht, das in diesen Jahrzehnten allerdings von mongolischen Heeren aus Zentralasien bedroht wurde (s. Kap. I.E.1). Die Beziehungen zu den Handelspartnern im Indischen Ozean scheinen unter den mongolischen Interventionen nicht gelitten zu haben. Dies ist den „Wundern der Welt“ MARCO POLOS zu entnehmen [61], der 1292 seine dreijährige Rückreise von China nach Venedig über See antrat und ausführlich über den wahrhaft internationalen Seehandel im Indischen Ozean berichtete. So sei Quilon an der Südwestküste Indiens ein bedeutender Handelsplatz für Güter aus der Levantine und China und für Gewinn bringenden Pfefferhandel gewesen [456: SASTRI, S. 213 ff.]. Über Quangzhou, der von ihm und Muslimen „Zayton“ genannten zweiten großen Hafenstadt Chinas, erfahren wir, dass dort zahllose Schiffe aus Indien mit ihrer kostbaren Ladung von Edelsteinen und Perlen landeten. Ferner heißt es, dass für jedes Schiff, das den Hafen mit Pfeffer nach Alexandrien für die Christenheit verlasse, hundert andere in Zayton einträfen. Es sei eine der zwei Hafenstädte mit dem größten Warenumsatz der Erde.

Marco Polos Seereise

Die Arbeiten von J. GUY und T. SEN zeigen, dass in dieser Zeit enge kulturell-politische Beziehungen zwischen dem Chola-Reich Südindiens und China bestanden. So wurde 1267 in Nagapattinam, der großen Hafenstadt der Cholas, ein chinesischer Tempel errichtet, und 1281 ließ ein Gesandter des letzten Chola-Königs an einem hinduistischen Tempel in Quanzhou eine zweisprachige tamilisch-chinesische Inschrift anbringen. Von diesem Shiva-Tempel existieren noch heute zahlreiche Skulpturen, die offensichtlich von chinesischen Steinmetzen unter tamilischer Anleitung angefertigt wurden [844: GUY; 873: SEN].

Hindutempel in China

Den Höhepunkt chinesischer Expansion im Indischen Ozean stellen in der Zeit der frühen Ming-Dynastie (1367–1643) die sieben großen Flottenexpeditionen unter dem kaiserlichen Eunuchen und Admiral Zheng He von 1405 bis 1433 dar [859: PTAK; 862: RAY]. Sie hatten zwar Vorläufer in den Angriffen der Yuan auf Japan und Java, übertrafen aber mit jeweils über 50 bewaffneten Großschiffen von knapp 150 Metern Länge und mit einem Mehrfachen an begleitenden Kleinschiffen sowie etwa 20000 Mann Besatzung alle Flotteneinsätze im Indischen Ozean bis in den Zweiten Weltkrieg. Ziele der sukzessiv über Südostasien und Indien bis an die ostafrikanische Küste und in das Rote Meer vorstoßenden Expeditionen waren die Errichtung uneingeschränkter Vorherrschaft über Südostasien und maritimer Hegemonie über den südindischen Küstenbereich sowie die Aufnahme direkter Handelsbeziehungen und der Austausch regelmäßiger Gesandtschaften mit den Ländern des Vorderen Orients. Wichtigste Quelle dieser Zeit stellt der von J. MILL edierte Bericht Ma Huans dar, der Zheng He als muslimischer Übersetzer begleitete [40]. Über die Expeditionen liegen mehrere umfassende Abhandlungen vor, eine kurze Darstellung der einzelnen Expeditionen enthalten u. a. 859: PTAK, S. 11–30; 96: EMBREE (Hrsg.), Bd. IV, S. 299 f.].

Zheng Hes Flottenexpedition

Auch wenn Zheng He bei allen Expeditionen südindische Häfen und einmal auch Bengalen anlief und bereits 1405/06 in den „windlosen“ Wintermonaten vor Kalikut vor Anker lag, so existiert doch bislang keine umfassende Arbeit über die politisch-wirtschaftlichen Ziele seiner Intervention im südasiatischen Raum. Einzeluntersuchungen liegen dagegen von H. RAY über Bengalen [864] und von R. Ptak insbesondere über die Andamanen und Nikobaren sowie das „mustergültige Barbarenland" Kalikut im heutigen Kerala vor [in: 851: Lombard/Ptak (Hrsg.), S. 79–116; in: 250: Berkemer u. a. (Hrsg.), S. 39–52]. Sie alle zeugen von einer Fortsetzung des privaten chinesischen Handels in südasiatischen Gewässern auch nach Abbruch der Expeditionen und offiziellem Verbot des Seehandels durch den chinesischen Hof.

Chinas Rückzug und Portugals „Estado da India"

Mit dem Eindringen Portugals in den Indischen Ozean und der Errichtung seines „Estado da India" im frühen 16. Jahrhundert setzte nach über tausendjährigem freien Seehandel und Verkehr ein grundlegender struktureller Wandel ein, wie er sich bereits vorübergehend in den drei Jahrzehnten chinesischer maritimer Dominanz abzuzeichnen begonnen hatte [553: Pearson; 563: Subrahmanyam].

Anlässlich der 500-jährigen Wiederkehr der Seereise und Ankunft Vasco da Gamas in Calicut, ein Ereignis, dem 1998 in Indien nahezu keine Beachtung zuteil wurde, fand in Australien eine internationale Konferenz führender Historiker der IOS aus 15 Staaten statt [A. Disney/E. Booth (Hrsg.), Vasco da Gama and the Linking of Europe and Asia, New Delhi 2000]. Ihre Beiträge zeigen im Lichte neuerer Forschungen die Bandbreite vielfältiger und teilweise sehr kon-

Europäischer Vorstoß in den Indischen Ozean

trovers beurteilter Methoden und Folgen der europäischen Expansion im Indischen Ozean im Kontext frühmoderner euro-asiatischer Geschichte [siehe hierzu auch 555: Prakash; 559: Rösel]. Das Vordringen Portugals und seit dem 17. Jahrhundert der nordeuropäischen Ostindien-Handelskompanien Englands [544: Chaudhuri], Hollands [546: Glamann; 554: Prakash], Dänemarks [548: Krieger] und Frankreichs [549: Malleson] führte zunächst zu einem teilweise sprunghaften Anstieg des Handwerks in den Küstenregionen Indiens und einer Intensivierung auch des indischen maritimen „country trade" mit Anrainerstaaten des Indischen Ozeans. Unlängst erschienen unter dem Titel „The World of the Indian Ocean Merchant" (2000) die gesammelten Aufsätze Ashin Das Guptas, des 1998 verstorbenen Doyens der Indian-Ocean-Historiker Indiens. Sie zeigen beispielhaft den hohen Anteil indischer Händler und Schiffseigner am Handel im Indischen Ozean im „Zeitalter der Partnerschaft" [556], das Das Gupta bis ins späte 18. Jahrhundert datiert, als mit der territorialen Expansion Englands in Indien, den Fortschritten europäischer Nautik und Bewaffnung sowie den Folgen der industriellen Revolution auch im Indischen Ozean das koloniale Zeitalter Einzug hielt.

III. Quellen und Literatur

Eine umfangreiche Bibliographie zur indischen Geschichte findet sich unter *http://www.uni-kiel.de/fakultas/philosophie/geschichte/* im Internet. Hier werden in Zukunft auch neuere Publikationen verzeichnet werden.

A. QUELLEN

1. Allgemein

1. Bary, T. de (Hrsg.), Sources of Indian Tradition. New York 1958. Revised second edition by Ainslie T. Embree, New York 1988.
2. Ray, N. (Hrsg.), A Sourcebook of Indian Civilization, ed. by B. D. Chattopadhyaya/V. R. Mani/R. Chakravarti, New Delhi 2000.

2. Inschriften

2.1 Gesamtindische Inschrifteneditionen

3. Epigraphia Indica: A Collection of Inscriptions Supplementary to the Corpus Inscriptionum Indicarum of the Archaeological Survey, translated by several Oriental scholars. Archaeological Survey of India. Bd. Iff. Calcutta/Ootacamund 1892ff.
4. Epigraphia Indo-Moslemica. 1907/8–1949/50. Calcutta 1908–1954; Epigraphia Indica. Arabian and Persian Supplement, in continuation of the series Epigraphia Indo-Moslemica, 1951/52ff. Delhi 1956ff.
5. Corpus Inscriptionum Indicarum, Bd. I: E. Hultzsch, Inscriptions of Asoka. Oxford 1925. Neudr. 1969; Bd. II, 1: S. Konow, Kharoshṭhī Inscriptions with the Exception of those of Aśoka. London/Calcutta 1929. Neudr. 1969; Bd. II, 2: H. Lüders, Barhut Inscriptions, ed. by the late H. Lüders, revised and supplemented by E. Waldschmidt and M. A. Mehendale. Ootacamund 1963; H. Lüders, Mathura Inscriptions. Unpublished Papers, ed. by K. L. Janert. Göttingen 1961; Bd. III: J. F. Fleet, Inscriptions of the Early Gupta Kings and their Successors. 1888. Neuauflage: Chhabra, B. Ch./Gai, G. S. New Delhi 1981; Bd. IV: V. V. Mirashi, Inscriptions of Kalachuri-Chedi Era. 2 Bde., Ootacamund 1955; Bd. V: Ders., Inscriptions of the Vākāṭakas. Ootacamund 1963; Bd. VI: Ders., Inscriptions of the Śilā-

hāras. New Delhi 1977; Bd. VII, 1–3: H. V. Trivedi, Inscriptions of the Paramāras, Chandellas, Kachhapaghātas and Two Minor Dynasties. New Delhi 1978–91.

6. Sircar, D. C., Select Inscriptions Bearing on Indian History and Civilization. Bd. I. From the Sixth Century B. C. to the Sixth Century A. D. Calcutta 1965; Bd. II. From the Sixth to the Eighteenth Century A. D. Delhi 1983.

2.2 Sonstige Inschriften

7. Alsdorf, L., Aśokas Separatedikte von Dhauli und Jaugaḍa. Wiesbaden 1962.
8. Filliozat, V., L'épigraphie de Vijayanagara du début à 1377. Paris 1973.
9. Fussman, G., Documents épigraphiques kouchans, in: BEFEO 61 (1974), 1–66.
10. Hultzsch, E./V. Venkayya, South Indian Inscriptions, Bd. II: Tamil Inscriptions of Rājarāja, Rājendrachōla, and Others in the Rājarājeśvara Temple at Tanjavur. Madras 1891–1916.
11. Humbach, H., The Aramaic Aśoka Inscriptions from Taxila, in: Journal of Central Asia 2 (1978), 87–99.
12. Mukherji, R./S. K. Maity, Corpus of Bengal Inscriptions. Bearing on History and Civilization of Bengal. Calcutta 1967.
13. Rangacharya, V., A Topographical List of the Inscriptions of the Madras Presidency (Collected up to 1915). 3 Bde. Madras 1919.
14. Schneider, U., Die großen Felsenedikte Aśokas. Kritische Ausgabe, Übersetzung und Analyse der Texte. Wiesbaden 1978.
15. Sircar, D. C., Some Epigraphical Records of the Medieval Period from Eastern India. Delhi 1979.
16. Vijayaraghavacharya, V., Tirumalai Tirupati Devasthanam Epigraphical Series. 7 Bde. Madras 1931–1938.
17. Zvelebil, K., Tamil in 550 A. D. Interpretation of Early Inscriptional Tamil. Prague 1964.

3. Literarische Quellen

3.1 Literarische Quellen, insbesondere vorislamische Chronistik

18. Banerji, S. C./A. K. Gupta, Bilhaṇa's Vikramāṅkadeva Carita. Glimpses of the History of the Cālukyas of Kalyāṇa. Calcutta 1965.
19. Cowell, E. B./F. W. Thomas, The Harṣacarita of Bāṇa. London 1897.

20. GEIGER, W., The Mahāvaṃsa or the Great Chronicle of Ceylon. London 1912 (Nachdruck Colombo 1960).

21. GELDNER, K. F., Rig-veda. Aus dem Sanskrit ins Deutsche übersetzt. 4 Bde. Cambridge Mass. 1951–7.

22. KANGLE, R. P., The Kauṭilīya Arthaśāstra. 3 Bde. Bombay 1950–1965. (Bd. 1: Text; Bd. 2: Translation; Bd. 3: A Study).

23. PARGITER, F. E., The Purāṇa Text of the Dynasties of the Kali Age. New Delhi (1. Aufl. 1913) 1962.

24. SASTRI, H. (Hrsg.), Rāmacaritam of Sandyākaranandin. Rev. ed. and transl. by R. G. BASAK. Calcutta 1969.

25. SASTRI, K. A. N./N. VENKATARAMANAYYA (Hrsg.), Further Sources of Vijayanagara History. 2 Bde. Madras 1946.

26. STEIN, M. A., Kalhaṇa's Rājataraṅgiṇī or Chronicle of the Kings of Kashmir. 2 Bde. Westminster 1900. Nachdruck Delhi 1961.

27. TRAUTMANN, T. R., Kauṭilya and the Arthaśāstra. A Statistical Investigation of the Authorship and Evolution of the Text. Leiden 1971.

28. TRIPATHI, G. C./H. KULKE, Kaṭakarājavaṃśāvali. A Traditional History of Orissa. Allahabad 1987.

29. WAGLE, N./A. R. KULKARNI, Vallabha's Paraśarāma Carita. Bombay 1976.

30. WAGONER, P. B., Tidings of the King: A Translation and Ethnohistorical Analysis of the Rāyavācakamu. Honululu 1993.

3.2 Griechisch-römische Berichte

31. ARRIAN, Der Alexanderzug. Indische Geschichte. Hrsg. und übers. von G. WIRTH und O. VON HINÜBER. München 1985.

32. ANDRÉ, J./J. FILLIOZAT, L'Inde vue de Rome. Textes latins de l'Antiquité relatifs à l'Inde. Paris 1986.

33. CASSON, L., The Periplus Maris Erythraei. Text with introduction, translation, and commentary. Princeton 1989.

34. MAJUMDAR, R. C., The Classical Accounts of India. Calcutta 1960.

35. MCCRINDLE, J. W., Ancient India as Described in Classical Literature, being a collection of Greek and Latin texts relating to India, extracted from Herodotus, Strabo, Diodorus, Siculus, Pliny, Aelian Philostratus, Diru Chrysostom, Porphy, Stobaeus, the itinerary of Alexander the Great, the Periegesis of Dionysius, the Dionysiaka of Nonnus, the romance history of Alexander and other works translated and annotated. Westminster 1901.

3.3 Chinesische Berichte

36. BEAL, S., Si-yu-kī. Buddhist Records of the Western World. Translated from the Chinese of Hiuen Tsiang, 629 A. D. London 1906.

37. FEI SHIN, Hsing-Ch'a-Sheng-Lan: The Overall Survey of Star Raft by Fei Hsin, transl. by J. V. G. MILLS, revisited, annotated and edited by R. PTAK. Wiesbaden 1996 [Zheng He's Reisen nach Indien].

38. HIRTH, F./W. W. ROCKHILL, Chau Ju-kua: His Work on the Chinese and Arab Trade in the Twelfth and Thirteenth Centuries, entitled Chu-fan chi, St. Petersburg 1911, Neudr. Taipei 1965.

39. LEGGE, J. H., Record of the Buddhistic Kingdoms, being an account of the Chinese monk Fa-hsien of his travels in India and Ceylon (A. D. 399–414) in search of the Buddhist Books of Discipline. Transl. by J. LEGGE. Oxford 1886, Neudr. New York 1965.

40. MILLS, J. V. G., Ma Huan: Ying.yai sheng-lan. The ‚Overall Survey of the Ocean's Shores'. Cambridge 1970.

41. TAKAKUSU, J., A Record of the Buddhist Religion as Practised in India and the Malay Archipelago (A. D. 671–695) by I-tsing. Oxford 1896.

3.4 Arabisch-persische Chroniken und Reiseberichte

42. ELLIOT, H. M./J. DOWSON, The History of India as Told by its Own Historians. The Muhammadan Period. Ed. from the posthumous papers of the late SIR H. M. ELLIOT by J. DOWSON. 8 Bde. London 1867–1877. (Bd. 1 Geographische Berichte; Bd. 2 Anfänge bis 1260 A. D.; Bde. 3–4 Delhi-Sultanat; Bde. 5–8 Mogul-Zeit).

43. AHMAD, S. M. (Hrsg.), Arabical Classical Accounts of India and China. Book One: Al Masālik wa'l-Mamālik. Roads and Kingdoms, by Ibn Khurdādhbih, d.c. A. H. 300/A. D. 912; Book Two: Akhbār al-Śīn wa'l-Hind. An Account of China and India, by Sulaymān al-Tājir et al. Compiled in A. D. 851. Shimla 1989.

44. ALBERUNI, Alberuni's India. An account of the religion, philosophy, literature, geography, chronology, astronomy, customs, laws and astrology of India about 1030 A. D., transl. by E. C. SACHAU. London 1888, Neudr. Delhi 1964.

45. BRIGGS, J., History of the Rise of the Mohamedan Power in India till the Year A. D. 1612. Translated from the original Persian of Mahomed Kasim Ferishta. 4 Bde. London 1829, Nachdr. Calcutta 1908–1910.

46. IBN BATTUTA, The Travels of Ibn Baṭṭūṭa A. D. 1325–1354, übers. von H. A. R. GIBB. 3 Bde., Cambridge 1958–1971. (Der Indien-Abschnitt auch H. MZIK, Die Reise des Ibn Baṭṭūṭa durch Indien und China (14. Jahrhundert), Hamburg 1911).

47. BABUR, Bābur-nāma (Memoirs of Babur). Transl. by A. S. BEVERIDGE. 2 Bde. London 1922, Neudr. Delhi 1970.

48. ABU'L FAZL, Akbar-nāma, transl. from the Persian by H. BEVERIDGE. 3 Bde. Calcutta 1898.

49. ABU'L FAZL, The Ā'īn-i Akbarī, transl. into English by H. BLOCHMANN (Bd. 1) and Colonel H. S. JARRETT (Bde. 2, 3). Calcutta 1873–94, Nachdr. Delhi 1965.

50. BADĀ'ŪNĪ, Abd ul-Qādir ibn Mulūk Shāh, known as Al-Badāonī, Muntakhab-ut-tawārīkh. Bd. 1 transl. by G. S. A. RANKING, Bd. 2 transl. by W. H. LOWE. Bd. 3 transl. by SIR W. HAIG, Calcutta 1898–1925, Nachdr. Patna 1973.

51. JAHĀNGĪR, The Tūzuk-i-Jahāngīrī or Memoirs of Jahāngīr. Transl. by A. ROGERS, ed. by H. BEVERIDGE. 2 Bde. London 1909–14, Nachdr. Delhi 1978.

52. TIBBETTS, G. R., Arab Navigation in the Indian Ocean Before the Coming of the Portuguese, being a translation of Kitāb-al-Fawā 'id fī uṣūl al-baḥr wa'l-qawā 'id of Aḥmad ibn Mājid al-Najdī, by G. R. TIBBETTS. London 1971.

3.5 Frühe europäische Reiseberichte

53. BERNIER, F., Travels in the Mogul Empire. A. D. 1656–1668. Translation by A. CONSTABLE. 2nd rev. ed. by V. A. SMITH. London 1916.

54. CORREIA-AFONSO, J. (Hrsg.), Letters from the Mughal Court: The First Jesuit Mission to Akbar (1580–83). Bombay 1980.

55. LAET, J. DE, The Empire of the Great Mogol. A Translation of De Laet's „Description of India and Fragment of Indian History“, translated by J. S. HOYLAND and annotated by S. N. BANERJEE. Bombay 1928.

56. LINSCHOTEN, J. H. VAN, The Voyage of J. H. van Linschoten to the East Indies. From the old English translation of 1598 edited by A. C. BURNELL and P. A. TIELE. London 1885, Nachdr. New Delhi 1991.

57. MANRIQUE, S., Travels of Fray Sebastian Manrique, 1629–43. A translation of the „Itinerario de las missiones orientales“; by C. E. LUARD and H. HOSTEN. 2 Bde. Oxford 1927.

58. MANUCCI, N., Storia do Mogor, or Mogul India, 1653–1708. Translation by W. IRVINE. 4 Bde. London 1907–08.

59. MONSERRATE, A. DE, The Commentary of Father Monserrate ... on his Journey to the Court of Akbar. Translated from the original Latin by J. S. HOYLAND ... and annotated by S. N. BANERJEE. London 1922.

60. PIRES, T., The Suma Oriental of Tomé Pires (1512–15), 2 Bde., ed. and transl. by A. CORTESAO. London 1944.

61. POLO, M., The Book of Marco Polo, the Venetian, Concerning the Kingdom and Marvels of the East. Newly transl. and ed. by H. YULE with notes. 2 Bde.; 3. Aufl. von H. CORDIER überarb. London 1926.

62. Roe, T., The Embassy of Sir Thomas Roe to the Court of the Great Mogul, 1615–1619. Ed. by W. Foster. London 1899.

63. Tavernier, J. B., Travels in India. English Translation by V. Ball. 2 Bde. London 1889.

64. Varthema, L. de, Reisen im Orient, eingel., übers. und erläutert von F. Reichert. Sigmaringen 1996.

4. Münzen, Siegel

65. Allan, J., Catalogue of the Coins of Ancient India. London 1936.

66. Bopearachchi, O./W. Pieper, Ancient Indian Coins. Turnhout 1998.

67. Corpus of Indus Seals and Inscriptions
Bd. 1 Collections in India, ed. by J. P. Joshi/A. Parpola. Helsinki 1987.
Bd. 2 Collections in Pakistan, ed. by S. G. M. Shah/A. Parpola. Helsinki 1991.

68. Gardner, P., The Coins of the Greek and Scythic Kings of Bactria and India. London 1886.

69. Indian Museum, Calcutta, Catalogue of the Coins in the Indian Museum, Calcutta, Including the Cabinet of the Asiatic Society of Bengal. Bd. I. by V. A. Smith; Bde. II, III by H. N. Wright; Bd. IV by J. Allan. Calcutta 1906, 1907, 1908, 1928. Supplemente: B. B. Bidyabinod, Supplementary Catalogue of the Coins in the Indian Museum, Calcutta, Bd. I. (Non-Muhammadan Series). Calcutta 1923; S. M. Ahmad veröffentlichte die Supplementbände zu Bd. II. (Delhi Sultanat and Contemporaries) und Bd. III. (The Moghul Emperors). Delhi 1939.

70. Lane-Poole, S., The Coins of the Sultans of Delhi. London 1884; ders., The Coins of the Mohammadan States of India. London 1885; ders., The Coins of the Moghul Emperors. London 1892.

71. Turner, P. J., Roman Coins from India. London 1989.

5. Archäologische Grabungsberichte

72. Cunningham, A., Reports, Archaeological Survey of India. 24 Bde. Calcutta 1862–1887.

73. Härtel, H., Excavations at Sonkh. 2500 Years of a Town in Mathura District. Berlin 1993.

74. Lal, B. B., Sisulpalgarh 1948. An Early Historical Fort in Eastern India, in: AI 5 (1948), 62–105.

75. Lal, B. B., Excavations at Hastināpura and other Explorations in the Upper

Gangā and Sutlej Basin 1950–52: New Light on the Dark Age between the End of the Harappā Culture and the Early Historical Period, in: AI 10&11 (1954/55), 5–151.

76. LAL, B. B., Excavations at Śṛiṅgaverapura (1977–1986), Bd. I. Delhi 1993.

77. MARSHALL, J., Mohenjo-Daro and the Indus Civilization. 3 Bde. London 1931.

78. MARSHALL, J., Taxila. An Illustrated Account of the Archaeological Excavations Carried out under the Orders of the Government of India between the Years 1913 and 1934. 3 Bde. Cambridge 1951.

79. NARAIN, A. K./T. N. ROY, Excavations at Rajghat (1957–58, 1960–65), 4 Bde., Varanasi 1976–78.

80. RAO, S. R., Lothal and the Indus Civilization. Bombay 1973.

81. SHARMA, G. R., Excavations at Kauśāmbi, 1957–1959. Allahabad 1960.

82. SINHA, B. P./S. R. ROY, Vaiśālī Excavations 1958–62. Patna 1969.

83. SINHA, K. K., Excavations at Sravasti 1959. Varanasi 1967.

84. VATS, M. S., Excavations at Harappa. 2 Bde. Delhi 1940.

85. WHEELER, R. E. M./A. GHOSH/K. DEVA, Arikamedu: A Roman Trading-Station on the East Coast of India, in: AI 2 (1946), 17–124.

B. LITERATUR

1. HILFSMITTEL, HISTORISCHE HILFSWISSENSCHAFTEN, ARCHÄOLOGIE UND KULTURGESCHICHTE

1.1 Hilfsmittel

Bibliographien

86. Annual Bibliography of Indian Archaeology. Leiden 1926–1969, 23 Bde. 1926–1984.

87. Association for Asian Studies, Bibliography of Asian Studies. Michigan 1957ff. (Erscheint jährlich als Heft 5 des Journal of Asian Studies), Cumulative Bibliography of Asian Studies 1941–1965, 4 Bde; 1966–1970, 3 Bde. Boston 1970/1972.

88. CASE, M. H., South Asian History, 1750–1950. A Guide to Periodicals, Dissertations and Newspapers. Princeton 1968.

89. FÜRER-HAIMENDORF, E. V., An Anthropological Bibliography of South Asia,

together with a directory of recent anthropological field work. 3 Bde. Paris 1958–1970.

90. India Office Library, Commonwealth Relations Office. Catalogue of European Printed Books. 9 Bde. Boston 1964.
91. Indian National Bibliography. Central Reference Library. Calcutta. 1958ff.
92. Kulke, H./H. J. Leue/J. Lütt/D. Rothermund, Indische Geschichte vom Altertum bis zur Gegenwart. Ein Literaturbericht. (HZ, Sonderheft 10) München 1982.
93. School of Oriental and African Studies, University of London. Library Catalogue. 28 Bde. Boston, MA 1963ff. [Bde. 18, 19: South Asia] Supplement I–III, 33 Bde. Boston 1968–1979.

Allgemeine Nachschlagewerke

94. Bhattacharya, N. N. (Hrsg.), Encyclopedia of Ancient Indian Culture. Delhi 1998.
95. Chattopadhyaya, D. P. (Hrsg.), History of Science, Philosophy and Culture in Indian Civilization. 10 Bde. Delhi 2000ff.
96. Embree, A. T. (ed.), Encyclopedia of Asian History, 4 Bde. New York 1988.
97. Mansingh, S., Historical Dictionary of India. London 1996, Nachdr. Delhi 1998.
98. Robinson, F., The Cambridge Encyclopedia of India, Pakistan, Bangladesh, Sri Lanka, Nepal, Bhutan and the Maledives. Cambridge 1989.

Länderkunde, Einführungen in die Indienkunde

99. Bechert, H./G. von Simson (Hrsg.), Einführung in die Indologie. Stand, Methoden, Aufgaben. Darmstadt 1979.
100. Blenk, J./D. Bronger/H. Uhlig (Hrsg.), Südasien. Frankfurt 1977.
101. Bronger, D., Indien. Größte Demokratie der Welt zwischen Kastenwesen und Armut mit Beiträgen von A. Bronger und C. Wilmer. Gotha 1996.
102. Rothermund, D. (Hrsg.) Indien. Kultur, Geschichte, Politik, Wirtschaft, Umwelt. Ein Handbuch. München 1995.
103. Schwerin, K. Gräfin von, Indien. München 1988.
104. Stache-Rosen, V., German Indologists. Biographies of Scholars in Indian Studies Writing in German. With a summary of Indology in German speaking countries. New Delhi 1981.

1.2 Historische Hilfswissenschaften

Paläographie und Epigraphik

105. Dani, A. H., Indian Palaeography. Oxford 1963.

106. Falk, H., Schrift im alten Indien. Ein Forschungsbericht mit Anmerkungen. Tübingen 1993.

107. Hinüber, O. von, Der Beginn der Schrift und frühe Schriftlichkeit in Indien. Stuttgart 1990.

108. Salomon, R., Indian Epigraphy. A Guide to the Study of Inscriptions in Sanskrit, Prakrit and the Other Indo-Aryan Languages. New York 1998.

109. Sircar, D. C., Indian Epigraphy. Delhi 1965.

110. Sircar, D. C., Indian Epigraphical Glossary. Delhi 1966.

Numismatik

111. Berghaus, P., Zu den römischen Münzfunden aus Indien, in: Schweizerische Numismatische Rundschau 1992, 226–247.

112. Bopearachchi, O./D. P. M. Weerakkody (Hrsg.), Origin, Evolution and Circulation of Foreign Coins in the Indian Ocean. New Delhi 1998.

113. Bopearachchi, O., Monnaies gréco-bactriennes et indo-grécques. Paris 1999.

114. Deyell, J. S., Living without Silver. The Monetary History of Early Medieval North India. Delhi 1990.

115. Göbl, R., System und Chronologie der Münzprägung des Kuṣānreiches. Wien 1984.

116. Guillaume, O., Analysis of Reasoning in Archaeology. The Case of Graeco-Baktrian and Indo-Greek Numismatics. Delhi 1990.

117. Jain, R., Ancient Indian Coinage: A Systematic Story of Money Economy from Janapada Period to the Early Medieval Period (600 BC to AD 1200). New Delhi 1995.

118. Jha, A. K. (Hrsg.), Coinage, Trade and Economy. Anjari 1991.

119. Mukherjee, B. N., Coins and Currency Systems in Gupta Bengal (c. AD. 320–550). New Delhi 1992.

120. Richards, J. F. (Hrsg.), The Imperial Monetary System of Mughal India. Delhi 1987.

121. Sewell, R., Roman Coins Found in India, in: JRAS (1904), 591–637.

122. Smith, R. M., Kings and Coins in India. Greek and Saka Self-Advertisement. Delhi 1997.

Historische Geographie und Atlanten

123. Bhattacharya, N. N., The Geographical Dictionary. Ancient and Medieval India. Delhi 1991.

124. Brandtner, M., Representations of Kaliṅga: The Changing Image and Geography of a Historical Region, in: H. Kulke/B. Schnepel (Hrsg.), Jagannath Revisited. Studying Society, Religion and the State in Orissa. New Delhi 2001, 179–210.

125. Chattopadhyaya, B. D., A Survey of Historical Geography of Ancient India. New Delhi 1987 [mit ausführlicher Bibliographie, 51–97]

126. Habib, I., An Atlas of the Mughal Empire. Delhi 1982, 2. überarb. Aufl. 1986.

127. Knefelkamp, U., Indien in der Kartographie des 15. und 16. Jahrhunderts, in: Periplus 8 (1998), 18–45.

128. Schwartzberg, J. E. (Hrsg.), A Historical Atlas of South Asia. (The Evolution of Regional Power Configurations in the Indian Subcontinent, 197–233). Chicago 1978 (2. erw. Aufl. New York 1992).

129. Sircar, D. C., Studies in the Geography of Ancient and Medieval India. Delhi 1960.

130. Spate, O. H. K./A. T. A. Learmonth/B. H. Farmer, India and Pakistan. A General and Regional Geography. 3. Aufl. London 1967.

131. Subbarao, B., The Personality of India. A Study of the Development of Material Culture of India and Pakistan. Baroda 1956.

132. Subbarayalu, Y., The Political Geography of the Chola Country. Madras 1973.

Historiographie

133. Bechert, H., Zum Ursprung der Geschichtsschreibung im indischen Kulturbereich, in: Nachrichten der Akademie der Wissenschaften in Göttingen, I. Philosophisch-Historische Klasse, 1969, Nr. 2., 35–58.

134. Berkemer, G., Aspekte des Zeitdenkens in den Inschriften des vormodernen Indien, in: K. E. Müller/J. Rüsen (Hrsg.), Historische Sinnbildung. Frankfurt 1997, 277–295.

135. Berkemer, G., Banausia and Endo-history: European Conceptions of Indian Historical Consciousness. Kyoto 2001.

136. Christoph-Füchsle, M., Rajputentum und purāṇische Geschichtsschreibung. Analyse zweier Versionen des Ālhā-Epos. Frankfurt 1997.

137. Conermann, S., Funktion und Formen indo-persischer Hofgeschichtsschreibung während der Mogulzeit (932–1118/1526–1707). Hamburg 2003.

138. Delhi Historians Group, Communalisation of Education. The History Textbooks Controversy. New Delhi 2001.

139. Devahuti, D. (Hrsg.), Problems of Indian Historiography. Delhi 1979.

140. Dirks, N. B., The Past of a Pāḷaiyakārar: The Ethnohistory of a South Indian Little King, in: JAS 41 (1982), 655–683.

141. Frese, H., Variationen von Wirklichkeit. Das Bild Jayasthitimallas in der Bhāṣāvaṃśāvalī. Hamburg 2002.

142. Geiger, W., Dīpavaṃsa und Mahāvaṃsa und die geschichtliche Überlieferung in Ceylon. Leipzig 1905. Neudr. Hildesheim 1973.

143. GOETZ, H., Die Stellung der indischen Chroniken im Rahmen der indischen Geschichte, in: Zeitschrift für Buddhismus 6 (1924), 139–159.

144. GOYAL, S. R., Historiography of Ancient India. Jodhpur 1997.

145. GRANOFF, PH., Religious Biography and Clan History among the Svetāmbara Jains in North India, in: East and West 39 (1989), 195–215.

146. HARDY, P., Historians of Medieval India. Studies in Indo-Muslim Historical Writing. London 1960.

147. HASAN, M. (Hrsg.), Historians of Medieval India. Delhi 1968.

148. HENIGE, D. P., Some Phantom Dynasties of Early and Medieval India: Epigraphical Evidence and the Abhorrence of a Vacuum, in: BSOAS 38 (1975), 525–549.

149. KÖLVER, B., Textkritische und philologische Untersuchungen zur Rājataraṅgiṇī des Kalhaṇa. Wiesbaden 1971.

150. KÖLVER, B., Ritual und historischer Raum. Zum indischen Geschichtsverständnis. München 1993.

151. KULKE, H., Geschichtsschreibung und Geschichtsbild im hinduistischen Mittelalter, in: Saeculum 30 (1979), 100–112.

152. KULKE, H., Sectarian Politics and Historiography in Early Sri Lanka: Wilhelm Geiger's Studies on the Chronicles of Sri Lanka in the Light of Recent Research, in: U. EVERDING/A. TILAKARATNE (Hrsg.), Wilhelm Geiger and the Study of the History and Culture of Sri Lanka. Colombo 1999, 112–136.

153. LORENZEN, D. N., Historians and the Gupta Empire, in: 414, 47–60.

154. MUKHIA, H., Historians and Historiography during the Reign of Akbar. New Delhi 1976.

155. NARAYAN RAO, V./D. SHULMAN, History, Biography and Poetry at the Tanjavur Nayaka Court, in: H. L. SENEVIRATNE (Hrsg.), Identity, Consciousness and the Past: The South Asian Scene. Special Issue: Social Analysis. Journal of Cultural and Social Practice, No. 25 (Sept. 1989), 115–130.

156. NIZAMI, K. A., On History and Historians of Medieval India. New Delhi 1983.

157. NJAMMASCH, M., Probleme der frühmittelalterlichen Geschichtsschreibung in Indien, in: Jahrbuch für die Geschichte des Feudalismus 11 (1987), 29–49.

158. PARGITER, F. E., Ancient Indian Historical Tradition. London 1922, Neudr. Delhi 1962.

159. PHILIPS, C. H. (Hrsg.), Historians of India, Pakistan and Ceylon. London 1961.

160. POLLOCK, S., Rāmāyaṇa and Political Imagination in Medieval India, in: JAS 52 (1993), 261–297.

161. PRABHA, C., Historical Mahākāvyas in Sanskrit (Eleventh to Fifteenth Centuries A. D.). Delhi 1976.

162. RUDOLPH, L. I./S. HOEBER-RUDOLPH, Cultural Policy, the Textbook Controversy and Indian Identity, in: A. WILSON/D. DALTON (Hrsg.), The State of South Asia. Problems of National Integration. Essays in Honour of H. Morris-Jones. London 1982, 131–154.

163. RÜSEN, J./M. GOTTLOB/A. MITTAG (Hrsg.), Die Vielfalt der Kulturen. Erinnerung, Geschichte, Identität, Bd. 4. Frankfurt/M. 1998. (Enthält u. a. sechs Aufsätze zur indischen Geschichtsschreibung)

164. SCHNEIDER, U., Indisches Denken und sein Verhältnis zur Geschichte, in: Saeculum 9 (1958), 156–162.

165. SCHNELLENBACH, C., Geschichte als ‚Gegengeschichte'? Historiographie in Kalhaṇas Rājataraṅginī. Marburg 1996.

166. SEN, S. P. (Hrsg.), Sources of the History of India. Bd. 1–2 Calcutta 1978–1979; Bd. 3–4, hrsg. von N. R. RAY, Calcutta 1980–1982.

167. SPENCER, G., Heirs Apparent: Fiction and Function in Chola Mythical Genealogies, in: IESHR 21 (1984), 415–432.

168. SRIVASTAVA, K. S., Indian History, Historians and Historiography. Patna 2000.

169. STEIN, B., Early Indian Historiography: A Conspiracy Hypothesis, in: JAS 6 (1969), 41–59.

170. THAPAR, R., The Past and Prejudice. Delhi 1975.

171. THAPAR, R., Society and Historical Consciousness: The Itihāsa-Purāṇa Tradition, in: 251, 353–383.

172. THAPAR, R., Genealogical Patterns as Perceptions of the Past, in: SH 7 (1991), 1–36.

173. THAPAR, R., Narratives and the Making of History. Two Lectures. New Delhi 2000.

174. WARDER, A. K., An Introduction to Indian Historiography. Bombay 1972.

175. WITZEL, M., On Indian Historical Writing: The Role of the Vaṃśāvalīs, in: Journal of the Japanese Association for South Asian Studies 2 (1991), 1–57.

Periodisierung

176. CHATTOPADHYAYA, B. D., Change through Continuity: Notes Towards an Understanding of the Transition to Early Medieval India, in: 257, 135–162.

177. HABIB, I., Classifying Pre-Colonial India, in: The Journal of Peasant Studies 12 (1985), 44–53.

178. INGALLS, D. H. H., Kālidāsa and the Attitudes of the Golden Age, in: JAOS 96 (1976), 15–26.

179. KULKE, H., Gibt es ein indisches Mittelalter? Versuch einer eurasiatischen

Geschichtsbetrachtung, in: Saeculum 33 (1982), 221–239; überarbeitete Fassung in IHR 19 (1996), 21–36.

180. MUKHIA, H., ‚Medieval India': An Alien Conceptual Hegemony?, in: Medieval History Journal 1 (1998), 91–105.

181. NJAMMASCH, M., Gab es eine indische „Spätantike"?, in: Altorientalische Forschungen (1989), 469–476.

182. RAY, N. R., The Medieval Factor in Indian History. General President's Address. Indian History Congress, 29th Session, Patiala 1967, 1–29.

183. SAHU, B. P., Conception of the Kali Age in Early India: A Regional Approach, in: Trends in Social Science Research 4 (1997), 27–36.

184. SHARMA, R. S., Problem of Transition from Ancient to Medieval in Indian History, in: IHR 1 (1974), 1–10.

185. SUBRAHMANYAM, S., Connected Histories: Notes Towards a Reconfiguration of Early Modern Eurasian, in: MAS 31 (1997), 735–762.

186. VELUTHAT, K., Into the „Medieval" – and Out of It: Early South India in Transition. Presidential Address, Indian History Congress, 58th Session Bangalore 1997.

187. YADAVA, B. N. S., The Accounts of the Kali Age and the Social Transition from Antiquity to the Middle Ages, in: IHR 5 (1978), 31–63.

1.3 Archäologie

188. AGRAWAL, D. P., The Archaeology of India. London 1982.

189. ALLCHIN, B. (Hrsg.), Living Traditions. Studies in the Ethnoarchaeology of South Asia. New Delhi 1994.

190. ALLCHIN, F. R./D. K. CHAKRAVARTI, Source-book of Indian Archaeology. Bd. I: Background, Early Methods, Geography, Climate and Early Men, Domestication of Plants and Animals. London 1979; Bd. II: Settlement, Technology and Trade. New Delhi 1997.

191. BRANDTNER, M., Die indischen Epen als Gegenstand archäologischer Forschung: Graben im Dienst des ‚Hindutums' oder: ‚Digging for God and Country', in: IAF 25 (1994), 213–238.

192. BRANDTNER, M., Koloniale Archäologie. Monopolisierte Vergangenheitsdeutung und Herrschaftslegitimation in Britisch-Indien, in: S. CONERMANN (Hrsg.), Mythen, Geschichte(n), Identitäten: Der Kampf um die Vergangenheit. Hamburg 1999, 303–366.

193. CHAKRABARTI, D. K., Theoretical Issues in Indian Archaeology. New Delhi 1988.

194. CHAKRABARTI, D. K., A History of Indian Archaeology from the Beginning to 1947. New Delhi 1998.

195. Chattopadhyaya, B. D., Indian Archaeology and the Epic Tradition, in: Puratattva 8 (1975/76), 67–72.

196. Dhavalikar, M. K., Historical Archaeology of India. New Delhi 1999.

197. Ghosh, A. (Hrsg.), An Encyclopaedia of Indian Archaeology, 2 Bde. New Delhi 1989, Leiden 1990.

198. Lal, B. B., The Two Indian Epics vis-à-vis Archaeology, in: Antiquity 55 (1981), 27–34.

199. Rao, S. R. (Hrsg.), Marine Archaeology of Indian Ocean Countries. Goa 1988.

200. Settar, S./R. Korisettar (Hrsg.), Indian Archaeology in Restrospect. Bd. 1 Prehistory: Archaeology of South Asia; Bd. 2 Protohistory: Archaeology of the Harappan Civilization; Bd. 3 Archaeology and Interactive Disciplines; Bd 4 Archaeology and Historiography: History, Theory, Method. New Delhi 2001–2002.

201. Shankalia, H. D., New Archaeology: Its Scope and Application to India. Lucknow 1974.

1.4 Kultur- und Rezeptionsgeschichte

202. Basham, A. L., The Wonder that was India. London 1954.

203. Baum, W./R. Senoner, Indien und Europa im Mittelalter. Die Eingliederung eines Kontinents in das europäische Bewusstsein bis ins 15. Jahrhundert. Klagenfurt 1999.

204. Bechert, H. u. a., Der Buddhismus I. Der indische Buddhismus und seine Verzweigung. Stuttgart 2000.

205. Bergunder, M./R. P. Das, „Arier“ und „Drawiden“. Konstruktionen der Vergangenheit als Grundlage für Selbst- und Fremdwahrnehmung Südasiens. Halle 2002.

206. Breckenridge, C. A./P. van der Veer (Hrsg.), Orientalism and the Postcolonial Predicament. Perspectives on South Asia. Philadelphia 1993.

207. Chakrabarti, D. K., Colonial Indology: Sociopolitics of Ancient Indian Past. Delhi 1997.

208. Dallapiccola, A. L./S. Zingel-Avé Lallemant (Hrsg.), Islam and Indian Regions, 2 Bde. Stuttgart 1993.

209. Dalmia, V./H. von Stietencron (Hrsg.), Representing Hinduism. The Construction of Religions, Traditions and National Identity. New Delhi 1995.

210. Dharampal-Frick, G., Indien im Spiegel deutscher Quellen der Frühen Neuzeit (1500–1750). Studien zu einer interkulturellen Konstellation. Tübingen 1994.

211. Franz, G., Das Alte Indien. Geschichte und Kultur des indischen Subkontinents. München 1990.

212. Frauwallner, E., Geschichte der indischen Philosophie. 2 Bde. Salzburg 1953–1956.

213. Goetz, H., Studies in the History, Religion and Art of Classical and Mediaeval India. Hrsg. von H. Kulke. Wiesbaden 1974.

214. Gonda, J., Die Religionen Indiens. Bd. I: Veda und älterer Hinduismus. Bd. II: Der jüngere Hinduismus. Stuttgart 1960–1963.

215. Halbfass, W., India and Europe. An Essay in Understanding. Albany 1988.

216. Hardy, F., The Religious Culture of India. Power, Love and Wisdom. Cambridge 1994.

217. Harle, J. C., The Art and Architecture of the Indian Subcontinent. New York 1986.

218. Hinüber, O. von, A Handbook of Pāli Literature. Berlin 1996.

219. Kulke, E., The Parsees in India. A Minority as Agent of Change. München 1974.

220. Kulke, H./D. Rothermund (Hrsg.), Regionale Tradition in Südasien. Stuttgart 1985.

221. Lienhard, S., A History of Classical Poetry. Sanskrit-Pāli-Prākrit. Wiesbaden 1984.

222. McLeod, W. H., The Sikhs: History, Religion, and Society. New York 1989.

223. Michaels, A., Der Hinduismus. Geschichte und Gegenwart. München 1998.

224. Mylius, K., Geschichte der altindischen Literatur. Leipzig 1983.

225. Rothermund, D., The German Intellectual Quest for India. New Delhi 1986.

226. Schimmel, A., Der Islam im indischen Subkontinent. Darmstadt 1983.

227. Schluchter, W. (Hrsg.), Max Webers Studie über Hinduismus und Buddhismus. Interpretation und Kritik. Frankfurt 1984.

228. Schneider, U., Einführung in den Hinduismus. Darmstadt 1989.

229. Sontheimer, G./H. Kulke (Hrsg.), Hinduism Reconsidered. 2. erw. Aufl. Delhi 1997.

230. Stietencron, H. von, Der Hinduismus. München 2001.

231. Weber, M., Die Wirtschaftsethik der Weltreligionen. Hinduismus und Buddhismus, hrsg. von H. Schmidt-Glintzer/K. H. Golzio. Tübingen 1996.

232. Winternitz, M., Geschichte der indischen Literatur. 3 Bde. Leipzig 1908–1922. (Nachdr. Stuttgart 1968).

233. Zvelebil, K., Tamil Literature. Leiden 1975.

2. Perioden

2.1 Gesamtdarstellungen

Einzelwerke

234. Antonova, K./G. Bongard-Levin/G. Kotovskij, A History of India. 2 Bde., Moskau 1979.

235. The Cambridge History of India. Bd. 1: Ancient India, hrsg. von E. J. Rapson 1922; Bd. 2 nicht erschienen; Bd. 3: Turks and Afghans, hrsg. von W. HAIG 1928; Bd. 4: The Mughul Period, hrsg. von R. Burn, 1937; Bd. 5: British India: 1497–1858, hrsg. von H. H. Dodwell 1929; Bd. 6: The Indian Empire: 1858–1918, hrsg. von H. H. Dodwell, 1970; Suppl. 1–3, 3 Bde., The Indus Civilization, hrsg. von R. E. M. Wheeler, 1953–1972.

236. A Comprehensive History of India, hrsg. von Indian History Congress. Bd. II, The Mauryas and Satavahanas (325 B. C.-A. D. 300), hrsg. von K. A. N. Sastri. Calcutta 1957, Bd. IV, Teil I: AD 985–1206, hrsg. von R. S. Sharma/K. M. Shrimali. New Delhi 1992; Bd. V, The Delhi Sultanate (A. D. 1206–1526), hrsg. von M. Habib/K. A. Nizami, Delhi 1970; Bd. IX (1712–1772), hrsg. von A. S. Banerjee/D. K. Ghose. New Delhi 1978.

237. Embree, A. T./F. Wilhelm, Indien. Geschichte des Subkontinents von der Induskultur bis zum Beginn der englischen Herrschaft. Frankfurt 1967.

238. Frédéric, L., Histoire de l'Inde et les Indiens. Paris 1996.

239. Kulke, H./D. Rothermund, Geschichte Indiens. Stuttgart 1982, 2. erw. Aufl. München 1997 (4. Aufl. der englischen Edition London 2004).

240. Mabbett, J., A Short History of India. 2. Aufl. Sydney 1983.

241. Majumdar, R. C. (Hrsg.), The History and Culture of the Indian People. Bombay (Bharatiya Vidya Bhavan) 1951–1969. Bd. 1: The Vedic Age. (Up to 600 B. C.) 1951; Bd. 2: The Age of Imperial Unity. (600 B. C. to 320 A. D.) 1951; Bd. 3: The Classical Age. (320–750 A. D.) 1954; Bd. 4: The Age of Imperial Kanauj (750–1000 A. D.) 1955; Bd. 5: The Struggle for Empire (1000–1300 A. D.) 1957; Bd. 6: The Delhi Sultanate. (1300–1526 A. D.) 1960; Bd. 7: The Moghul Empire. (1526–1707) 1974; Bd. 8: The Maratha Supremacy. (1707–1818 A. D.) 1977; Bd. 9 und 10: British Paramountcy and Indian Renaissance (1818–1905) 1963/1965; Bd. 11: Struggle for Freedom (1905–1947) 1969.

242. Majumdar, R. C./H. C. Raychaudhury/K. K. Datta, An Advanced History of India. Calcutta 1946. 4. Aufl. Madras 1978.

243. Rothermund, D., Indische Geschichte in Grundzügen, Darmstadt 1989.

244. Rothermund, D., Geschichte Indiens vom Mittelalter bis zur Gegenwart. München 2002.

245. SMITH, V. A., The Early History of India from 600 B. C. to the Muhammadan Conquest (Including the Invasion of Alexander the Great). 1. Aufl. 1914; 4. Aufl. überarb. von S. M. EDWARDES, Oxford 1957.

246. SMITH, V. A., The Oxford History of India, 1. Aufl. 1919. 3. Aufl. hrsg. von P. SPEAR. Teil 1 von M. WHEELER und A. L. BASHAM und Teil 2 von J. B. HARRISON überarb.; Teil 3 neu verfasst von P. SPEAR, Oxford 1958.

247. STEIN, B., A History of India. Oxford 1998.

248. THAPAR, R., Early India. From the Origins to AD 1300. London 2002 (stark überarbeitete Neuaufl. von A History of India. Harmondsworth 1966).

249. WOLPERT, S., A New History of India. 5. Aufl. New York 1997.

Sammelbände

250. BERKEMER, G./T. FRASCH/H. KULKE/J. LÜTT (Hrsg.), Explorations in the History of South Asia. Essays in Honour of Dietmar Rothermund. New Delhi 2001.

251. BHATTACHARYA, S./R. THAPAR (Hrsg.), Situating Indian History. For Sarvepalli Gopal. Delhi 1986.

252. CHAMPAKALAKSHMI, R./S. GOPAL (Hrsg.), Tradition, Dissent and Ideology. Essays in Honour of Romila Thapar. Delhi 1996.

253. CONERMANN, S./J. KUSBER (Hrsg.), Studia Eurasiatica. Kieler Festschrift für Hermann Kulke. Hamburg 2003.

254. FOX, R. G. (Hrsg.), Realm and Region in Traditional India. Durham 1977.

255. FRYKENBERG, R. E. (Hrsg.), Land Control and Social Structure in Indian History. Madison 1969.

256. HOEK, A. W. VAN DEN/D. H. A. KOLFF/M. S. OORT (Hrsg.), Ritual, State and History in South Asia. Essays in Honour of J. C. Heesterman. Leiden 1992.

257. JHA, D. N. (Hrsg.), Society and Ideology in India: Essays in Honour of Professor R. S. Sharma. New Delhi 1996.

258. KOSAMBI, D. D., Combined Methods in Indology and other Writings. Compiled, edited and introduced by B. D. CHATTOPADHYAYA. New Delhi 2002.

259. MAITY, S. K./U. THAKUR (Hrsg.), Indological Studies: Prof. D. C. Sircar Commemoration Volume. Delhi 1987.

260. MOORE, R. J. (Hrsg.), Tradition and Politics in India. New Delhi 1979.

261. PANDE, B. M./B. D. CHATTOPADHYAYA (Hrsg.), Archaeology and History: Essays in Honour of Shri A. Ghosh. 2 Bde. New Delhi 1987.

262. PANIKKAR, K. N./T. J. BYRES/U. PATNAIK(Hrsg.), The Making of History. Essays Presented to Irfan Habib. London 2002.

263. Ruben, W. (Hrsg.), Die ökonomische und soziale Entwicklung Indiens. Sowjetische Beiträge zur indischen Geschichte. 2 Bde. Berlin 1959–1961.

264. Sharma, R. S./V. Jha (Hrsg.), Indian Society: Historical Probings. In Memory of D. D. Kosambi. New Delhi 1974.

265. Shulman, D. (Hrsg.), Syllables of Sky. Studies in South Indian Civilization. In Honour of Velcheru Narayan Rao. Delhi 1995.

266. Thapar, R. (Hrsg.), Recent Perspectives of Early Indian History. Bombay 1995.

267. Thapar, R., Cultural Pasts. Essays in Early Indian History. Delhi 2000.

268. Vacek, J./J. Dvořák (Hrsg.), Trends in Indian Studies. Prag 1998.

2.2 Das Altertum

Allgemeine Studien

269. Chakrabarti, D. K., Ancient Bangladesh. A Study of the Archaeological Sources. Delhi 1992.

270. Chattopadhyaya, B. D., Studying Early India. Archaeology, Texts and Historical Issues. New Delhi 2003.

271. Jha, D. N., Ancient India. An Historical Outline. Delhi 1977 (überarb. u. erw. Aufl. Delhi 1998).

272. Malik, S. C., Indian Civilization – The Formative Period. A Study of Archaeology as Anthropology. Simla 1968.

273. Mode, H., Das frühe Indien. Stuttgart 1959.

274. Pande, G. C. (Hrsg.), The Dawn of Civilization (up to 600 BC) (Bd. I,1 der Serie History of Science Philosophy and Culture in Indian Civilization, hrsg. von D. P. Chattopadhyaya). New Delhi 1999.

275. Ruben, W., Die gesellschaftliche Entwicklung im Alten Indien. 6 Bde., Berlin 1967–1973.

276. Thapar, R., Ancient Indian Social History. Some Interpretations. Delhi 1978.

277. Thapar, R., Interpreting Early India. Delhi 1992.

278. Witzel, M., Das Alte Indien. München 2003.

Vorgeschichte und Induskultur

279. Agrawal, D. P./D. K. Chakrabarti (Hrsg.), Essays in Indian Protohistory. Delhi 1979.

280. Allchin, B. and R., The Rise of Civilization in India and Pakistan. Cambridge 1982.

281. Chakrabarti, D. K., The External Trade of the Indus Civilization. New Delhi 1990.

282. GUPTA, S. P. (Hrsg.), The ‚Lost' Saraswati and the Indus Civilization. Jodhpur 1995.

283. JANSEN, M., Die Induszivilisation. Entdeckung einer frühen Hochkultur. Köln 1986.

284. JARRIGE, J. F./M. LECHAVELLIER, Excavations at Mehrgarh, Baluchistan. Their Significance in the Context of the Indo-Pakistan Borderlands, in: M. TADDEI (Hrsg.), South Asian Archaeology. Naples 1979, 463–535.

285. JARRIGE, J. F./M. SANTONI, Fouilles de Pirak. 2 Bde. Paris 1979.

286. KENOYER, J. M., The Ancient Cities of the Indus Civilization. Karachi 1998.

287. LAHIRI, N. (Hrsg.), The Decline and Fall of the Indus Civilization. Delhi 2000.

288. LAL, B. B., The Earliest Civilization of South Asia (Rise, Maturity and Decline). New Delhi 1997.

289. LAL, B. B., India 1947–1997: New Light on the Indus Civilization. New Delhi 1998.

290. PARPOLA, A., Deciphering the Indus Script. Cambridge 1994.

291. POSSEHL, G. L. (Hrsg.), Ancient Cities of the Indus. Delhi 1979.

292. POSSEHL, G. L. (Hrsg.), Harappan Civilization, 2. überarb. Aufl. New Delhi 1993.

293. RATNAGAR, S., Encounters: The Westerly Trade of the Harappan Civilization. New Delhi 1981.

294. RATNAGAR, S., Enquiries into the Political Organisation of Harappan Society. Pune 1991.

295. RATNAGAR, S., Understanding Harappa Civilization in the Greater Indus Valley. New Delhi 2001.

296. TOSI, M., The Proto-urban Cultures of Eastern Iran and the Indus Civilization, in: South Asian Archaeology (1977), 149–171.

297. Vergessene Städte am Indus. Frühe Kulturen in Pakistan vom 8.–2. Jahrtausend v. Chr. Ausstellungskatalog. Mainz 1987.

298. WHEELER, M., The Indus Civilization. Cambridge 1953.

Die Indo-Arya und die vedische Frühzeit

299. BHATTACHARYA, S., Political Authority and Brāhmaṇa-Kṣatriya Relationship in Ancient India – An Aspect of Power Elite Configuration, in: IHR 10 (1983/84), 1–20.

300. BRONKHORST, J./M. M. DESHPANDE (Hrsg.), Aryan and Non-Aryan in South Asia: Evidence, Interpretation and Ideology. Cambridge, Mass. 1999.

301. BRYANT, E. F., The Quest for Origins of Vedic Culture. The Indo-Aryan Migration Debate. Oxford 2001.

302. BURROW, T., Proto-Indoaryans, in: JRAS, NS 2 (1973), 123–140.

303. Chakrabarti, D. K., The Aryan Hypothesis in Indian Archaeology, in: Indian Studies, Past and Present 9 (1968), 343–358. (Kurzfassung in: Manthan, 15 (1994), 141–146).

304. Chowdhury, P., The Aryans: A Modern Myth. Part I. A Story of a Treacherous Theory that Concerns Every Indian. Delhi 1993.

305. Deshpande, M. M./P. Hook (Hrsg.), Aryan and Non-Aryan in India. Ann Abor 1979.

306. Erdosy, G., Ethnicity in the Rigveda and its Bearing on the Question of Indo-European Origins, in: SAS 5 (1989), 35–47.

307. Erdosy, G. (Hrsg.), The Indo-Aryans of Ancient South Asia. Language, Material Culture and Ethnicity. Berlin 1995 (Nachdr. New Delhi 1997).

308. Falk, H., Das Reitpferd im vedischen Indien, in: B. Hänsel/S. Zimmer (Hrsg.), Die Indogermanen und das Pferd. Budapest 1994, 91–101.

309. Frawley, D., The Myth of Aryan Invasion of India. New Delhi 1994.

310. Fussman, G., L'entrée des Āryas en Inde, in: Annuaire du Collège de France 1988–1989, 514–530.

311. Habib, I., Imagining River Saraswati – A Defence of Commonsense, in: Social Scientist 30, 1–2 (2001), 67–92.

312. Jaiswal, S., Stratification in Rigvedic Society: Evidence and Paradigms, in: IHR 16 (1989/1990), 1–34.

313. Kochhar, R., The Vedic People. Their History and Geography. New Delhi 2000.

314. Manthan. Quarterly Journal of the Deenadayal Research Institute, New Delhi. Genesis of the Aryan Myth. A Historical Review, Bd. 15, 2/3 (1994), 1–194; New Lights on the Aryan Problem, Bd. 15,4–16,1 (1994/95), 3–189.

315. Nandi, R. N., Archaeology and the Ṛgveda, in: IHR 16 (1989/90), 35–71.

316. Parpola, A., The Coming of the Aryans to Iran and India and the Cultural and Ethnic Identity of the Dāsas, in: Studia Orientalia 64 (1988), 195–302.

317. Rajaram, S., The Politics of History: Aryan Invasion Theory and the Subversion of Scholarship. New Delhi 1995.

318. Renfrew, A. C., Archaeology and Language: The Puzzle of Indo-European Origins. London 1987 (Taschenbuch 1989).

319. Scherer, A. (Hrsg.), Die Urheimat der Indogermanen. Darmstadt 1968.

320. Shaffer, J., The Indo-Aryan Invasions: Cultural Myth and Archaeological Reality, in: J. L. Lukacs (Hrsg.), The People of South Asia. New York 1984, 77–90.

321. Sharma, R. S., Looking for the Aryans. Madras 1995.

322. Sharma, R. S., Advent of the Aryans in India. New Delhi 1999.

323. Shendge, M. J., The Aryas: Facts Without Fancy and Fiction. New Delhi 1996.

324. SIEFERLE, R. P., Indien und die Arier in der Rassentheorie, in: Zeitschrift für Kulturaustausch 37 (1987), 444–467.

325. SINGH, B., The Vedic Harappans. New Delhi 1995.

326. TALAGERI, S. G., Aryan Invasion Theory and Indian Nationalism. Delhi 1993.

327. THAPAR, R., The Theory of Aryan Race and India, in: Social Scientist 24 (1996), 3–29.

328. THIEME, P., The „Aryan" Gods of the Mitanni Treaties, in: JAOS 80 (1960), 301–317.

329. TRAUTMANN, T. R., Aryans and British India. New Delhi 1997.

330. WIESEHÖFER, J., Zur Geschichte der Begriffe ‚Arier' und ‚Arisch' in der deutschen Sprachwissenschaft und Althistorie des 19. und der ersten Hälfte des 20. Jahrhunderts, in: H. SANCISI-WEERDENBURG/J. W. DRIVERS (Hrsg.), The Roots of the European Tradition, Leiden 1990, 149–165.

331. WITZEL, M. (Hrsg.), Inside the Texts – Beyond the Texts. New Approaches to the Study of the Vedas. Cambridge MA 1997.

Die frühstaatliche Entwicklung im Gangestal

332. ALLCHIN, F. R., The Archaeology of Early Historic South Asia. The Emergence of Cities and States. With contributions from G. ERDOSY, R. A. E. CONINGHAM, D. K. CHAKRABARTI and B. ALLCHIN. Cambridge 1995.

333. BANERJEE, N. R., Iron Age in India. Delhi 1965.

334. BECHERT, H. (Hrsg.), The Dating of the Historical Buddha. Die Datierung des historischen Buddha. 3 Bde. Göttingen 1991ff.

335. CHAKRABARTI, D. K., The Early Use of Iron in India. Delhi 1992.

336. CHAKRAVARTI, R., Early Historical India: A Study in its Material Milieu (c. 500 BC – 300 AD), in: D. P. CHATTOPADHYAYA (Hrsg.), History of Science and Technology in Ancient India. Bd. II. Calcutta 1991, 305–350.

337. EISENSTADT, S. N. (Hrsg.), Kulturen der Achsenzeit. Ihre Ursprünge und Vielfalt. Teil 2: Spätantike, Indien, China, Islam. Frankfurt 1987.

338. FICK, R., Die soziale Gliederung im nordöstlichen Indien zu Buddhas Zeit. Mit besonderer Berücksichtigung der Kastenfrage. Vornehmlich auf Grund der Jātakas dargestellt. Kiel 1897 (Englische Übersetzung Calcutta University 1920).

339. HEESTERMAN, J. C., The Ancient Indian Royal Consecration. The Rājasūya Described According to the Yajus Texts and Annoted. s'-Gravenhage 1957. (Darin auch H. KULKE, The Rājasūya. A Paradigm of Earl State Formation, S. 188–198)

340. KULKE, H., Grāmakāma – das „Verlangen nach einem Dorf". Überlegungen zum Beginn frühstaatlicher Entwicklung im vedischen Indien, in: Saeculum 41 (1991), 111–128.

341. LAL, M., Settlement History and Rise of Civilization in the Ganga-Yamuna Doab from 1500 B. C. to 300 A. D. Delhi 1984.

342. LAL, M., Chronology of the Proto-historic and Early Historic Cultures of the Upper Ganga Plains, in: East and West 36 (1986), 13–100.

343. MABBETT, I., The Rise of Buddhism in a Period of Urbanization and State Formation, in: Aichi Bunkyo Review (2001), 35–59.

344. MYLIUS, K., Die gesellschaftliche Entwicklung Indiens in jungvedischer Zeit nach den Sanskrit-Quellen. I: Der Entwicklungsstand der Produktivitätskräfte: in: EAZ 12 (1971), 171ff. II: Die Produktionsverhältnisse, in: EAZ 13 (1972), 321ff. III: Der ideologische Überbau; mit einem Anhang: Das vedische Opferritual, in: EAZ 14 (1973), 425ff.

345. RAU, W., Staat und Gesellschaft im alten Indien nach den Brāhmaṇa-Texten dargestellt. Wiesbaden 1957.

346. ROY, K., The Emergence of Monarchy in North India. Eighth–Fourth Centuries B. C. as Reflected in the Brahmanical Tradition. Delhi 1994.

347. SHANKALIA, H. D., The Ramayana in Historical Perspective. Delhi 1982.

348. SHARMA, J. P., Republics in Ancient India, ca. 1500 B. C.–500 B. C. Leiden 1968.

349. SHARMA, R. S., Problems of Social Formation in Early India. General President's Address, in: PIHC 36th session, Aligarh 1975, 1–14.

350. SHARMA, R. S., In Defence of „Ancient India“. New Delhi 1978.

351. SHARMA, R. S., Material Culture and Social Formations in Ancient India. New Delhi 1983.

352. THAPAR, R., From Lineage to State. Social Formations in Mid-First Millennium B. C. in the Ganga Valley. Bombay 1984. Nachdruck in DIES., History and Beyond. New Delhi 1996, S. 1–189.

353. THAPAR, R., The Ṛgveda: Encapsulating Social Change, in: 262, 11–40.

354. TRIPATHI, V., Painted Grey Ware: An Iron Age Culture of Northern India. Delhi 1976.

355. WAGLE, N. K., Society at the Time of Buddha. Bombay 1966, 2. überarb. Aufl. Bombay 1995.

356. WITZEL, M., Early Sanskritization. Origin and Development of the Kurus, in: 736, 29–52.

Achämeniden und Alexander der Große in Indien

357. ALTHEIM, F., Alexander und Asien. Tübingen 1953.

358. BRELOER, B., Alexanders Bund mit Poros. Indien von Dareios zu Sandrokottos. Leipzig 1941.

359. CHATTOPADHYAYA, S., The Achaemenids and India. 2. überarb. Aufl. Delhi 1974.

360. EGGERMONT, P. H. L., Alexander's Campaigns in Southern Panjab. Leuven 1993.

361. TARN, W. W., Alexander the Great. 2 Bde. Cambridge 1948 (2. Bd.: Quellen; deutsche Ausgabe: Alexander der Große. Darmstadt 1968).

362. WHEELER, M., Flammen über Persepolis. Alexander der Große und Asien. Berlin 1968. (Engl. Originalausgabe: Flames over Persepolis. Turning-Point in History. 1968).

Das Großreich der Mauryas

363. BONGARD-LEVIN, G., Mauryan India. New Delhi 1985.

364. EGGERMONT, P. H. L., The Chronology of the Reign of Asoka Moriya. A Comparison of the Data of the Asoka Inscriptions and the Data of the Tradition. Leiden 1956.

365. FUSSMAN, G., Central and Provincial Administration in Ancient India: The Problem of the Mauryan Empire, in: IHR 14 (1987/88), 43–78.

366. MUKHERJEE, B. N., The Character of the Mauryan Empire. Calcutta 2000.

367. SASTRI, K. A. N. (Hrsg.), The Age of the Nandas and Mauryas. Banaras 1952.

368. SCHWARZ, F. F., Die Griechen und die Maurya-Dynastie. Probleme ihrer gegenseitigen Beziehungen, in: F. ALTHEIM/R. STIEHL (Hrsg.), Geschichte Mittelasiens im Altertum. Berlin 1970, 267–316.

369. SIRCAR, D. C., Aśokan Studies. Calcutta 1979.

370. THAPAR, R., Aśoka and the Decline of the Mauryas. London 1961. 2. Aufl. Delhi 1973.

371. THAPAR, R., The Mauryas Revisited. Calcutta 1987.

372. WIESEHÖFER, J., Geschenke, Gewürze und Gedanken. Überlegungen zu den Beziehungen zwischen Seleukiden und Mauryas, in: Electrum (Krakow) 2 (1998), 225–236.

Die Jahrhunderte um die Zeitwende

373. ALRAM, M./D. E. KLIMBURG-SALTER, Coins Art and Chronology. Essays on pre-Islamic History of the Indo-Iranian Borderland. Wien 1999.

374. BASHAM, A. L. (Hrsg.), Papers on the Date of Kanishka. Leiden 1968.

375. BRANDTNER, M., Kaliṅga und seine Hauptstadt in frühgeschichtlicher Zeit. Zum Bedeutungswandel einer ethnischen und geographischen Bezeichnung. Hamburg 2000.

376. CHATTOPADHYAYA, B. D., Studying Early India. Archaeology, Texts, and Historical Issues. New Delhi 2003.

377. CHATTOPADHYAYA, S., The Sakas in India. 2. Aufl. 1967.

378. FUSSMAN, G., L'inscription de Rabatak et l'origine de l'ère Śaka, in: JA 286 (1998), S. 571–651.

379. Fussman, G., Ère d'Eucratides, Ère d'Azes, Ère Vikrama, Ère de Kanishka, in: BEFEO (1980), 1–45.

380. Kanagasabhai, V., The Tamils Eighteen Hundred Years Ago. Madras 1904. 2. Aufl. Tirunelveli 1956.

381. Lahiri, B., Indigenous States of Northern India (Circa 200 B. C. to 320 A. D.). Calcutta 1974.

382. Leshnik, L. S., The South Indian ‚Megalithic' Burials: The Pandukal Complex. Wiesbaden 1974.

383. Lohuizen-de Leeuw, J. E. van, The ‚Scythian' Period. An Approach to the History, Art, Epigraphy and Palaeography of North India from the 1st Century B. C. to the 3rd Century A. D. Leiden 1949.

384. Mukherjee, B. N., The Rise and Fall of the Kushāṇa Empire. Calcutta 1988.

385. Narain, A. K., The Indo-Greeks. Oxford 1957.

386. Parasher-Sen, A., Nature of Society and Civilization in Early Deccan, in: IESHR 29 (1992), 437–477.

387. Parasher-Sen, A. (Hrsg.), Social and Economic History of Early Deccan. Some Interpretations. New Delhi 1993.

388. Shastri, A. M. (Hrsg.), The Age of Sātavāhanas. 2 Bde. New Delhi 1999.

389. Subrahmanian, N., Sangam Polity: The Administration and Social Life of the Sangam Tamils. Bombay 1966.

Indiens Beziehungen zur hellenistisch-römischen Welt

390. Begley, V., Arikamedu Reconsidered, in: American Journal of Archaeology 87 (1983), 461–481.

391. Begley, V./R. D. de Puma (Hrsg.), Rome and India. The Ancient Sea Trade. Madison 1991; indischer Nachdr. New Delhi 1992.

392. Begley, V. u. a., The Ancient Port of Arikamedu. New Excavations and Researches, 1989–1992. Pondicherry 1996.

393. Boussac, M. F./J. F. Salles (Hrsg.), Athens, Aden and Arikamedu. Essays on the Interrelations between India, Arabia and the Eastern Mediterranean. New Delhi 1995 (erstmals erschienen in: Topoi. Orient-Occident, Lyon 1993).

394. Cimino, R. M. (Hrsg.), Ancient Rome and India. Commercial and Cultural Contacts between the Roman World and India. New Delhi 1994.

395. Dihle, A., Die entdeckungsgeschichtlichen Voraussetzungen des Indienhandels der römischen Kaiserzeit, in: H. Temperoni/W. Haase (Hrsg.), Aufstieg und Niedergang der römischen Welt, Bd. II.9.2, Berlin-New York 1978, 546–580.

396. Filliozat, J., Les relations extérieures de l'Inde. 1. Les échanges de l'Inde et

de l'Empire Romain aux premiers siècles de l'ère chretienne. 2. La doctrine brahmanique à Rome au IIIe siècle. Pondichery 1956.

397. Goetz, H., Imperial Rome and the Genesis of Classic Indian Art, in: East and West 10 (1959), 153–182; 261–268.

398. Harrauer, H./P. Sijpesteijn, Ein neues Dokument zu Roms Indienhandel, P. Vindob. G. 40822, in: Anzeiger der Österreichischen Akademie der Wissenschaften, Philosophisch-hist. Klasse 122 (1985), 124–155.

399. Karttunen, K., India in the Early Greek Literature. Helsinki 1989.

400. Karttunen, K., India and the Hellenistic World. Helsinki 1997.

401. Puskás, J., Trade Contacts Between India and the Roman Empire, in: G. Pollet (Hrsg.), India and the Ancient World: History, Trade and Culture before A. D. 650. Leuven 1987, 141–156.

402. Raschke, M. G., New Studies in Roman Commerce with the East, in: H. Temporini/W. Haase (Hrsg.), Aufstieg und Niedergang der römischen Welt, Bd. II.9.2, Berlin-New York 1978, 604–1363 (Text 604–680, Notes 681–1075, Bibl. 1076–1232).

403. Rawlinson, H. G., Intercourse Between India and the Western World. Cambridge 1916.

404. Romanis, F. de/A. Tchernia (Hrsg.), Crossings: Early Mediterranean Contacts with India. New Delhi 1997.

405. Salomon, R., Epigraphic Remains of Indian Traders in Egypt, in: JAOS 111 (1991), 731–736.

406. Sidebotham, S. E., Roman Economic Policy in the Erythra Thalassa, 30 B. C.-A. D. 217. Leiden 1986.

407. Tarn, W. W., The Greeks in Baktria and India. 1. Aufl. 1938, 2. erw. Aufl. Cambridge 1951.

408. Thapar, R., Black Gold: South Asia and the Roman Maritime Trade, in: South Asia, NS. 15 (1992), 1–27.

409. Warmington, E. H., Commerce Between the Roman Empire and India. 1. Aufl. Cambridge 1928. 2. überarb. Aufl. 1974.

410. Wheeler, R. E. M., Rome Beyond the Imperial Frontiers. London 1954 (dt. Ausgabe: Der Fernhandel des Römischen Reiches in Europa, Afrika und Asien. München 1965).

411. Wiesehöfer, J., Mare Erythraeum, Sinus Persicus und Fines Indiae. Der Indische Ozean in hellenistischer und römischer Sicht, in: 836, 9–36.

Das klassische Zeitalter der Guptas bis Harsha

412. Agrawal, A., Rise and Fall of the Imperial Guptas. Delhi 1989.

413. Bakker, H., The Vākāṭakas. An Essay in Hindu Iconology. Groningen 1997.

414. Chhabra, B. C. (Hrsg.), Reappraising Gupta History for S. R. Goyal. Delhi 1992.

415. Devahuti, D., Harsha: A Political Study. London 1970.

416. Ganguly, D. K., The Imperial Guptas and Their Times. New Delhi 1987.

417. Göbl, R., Dokumente zur Geschichte der iranischen Hunnen in Baktrien und Indien. 4 Bde. Wiesbaden 1966ff.

418. Goyal, S. R., A History of the Imperial Guptas. Allahabad 1967.

419. Goyal, S. R., History and Historiography of the Age of Harsha. Jodhpur 1992.

420. Gupta, P. L., The Imperial Guptas. 2 Bde. Varanasi 1974/1979.

421. Jha, D. N., Revenue System in Post-Maurya and Gupta Times. Calcutta 1967.

422. Maity, S. K., The Imperial Guptas and their Times, c. 300–550 A. D. Delhi 1975.

423. Majumdar, R. C./A. S. Altekar (Hrsg.), The Vākāṭaka-Gupta Age (c. 200 to 550 A. D.). Benares 1946, 2. Aufl. 1954.

424. Shastri, A. M. (Hrsg.), The Age of the Vākāṭakas. New Delhi 1992.

425. Smith, B. L. (Hrsg.), Essays on Gupta Culture. Delhi 1983.

426. Thakur, U., The Hūṇas in India. Varansi 1967.

427. Virkus, F., Guptas. Politische Strukturen im Guptareich (4.–6. Jahrhundert n. Chr.). Wiesbaden (im Druck).

2.3 Das frühe Mittelalter

Allgemeine Studien

428. Berkemer, G., Gedanken zur Geschichte Südasiens um das Jahr 1000, in: Periplus 10 (2000), 73–91.

429. Chattopadhyaya, B. D., The Making of Early Medieval India. Delhi 1994.

430. Chattopadhyaya, B. D., Representing the Other? Sanskrit Sources and the Muslims (Eighth to Fourteenth Century). New Delhi 1998.

431. Wink, A., Al-Hind. The Making of the Indo-Islamic World. Bd. I: Early Medieval India and the Expansion of Islam, 7th–11th Century. Leiden 1990.

Die Regionalreiche Nord- und Ostindiens

432. Bhattacharya, S., Landschenkungen und staatliche Entwicklung im frühmittelalterlichen Bengalen (5. bis 13. Jahrhundert n.Chr.). Wiesbaden 1985.

433. Biller, J., Zur Entstehung von Herrschaft und Staat. Beispiel des indischen Regionalreiches von Orissa. Freiburg 1986.

434. CHATTOPADHYAYA, B. D., Origin of the Rajputs: The Political, Economic and Social Processes in Early Medieval Rajasthan, in: IHR 3 (1976), 59–82. (Nachdr. in 429, S. 57–88)

435. GOETZ, H., Studies in the History and Art of Kashmir and the Indian Himalaya. Wiesbaden 1969.

436. MAJUMDAR, A. K., The Chaulukyas of Gujarat. A Survey of the History and Culture of Gujarat from the Middle of the 10th to the End of the 13th Century. Bombay 1956.

437. MAJUMDAR, R. C. (Hrsg.), The History of Bengal. Bd. I, Hindu Period. 1. Aufl. 1943. Neudr. Patna 1971.

438. MISHRA, P. K. (Hrsg.), Comprehensive History and Culture of Orissa. 2 Bde. New Delhi 1997.

439. MISHRA, U. B., The Gurjara-Pratihāras. Delhi 1968.

440. MORRISON, B. M., Political Centers and Cultural Regions in Early Bengal. Tuscon, AZ 1970.

441. NJAMMASCH, M./A. SCHMIEDCHEN, Maitraka-Studien. Berlin 1993.

442. PANDA, S. K., Herrschaft und Verwaltung im östlichen Indien unter den späten Gangas (ca. 1038–1434). Stuttgart 1986 (Engl. Übersetzung Calcutta 1995).

443. SHASTRI, A. M., Ancient North-East India (Pragjyotisha): A Pan-Indian Perspective up to the Seventh Century. New Delhi 2002.

444. SHARMA, D. R., Rajasthan through the Ages. Bd. I: From the Earliest Times to 1316 A. D. Bikaner 1966.

445. SRIVASTAVA, A. K., Disintegration of North Indian Hindu States (ca. 1175–1320 A. D.). 2 Bde. Delhi 1990.

Die Regionalreiche Zentral- und Südindiens

446. ALTEKAR, A. S., Rāshṭrakūṭas and their Times. 1. Aufl. 1934. 2. überarb. Aufl. Poona 1967.

447. DERRETT, J. D. M., The Hoysaḷas. A Medieval Indian Royal Family. Madras/Bombay 1957.

448. DIKSHIT, D. P., Political History of the Chalukyas of Badami. New Delhi 1980.

449. HALL, K. R., Trade and Statecraft in the Age of Cōlas. New Delhi 1980.

450. HALL, K. R. (Hrsg.), Structure and Society in Early South India. Essays in Honour of Noboru Karashima. New Delhi 2001.

451. KARASHIMA, N., History and Society in South India: The Cholas to Vijayanagara (Comprising South Indian History and Society and Towards a New Formation). New Delhi 2001.

452. MAHALINGAM, T. V., South Indian Polity. Madras 1985.

453. Minakshi, C., Administration and Social Life under the Pallavas. Madras 1938. 2. überarb. Aufl. Madras 1977.

454. Murari, K., The Cāḷukyas of Kalyāṇi. (from circa 973 to 1200 A. D.). Delhi 1977.

455. Nandi, R. N., Religious Institutions and Cults in the Deccan, c. A. D. 600–1000. Delhi 1973.

456. Sastri, K. A. N., A History of South India from Prehistoric Times to the Fall of Vijayanagara. Madras 1955.

457. Sastri, K. A. N., The Cōḷas. 1932, 2. überarb. Aufl. Madras 1955.

458. Spencer, G. W., The Politics of Plunder: The Cholas in Eleventh Century Ceylon, in: JAS 35 (1973), 405–419.

459. Stein, B. (Hrsg.), Essays on South India. New Delhi 1976.

460. Stein, B., Peasant State and Society in Medieval South India. Delhi 1980.

461. Stein, B., All the King's Mana: Papers on Medieval South Indian History. Madras 1984.

462. Yazdani, G. (Hrsg.), The Early History of the Deccan. 2 Bde. London 1960.

Die „Indisierung" Südostasiens

463. Casparis, J. G. de, India and Maritime Southeast Asia: A Lasting Relationship. Kuala Lumpur 1983.

464. Chhabra, B. C., Expansion of Indo-Aryan Culture During Pallava Rule as Evidenced by Inscriptions. Delhi 1965.

465. Coedès, G., Die Ausbreitung der indischen Kultur nach Südostasien, in: Saeculum 4 (1953), 347–367.

466. Coedès, G., Histoire ancienne des états hindouisés d'Extrême Orient. Hanoi 1944; englische Ausgabe, übers. von W. F. Vella, The Indianized States of Southeast Asia. Honolulu 1968.

467. Hall, D. G. E., A History of South-East Asia. London 1955. Überarb. Neuaufl. London 1964.

468. Hall, K. R., Maritime Trade and State Development in Early Southeast Asia. Honolulu 1985.

469. Kulke, H., Indian Colonies, Indianization or Cultural Convergence? Reflections on the Changing Image of India's Role in Southeast Asia, in: Ouderzoek in Zuidoost-Azie, hrsg. von H. Schulte Nordholt, Leiden 1990, 8–32 (Semaian, 3).

470. Mabbett, I. W., The „Indianization" of Southeast Asia. I. Reflections on the Prehistoric Sources; II. Reflections on the Historic Sources, in: Journal of Southeast Asian History 8 (1977), 1–14; 143–161.

471. Majumdar, R. C., Hindu Colonies in the Far East. 1. Aufl. Calcutta 1944. Nachdr. 1963.

472. Ray, H. P., Early Maritime Contacts Between South and Southeast Asia, in: Journal of Southeast Asian Studies 20 (1984), 42–54.

473. Smith, M. L., „Indianization“ from the Indian Point of View: Trade and Cultural Contacts with Southeast Asia in the Early First Millennium C. E., in: JESHO 42 (1999), 1–26.

474. Villiers, J., Südostasien vor der Kolonialzeit. Frankfurt 1965.

475. Wheatley, P., Presidential Address: India Beyond the Ganges – Desultory Reflections on the Origins of Civilization in Southeast Asia, in: JAS 42 (1982), 13–28.

476. Wolters, O. W., History, Culture, and Region in Southeast Asian Perspectives. Singapore 1982.

2.4 Das späte Mittelalter

Allgemeine Studien

477. Ali, M. A., Studies in Polity, Ideas, Society and Culture. Delhi 2001.

478. Chandra, S., Historiography, Religion and the State in Medieval India. New Delhi 1996.

479. Habib, I. (Hrsg.), Medieval India 1. Researches in the History of India 1200–1750. Aligarh/New Delhi 1992.

480. Mukhia, H., Perspectives on Medieval History. New Delhi 1993.

481. Rizvi, S. A. A., The Wonder that was India. Bd. II. A Survey of the History and Culture of the Indian Subcontinent from the Coming of the Muslims to the British Conquest 1200–1700. London 1987.

482. Wink, A., Al-Hind. The Making of the Indo-Islamic World. Bd. II: The Slave Kings and the Islamic Conquest, 11th – 13th Centuries. Leiden 1997.

Das Delhi-Sultanat

483. Ashraf, K. M., Life and Conditions of the People of Hindustan. Calcutta 1935. Neudr. 1970.

484. Chandra, S., Medieval India. From Sultanate to the Mughals. Part One. Delhi Sultanate (1206–1526). New Delhi 1997.

485. Day, U. N., The Government of the Sultanate. New Delhi 1972.

486. Habib, M., Politics and Society during the Early Medieval Period: Collected Papers of Professor Muhammad Habib. 2 Bde. (hrsg. von K. A. Nizami). New Delhi 1974/1981.

487. Jackson, P., The Delhi-Sultanate. A Political and Military History. Cambridge 1999.

488. LAL, K. S., Twilight of the Sultanate. 2. Aufl. Delhi 1980.

489. NIGAM, S. B. P., Nobility under the Sultans of Delhi, A. D. 1206–1398. Delhi 1968.

490. NIZAMI, K. A., State and Culture in Medieval India. New Delhi 1985.

Die Regionalreiche außerhalb des Delhi-Sultanats

491. DALLAPICCOLA, A. L./S. ZINGEL-AVÉ LALLEMANT (Hrsg.), Vijayanagara – City and Empire. 2 Bde. Stuttgart 1985.

492. EATON, R. M., The Rise of Islam and the Bengal Frontier, 1204–1760. Delhi 1994.

493. KAPUR, M. L., A History of Medieval Kashmir, 1320–1586 A. D. Jammu 1971.

494. MICHELL, G., Architecture and Art of Southern India. Vijayanagara and the Successor States (NCHI, I, 6). Cambridge 1995.

495. NAYEEN, M. P./A. RAY, K. S. MATHEW (Hrsg.), Studies in History of the Deccan. Medieval and Modern. Professor A. R. Kulkarni Felicitation Volume. Delhi 2002.

496. PALAT, A., Popular Revolts and the State in Medieval South India: A Study of the Vijayanagara Empire, in: Bijdragen tot de Taal-, Land- en Volkenkunde, 142 (1986), 128–144.

497. SEWELL, R., A Forgotten Empire. Vijayanagara. London 1900. Neudr. Delhi 1962. (Im Anhang: Narrative of Domingos Paes, ca. 1520–1522, und Chronicle of Fernão Nuniz 1535–1537; Nachruck der Berichte in V. FILLIZOAT, The Vijayanagara Empire. New Delhi 1977).

498. SHERWANI, H. K./P. M. JOSHI (Hrsg.), History of Medieval Deccan, 1295–1724. 2 Bde. Hyderabad 1973/74.

499. SINOPOLI, C. M., From the Lion Throne: Political and Social Dynamics of the Vijayanagara Empire, in: JESHO 43 (2000), 364–398.

500. STEIN, B., Vijayanagara. Cambridge 1989 (NCHI I.2).

2.5 Frühe Neuzeit

Das Mogulreich

501. AHMAD, Q., Works on Mughal Administration: A Survey, in: IHR 14 (1997/98), 138–173.

502. ALAM, M., The Crisis of Empire in Mughal North India. Awadh and the Punjab 1707–1748. Delhi 1986.

503. ALAM, M./S. SUBRAHMANYAM (Hrsg.), The Mughal State (1526–1750). Delhi 1998 [insbesondere deren Introduction, 1–71].

504. ALI, M. A., The Mughal Nobility under Aurangzeb. London 1966, überarb. Aufl. Delhi 1997.

505. ALI, M. A., The Apparatus of Empire: Awards of Ranks, Offices and Titles to the Mughal Nobility, 1574–1658. New Delhi 1985.

506. CHANDRA, S., Parties and Politics at the Mughal Court 1707–40. Aligarh 1959.

507. CHANDRA, S., Medieval India: Society, the Jagirdari Crisis and the Village. Delhi 1982.

508. GOMMANS, J., Mughal Warfare. Indian Frontiers and Highroads to Empire 1500–1700. London 2002.

509. HABIB, I., The Agrarian System of Mughal India, 1556–1707. Bombay 1963.

510. HABIB, I. (Hrsg.), Akbar and His India. Delhi 1997.

511. HASAN, S. N., Thoughts on Agrarian Relations in Mughal India. Delhi 1973.

512. HINTZE, A., The Mughal Empire and Its Decline. An Interpretation of the Sources of Social Power. Aldershot 1997.

513. KOCH, E., Mughal Art and Imperial Ideology. Collected Essays. New Delhi 2001.

514. MORELAND, W. H., From Akbar to Aurangzeb. A Study in Indian Economic History. London 1923, Nachdr. Delhi 1972.

515. MORELAND, W. H., The Agrarian System of Moslem India: An Historical Essay. Cambridge 1929.

516. RAYCHAUDHURI, T., Bengal under Akbar and Jahangir: An Introductory Study in Social History. Oxford 1975.

517. RICHARDS, J. F., The Mughal Empire. Cambridge 1993 (NCHI, I.5.).

518. SARKAR, J. N., History of Aurangzib. 5 Bde. Calcutta 1912–1924.

519. SARKAR, J. N., The Fall of the Mughal Empire. 4 Bde. Calcutta 1912–1930.

520. SCHIMMEL, A., Im Reich der Großmoguln. Geschichte, Kunst, Kultur. München 2000.

521. SPEAR, P., Twilight of the Mughuls. Studies in Late Mughal Delhi. Cambridge 1951.

522. STREUSAND, D. E., The Formation of the Mughal Empire. Delhi 1989.

523. SUBRAHMANYAM, S., The Mughal State – Structure or Process? Reflections on Recent Western Historiography, in: IESHR 29 (1992), 291–321.

Die Marathenkonföderation

524. GORDON, S., The Marathas 1600–1818. Cambridge 1993 (NCHI, II.4.).

525. KULKARNI, A. R., The Marathas, 1600–1848. New Delhi 1996.

526. SARDESAI, G. S., New History of the Marathas. 3 Bde. Bombay 1948.

527. SARKAR, J. N., Shivaji and His Times. Calcutta 1961.

528. SEN, S. N., Administrative System of the Marathas. Calcutta 1976.

529. Wink, A., Land and Sovereignty in India. Agrarian Society and Politics Under the Eighteenth-Century Maratha Svarājya. Cambridge 1986.

Die übrigen indischen Staaten

530. Chandra, S., The Eighteenth Century in India: Its Economy and the Role of the Marathas, the Jats, the Sikhs and the Afghans. Calcutta 1986.

531. Fukazawa, H., The Medieval Deccan. Peasants, Social Systems and States. Sixteenth to Eighteenth Centuries. Delhi 1991.

532. Grewal, J. S., The Sikhs of the Punjab. Cambridge 1990 (NCHI, II.3.).

533. Kolff, D. H. A., Naukar, Rajput and Sepoy. The Ethnohistory of the Military Labour Market in Hindustan, 1450–1850. Cambridge 1990.

534. Malik, J., Islamische Gelehrtenkultur in Nordindien. Entwicklungsgeschichte und Tendenzen am Beispiel von Lucknow. Leiden 1997.

535. Markovits, C., Histoire de l'Inde moderne, 1480–1950. Paris 1994.

536. Narayana Rao, V./D. Shulman/S. Subrahmanyam, Symbols of Substance. Court and State in Nāyaka Period Tamilnadu. Delhi 1992.

537. Sharma, G. D., Rajput Polity. A Study of Politics and Administration of the State of Mewar, 1638–1749. New Delhi 1977.

538. Sherwani, H. K., History of the Quṭb Shāhī Dynasty. New Delhi 1974.

539. Singh, D., The State, Landlords and Peasants: Rajasthan in the 18th Century. New Delhi 1990.

540. Subrahmanyam, S., Penumbral Visions. Making Polities in Early Modern South India. New Delhi 2001.

541. Tod, J., Annals and Antiquities of Rajasthan or the Central and Western Rajput States of India, 1828–1832. Neuaufl. von W. Crooke. London 1920, Nachdr., 3 Bde. Delhi 1971.

Frühe europäische Präsenz in Indien

542. Arasaratnam, S., Merchants, Companies and Commerce on the Coromandel Coast, 1650–1740. Delhi 1986.

543. Bouchon, G., Inde découverte, Inde retrouvée. Études d'histoire indo-portugaise. Lisbonne 1999.

544. Chaudhuri, S., Trade and Commercial Organization in Bengal, 1660–1760. With Special Reference to the English East India Company. Calcutta 1975.

545. Fouquet, G., Vom Meer zum Land – Indien 1502 aus der Sicht eines deutschen Reisenden, in: 253, 71–94.

546. Glamann, K., Dutch-Asiatic Trade, 1620–1750. Copenhagen 1958.

547. Krieger, M., Konkurrenz und Kooperation in Ostindien: Der europäische country-trade auf dem Indischen Ozean zwischen 16. und 18. Jahrhundert, in: Vierteljahrschrift für Wirtschaft und Sozialgeschichte 84 (1997), 322–355.

548. Krieger, M., Kaufleute, Seeräuber und Diplomaten. Der dänische Handel auf dem Indischen Ozean (1620–1868). Köln 1998.

549. Malleson, G. B., History of the French in India from the Founding of Pondichery in 1674 to the Capture of that Place in 1761. London 1893 (Nachdr. Delhi 1984).

550. Mathew, K. S., Portuguese Trade with India in the Sixteenth Century. New Delhi 1983.

551. Mathew, K. S., Indo-Portuguese Trade and the Fuggers of Germany. Sixteenth to Early Seventeenth Century. New Delhi 1997.

552. Pearson, M. N., Merchants and Rulers in Gujarat. The Response to the Portuguese in the 16th Century. Berkeley 1976.

553. Pearson, M. N., The Portuguese in India. Cambridge 1987 (NCHI I, 1).

554. Prakash, O., The Dutch East India Company and the Economy of Bengal 1630–1720. Princeton 1985.

555. Prakash, O., European Commercial Enterprise in Pre-Colonial India. Cambridge 1998 (NCHI, II,5).

556. Prakash, O., Asian Trade and European Impact: A Study of the Trade from Bengal, 1630–1720; in: B. B. Kling/M. N. Pearson (Hrsg.), The Age of Partnership – Europeans in Asia before Dominion. Honolulu 1979, 43–70.

557. Ptak, R. (Hrsg.), Portuguese Asia: Aspects in History and Economic History (Sixteenth and Seventeenth Centuries). Wiesbaden 1987.

558. Raychaudhuri, T., Jan Company in Coromandel, 1605–1690. A Study in the Interrelations of European Commerce and Traditional Economies. s'-Gravenhage 1962.

559. Rösel, J., Kolonisierung als Lernprozess. Portugiesen und Holländer im Asienhandel des 16. Jahrhunderts, in: IAF 33 (2002), 205–246.

560. Rothermund, D., Europa und Asien im Zeitalter des Merkantilismus. Darmstadt 1978.

561. Steensgaard, N., Carracks, Caravans and Companies: The Structural Crisis in European-Asian Trade in the Early 17th Century. Kopenhagen 1973. (Nachdr.: The Asian Trade Revolution of the Seventeenth Century: The East India Companies and the Decline of the Caravan Trade. Chicago 1974.)

562. Subrahmanyam, S., An Augsburger in Asia Portuguesa: Further Light on the Commercial World of Ferdinand Cron, 1587–1624, in: 861, 401–426.

563. Subrahmanyam, S., Improvising Empire. Portuguese Trade and Settlement in the Bay of Bengal 1500–1700. Delhi 1990.

3. Themenbereiche

3.1 Allgemeine Studien zur Wirtschaftsgeschichte

564. Chandra, S., Essays in Medieval Indian Economic History. New Delhi 1987 [Aufsatzsammlung aus Bd. 1–50 der PIHC].

565. Chattopadhyaya, B. D. (Hrsg.), Essays in Ancient Indian Economic History. Delhi 1987 [Aufsatzsammlung aus Bd. 1–50 der PIHC].

566. Gopal, L., The Economic Life of Northern India, c. A. D. 700–1200. Delhi 1965.

567. Jha, D. N., Economy and Society in Early India. Issues and Paradigms. New Delhi 1993.

568. Kulke, H., ‚A Passage to India': Temples, Merchants and the Ocean (Contributions to Indian Studies in JESHO with Particular Reference to Economic History), in: JESHO 36 (1993), 154–180.

569. Maity, S. K., Economic Life of North India in the Gupta Period (c. 300–550.). Calcutta 1957. 2. überarb. Aufl. New Delhi 1970.

570. Moosvi, S., The Economy of the Mughal Empire, c. 1595. A Statistical Study. Delhi 1987.

571. Raychaudhuri, T./I. Habib (Hrsg.), The Cambridge Economic History of India, Bd. 1: c. 1200-c. 1750. Cambridge 1982.

572. Sharma, R. S./D. N. Jha, The Economic History of India up to A. D. 1200: Trends and Prospects, in: JESHO 17 (1974), 48–91. (überarb. Version in: 567, 1–32).

573. Subrahmanyam, S., The Political Economy of Commerce: Southern India, 1500–1650. Cambridge 1990.

3.2 Handel, Handwerk und Verkehr

574. Abraham, M., Two Medieval Merchant Guilds of South India. New Delhi 1988.

575. Chakravarti, R., Explorations in Trade and Society in Early India. New Delhi 2001.

576. Chakravarti, R. (Hrsg.), Trade in Early India. New Delhi 2001. [Sehr umfangreiche Einleitung, 1–101]

577. Chattopadhyaya, B. D., Markets and Merchants in Early Medieval Rajasthan, in: Social Science Probings 2 (1985), 413–440.

578. Deloche, J., Transport and Communications in India Prior to Steam Locomotion, Bd. I: Land Transport; Bd. II: Water Transport. Delhi 1994.

579. Hall, K. R., Price-Making and Market Hierarchy in Early Medieval India, in: S. Subrahmanyam (Hrsg.), Money and Market in India 1100–1700. Delhi 1994, 57–84.

580. HEITZMAN, J., Early Buddhism, Trade and Empire, in: K. KENNEDY/G. POSSEHL (Hrsg.), Studies in Archaeology and Palaeoanthropology of Asia. New Delhi 1984, 121–134.

581. JAIN, V. K., Trade and Traders in Western India (A. D. 1000–1300). New Delhi 1990.

582. LAHIRI, N., The Archaeology of Indian Trade Routes up to c. 200 BC. Resource Access and Lines of Communication. Delhi 1992.

583. RAMASWAMI, V., Textiles and Weavers in Medieval South India. Delhi 1985.

584. RAY, H. P., Monastery and Guild. Commerce under the Sātavāhanas. Delhi 1986.

585. STEPHEN, S. J., Medieval Trade of the Tamil Coast and its Hinterland, A. D. 1280–1500, in: IHR 25,2 (1999), 1–37.

586. THAKUR, V. K., Trade and Towns in Early Medieval Bengal (c. A. D. 600–1200), in: JESHO 30 (1987), 196–220.

587. THAPLYAL, K. K., Guilds in Ancient India. A Study of Guild Organization in Northern India and Western Deccan from circa 600 BC to circa 600 AD. New Delhi 1996.

3.3 Wissenschafts- und Technikgeschichte

588. AGRAWAL, D. P., Ancient Metal Technology and Archaeology of South Asia. A Pan-Asian Perspective. New Delhi 2000.

589. BAG, A. K., History of Technology in India. Bd. I: From Antiquity to 1200 AD. New Delhi 1997.

590. CHATTOPADHYAYA, B. D., Irrigation in Early Medieval Rajastan, in: JESHO 16 (1973), 298–316.

591. CHATTOPADHYAYA, D. P., History of Science and Technology in Ancient India. 2 Bde., Calcutta 1986–1991.

592. HINÜBER, O. VON, Probleme der Technikgeschichte im alten Indien, in: Saeculum 29 (1978), 215–230.

593. KUPPURAM, G./K. KUMUDAMANI (Hrsg.), History of Science and Technology in India. 12 Bde. Delhi 1990.

594. MICHAELS, A., Beweisverfahren in der vedischen Sakralgeometrie. Ein Beitrag zur Entstehungsgeschichte von Wissenschaft. Wiesbaden 1978.

595. RAHMAN, A. (Hrsg.), Science and Technology in Medieval India. A Bibliography of Source Material in Sanskrit, Arabic and Persian. New Delhi 1982.

596. RAY, A./D. K. CHAKRABARTI, Studies in Ancient Indian Technology and Production. A Review, in: JESHO 18 (1975), 219–232.

597. SIDDIQUI, I. H., Water Works and Irrigational System in India During Pre-Mughal Times, in: JESHO 29 (1986), 52–77.

3.4 Sozialgeschichte

598. Appadurai, A., Right and Left Hand Castes in South India, in: IESHR 11 (1974), 216–259.

599. Brinkhaus, H., Die altindischen Mischkastensysteme. Wiesbaden 1978.

600. Dumont, L., Homo Hierarchicus. The Caste System and its Interpretation. Revised English edition. Chicago 1980.

601. Falk, H., Die sieben „Kasten" des Megasthenes, in: Acta Orientalia 43 (1982), 61–68.

602. Hutton, J. H., Caste in India: Its Nature, Function and Origins. 3. Aufl. Bombay 1963.

603. Jaiswal, S., Caste: Origin, Function and Dimensions of Change. New Delhi 1998.

604. Jha, V., Caṇḍāla and the Origin of Untouchability, in: IHR 13 (1986/87), 1–36.

605. Kulke, H., Kshatriyaization and Social Change. A Study in Orissa Setting, in: S. D. Pillai (Hrsg.), Aspects of Changing India. Bombay 1976, 398–411.

606. Nandi, R. N., Social Roots of Religion in India. Calcutta 1986.

607. Nath, V., Dāna: Gift System in Ancient India (c. 600 B. C.- c. AD. 300). A Socio-Economic Perspective. New Delhi 1987.

608. Njammasch, M./A. Schmiedchen/F. Virkus, Sozialgeschichte des Brahmanentums im frühen Mittelalter in Gujarat, Maharashtra und Karnataka. Beiträge des Südasien-Instituts, Humboldt Universität Berlin. Sonderheft 3. Berlin 2001.

609. Parasher-Sen, A., Mlecchas in Early India. A Study in Attitudes towards Outsiders up to 600 AD. Delhi 1991.

610. Roy, K. (Hrsg.), Women in Early India. New Delhi 2000.

611. Sharma, R. N., Brahmins through the Ages. Their Social, Religious, Cultural, Political and Economic Life. Delhi 1977.

612. Sharma, R. S., Sūdras in Ancient India. (A Survey of the Position of the Lower Orders down to circa A. D. 500). Delhi 1958. 3. Aufl. 1990.

613. Sharma, R. S., Perspectives in Social and Economic History of Early India. New Delhi 1983 (2. überarb. Aufl. 1995).

614. Smith, B. K., Classifying the Universe: The Ancient Indian Varṇa System and the Origin of the Caste. Oxford 1994.

615. Staal, J. F., Sanskrit and Sanskritization, in: JAS 22 (1962/63), 261–275.

616. Thapar, R., Patronage and Community, in: B. Stoler Miller (Hrsg.), The Powers of Art. Delhi 1992, 19–34.

617. Veluthat, K., Brahman Settlements in Kerala: Historical Studies. Calicut 1978.

3.5 Dorf- und Agrargeschichte

618. ALTEKAR, A. S., A History of Village Communities in Western India. Bombay 1927.

619. CHATTOPADHYAYA, B. D., Aspects of Rural Settlements and Rural Society in Early Medieval India. Calcutta 1990.

620. GOPAL, L., Ownership of Agricultural Land in Ancient India, in: JESHO 4 (1961), 240–263.

621. HASAN, S. N., Thoughts on Agrarian Relations in Mughal India. Delhi 1973.

622. LAPING, J., Die landwirtschaftliche Produktion in Indien: Ackerbautechnologie und traditionale Agrargesellschaft dargestellt nach dem Arthaśāstra und Dharmaśāstra. Wiesbaden 1982.

623. LUDDEN, D., Peasant History in South India. Delhi 1985.

624. NJAMMASCH, M., Freie Bauern und Pächter im frühmittelalterlichen Indien, in: Beiträge des Südasien-Instituts der Humboldt-Universität zu Berlin 5 (1993), 1–61.

625. PALAT, R. A., The Vijayanagara Empire. Re-Integration of the Agrarian Order of Medieval South India, 1336–1565, in: H. J. M. CLAESSEN/P. VAN DE VELDE, Early State Dynamics, Leiden 1987, 170–186.

626. PFEFFER, G., Puris Śasana-Dörfer. Basis einer regionalen Elite. Habilitationsschrift Heidelberg 1976.

627. SAHU, B. P., Aspects of Rural Economy in Early Medieval Orissa, in: Social Scientist 21 (1993), 48–68.

628. SAHU, B. P. (Hrsg.), Land System and Rural Society in Early India. New Delhi 1997 (Einleitung 1–60).

629. SCHMIEDCHEN, A., Untersuchungen an Dorf-, Land- und Geldschenkungsinschriften zugunsten buddhistischer Klöster in Nordindien vom 5. bis 8. Jahrhundert. Dissertation/Berlin 1994.

630. SHRIMALI, K. M., Agrarian Structure in Central India and Northern Deccan (AD 300–500). A Study of Vākāṭaka Inscriptions. Delhi 1987.

631. THAKUR, V. K./A. AOUNSHUMAN, Peasants in Indian History I: Theoretical Issues and Structural Enquiries (Essays in Memory of Professor Radhakrishna Chaudhary). Patna 1996.

632. TRIPATHI, G. C., The Ritual of Founding a Brahmin Village. A description of the ceremony of establishing a Brāhmaṇa-Śāsana in Orissa on the basis of an unpublished manuscript. Delhi 1981.

633. WOITILYA, G., Kāśyapīyakṛṣisūkti: A Sanskrit Work on Agriculture II. English Translation, in: Acta Orientalia (Budapest) 39 (1985), 85–136.

3.6 Stadtgeschichte

634. BANGA, I. (Hrsg.), The City in Indian History. Urban Demography, Society and Politics. New Delhi 1991.

635. BLAKE, S. P., Shahjahanabad: The Sovereign City in Mughal India, 1639–1739. Cambridge 1991.

636. BRANDTNER, M., Taxila. Geschichte und Deutung einer Stadt am indischen Ausläufer der Seidenstraße, in: U. HÜBNER/J. KAMLAH/L. REINFANDT (Hrsg.), Die Seidenstraße. Handel und Kulturaustausch in einem eurasiatischen Wegenetz, Hamburg 2001, 35–62.

637. CHAKRABARTI, D. K., The Archaeology of Early Indian Cities. Delhi 1995. (überarbeitete Dissertation von 1972).

638. CHAMPAKALAKSHMI, R., Trade, Ideology and Urbanization. South India 300 B. C. to A. D. 1300. Oxford 1996.

639. CHATTOPADHYAYA, B. D., Trade and Urban Centres in Early Medieval North India, in: IHR 1 (1974), 203–219.

640. CHATTOPADHYAYA, B. D., Urban Centres in Early Medieval India: An Overview, in: 251, 8–33.

641. CHATTOPADHYAYA, B. D., The City in Early India: Perspectives from Texts, in: SH, 13 (1997), 181–208.

642. DANI, A. H., The Historic City of Taxila. Tokyo 1986.

643. ERDOSY, G., Settlement Archaeology of Kausambi Region, in: Man and Environment 9 (1984), 66–84.

644. ERDOSY, G., Early Historic Cities of Northern India, in: SAS 3 (1987), 1–23.

645. ERDOSY, G., Urbanisation in Early Historic India. British Archaeological Reports: International Series. Oxford 1988.

646. FRITZ, J. M./G. MICHELL, City of Victory. Vijayanagara – the Medieval Hindu Capital of Southern India. New York 1991.

647. GHOSH, A., The City in Early Historical India. Simla 1973.

648. HAMBLY, G., Cities of Mughal India: Delhi, Agra and Fatehpur Sikri. New York 1968.

649. KENOYER, J. M., Urban Process in the Indus Tradition: A Preliminary Model from Harappa, in: R. H. MEADOW (Hrsg.), Harappa Excavation 1986–1990. A Multidisciplinary Approach to Third Millennium Urbanism. Madison 1991, 29–60.

650. KULKE, H./L. LUTZE/C. RIEGER (Hrsg.), Städte in Südasien. Geschichte, Gesellschaft und Gestalt. Wiesbaden 1982.

651. KULKE, H., Legitimisation and Town-Planning in Central Orissa, in 691: 17–38.

652. NAQVI, H. K., Urbanisation and Urban Centres under the Great Mughals. Simla 1971.

653. POSSEHL, G. L., Revolution in the Urban Revolution: The Emergence of Harappan Urbanism, in: The Annual Review of Anthropology 19 (1990), 261–282.

654. PRASAD, O. P., Decay and Revival of Urban Centres in Medieval South India. New Delhi 1986.

655. RAY, A., Villages, Towns and Secular Buildings in Ancient India c. 150 B. C. to c. 350 A. D. Calcutta 1964.

656. SCHLINGLOFF, D., Arthaśāstra-Studien II: Die Anlage einer Festung (durgavidhāna), in: Wiener Zeitschrift für die Kunde Süd- und Ostasiens und Archiv für indische Philosophie 11 (1967), 44–80.

657. SCHLINGLOFF, D., Die altindische Stadt. Wiesbaden 1970.

658. SHARMA, R. S., Iron and Urbanization in the Ganges Basin, in: IHR 1 (1974), 98–104.

659. SHARMA, R. S., Urban Decay in India 300–1000. New Delhi 1987.

660. SPODEK, H./D. M. SRINIVASAN (Hrsg.), Urban Form and Meaning in South Asia – The Shaping of Cities from Prehistoric to Precolonial Times. Washington 1993.

661. THAKUR, V. K., Urbanization in Ancient India. New Delhi 1981.

662. THAKUR, V. K. (Hrsg.), Towns in Pre-Modern India. Patna 1994.

663. THAKUR, V. K., Decline or Diffusion: Constructing the Urban Tradition of North India During the Gupta Period, in: IHR 24 (1997/98), 20–69.

664. TRIVEDI, K. K., The Emergence of Agra as a Capital and a City: A Note on Its Spatial and Historical Background During the Sixteenth and Seventeenth Centuries, in: JESHO 37 (1994), 147–170.

3.7 Tempel- und Pilgerstädte, Wallfahrt

665. APPADURAI, A., Kings, Sects and Temples in South India, 1350–1700, in: 702, 47–75.

666. BAKKER, H., Ayodhyā. T. I. The History of Ayodhyā from the 7th Century BC to the Middle of the 18th Century; T. II. Ayodhyāmāhātmya. Groningen 1986.

667. BAKKER, H. (Hrsg.), History of Sacred Places in India as Reflected in Traditional Literature: Papers on Pilgrimage in South Asia. Leiden 1990.

668. BAKKER, H. (Hrsg.), The Sacred Center as the Focus of Political Interest. Groningen 1992.

669. BERKEMER, G., The „Center out There“ as State Archive: The Temple of Siṃhācalam, in: 668, 119–130.

670. BHARDWAJ, S. M., Hindu Places of Pilgrimage in India. Berkeley 1973.

671. Bohle, H. G., Politische und ökonomische Aspekte der Religionsgeographie. Das Beispiel mittelalterlicher südindischer Tempelgründungs- und Ritualpolitik, in: M. Büttner u. a. (Hrsg.), Religion und Siedlungsraum, Berlin 1986, 107–125.

672. Chattopadhyaya, B. D., Historiography, History and Religious Centres. Early Medieval North India, circa A. D. 700–1200, in: Gods, Guardians and Lovers: North Indian Temple Sculptures, c. 700–1200, hrsg. von V. N. Desai u. a. New York 1992, 34–46.

673. Dessigane, R./P. Z. Pattabiramin, Les légendes Çivaites de Kāñcīpuram. Analyse de textes et iconographie. Pondichéry 1964.

674. Eck, D. L., Banaras. City of Light. London 1983 (dt. Ausgabe Frankfurt/M. 1989).

675. Ensink, J., Problems of the Study of Pilgrimage in India, in: Indologica Taurinensia 2 (1974), 57–80.

676. Eschmann, A./H. Kulke/G. C. Tripathi (Hrsg.), The Cult of Jagannath and the Regional Tradition of Orissa. New Delhi 1978.

677. Galey, J. C. (Hrsg.), L'espace du temple I: espaces, itinéraires, médiations; II: les sanctuaires dans le royaume. Paris 1985/86 (Puruṣārtha 8,10).

678. Glasenapp, H. von, Die Heiligen Stätten Indiens. Die Wallfahrtsorte der Hindus, Jainas und Buddhisten, ihre Legenden und ihr Kultus. München 1928.

679. Golzio, K. H., Der Tempel im alten Mesopotamien und seine Parallelen in Indien. Leiden 1983.

680. Gopal, S. (Hrsg.), The Anatomy of a Confrontation: The Babri Masjid – Ram Janmabhumi Issue. Delhi 1991.

681. Gutschow, N. (Hrsg.), Urban Space and Ritual. Proceedings of an International Symposion on Urban History of South and East Asia. Darmstadt 1977.

682. Gutschow, N./A. Michaels, Benares. Tempel und religiöses Leben in der heiligen Stadt der Hindus. Köln 1993.

683. Hall, K. R./G. Spencer, The Economy of Kanchipuram, a Sacred Center in Early South India, in: Journal of Urban History 6 (1980), 127–151.

684. Heitzman, J., Temple Urbanism in Medieval South India, in: JAS 46 (1987), 791–826.

685. Heitzman, J., Ritual, Polity and Economy. The Transactional Network of an Imperial Temple in Medieval South India, in: JESHO 34 (1991), 23–54.

686. Kanaka Durga, P. S./Y. A. Sudhakar Reddy, Kings, Temples and Legitimation of Autochtonous Communities. A Case Study of a South Indian Temple, in: JESHO 35 (1992), 144–166.

687. Der Konflikt um Ayodhya, Themenschwerpunkt, in: IA 25 (1994), 213–390.

688. KRAMRISCH, S., The Hindu Temple. 2 Bde. Calcutta 1946.

689. KULKE, H., Cidambaramāhātmya. Eine Untersuchung der religionsgeschichtlichen und historischen Hintergründe für die Entstehung der Tradition einer südindischen Tempelstadt. Wiesbaden 1970.

690. MALIK, A. D., Das Puṣkara-Māhātmya. Ein religionswissenschaftlicher Beitrag zum Wallfahrtsbegriff in Indien. Erörterung, Text und Übersetzung. Stuttgart 1993.

691. PIEPER, J. (Hrsg.), Ritual Space in India: Studies in Architectural Anthropology. London 1980.

692. PILLAY, K. K., The Sucīndram Temple. Madras 1953.

693. REYNOLDS, H. B., Madurai: Koyil Nakar, in: DERS. (Hrsg.), The City as a Sacred Centre. Essay on Six Asian Contexts. Leiden 1987.

694. RÖSEL, J., Über die Bedeutung von Tempelstädten für Entstehen und Bestand des Regionalreiches Orissa, in: IAF 9 (1978), 41–58.

695. RÖSEL, J., Der Palast des Herrn der Welt. Entstehungsgeschichte und Organisation der indischen Tempel- und Pilgerstadt Puri in Orissa. München 1980.

696. RÖSEL, J., The Evolution and Organization of Pilgrimage to Jagannātha at Puri, in: L. GOPAL/D. P. DUBEY (Hrsg.), Pilgrimage Studies: Text and Context. Allahabad 1990, 94–117.

697. SHULMAN, D., Tamil Temple Myths. Sacrifice and Divine Marriage in South Indian Śaiva Tradition. Princeton 1980.

698. SINGH, U., Kings, Brāhmaṇas and Temples in Orissa: An Epigraphic Study (300–1147 A. D.). Delhi 1994.

699. SPENCER, G., Religious Networks and Royal Influence in Eleventh Century South India, in: JESHO 12 (1969), 42–56.

700. SPENCER, G. W., Temples, Kings and Peasants. Perceptions of South India's Past. Madras 1987.

701. STEIN, B., The Economic Function of a Medieval South Indian Temple, in: JAS 19 (1960), 163–176.

702. STEIN, B. (Hrsg.), South Indian Temples. An Analytical Reconsideration. New Delhi 1978.

703. SUBRAHMANYAM, S., An Eastern El Dorado: The Tirumalai-Tirupati Temple Complex in Early European Views and Ambitions, 1540–1660, in: 265, 338–390.

704. TALBOT, C., Temples, Donors and Gifts: Patterns of Patronage in Thirteenth-Century South India, in: JAS 50 (1991), 308–340.

705. TURNER, V., The Center Out There: Pilgrims Goal, in: History of Religions 12 (1973), 191–230.

3.8 Geschichte politischer Ideen

706. DIRKS, N. B., Political Authority and Change in Early South Indian History, in: IESHR 13 (1976), 125–157.

707. DREKMEIER, C., Kingship and Community in Early India. Stanford 1962.

708. GONDA, J., Ancient Indian Kingship from the Religious Point of View. Leiden 1966.

709. HARDY, P., The Authority of Muslim Kings in Medieval India, in: M. GARBORIEAU (Hrsg.), Islam et société en Asie du Sud. Puruṣārtha. Bd. 9. 1986, 37–56.

710. HEESTERMAN, J. C., The Inner Conflict of Tradition. Essays in Indian Ritual, Kingship and Society. Delhi 1985.

711. KARASHIMA, N. (Hrsg.), Kingship in South Indian History. New Delhi 1999.

712. KENNEDY, R., The King in Early South India as Chieftain and Emperor, in: IHR 3 (1976), 1–15.

713. KULKE, H., Jagannātha-Kult und Gajapati-Königtum: Ein Beitrag zur Geschichte religiöser Legitimation hinduistischer Herrschaft. Wiesbaden 1979.

714. LARIVIERE, R. W., Power and Kingship: On the Interpretation of Indian Kingship from Sanskrit Sources, in: S. LIENHARD/J. PIOVANA (Hrsg.), Lex and Litterae. Studies in Honour of Professor Botto, Alessandria 1997, 313–327.

715. MALINAR, A., Rājavidyā: Das königliche Wissen um Herrschaft und Verzicht. Studien zur Bhagavadgītā. Wiesbaden 1996.

716. POLLOCK, S., The Divine King in the Indian Epic, in: JAOS 104 (1984), 105–128.

717. POUCHEPADASS, J./H. STERN (Hrsg.), De la royauté à l'état. Anthropologie et histoire du politique dans le monde indien (Puruṣārtha, 13). Paris 1991.

718. RICHARDS, J. F. (Hrsg.), Kingship and Authority in South Asia. Madison 1978.

719. SCHLERATH, B., Das Königtum im Rig- und Atharvaveda. Wiesbaden 1960.

720. SCHNEPEL, B., The Hindu King's Authority Reconsidered. Durga-Pūjā and Dasarā in a South Indian Jungle Kingdom, in: A. BOHOLM (Hrsg.), Political Rituals, Göteborg 1996, 126–157.

721. SHARMA, R. S., Aspects of Political Ideas and Institutions in Ancient India. 1. Aufl. 1959; 4. erw. Aufl. Delhi 1996.

722. SHULMAN, D., The King and the Clown in South Indian Myth and Poetry. Princeton 1985.

723. SPELLMAN, J. W., Political Theory of Ancient India. A Study of Kingship from the Earliest Times to circa A. D. 300. Oxford 1964.

724. Teuscher, U., Der König und seine Legitimation in Mewar des 7. bis 15. Jahrhunderts. Hamburg 2003.

3.9 Geschichte des indischen Rechts

725. Derrett, J. D. M., History of Indian Law. Leiden 1973.

726. Derrett, J. D. M., Essays in Classical and Modern Hindu Law. 4 Bde. Leiden 1976/77 (Bd. I Dharmaśāstra and Related Ideas).

727. Kane, P. V., History of the Dharmaśāstras (Ancient and Medieval Religions and Civil Law). 5 Bde. Poona 1930–1962. 2. überarb. Aufl. Poona 1974–1990.

728. Lariviere, R. W., Law and Religion in India, in: A. Watson (Hrsg.), Law, Morality, and Religion. Global Perspectives. Berkeley 1997, 75–94.

729. Lingat, R., The Classical Law of India (transl. from French with additions by J. D. M. Derrett). Berkeley 1973.

730. Wezler, A., Dharma and Deśadharma, in 220: 1–22.

3.10 Der vormoderne indische Staat

Allgemeine Untersuchungen

731. Altekar, A. S., State and Government in Ancient India. Benares 1949. 3. erw. Aufl. Delhi 1958.

732. Chakravarti, R., Warfare for Wealth. Early Indian Perspective. Calcutta 1986.

733. Claessen, H. J. M./P. Skalnik (Hrsg.), The Study of the State. Den Haag 1981.

734. Cohen, R., State Origin: A Reappraisal, in: H. J. M. Claessen/P. M. Skalnik (Hrsg.), The Early State. The Hague 1978, 31–76.

735. Jayaswal, K. P., Hindu Polity. Patna 1924. (überarb. Aufl. Bangalore 1943).

736. Kölver, B. (Hrsg.), Recht, Staat und Verwaltung im klassischen Indien (The State, the Law and Administration in Classical India). München 1997.

737. Kulke, H., Fragmentation and Segmentation versus Integration? Reflections on the Concepts of Indian Feudalism and the Segmentary State in Indian History, in: SH 4 (1982), 237–263.

738. Kulke, H. (Hrsg.), The State in India 1000–1700. Delhi 1994 (Introductory Essay, 1–47).

739. Ritschl, M./M. Schetelich, Studien zum Kauṭilīya Arthaśāstra. Berlin 1973.

740. Scharfe, H., Untersuchungen zur Staatsrechtslehre des Kauṭalya. Wiesba-

den 1968. (überarb. engl. Aufl.: Investigation in Kauṭalya's Manual of Political Science. Wiesbaden 1993).

741. SCHARFE, H., The State in Indian Tradition. Leiden 1989.

742. SUBRAHMANYAM, S., State Formation and Transformation in Early Modern India and Southeast Asia, in: India and Indonesia During the Ancient Regime, hrsg. von P. J. MARSHALL/R. VAN NIEL. London 1989, 91–110.

743. VENTAKASUBRAHMANIAN, T. K., Chiefdom to State. Reflections on Kaveri Delta Social Formations. Presidential Address, 57th Session, Indian History Congress, Madras 1996.

Asiatische Produktionsweise und Indischer Feudalismus

744. ANTONOVA, A. K., Indian Feudalism (7th Century to the First Half of the 18th Century), in: V. RUTENBURG (Hrsg.), Feudal Society and Culture. Moskau 1988, 239–262.

745. BYRES, T. J./H. MUKHIA (Hrsg.), Feudalism and Non-European Societies. Special Issue of The Journal of Peasant Studies 12 (Nos. 2–3) 1985.

746. COULBORN, R. (Hrsg.), Feudalism in History. Princeton 1956.

747. ERDMANN, K. D., Die asiatische Welt im Denken von Karl Marx und Friedrich Engels, in: DERS., Geschichte, Politik und Pädagogik. Aufsätze und Reden. Stuttgart 1970, 149–182.

748. GARAUDY, R. (Hrsg.), Sur le ‚Mode de production asiatique'. Paris 1969.

749. GODELIER, M., The Notion of the Asiatic Mode of Production in Marx and Engels, in: Enquiry N. S., 2, 2/3 (1965), 28–48.

750. GOPAL, K. K., Feudal Composition of Army in Early Medieval India, in: JAHRS 28 (1963), 30–49.

751. GOPAL, L., Samanta – Its Varying Significance in Ancient India; in: JRAS 1963, 21–37

752. GOUGH, K., Rural Society in Southeast India. Cambridge 1981.

753. GUNAWARDANA, R. A. L. H., The Analysis of Pre-Colonial Social Formations in Asia in the Writings of Karl Marx, in: IHR 2 (1976), 365–88.

754. HABIB, I., Problems of Marxist Historical Analysis, in: 264, 34–47.

755. HABIB, I., Essays in Indian History: Towards a Marxist Perception. New Delhi 1995.

756. JHA, D. N., Early Indian Feudalism: A Historiographical Critique. Presidential Address, Indian History Congress, 40th Session, Waltair, Dec. 1979. Überarb. Neudr. in: 757, 1–60.

757. JHA, D. N. (Hrsg.), Feudal Social Formation in Early India. Delhi 1987. (Erw. Neuaufl. unter dem Titel: The Feudal Order. State, Society and Ideology in Early Medieval India. New Delhi 2000).

758. KOSAMBI, D. D., On the Development of Feudalism in India; in: ABORI 36 (1956), 258–269.

759. KULKE, H., Die indische Debatte über asiatische Produktionsweise und indischen Feudalismus, in: H. BOOKMANN/K. JÜRGENSEN (Hrsg.), Nachdenken über die Geschichte. Gedenkschrift K. D. Erdmann. Neumünster 1992, 305–320.

760. MUKHIA, H., Was There Feudalism in Indian History? Presidential Address, Indian History Congress, 40th Session, Waltair, Dec. 1979.

761. MUKHIA, H., The Feudalism Debate. New Delhi 2000.

762. NANDI, R. N., State Formation, Agrarian Growth and Social Change in Feudal South Asia, c. AD 600–1200. New Delhi 2000.

763. NJAMMASCH, M., Untersuchungen zur Genesis des Feudalismus in Indien. Berlin 1984.

764. O'LEARY, B., The Asiatic Mode of Production: Oriental Despotism, Historical Materialism and Indian History. Oxford 1989.

765. ROTHERMUND, D., Feudalism in India, in: DERS., The Phases of Indian Nationalism and other Essays. Bombay 1970, 165–178.

766. SHARMA, R. S., The Origins of Feudalism in India (AD 400–650), in: JESHO 1 (1957/58), 297–328.

767. SHARMA, R. S., Indian Feudalism: c. 300–1200. Calcutta 1965.

768. SHARMA, R. S., Indian Feudalism Retouched, in: IHR 1 (1974), 320–330.

769. SHARMA, R. S., Early Medieval Indian Society. A Study in Feudalisation. New Delhi 2001.

770. SHRIMALI, K. M., Reflections on Recent Perceptions of Early Medieval India. Presidential Address, Andhra Pradesh History Congress, 18th Session, Tenali 1994.

771. SIRCAR, D. C. (Hrsg.), Land System and Feudalism in Ancient India. Calcutta 1966.

772. SOFRI, G., Über die asiatische Produktionsweise. Frankfurt/M. 1972.

773. STEIN, B., Politics, Peasants and the Deconstruction of Feudalism in Medieval India, in: 745, 54–86.

774. THAKUR, V. K., Historiography of Indian Feudalism. Towards a Model of Early Medieval Indian Economy, c. A. D. 600–1000. Patna 1989.

775. THORNER, D., Marx on India and the Asiatic Mode of Production, in: CIS 9 (1966), 33–66.

776. VELUTHAT, K., The Political Structure of Early Medieval South India. Delhi 1993.

777. YADAVA, B. N. S., Society and Culture in North India in the Twelfth Century. Allahabad 1973.

778. YADAVA, B. N. S., The Problem of the Emergence of Feudal Relations in Early India. Presidential Address, Indian History Congress, 41st Session, Bombay, Dec. 1980.

Der segmentäre Staat

779. Champakalakshmi, R., Peasant State and Society in Medieval South India. A Review Article, in: IESHR 18 (1981), 411–427.

780. Cohn, B., African Models and Indian Histories, in 254: 90–113.

781. Hall, K. R., Peasant State and Society in Chola Times. A View from the Tiruvidaimarudur Urban Complex, in: IESHR 18 (1981), 393–410.

782. Jha, D. N., Relevance of „Peasant State Society" to Pallava-Cola Times, in: IHR 8 (1981), 74–94.

783. Ramaswami, V., Peasant State and Society in Medieval South India – A Review Article, in: SH 4 (1982), 307–319.

784. Sharma, R. S., The Segmentary State and the Indian Experience, in: IHR 16 (1989/1990), 81–110.

785. Southall, A., Alur Society: A Study in Processes and Types of Domination. Cambridge 1956.

786. Southall, A., The Segmentary State in Africa and Asia, in: CSSH 30 (1987), 52–82.

787. Stein, B., The Segmentary State in South Indian History, in: 254, 3–51.

788. Stein, B., State Formation and Economy Reconsidered, in: MAS 19 (1985), 387–413.

789. Stein, B., Vijayanagara and the Transition to Patrimonial Systems, in: 491, 73–87.

790. Stein, B., The Segmentary State: Interim Reflections, in: Puruṣārtha 13 (1990), 217–238.

Sonstige Theorien zum indischen Staat

791. Ali, A. M., Towards an Interpretation of the Mughal Empire, in: JRAS (1978), 38–49.

792. Ali, A. M., The Mughal Polity – A Critique of ‚Revisionist' Approaches, in: MAS 24 (1993), 699–710.

793. Berkemer, G., Little Kingdoms in Kalinga. Ideologie, Legitimation und Politik regionaler Eliten. Stuttgart 1993.

794. Blake, S. P., The Patrimonial-Bureaucratic Empire of the Mughals, in: JAS 39 (1979), 77–94.

795. Chattopadhyaya, B. D., Political Processes and Structure of Polity in Early Medieval India: Problems of Perspective. Presidential Address, Indian History Congress, 44th Session, Burdwan, Dec. 1983.

796. Chattopadhyaya, B. D., ‚Autonomous Spaces' and the Authority of the State: the Contradiction and its Resolution in Theory and Practice in Early India, in: 736, 1–14.

797. COHN, B., Political Systems and Political Structures in Eighteenth-Century India: The Banaras Region, in: JAOS 82 (1962), 312–320.

798. CONERMANN, S., Die Beschreibung Indiens in der „Riḥla“ des Ibn Baṭṭūṭa. Aspekte einer herrschaftssoziologischen Einordnung des Delhi-Sultanates unter Muhammad Ibn Tugluq. Berlin 1993.

799. DIRKS, N. B., The Structure and Meaning of Political Relations in a South Indian Little Kingdom, in: CIS (N. S.) 13 (1979), 169–206.

800. DIRKS, N. B., The Hollow Crown. Ethnohistory of an Indian Kingdom. Cambridge 1987.

801. HARDY, P., Islamischer Patrimonialismus: Die Mogulherrschaft, in: 227, 190–216.

802. HEITZMAN, J., State Formation in South India, 850–1280, in: IESHR 24 (1987), 44–61.

803. HEITZMAN, J., Gifts of Power. Lordship in an Early Indian State. Delhi 1997.

804. KULKE, H., Early State Formation and Royal Legitimation in Tribal Areas in Eastern India, in: R. MOSER/M. K. GAUTAM (Hrsg.), Aspects of Tribal Life in South Asia I. Strategy and Survival. Bern 1978, 29–37.

805. KULKE, H., Die frühmittelalterlichen Regionalreiche: Ihre Struktur und Rolle im Prozess staatlicher Entwicklung in Indien, in: 220, 77–114.

806. KULKE, H., Kings and Cults. State Formation and Legitimation in India and Southeast Asia. New Delhi 1993.

807. KULKE, H., The Early and the Imperial Kingdom: A Processural Model of Integrative State Formation in Early Medieval India, in: 738, 233–262.

808. KULKE, H., The Integrative Model of State Formation in Early Medieval India. Some Historiographical Remarks, in: M. KIMURA/M. TANABE (Hrsg.), The State in India: Past and Present. Delhi 2005.

809. PANDA, S. K., From Kingdom to Empire: A Study of the Medieval State under the Eastern Gangas, AD 1038–1434, in: IHR 17 (1990/91), 48–59.

810. PERLIN, F., State Formation Reconsidered, in: MAS 19 (1985), 415–480.

811. ROTHERMUND, D., The Role of the State in South Asia, in: DERS., The Role of the State in South Asia and Other Essays. New Delhi 2000, 1–35.

812. RUDOLPH, L. I./S. HOEBER-RUDOLPH, The Subcontinental Empire and Regional Kingdom in Indian State Formation, in: Region and Nation in India, hrsg. von P. WALLACE, Delhi 1985, 40–59.

813. SAHU, B. P., The State in Early India: An Overview, in: PIHC, Aligarh Session 1994.

814. SCHNEPEL, B., Die Dschungelkönige. Ethnohistorische Aspekte von Politik und Ritual in Südorissa, Indien. Stuttgart 1997.

815. SENEVIRATNE, S. D. S., Kaliṅga and Āndhra: The Process of Secondary State Formation, in: 733, 317–338.

816. SINHA, S., State Formation and Rajput Myth in Tribal Central India, in: Man in India 42 (1962), 35–80.

817. SINHA, S. (Hrsg.), Tribal Polities and State Systems in Pre-Colonial Eastern and North Eastern India. New Delhi 1987.

818. SUBBARAYALU, Y., The Cōḷa State, in: SH 4 (1982), 269–306.

819. SUBRAHMANYAM, S., Reflections on State-Making and History-Making in South India, 1500–1800, in: JESHO 41 (1998), 382–416.

820. SUBRAHMANYAM, S./D. SHULMAN, The Men who would be King? The Politics of Expansion in Early Seventeenth-Century Northern Tamilnadu, in: MAS 24 (1990), 225–248.

821. TAMBIAH, S. J., World Conqueror and World Renouncer. A Study of Buddhism and Polity in Thailand Against a Historical Background. Cambridge 1976.

822. THAPAR, R., Towards the Definition of an Empire: The Mauryan State, in: 371, 1–31.

823. VIRKUS, F., Einige Probleme der Entwicklung von staatlichen Strukturen und Herrschaftsformen im Reich der Cāḷukyas von Badami, in: Beiträge des Südasien-Instituts der Humboldt-Universität zu Berlin. 2. Sonderheft 1995, 93–119.

824. WILLS, C. U., The Territorial System of the Rajput Kingdoms of Medieval Chhattisgarh, in: JASB 15 (1919), 197–262.

825. WINK, A., Sovereignty and Universal Dominion in South Asia, in: IESHR 21 (1984), 265–292.

3.11 Indien und die Indian Ocean Studies

826. ABU-LUGHOD, J. L., Before European Hegemony. The World System A. D. 1250–1350. New York 1989.

827. BASA, K. K., Early Westerly Trade of Southeast Asia: A World System Perspective, in: Bulletin of the Deccan College 54/55 (1994/95), 357–375.

828. BOUCHON, G., Quelques aspects d'Islamisation des régions maritimes de l'Inde à l'époque médiévale (XIIe-XVIe siècles), in: M. GABORIEU (Hrsg.), Islam et société en Asie du Sud. Paris 1986 V, 29–36 (= Puruṣārtha 9).

829. BOUCHON, G./D. LOMBARD, India and the Indian Ocean in the Fourteenth Century, in: 838, 46–70.

830. CHAKRAVARTI, R., Horse Trade and Piracy at Tana (Thana Maharashtra, India): Gleanings from Marco Polo, in: JESHO 34 (1991), 159–182.

831. CHAKRAVARTI, R., Coastal Trade and Voyages in Konkan: The Early Medieval Scenario, in: IESHR 35 (1998), 197–224.

832. CHAKRAVARTI, R., Nakhudas and Nauvittakas: Ship-Owning Merchants in the Westcoast of India (c. AD 1000–1500), in: JESHO 43 (2000), 34–64.

833. CHANDRA, S. (Hrsg.), The Indian Ocean. Explorations in History, Commerce and Politics. New Delhi 1987.

834. CHAUDHURI, K. N., Trade and Civilisation in the Indian Ocean. An Economic History from the Rise of Islam to 1750. Cambridge 1985.

835. CHAUDHURI, K. N., Asia Before Europe. Economy and Civilisation of the Indian Ocean from the Rise of Islam to 1750. Cambridge 1990.

836. CONERMANN, S. (Hrsg.), Der Indische Ozean in historischer Perspektive. Hamburg 1998; DERS. ibid., Muslimische Seefahrt auf dem Indischen Ozean vom 14. bis zum 16. Jahrhundert, 143–180.

837. DAS GUPTA, A., The World of the Indian Ocean Merchants (1500–1800). Collected Essays of Ashin Das Gupta. Compiled by Uma Das Gupta with an introduction by S. SUBRAHMANYAM. Delhi 2001.

838. DAS GUPTA, A./M. N. PEARSON (Hrsg.), India and the Indian Ocean, 1500–1800. Delhi 1987.

839. GLOVER, I. C., The Archaeological Evidence for Early Trade between India and Southeast Asia, in: 869, 365–400, und 867, 129–158.

840. GOITEIN, S. D., From the Mediterranean to India: Documents on the Trade to India, South Arabia, and East Africa from the Eleventh and Twelfth Centuries, in: Speculum 29 (1954), 181–197.

841. GOITEIN, S. D., From Aden to India. Specimens of the Correspondence of India Traders of the Twelfth Century, in: JESHO 23 (1980), 43–66.

842. GUILOT, C./D. LOMBARD/R. PTAK (Hrsg.), From Mediterranean to the China Sea: Miscellaneous Notes. Wiesbaden 1998.

843. GUNGWU, W., The Nanhai Trade. A Study of the Early History of Chinese Trade in the South Sea, in: Journal of the Malayan Branch of the Royal Asiatic Society 31 (1958), 1–135.

844. GUY, J., The Lost Temples of Nagapattinam and Quanzhou: A Study in Sino-Indian Relations, in: Silk Road Art and Archaeology 3 (1993/94), 291–310.

845. HALL, K. R., International Trade and Foreign Diplomacy in Early Medieval South India, in: JESHO 21 (1978), 75–98.

846. HOURANI, G. F., Arab Seafaring in the Indian Ocean in Ancient and Medieval Times. Princeton 1951.

847. JUNG-PANG, The Emergence of China as a Sea-Power During the Late Sung and Early Yuan-Periods, in: Far Eastern Quarterly 14 (1955), 489–503.

848. KARASHIMA, N. (Hrsg.), Ancient and Medieval Commercial Activities in the Indian Ocean: Testimony of Inscriptions and Ceramic-sherds. Report of the Taisho University Research Project 1997–2000. Tokyo 2002.

849. KULKE, H., Rivalry and Competition in the Bay of Bengal in the Eleventh Century and its Bearing on Indian Ocean Studies, in: 858, 17–36.

850. Lombard, D./J. Aubin (Hrsg.), Marchands et hommes d'affaires asiatiques dans l'Océan Indien et la Mer de Chine, 13e-20e siècles. Paris 1988.

851. Lombard, D./R. Ptak (Hrsg.), Asia maritima. Images et réalité, Bilder und Wirklichkeit, 1200–1800. Wiesbaden 1994.

852. Mathew, K. S. (Hrsg.), Mariners, Merchants and Ocean. Studies in Maritime History. New Delhi 1995.

853. McPherson, K., The Indian Ocean: A History of the People and the Sea. New Delhi 1993.

854. McPherson, K., Chulias and Klings: Indigenous Trade Diasporas and European Penetration of the Indian Ocean Littoral, in: G. Borsa (Hrsg.), Trade and Politics in the Indian Ocean. Historical and Contemporary Perspectives. Delhi 2000, 33–46.

855. Mollat, M. (Hrsg.), Sociétés et compagnies de commerce en Orient et dans l'Océan indien. Paris 1970.

856. Mookerji, R. K., Indian Shipping. A History of the Sea-borne Trade and Maritime Activity of the Indians from the Earliest Times. 1. Aufl. 1912. Neudr. Allahabad. 1962.

857. Prakash, O., India in the Indian Ocean Trading Network on the Eve of the Europeans' Arrival in the Asian Seas, in: 250, 59–70.

858. Prakash, O./D. Lombard (Hrsg.), Commerce and Culture in the Bay of Bengal 1500–1800. New Delhi 1999.

859. Ptak, R., Cheng Hos Abenteuer in Drama und Roman der Ming-Zeit. Hsia Hsi-Yang: Eine Übersetzung und Untersuchung. Hsi-yang chi: Ein Deutungsversuch. Wiesbaden 1986.

860. Ptak, R., China and the Asian Seas. Trade, Travel and Visions of the Other (1400–1700). Aldershot 1998.

861. Ptak, R./D. Rothermund (Hrsg.), Emporia, Commodities and Entrepreneurs in Asian Maritime Trade, c. 1400–1750. Stuttgart 1991.

862. Ray, H., China and the ‚Western Ocean' in the Fifteenth Century, in: 833, 109–124.

863. Ray, H., The Identity of Huang-Chih: An Ancient Indian Kingdom in Intimate Contact with Han China, in: IHR 17 (1990/91), 1–34.

864. Ray, H., Trade and Diplomacy in India-China Relations: A Study of Bengal during the Fifteenth Century. New Delhi 1993.

865. Ray, H. P., The Western Indian Ocean and the Early Maritime Links of the Indian Subcontinent, in: IESHR 31 (1994), 64–88.

866. Ray, H. P., The Winds of Change. Buddhism and the Maritime Links of Early South Asia. Delhi 1994.

867. Ray, H. P./J. F. Salles (Hrsg.), Tradition and Archaeology: Early Maritime Contacts in the Indian Ocean. New Delhi 1996.

868. Ray, H. P. (Hrsg.), Archaeology of Seafaring: The Indian Ocean in the Ancient Period. Delhi 1999.

869. Reade, J. (Hrsg.), The Indian Ocean in Antiquity. London 1996.

870. Risso, P., Merchants of Faith. Muslim Commerce and Culture in the Indian Ocean. Boulder 1995.

871. Schlingloff, D., Indische Seefahrt in römischer Zeit, in: Zur geschichtlichen Bedeutung der frühen Seefahrt, hrsg. von H. Müller-Karpe. München 1982, 51–85.

872. Schlingloff, D., Ships and Seafaring, in: Ders., Studies in the Ajanta Paintings. Identifications and Interpretations. Delhi 1987, 195–218.

873. Sen, T., Buddhism, Diplomacy and Trade. The Realignment of Sino-Indian Relations, 600–1400. London 2003.

874. Spencer, G. W., The Politics of Expansion. The Chola Conquest of Sri Lanka and Sri Vijaya. Madras 1983.

875. Toussaint, A., A History of the Indian Ocean. London 1966.

876. Verlinden, C., The Indian Ocean: The Ancient Period and the Middle Ages, in: 833, 27–53.

877. Wheatley, P., Geographical Notes on Some Commodities Involved in the Sung Maritime Trade, in: Journal of the Malayan Branch of the Royal Asiatic Society 32 (1959), S. 5–140.

878. Wissemann Christie, J., The Medieval Tamil-language Inscriptions in Southeast Asia and China, in: Journal of Southeast Asian Studies 29 (1998), 239–268.

Anhang

ABKÜRZUNGEN

ABORI	Annals of the Bhandarkar Oriental Research Institute
AI	Ancient India. Bulletin of the Archaeological Survey of India
AO	Archive Orientálni
AOF	Altorientalische Forschung
APW	Asiatische Produktionsweise
AS	Arthashastra
ASI	Archaeological Survey of India
BEFEO	Bulletin de l'École Française d' Extrême-Orient
BSAIHUB	Beiträge des Südasien-Instituts der Humboldt-Universität zu Berlin
BSOAS	Bulletin of the School of Oriental and African Studies
CIS	Contributions to Indian Sociology
CSSH	Comparative Studies in Society and History
EAZ	Ethnographisch-Archäologische Zeitschrift
EI	Epigraphia Indica
HCIP	History and Culture of the Indian People
IA	Indo-Arya
IAF	Internationales Asienforum
IESHR	Indian Economic and Social History Review
IHR	Indian Historical Review
IIJ	Indo-Iranian Journal
IOS	Indian Ocean Studies
IOTS	Indian Ocean Trade System
JA	Journal Asiatique
JAHRS	Journal of the Andhra Historical Research Society
JAOS	Journal of the American Oriental Society
JAS	Journal of Asian Studies
JASB	Journal of the Asiatic Society of Bengal
JBBRAS	Journal of the Bombay Branch of the Royal Asiatic Society
JBORS	Journal of the Bihar and Orissa Research Society
JESHO	Journal of the Economic and Social History of the Orient

JIH	Journal of Indian History
JNSI	Journal of the Numismatic Society of India
JRAS	Journal of the Royal Asiatic Society of Great Britain and Ireland
MAS	Modern Asian Studies
NBPW	Northern Black Polished Ware
NCHI	The New Cambridge History of India
OCW	Ochre Coloured Ware
PGW	Painted Grey Ware
PIHC	Proceedings of the Indian History Congress
SAS	South Asian Studies
SH	Studies in History [JNU, Delhi]
ZDMG	Zeitschrift der Deutschen Morgenländischen Gesellschaft

PERIODEN DER INDISCHEN GESCHICHTE

I. Frühe Hochkulturen im Nordwesten

1. Vorgeschichte und Induskultur

Seit dem 7. Jahrtausend	*Neolithische Siedlungen in Baluchistan:* Sesshaftwerdung, Getreide (Gerste, Emmer), Domestikation von Ziegen und Schafen, Siedlungsverdichtung, Keramik, Lapislazuli aus Afghanistan; Hauptgrabungsort Mehrgarh
Seit dem 4. Jahrtausend	*Frühurbane Siedlungen* in den fruchtbaren Randgebieten des Industales (z.B. Amri) und an den Karawanenstraßen: Vorratswirtschaft, Kupfer und Bronzefunde, Fernhandel; um 3000 Bevölkerungswachstum und starke Zunahme der Siedlungen
2600–2000	*Höhepunkt der Induskultur* („Harappa-Kultur"), Großstädte am Indus (*Mohenjo-Daro*) und Nebenflüssen (*Harappa*, Kalibangan, Ganweriwala) und in Gujarat (Lothal), großartige Städteplanung und Kanalisation, (unentzifferte) Schrift, intensiver Handel mit dem Reich von Akkad in Mesopotamien
Um 1700	*Untergang der Indusstädte*, mögliche Ursachen: Flussverlagerungen und Überschwemmungen durch tektonische Erdbewegungen, Dürrekatastrophen durch Klimaveränderungen, ökologische Schäden durch Waldabholzungen für Ziegelbrennerei.

2. Einwanderung der Arya

3. Jahrtausend	Trennung der *Indo-Arya und Iraner* in Zentralasien
Ab 2000	*Einwanderung vorvedischer Arya-Gruppen* in NW-Indien; Grabfunde, die zentralasiatische Einflüsse aufweisen, in spätharappazeitlichen Siedlungen
Mitte des 2. Jahrtausends	*Einwanderung der vedischen Arya* nach Nordwestindien und in den Vorderen Orient; Grabfunde in NW-Indien mit vermutlich vedischen Einflüssen (Gandhara Grave Culture); Hethiter und Mitanni-Herrscher im Vorderen Orient schließen um 1380 v. Chr. Friedensvertrag unter Nennung vedischer Götter, Texte in Sanskrit-Sprache am Hethiter-Hof; im Gangestal bedeutende bronzezeitliche Kultur (Kupferhortfunde). Redaktion des Rigveda, post-urbane Siedlungen im Panjab, Rajasthan und Gujarat.

ca. 1500–1000	*Frühvedische Kultur in Nordwestindien:* beginnende Sesshaftwerdung der vedischen Arya und ihrer Akkulturation, frühe Stammeshäuptlingstümer, Anfänge des Kastensystems (*varṇa*), Eisennutzung gegen Ende des 2. Jahrtausends zunächst für Pfeilspitzen u.ä., später auch für Werkzeuge (Äxte, Pflüge)
Frühes 1. Jahrtausend	*Migration in die Gangesebene,* vedische Kultur breitet sich im Ganges-Yamuna-Zweistromland und im mittleren Gangestal aus; Aufstieg der Kshatriya („Krieger")-Kaste zu Landbesitzern und der Brahmanen zu Ritualspezialisten; Brahmana-Ritualtexte; „Bemalte graue Keramik" (PGW)
9./8. Jh.	*Spätvedische Zeit,* erste Siedlungen und Klankämpfe im oberen Ganges-Yamuna-Zweistromland (Mahabharata-Epos)
8./6. Jh.	*Frühe Stammesfürstentümer (janapada)* im Gangestal, Siedlungshierarchie und beginnende soziale Stratifizierung; Zeitalter der Upanishaden, Beginn der indischen Philosophie

II. Die Grossreiche des Altertums

1. Entstehung der Gangeskultur und die ersten Großreiche im Osten

Ab 6. Jh.	*Beginn frühstaatlicher Entwicklung* und der Entstehung von 16 „Groß(*mahā*)-Stammes(*jana*)-plätzen (*pada*)" in Nordindien
ca. 520	*Darius erobert das Industal:* Gandhara und Sind werden Satrapien des Achämeniden-Reiches
Seit 6./5. Jh.	*Beginnende Urbanisierung im Gangestal* („Gangeskultur"), Urbarmachung der Gangesebene, erste Städte (z.B. Kausambi); Aufschwung des Handels und Handwerks, hochwertige „Nördliche schwarzpolierte Keramik" (NBPW)
5. Jh.	*Buddha,* rationale Lebensphilosophie und Erlösungslehre
Frühes 4. Jh.	*Nanda-Reich,* erstes nordindisches Großreich unter den Nandas von Magadha
327/5	*Indienzug Alexanders,* nach Eroberung in Nordwestindien Rückzug auf dem Indus
ca. 320–185	*Maurya-Großreich,* erstes gesamtindisches Großreich von Chandragupta Maurya gegründet, Höhepunkt unter Kaiser *Ashoka* (ca. 268–233), Buddhismus wird „Staatsreligion", Ashoka entsendet Botschafter an hellenistische Herrscher, zahlreiche Inschriften Ashokas in vielen Teilen Indiens, auch griechische und aramäische im Nordwesten und Afghanistan; Arthashastra-Staatslehrbuch

2. Invasionen in Nordwesten und der Aufstieg Südindiens

2./1. Jh. v. Chr.	*Indo-Griechen* aus Baktrien erobern Nordwestindien, Höhepunkt unter König Menander
1. Jh. v.– 1. Jh. n. Chr.	*Shakas* („Indo-Skythen") aus Zentralasien und *Parther* („Indo-Parther") aus Persien herrschen über Teile Nordwestindiens
1.–3. Jh. n. Chr.	*Kushanas* aus Zentralasien errichten ein Großreich von Afghanistan bis zum mittleren Gangestal, Höhepunkt unter König Kanishka, Ausbreitung des Buddhismus in Zentralasien, hellenistisch-buddhistische Kunst (Gandhara)
1. Jh. v. Chr.– 2. Jh. n. Chr.	*Satavahanas in Zentralindien,* erstes zentralindisches Großreich, großartige buddhistische Kunst in Sanchi und Amaravati; Funde in Pompeji und Südostasien
1.–2. Jh. n. Chr.	*„Romhandel"*, Blütezeit des Handels mit der mediterranen Welt, römische Faktoreien in Südindien (Arikamedu), zahlreiche Funde römischer Goldmünzen, indische Botschaften in Rom
1.–4. Jh.	*Shangam-Zeitalter in Südindien,* erste drawidische Fürstenstaaten in Südindien, frühe tamilische Literatur, beginnender nordindischer Einfluss

3. Klassisches Zeitalter der Gupta

320–ca. 500	*Reich der Guptas*, nordindisches Großreich mit starkem Einfluss in den Vakataka-Reichen Zentralindiens; „klassische" Gupta-Kultur, Sanskrit-Dichtung (Kalidasa), Stärkung des Hinduismus; starker Einfluss der Gupta-Kultur in Südost- und Zentralasien
ca. 350	Samudragupta erobert Nordindien und Teile Zentralindiens, Feldzug bis Südindien
ca. 400	Chandragupta II, Höhepunkt des Guptareiches
5./6. Jh.	Großartige buddhistische Fresken in Ajanta
ca. 500–527	Herrschaft zweier Hunnenfürsten in Nordwestindien, Niedergang des Gupta-Reiches

III. Das frühe Mittelalter: Indien im Zeitalter der Regionalreiche

606–647	*Harsha von Kanauj,* Erneuerung des nordindischen Großreiches, jedoch ca. 630 Niederlage gegen zentralindische Chalukya-Dynastie; spätklassische Kultur in Nordindien

seit 600	*Aufstieg Südindiens* unter der Pallava-Dynastie, erstes südindisches Regionalreich, Pallava-Kunst in Südostasien
Spätes 7. Jh.	Zahlreiche chinesische buddhistische Mönche in Indien
712	*Araber erobern das Industal,* weitere Expansion des Islams scheitert zunächst am Widerstand der Regionalreiche
7.–12./13. Jh.	*Zeitalter der großen frühmittelalterlichen Regionalreiche,* Entstehung der Regionalkulturen (Sprachen, Literaturen, Kunststile), Ausbreitung des Berufskastensystems (*jāti*), Aufstieg des volkstümlichen Hinduismus (*bhakti*, *tīrtha*) und „Hinduisierung" von Stammeskulturen, monumentale Tempelarchitektur und Ausbau der Wallfahrtsstätten
Spätes 8. bis 10. Jh.	*Kämpfe der Regionalreiche* der Palas (Bengalen), Gurjara-Pratiharas (Nordindien), Rashtrakutas (Dekkan) und Cholas (Süden); im frühen 10. Jahrhundert Rashtrakutas zeitweilig stärkste Macht Indiens
Ende des 10. Jh.	Niedergang des nordindischen Gurjara-Pratihara-Reiches
1025	*Flottenexpedition der Cholas* gegen das Shrivijaya-Reich auf Sumatra, Kampf um Kontrolle des Handels im Indischen Ozean
1000–1027	*Mahmud von Ghazni* (Afghanistan) verheert in 17 Plünderungszügen Nordindien, 1017 Zerstörung von Mathura und Kanauj und 1025 des Somnath-Tempels in Gujarat

IV. Das späte Mittelalter: Indien im Zeitalter des Delhi-Sultanates

1192	*Muhammad Ghuri* besiegt bei Tarain die Rajputenkonföderation unter Prithviraja
1206	*Gründung des Delhi-Sultanats:* afghanisch-türkische Heere erobern Nordindien, Aibak und Iltutmish (1210–1236) Begründer des Sultanats und der Hauptstadt Delhi
1221	*Tschingis Khan am Indus,* Abwehrkämpfe gegen Mongolen ziehen sich bis in das frühe 14. Jahrhundert hin
Um 1250	Narasimha von Orissa errichtet in *Konarak* den größten Tempel Indiens
1309–11	*Eroberung Zentral- und Südindiens,* Delhi-Sultanat wird unter Alauddin Khalji (1296–1316) *gesamtindischer Staat*, 1327 zeitweilige Verlegung der Hauptstadt nach Zentralindien (Daulatabad)
Ab 1334	Zerfall des gesamtindischen Delhi-Sultanates und *Entstehung unabhängiger Sultanate*: Madurai (1334), Bengalen (1338), Zentralindien unter Bahmaniden (1347), Gujarat (1387)

1336/46	Gründung *Vijayanagaras* als mächtigstes Reich der südindischen Geschichte; hinduistische Restauration und Tempelarchitektur
1398	*Timur* plündert Delhi, Ende der Vormacht des Delhi-Sultanats in Nordindien
Frühes 15. Jh.	Aufstieg des *Rajputenstaates von Mewar*
Spätes 15. Jh.	Höhepunkt des ostindischen *Orissa-Reiches*, zeitweilige Ausdehnung bis Tamil Nadu
1451–1526	Wiederaufstieg des Delhi-Sultanats unter der afghanischen *Lodi-Dynastie*
1498	*Vasco da Gama in Südindien*: die Portugiesen entdecken den Seeweg nach Indien; 1510 Eroberung Goas und Begründung des „Estado da India“
Um 1500	Zerfall des Bahmaniden-Sultanates in fünf *Nachfolge-Sultanate in Zentralindien*
1509–1529	Höhepunkt des Vijayanagara-Reiches unter *Krishnadeva Raya*

V. Die frühe Neuzeit: Indien im Zeitalter der Mogulen

1526	*Babur*, ein Nachfahre Timurs, besiegt in der Schlacht bei Panipat das Delhi-Sultanat, erobert Nordindien und begründet das Mogulreich
1530–1556	*Humayun*, Baburs Sohn, wird 1540 von Sher Shah Sur nach Persien ins Exil vertrieben, erobert Delhi aber erneut 1555
1565/68	*Untergang der letzten großen Hindureiche* von Vijayanagara und Orissa
1556–1605	*Akbar*, Begründer des Mogul-Großreiches, bis Bengalen/Orissa und Südafghanistan und ins nördliche Zentralindien erweitert; Reichsreform (*Mansabdar*-System), Integration der Rajputenfürsten; Zeitalter großer religiöser Toleranz, Beginn der indo-persischen Miniaturmalerei
1600	Gründung der englischen Ostindien-Kompanie (*East India Company*); es folgen 1602 die niederländische, 1616 die dänische und 1664 die französische Kompanie; im 17. und frühen 18. Jahrhundert bleibt deren Macht auf befestigte europäische Handelfaktoreien an den Küsten Indiens und ihre bewaffneten Schiffe beschränkt(„Age of Partnership“)
1605–1627	*Jahangir*, Konsolidierung des Mogul-Reiches; starker persischer Einfluss auf Hofkultur und Kunst, ab 1612 britische East India Company in der Mogul-Hafenstadt Surat

1627–1658	*Shah Jahan*, höchste Prachtentfaltung des Mogulreiches, Verlegung der Hauptstadt von Agra nach Delhi (Rotes Fort), Blüte der Mogularchitektur (Taj Mahal), Beginn der Eroberung Südindiens
1658–1707	*Aurangzeb*, letzter „Großmogul", durch Eroberung Zentral- und Südindiens wird das Mogulreich vorübergehend ein gesamtindischer Staat; hindufeindliche Religionspolitik, Zerfall der Mogul-Rajputen-Allianz, beginnende Reichskrise („Jagir-Krise")
1674	*Krönung Shivajis*, unter dem das hinduistische Marathen-Reich im westlichen Zentralindien zum gefährlichsten Gegner des Mogulreiches aufsteigt
Ab 1707	Die brahmanischen *Peshwa*-Ministerpräsidenten von Pune übernehmen die Führung der *Marathen-Konföderation*, die von Zentralindien aus für wenige Jahrzehnte zur stärksten Macht Indiens aufsteigt (Bajirao, 1720–1740)
1724	*Beginn der Auflösung des Mogul-Reiches:* Nizam-ul-Mulk, der Vizekönig des Dekkans, errichtet in Hyderabad einen unabhängigen Staat, Alivardi Khan in Bengalen (1740–1756), erneuter Aufstieg der Regionalstaaten
1739	*Ende des Mogul-Reiches als indischer Vormacht*, Nadir Shah plündert Delhi
1761	*Ende der Vormacht der Marathen über Nordindien*, Marathen werden bei Panipat von den Afghanen geschlagen, Briten stoßen nach dem Sieg bei Plassey (1757) in das Macht-Vakuum vor

Karte 1

Quelle für alle Karten: Hermann Kulke, Dietmar Rothermund: Geschichte Indiens. Von der Indus Kultur bis heute, © Verlag C. H. Beck. 2. verb. Aufl. München 1998.

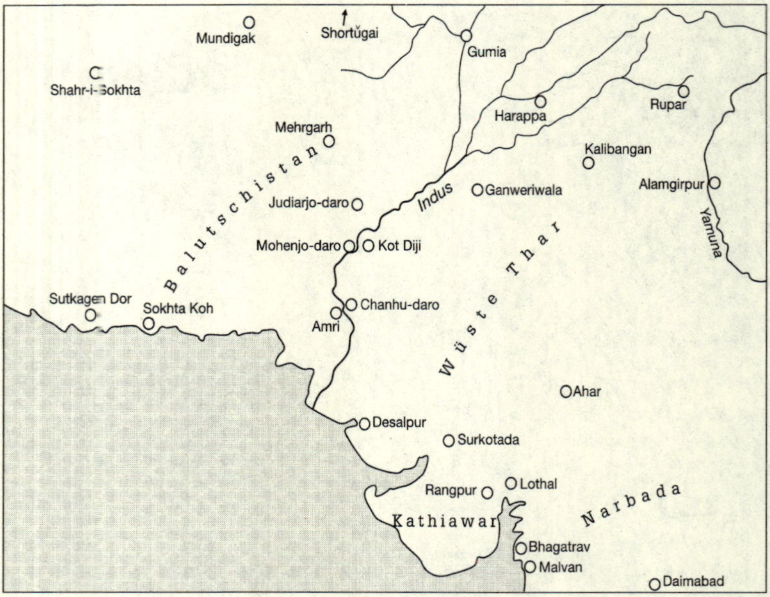

Karte 2: Die Induskultur

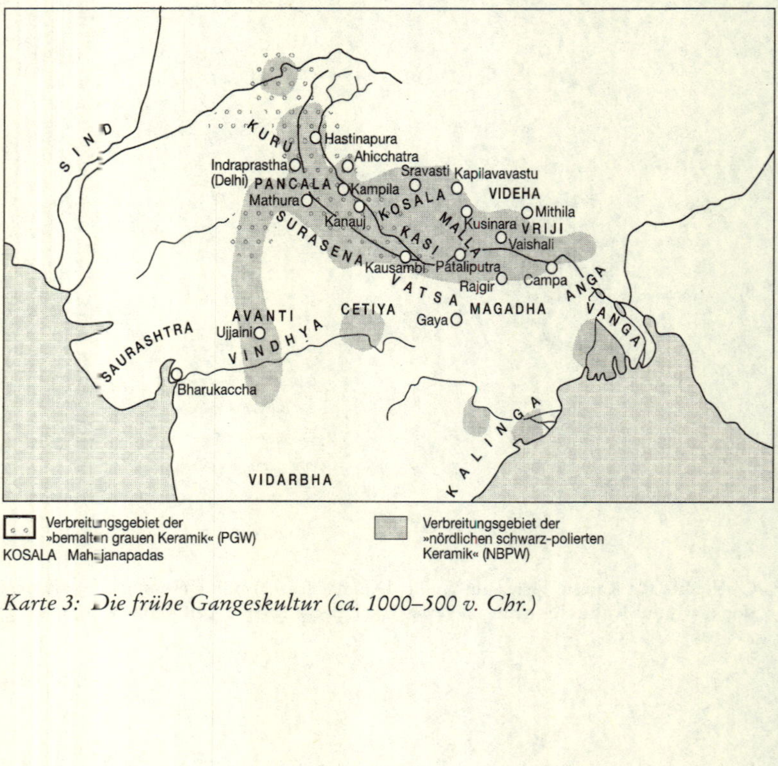

Karte 3: Die frühe Gangeskultur (ca. 1000–500 v. Chr.)

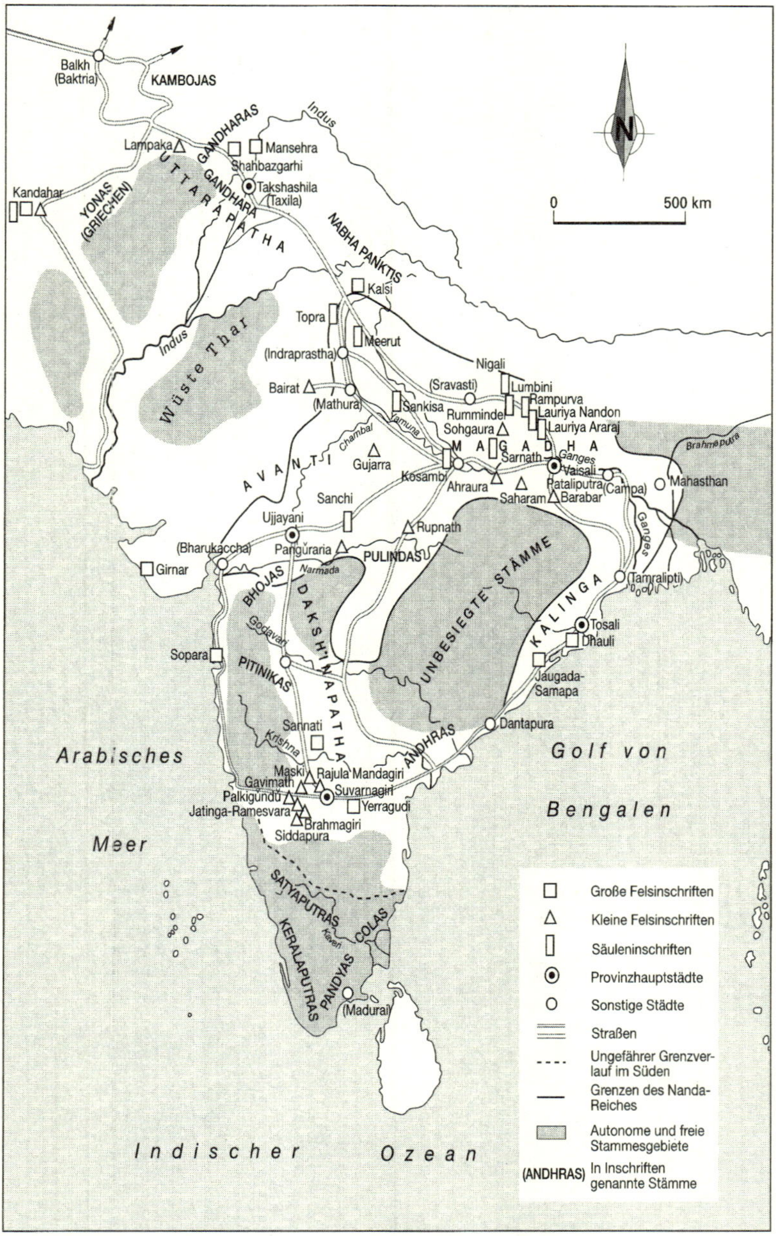

Karte 4: Maurya-Reich unter Ashoka (268–233 v. Chr.)

Karte 5: Indien ca. 0–300 n. Chr.

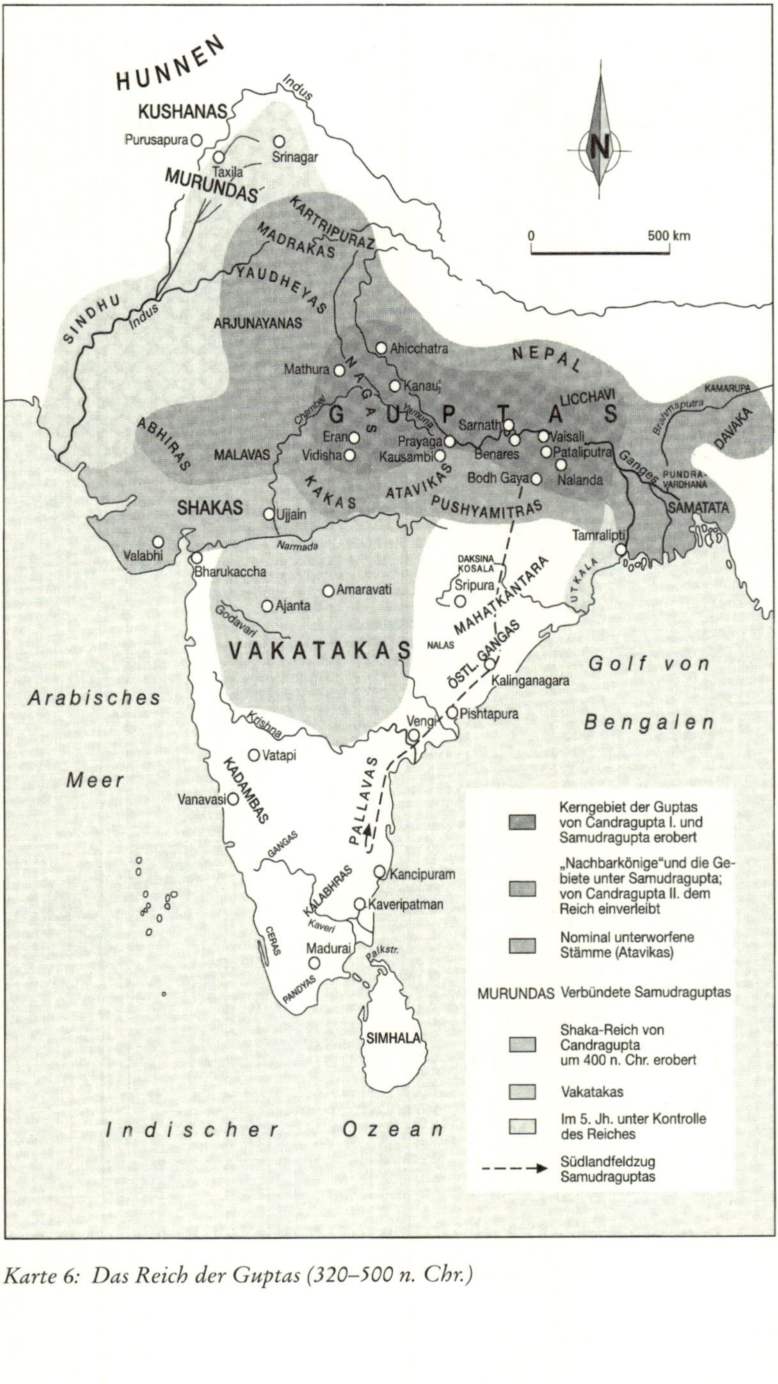

Karte 6: Das Reich der Guptas (320–500 n. Chr.)

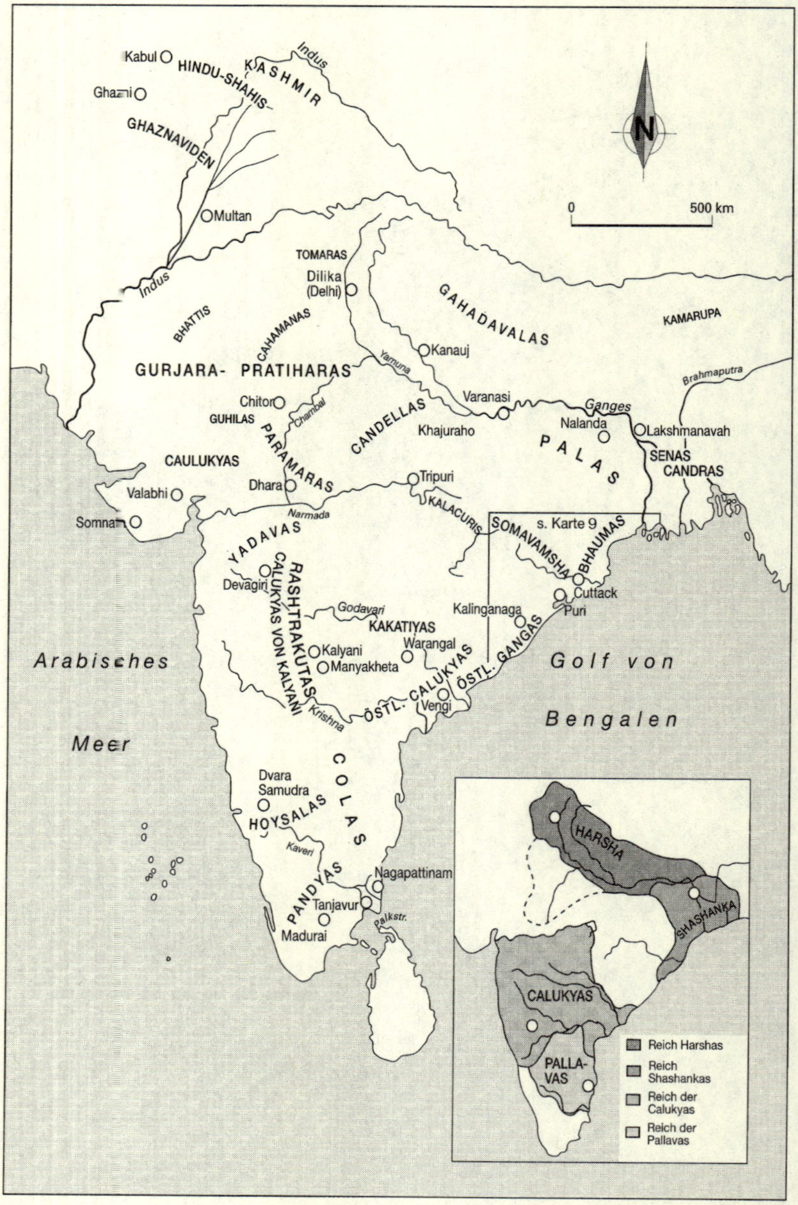

Karte 7 (große Karte): Die Regionalreiche des Mittelalters (ca. 900–1200 n. Chr.)
Karte 8 (kleine Karte): Regionale Schwerpunktbildung im frühen 7. Jahrh. n. Chr.)

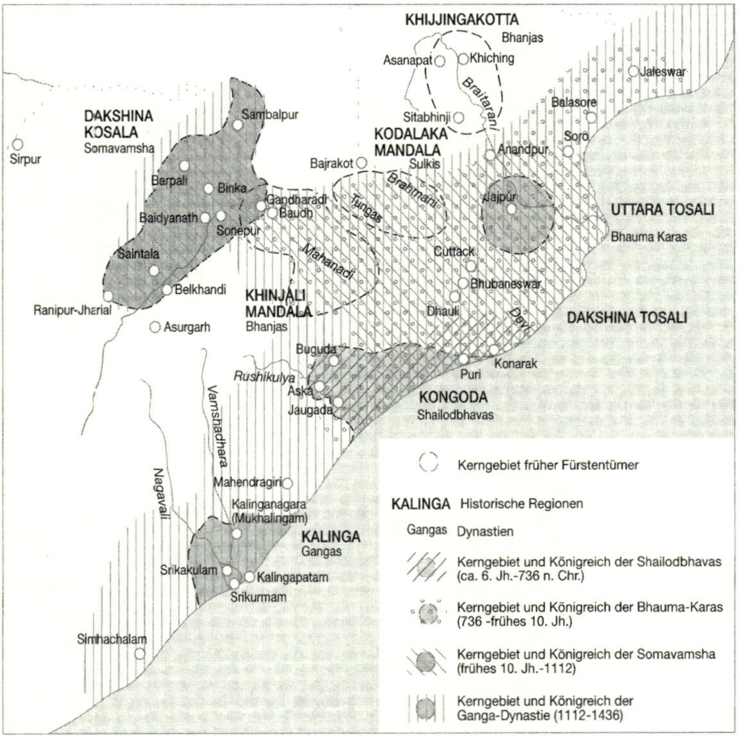

Karte 9: Territoriale Entwicklung Orissas (ca. 600–1400 n. Chr.)

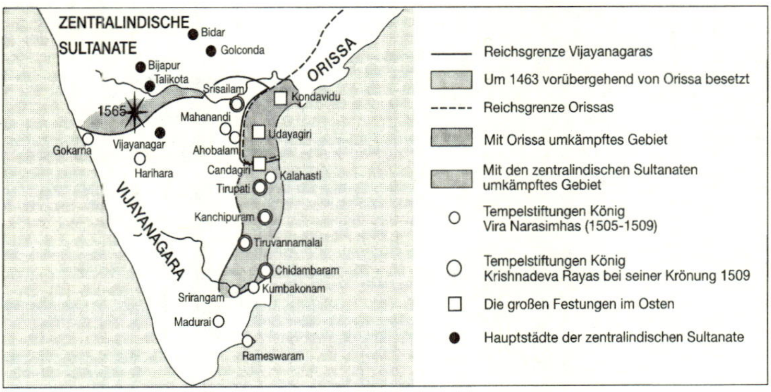

Karte 10: Tempelstiftungen und Ritualpolitik in Vijayanagara (1505–1509)

Karte 11: Spätes Mittelalter (1206–1526): Delhi-Sultanat und späte Regionalreiche

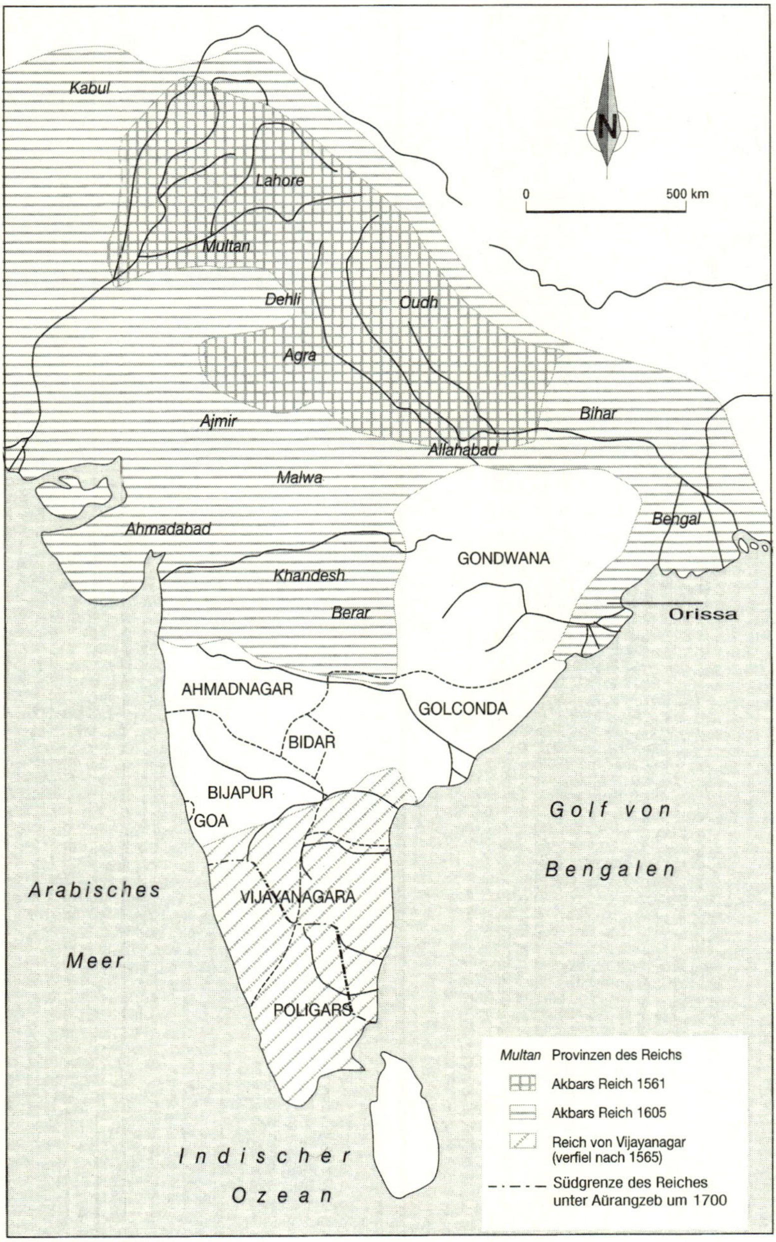

Karte 12: Das Reich der Großmogulen

REGISTER

Autorenregister

Sach-, Personen- und Ortsregister

OLDENBOURG GRUNDRISS DER GESCHICHTE

Herausgegeben von Jochen Bleicken, Lothar Gall, Karl-Joachim Hölkeskamp und Hermann Jakobs

Band 1: *Wolfgang Schuller*
Griechische Geschichte
5., überarb. Aufl. 2002. 267 S., 4 Karten
ISBN 3-486-49085-0

Band 1A: *Hans-Joachim Gehrke*
Geschichte des Hellenismus
3., überarb. u. erw. Aufl. 2003. 324 S.
ISBN 3-486-53053-4

Band 2: *Jochen Bleicken*
Geschichte der Römischen Republik
6. Aufl. 2004. XV., 342 S.
ISBN 3-486-49666-2

Band 3: *Werner Dahlheim*
Geschichte der Römischen Kaiserzeit
3., überarb. und erw. Aufl. 2003. 452 S., 3 Karten
ISBN 3-486-49673-5

Band 4: *Jochen Martin*
Spätantike und Völkerwanderung
4. Aufl. 2001. 336 S.
ISBN 3-486-49684-0

Band 5: *Reinhard Schneider*
Das Frankenreich
4., überarb. u. erw. Aufl. 2001. 222 S., 2 Karten
ISBN 3-486-49694-8

Band 6: *Johannes Fried*
Die Formierung Europas 840–1046
2. Aufl. 1993. 302 S.
ISBN 3-486-49702-2

Band 7: *Hermann Jakobs*
Kirchenreform und Hochmittelalter 1046–1215
4. Aufl. 1999. 380 S.
ISBN 3-486-49714-6

Band 8: *Ulf Dirlmeier/Gerhard Fouquet/Bernd Fuhrmann*
Europa im Spätmittelalter 1215–1378
2003. 390 S.
ISBN 3-486-49721-9

Band 9: *Erich Meuthen*
Das 15. Jahrhundert
3., erg. und erw. Aufl. 1996. 327 S.
ISBN 3-486-49733-2

Band 10: *Heinrich Lutz*
Reformation und Gegenreformation
5. Aufl. durchges. und erg. v. Alfred Kohler 2002. 283 S.
ISBN 3-486-49585-2

Band 11: *Heinz Duchhardt*
Das Zeitalter des Absolutismus
3., überarb. Aufl. 1998. 302 S.
ISBN 3-486-49743-X

Band 12: *Elisabeth Fehrenbach*
Vom Ancien Régime zum Wiener Kongreß
3., überarb. und erw. Aufl. 2001. 323 S., 1 Karte
ISBN 3-486-49754-5

Band 13: *Dieter Langewiesche*
Europa zwischen Restauration und Revolution 1815–1849
4. Aufl. 2004. XIV, 260 S., 3 Karten
ISBN 3-486-49764-2

Band 14: *Lothar Gall*
Europa auf dem Weg in die Moderne 1850–1890
4. Aufl. 2004. 332 S., 4 Karten
ISBN 3-486-49774-X

Band 15: *Gregor Schöllgen*
Das Zeitalter des Imperialismus
4. Aufl. 2000. 277 S.
ISBN 3-486-49784-7

Band 16: *Eberhard Kolb*
Die Weimarer Republik
6., überarb. u. erw. Aufl. 2002. 355 S., 1 Karte
ISBN 3-486-49796-0

Band 17: *Klaus Hildebrand*
Das Dritte Reich
6., neubearb. Aufl. 2003. 474 S., 1 Karte
ISBN 3-486-49096-6

Band 18: *Jost Dülffer*
Europa im Ost-West-Konflikt 1945–1991
2004. XII, 304 S., 2 Karten
ISBN 3-486-49105-9

Band 19: *Rudolf Morsey*
Die Bundesrepublik Deutschland
Entstehung und Entwicklung bis 1969
4., überarb. u. erw. Aufl. 2000. 343 S.
ISBN 3-486-52354-6

Band 19a: *Andreas Rödder*
Die Bundesrepublik Deutschland 1969–1990
2003. XV, 330 S., 2 Karten
ISBN 3-486-56697-0

Band 20: *Hermann Weber*
Die DDR 1945–1990
3., überarb. u. erw. Aufl. 2000. 355 S.
ISBN 3-486-52363-5

Band 21: *Horst Möller*
Europa zwischen den Weltkriegen
1998. 278 S.
ISBN 3-486-52321-X

Band 22: *Peter Schreiner*
Byzanz
2., überarb. u. erw. Aufl. 1994. 260 S., 2 Karten
ISBN 3-486-53072-0

Band 23: *Hanns J. Prem*
Geschichte Altamerikas
1989. 289 S., 4 Karten
ISBN 3-486-53021-6

Band 24: *Tilman Nagel*
Die islamische Welt bis 1500
1998. 312 S.
ISBN 3-486-53011-9

Band 25: *Hans J. Nissen*
Geschichte Alt-Vorderasiens
1999. 276 S., 4 Karten
ISBN 3-486-56373-4

Band 26: *Helwig Schmidt-Glintzer*
Geschichte Chinas bis zur mongolischen Eroberung 250 v. Chr.–1279 n. Chr.
1999. 235 S., 7 Karten
ISBN 3-486-56402-1

Band 27: *Leonhard Harding*
Geschichte Afrikas im 19. und 20. Jahrhundert
1999. 272 S., 4 Karten
ISBN 3-486-56273-8

Band 28: *Willi Paul Adams*
Die USA vor 1900
2000. 294 S.
ISBN 3-486-53081-X

Band 29: *Willi Paul Adams*
Die USA im 20. Jahrhundert
2000. 296 S.
ISBN 3-486-53439-0

Band 30: *Klaus Kreiser*
Der Osmanische Staat 1300–1922
2001. 252 S.
ISBN 3-486-53711-3

Band 31: *Manfred Hildermeier*
Die Sowjetunion 1917–1991
2001. 238 S., 2 Karten
ISBN 3-486-56179-0

Band 32: *Peter Wende*
Großbritannien 1500–2000
2001. 234 S., 1 Karte
ISBN 3-486-56180-4

Band 33: *Christoph Schmidt*
Russische Geschichte 1547–1917
2003. 261 S., 1 Karte
ISBN 3-486-56704-7

Band 34: *Hermann Kulke*
Indische Geschichte bis 1750
2005. XIV, 275 S., 12 Karten
ISBN 3-486-55741-6